新时代诉讼法学创新文库（14）

总主编　卞建林

司法规律研究

卞建林　等著

中国人民公安大学出版社
群众出版社
·北　京·

图书在版编目（CIP）数据

司法规律研究/卞建林等著．—北京：中国人民公安大学出版社，2019.4

（新时代诉讼法学创新文库）

ISBN 978-7-5653-3510-5

Ⅰ.①司…　Ⅱ.①卞…　Ⅲ.①诉讼法—规律—研究

Ⅳ.①D915.01

中国版本图书馆 CIP 数据核字（2019）第 001607 号

新时代诉讼法学创新文库

司法规律研究

卞建林　等著

出版发行：中国人民公安大学出版社
地　　址：北京市西城区木樨地南里
邮政编码：100038
经　　销：新华书店
印　　刷：北京市泰锐印刷有限责任公司

版　　次：2019 年 4 月第 1 版
印　　次：2019 年 4 月第 1 次
印　　张：15.375
开　　本：880 毫米×1230 毫米　1/32
字　　数：414 千字

书　　号：ISBN 978-7-5653-3510-5
定　　价：59.00 元

网　　址：www.cppsup.com.cn　www.porclub.com.cn
电子邮箱：zbs@cppsup.com　zbs@cppsu.edu.cn

营销中心电话：010-83903254
读者服务部电话（门市）：010-83903257
警官读者俱乐部电话（网购、邮购）：010-83903253
法律图书分社电话：010-83905745

总　序

党的十九大作出了中国特色社会主义进入新时代、我国社会主要矛盾转化为人民日益增长的美好生活需要和不平衡不充分的发展之间的矛盾等重大政治论断，深刻阐述了新时代中国共产党的历史使命，确定了全面建成小康社会、全面建设社会主义现代化国家的奋斗目标，对新时代推进中国特色社会主义伟大事业和党的建设新的伟大工程作出了全面部署。

全面依法治国是新时代中国特色社会主义的本质要求和重要保障，而法学研究是社会主义法治建设的重要组成部分，肩负着为法治建设提供理性解读与智识支撑的重要任务。诉讼法学作为与法治实践密切相关的应用性学科，面对新时代法治建设的新任务，更需要深入自觉地回应实践发展需求。只有建立能够适应我国国情、符合社会发展趋势的诉讼法学理论学说与制度体系，才能满足司法实践的需要。新时代推进中国特色社会主义法治建设面临的新问题，为诉讼法学研究提供了新的机遇，也使诉讼法学研究面临前所未有的挑战与压力。面对这种挑战与压力，我们有必要重点强调“创新”二字。创新是学术研究与理论发展之魂，是推动诉讼法学研究不断发展的最大动力。创新诉讼法学研究，可以从以下几个方面理解：

首先是学术研究领域的创新。研究领域的创新并不意味着否定、抛弃过去的研究成果，而是在此基础上往更广、更深、更符合实践需要的方向拓展。这不仅需要我们在今后的研究中进一步加强基础性研究，争取在原有研究范畴上获得更高层次、更有深度的学术成果，并不断挖掘、开发新的理论研究范畴，同时也需要我们进一步加强应用性研究，特别是法律实施问题的研究，从而使得诉讼法学理论研究的成果能够顺利转化到实践中去，能够真正引导国家司法制度的变革与发展。此外，社会的发展是一个系统工程，各个部分、环节与层面的发展都是相互影响与相互制约的，这种影响与制约的关系越来越紧密，因此，诉讼法学的发展要想跟上社会发展的步伐并充分发挥其作用，也必须加强对社会科学及自然科学中相关研究成果的吸收、借鉴，进一步开展跨学科、交叉学科、边缘学科的探索研究。

其次是学术研究思路的创新。过去，诉讼法学研究存在较明显的功利化倾向，同时也难以摆脱条文的限制，从而缺乏研究的深度和新意。从规范诉讼法学走向理论诉讼法学，是诉讼法学发展的必然趋势。加强对诉讼原理、诉讼规律的研究，有助于诉讼立法的科学化，也对正确开展司法活动具有重要的指导作用。在这个过程中，不仅需要我们积极借鉴法制发达国家丰富的研究成果和宝贵的实践经验，也需要我们深刻解读、准确把握中国法治实践与法治道路的客观规律，重点解决国际司法准则的本土化问题，努力打造具有中国特色的诉讼法治话语体系。

再次是学术研究方法的创新。长期以来，我国学者在诉讼法学研究方法的运用上偏重于采用概念推理、理论辨析等传统

说　明

自党的十八大以来，以习近平总书记为核心的党中央高度重视司法改革，并不断深化司法体制改革。中央反复强调司法改革要坚持问题导向，遵循司法活动的客观规律。正如习近平总书记所指出的那样，“完善司法制度，深化司法体制改革，要遵循司法活动的客观规律”。司法改革的顶层设计与制度实践必须遵循司法规律，才能确保司法改革的正确方向，不断完善和发展中国特色社会主义司法制度，最终实现社会公平正义。

规律是事物之间内在的本质联系，客观存在，并不以人的意志为转移，决定着事物的发展趋势。具体到司法活动中，司法规律并非自发生成的，而是在纵向的历史进程中逐步发展并形塑而成的。简言之，司法规律是对司法本质特征的归纳总结，是司法本身固有的、必然的、确定不移的本质。研究司法规律必须从司法的本质着手。司法权在本质上是一种判断权，具有中立性、被动性、亲历性、终局性的特征。习近平总书记指出，“司法活动具有特殊的性质和规律，司法权是对案件事实和法律的判断权和裁决权”。从一般意义上来看，司法活动是一个裁判活动，它缘起于对立冲突，并以特殊的手段化解各种冲突。由此看来，司法遵循着对立冲突规律、国家裁判规律、规范裁判规律、证据裁判规律、中立裁判规律、独立裁判规律、被动裁判规律和裁判终局规律。在我国当前改革的背景下讨论司法规律，必然要结合中国特色社会主义的相关理论对司法规律做出相应的理论延拓。在中国特色社会主义制度下，司法规律的根本特征表现为党性、人民性和法治性的有机统一，基本规律则体现为权责统一、权力制约、公开公正、尊重程序与裁判终局五个方面。司法规律是司法实践所要遵循的基本趋势，一方面，司法规律是人们对司法实践的理论升华与精要概括；另一方面，司法规律是指导司法实践的基本理念。历史表明，只有正确认识、把握、尊重、遵循司法规律，才能保证司法的顺利发展，司法公正才能得以实现。基于此，我们以“司法规律研究”为主题，分析司法改革中存在的问题、澄清误区、总结经验，希冀对下一阶段的司法改革作出指引，为司法改革顶层设计提供科学论证和学理支持，推动司法改革科学化、规范化、文明化的发展，确保司法改革有理有据。

为了提升研究质量、完成研究目标，我们组织了中国政法大学的部分青年教师和博士研究生参与研究，既包括理论界学者，也有实务部门工作人员，共同深入探讨司法规律相关问题。在全体写作成员的共同努力以及各方领导、专家的支持和帮助下，研究已按期完成，并形成最终成果《司法规律研究》一书。本书总共包括“司法规律基本理论”“司法职权配置规律”“司法职权运行规律”“司法监督规律”“司法管理规律”五章。本书立足于本土化视野，深入研究了中国特色社会主义司法规律的理论精髓以及司法在国家治理现代化中的作用，探讨了司法规律与司法文化、司法理念、司法价值、司法制度、司法实践及司法方法之间的内在关联。本书采取“动静结合”的写作体法学研究所、民事诉讼法学研究所、行政诉讼法学研究所和证据法学研究所。自成立以来，诉讼法学研究院坚持以科研为立院之本，积极承担多个国家级、省部级重大攻关项目，注重人才培养与团队建设，广泛开展多层次学术交流与合作，为国家立法完善作出重要贡献，很好地发挥了重点研究基地的引领与示范作用。

面对新时代涌现的诸多研究课题，在学术研究方面不断创新，积极进取，充分展现重点研究基地的学术影响力，是诉讼法学研究院长期建设、发展的主要目标。为了达此目标，诉讼法学研究院专门创办了“新时代诉讼法学创新文库”这一系列著作项目，用以汇集、总结和展示研究院各位研究人员围绕新时代中国特色社会主义诉讼法治理论与实践中的热点、重点、难点问题而形成的各项学术研究成果。这一文库的出版领域涵盖刑事诉讼法学、民事诉讼法学、行政诉讼法学、证据法学、司法制度等多个方面，以有新意、有深度、有分量的专著、译著为主要形式。我们希望能通过这个文库鼓励学术创新，积累学术成果，并为繁荣、深化和开拓诉讼法领域的学术研究积极贡献力量。

中国政法大学诉讼法学研究院院长

卞建林

2018年3月于北京

方法，缺乏实践调查与数据分析，以致产生理论设想与实践操作之间的偏离与脱节。面对新时代司法实践中出现的诸多问题，我们有必要进一步加强探索实证研究方法，积极开展各种形式的实践调查和试点实验，加强数据采集与定量分析，不断总结、推广试点经验与实证成果，回答和检验理论研究中的特定问题。实证研究方法的运用有利于实现理论法学与应用法学的衔接、法学理论与司法实践的衔接，也有助于将法学研究成果及时地投入到司法实践中加以检验和修正。

最后是学术研究队伍的创新。以往，诉讼法学研究大都局限于自身学科领域，在研究队伍的组建上存在成员单一、结构固定等普遍问题。在中国特色社会主义新时代，面对不同性质、不同诉求的社会矛盾相互交织、共同作用的现实情况，突破学科壁垒与部门围墙，实现多学科、多部门之间的协同创新势在必行。协同创新理念的实施，要求诉讼法学科在自身优势与特色的基础上紧密联系其他学科，在学术研究队伍的搭建与研究项目的设计上努力实现高校、科研院所、司法实务部门以及企事业单位等不同学科、不同主体之间的资源集成与共享，以此消除诉讼法学科与其他学科、理论研究与司法实践之间的脱节现象。

中国政法大学诉讼法学研究院是从事诉讼法学研究的新型综合性研究机构。2000年10月，诉讼法学研究院入选教育部普通高等学校人文社会科学百所重点研究基地，成为全国法学专业九个重点研究基地之一。诉讼法学研究院以中国政法大学雄厚的法学专业为基础，以国家级重点学科诉讼法学科为依托，集中开展诉讼法学、证据法学与司法制度研究，下设刑事诉讼例，从静态的角度论证司法职权配置的规律与原则，总结与提炼审判权、检察权、侦查权、执行权的配置规律，剖析司法职权配置中存在的问题并加以展望；从动态的角度分析司法职权运行的规律，即审判权、检察权、侦查权、执行权运行应当遵循的规律，论述司法职权运行中存在的问题与完善路径。权力天生具有被滥用的倾向。司法权理应受到监督和制约，以确保其在合法轨道上运行。本书特此探讨了司法监督规律，强调加强和规范对司法活动的法律监督与社会监督，通过内生性的体系构建和外源性的机制依托，规范司法权的配置和运行。同时，党的十九大报告明确指出，“深化司法体制综合配套改革，全面落实司法责任制，努力让人民群众在每一个司法案件中感受到公平正义”。完善司法改革配套措施有利于提高司法改革的整体效能，是司法改革的应有之义。本书从司法体制内部着手研究司法管理规律，包括司法人员管理和司法业务管理，以实现对司法机关、司法活动的科学化、规范化、高效化管理，确保司法权独立、规范行使。

本书具体撰写分工如下：

第一章司法规律基本理论，负责人卞建林，撰稿人卞建林、桂梦美、王帅、侯思倩、谢澍。

第二章司法职权配置规律，负责人汪海燕，撰稿人汪海燕、谭秋桂、许慧君、许玺铮、刘奕君。

第三章司法职权运行规律，负责人郭志媛，撰稿人郭志媛、谭秋桂、孙卫华、霍艳丽、孙宏斌、张可。

第四章司法监督规律，负责人栗峥，撰稿人栗峥、韩成军、张璐、李振洋。

第五章司法管理规律，负责人王贞会，撰稿人王贞会、倪润、邹开红、李昊昕、王天保。

全体写作成员经过多次修改与统稿形成最终成果，在此感谢他们的辛勤付出。当然，书中难免有疏漏不足之处，敬请各方专家与读者不吝赐教，批评指正。

卞建林

2018 年 6 月 10 日

目　录

习近平总书记指出："要坚持司法体制改革的正确政治方向，坚持以提高司法公信力为根本尺度，坚持符合国情和遵循司法规律相结合，坚持问题导向、勇于攻坚克难，坚定信心，凝聚共识，锐意进取，破解难题，坚定不移深化司法体制改革，不断促进社会公平正义。"

研究司法规律，遵循司法规律，是坚持司法改革正确方向的理论基础。关于"司法规律"的基本定义，涵盖了"司法"与"规律"两大要点。司法规律既有一般规律，也有中国特色社会主义语境下的特殊规律。从一般意义上来看，司法作为一种"定分止争"的活动，缘起于冲突，并以特殊的手段化解冲突。由此，司法的一般规律表现为对立冲突、国家裁判、规范裁判、证据裁判、中立裁判、独立裁判、被动裁判和裁判终局八个方面。结合中国特色社会主义的语境，司法的根本特征体现为党性、人民性与法治性的有机统一，具体体现为权责统一、权力制约、公开公正、尊重程序与裁判终局五个方面。

在当代，司法的形态主要表现为刑事司法、民事司法和行政司法。司法规律也相应地包括刑事司法规律、民事司法规律和行政司法规律，其中，三大司法活动既有共同的规律，又以刑事司法规律最为典型且内涵最为丰富，因此本书研究主要以刑事司法为分析样本，并着重围绕司法职权的配置、运行、监督和管理来探讨司法规律。

第一章　司法规律基本理论

自党的十八大以来，司法改革不断深化且已经进入攻坚期和深水区，司法改革顶层设计与实践必须遵循司法规律，故进一步全面、系统地研究司法规律具有为司法改革顶层设计提供学理支撑和理论指导、凝聚改革共识和改革力量、推动司法文明等时代意义。司法规律基础理论一般包括司法的概念及其在国家治理现代化中的作用、司法规律的内涵及其理论延拓和司法规律的关联要素及其相互影响等方面。司法规律与司法、司法权、司法活动和司法制度等概念是紧密地联系在一起的并有着共同的逻辑脉络。

第一节　司法的概念及其在国家治理现代化中的作用

一、司法的概念

描述司法规律本体内容首先需要界定司法的概念，司法（justice）是一个外来词语，系清朝末年从西方国家引进我国本土。根据西方分权理论与宪政制度，司法是与立法和行政相对应的概念，立法权、行政权与司法权三权分立且相互制衡。资产阶级启蒙思想家孟德斯鸠第一次论述了司法的概念，即“司法权就是惩罚犯罪和裁决私人诉争的权力，而司法权应当与立法权和行政权相分离，否则自由就不存在了。法官便将拥有压迫者的力量”。[①] 司法是我国当代法学界使用频率最高的词汇之一，但从不同的政治、经济、法律和文化等视域出发，其所表达和使用的司法概念又有着不尽相同的内涵甚至存在诸多分歧，尤其是在我国宪法文本中没有所谓的“司法”概念的背景下。正如詹宁斯所言：“要准确地界定司法权是什么，从来都不是十分容易的，从功能主义的视角司法与行政在本质上是没有什么区别的。”[②] 何况英语中的 Justice 的含义包含司

① ［法］孟德斯鸠：《论法的精神》（上册），张雁深译，商务印书馆 1997 年版，第 156 页。

② ［英］詹宁斯：《法与宪法》，龚祥瑞等译，生活·读书·新知三联书店 1997 年版，第 165 页。

法和正义，而词根 Jus 就是权利和法的意思，故任何人特别是法学家对司法或司法权有不同的理解是很正常的。

司法是现代法学、政治学的常用概念，对它的历史和现实进行论述无疑对研究司法规律具有十分重要的作用。

（一）我国历史上的司法

在古代，“司”的文义是“掌管”，它与相关事务名称构成专用词成为官职名及官府名。例如，《周礼》中的“司空”为中央政府中掌管工程的长官；“司徒”为中央政府中掌管土地和徒役的长官；“司马”为中央政府中掌管军务的长官；“司寇”为中央政府中掌管刑狱、纠察的长官。“司法”一词在古代四书五经中未见，它最早出现在《汉书》中，即应劭曰：“平正司法者莫过于天，养物均调者莫过于地也。”① 此处“司法”一词只是学理用语，未见相应的官职。司法作为官职迟至隋大业（公元 605—618 年）初开始出现，于唐、宋臻于完善。古代司法一职有三个重要的特点：一是司法一职只在州县中存在，是低级别的法律专职官员，在中央官职序列中未见司法一职。二是我国古代司法之“法”仅指刑法，司法官是州县衙门中主管刑法的官员，他参与刑事诉讼的侦查、逮捕和审判。三是司法属于行政序列而不在审判序列。② 因此，古代史中的“司法”实际上是主管刑法的官员或官名，并不是与立法、行政相对应的“司法”概念。在清末民国时期，清末变法移植了西方法律，于 1907 年在《清史稿》中第一次出现三权分立语境上的司法概念，这里的司法就是指审判活动。民国的法律基本上延续了清末变法，《中华民国临时约法》建立三权分立体制并且实行司法独立，其宪政意义上的司法主要是指审判，这里“司法”中的“法”不再是刑法而是所有的法律。源于苏联法和民国法的影响，

① 莫纪宏：《司法应当在宪法制度下合法运行》，载《河南工业大学学报》（社会科学版）2013 年第 9 卷第 3 期。

② 周永坤：《中国司法概念史研究》，载《法治研究》2011 年第 4 期。

现代司法权已不再仅指审判权。

（二）现代意义上的司法

汉语中的“司法”是由“司”和“法”二字组成的，其中，《辞海》中解释“司”是掌管的意思①，那么司法的含义是掌管、运用和执行法律。《现代汉语词典》中解释“司法”是公安机关、人民检察院和人民法院按照诉讼程序应用法律规范处理案件的活动。② 英国《牛津法律大辞典》对“司法”所作的界定是“关于法官的术语，在很多情况下区别于立法的或行政的，在另外一些情况下区别于司法之外的，后者是指不经过法院的处理以及没有法官干预的处理”。③ 《布莱克维尔政治学百科全书》将司法界定为“法院或者法庭将法律规则适用于具体案件或争议”。④ 汉密尔顿等人认为，“司法部门既无强制又无意志，而只有判断”⑤，因此将同司法密切关联的司法权定位为判断权。汉斯等人提出，“作为一种实质的国家活动，司法是指依法判断具体案件事实并且对法律主体（争议）的权利义务做出决定的活动”。⑥ 美国有学者强调，“司法权是指在具有现实或可能的相反利益的当事人之间，涉及法律问题的实际而且实质性的争执案件中宣布判决和执行判决的权力，唯有宪法规定的法院才有权行使”。⑦

---

① 辞海编辑委员会编纂：《辞海》（上），上海辞书出版社 1999 年版，第 297 页。

② 中国社会科学院语言研究所词典编辑室编：《现代汉语词典》（第 5 版），商务印书馆 2007 年版，第 1287 页。

③ ［英］戴维·M. 沃克编：《牛津法律大辞典》，北京社会与科学发展研究所译，光明日报出版社 1988 年版，第 484 页。

④ 《布莱克维尔政治学百科全书》（中译本），中国政法大学出版社 1992 年版，第 6 页。

⑤ ［美］汉密尔顿、杰伊、麦迪逊：《联邦党人文集》，程逢如等译，商务印书馆 2004 年版，第 391 页。

⑥ ［德］汉斯、沃尔夫等：《行政法》（第 1 卷），高家伟译，商务印书馆 2002 年版，第 176 页。

⑦ ［美］卡尔威因·帕尔德森：《美国宪法要义》，徐卫东译，华夏出版社 1989 年版，第 138 页。

目前，我国学者对司法概念的观点也是意见纷呈、莫衷一是。陈光中教授认为，结合 Justice 本体概念，司法内涵应包括实施法律、解决纠纷和体现司法公正。[①] 沈宗灵教授提出，司法是指国家司法机关根据法定职权和法定程序，具体应用法律处理案件的专门活动。[②] 张文显教授的看法与沈宗灵教授的观点基本一致。[③] 孙笑侠教授认为，“司法”之“司”乃动词，有“掌管、操纵”之意，如司机、司仪、司令等，即指操纵机动车者、掌管仪式者、发布命令者。司法即掌管或者操纵法律者对法律和事实进行判断，简言之，司法就是裁判。[④] 陈瑞华教授也认为，司法是与裁判有着内在联系的活动，司法权往往被直接称为司法裁判权，据此，司法是指法院的审判活动，司法权就是法院的审判权，享有司法权的主体只有法院和法官。[⑤] 还有学者认为，司法“是对法律的适用即运用法律处理诉讼案件或非诉讼案件进而使社会关系的不稳定性得以消除”，甚至还说“司法是多样化的，不为法官和法院所独享也不单是国家的职能，实际上一些非法院的国家机关或非国家的社会组织也具有一定的司法性质和作用”。[⑥] 从前述司法概念的不同表述中可以看出共同的要素：一是司法权由法院行使；二是司法权行使对象是特定的纠纷，即无纠纷就没有司法；三是司法机关作出的裁判具有强制效力。那么，司法的性质大致可以分为三类：一是将司法等同于审判；二是将司法视为国家办理案件的诉讼活动；三是将司

---

① 陈光中等：《中国司法制度的基础理论问题研究》，经济科学出版社 2010 年版，第 4 页。

② 沈宗灵：《法学基础理论》，北京大学出版社 1988 年版，第 373 页。

③ 张文显主编：《法理学》（第 4 版），高等教育出版社、北京大学出版社 2015 年版，第 211 页。

④ 孙笑侠：《司法权的性质是判断权》，载《法学》1998 年第 8 期。

⑤ 陈瑞华：《司法权的性质——以刑事司法为范例的分析》，载《法学研究》2000 年第 5 期。

⑥ 于慈珂：《司法机关与司法机关组织法论纲》，载《现代法学》1993 年第 2 期。

法理解为广义的解决纠纷。[①]

一般认为，司法的概念有广义和狭义之分。广义上的司法不仅包括审判活动，而且还包括侦查、检察、司法行政、辩护或代理、公证、仲裁、司法鉴定、调解等多种活动。狭义上的司法是指法院的审判、裁决及解决纠纷等活动。杨宇冠教授提出了一个更加开放的含义，即司法通常有三个范畴：一是指国家有关部门的立法、侦查、起诉、审判等一系列的活动，如司法改革就包含有关法律的制定和修改等立法活动和侦查及司法机关的职能改革；二是指国家专门机关所进行的执法行为，包括刑事诉讼中的侦查、起诉、审判、执行等活动和民事、行政诉讼中的审判活动；三是指法院的审判活动。这三个范畴在不同语境下经常交错使用。[②] 因此，司法的概念具有多元性、复合性、开放性等特质。

(三) 本书对司法的定义

我们认为，对司法概念的理解应该从实质上来分析和界定司法的内涵，这种分析和界定应该能够对司法的本质特征和结构要素做出清晰的展示，应该能够揭示出司法在人类历史发展中的普遍性质，也能够区分司法的核心要义和其他与司法相关的活动的性质。简言之，司法的实质是掌握公共权力机构职权的一定主体对社会纠纷所进行的诉讼活动，并形成具有公共法律拘束力的裁判结论。或者说，“司法”一词的实质性内涵都与处理具体案件相关，是有权国家机关依法解决具体法律争议的活动。在我国现代语境中，司法一般出现在五个视域里：一是政法意义上的司法，即把所有与政法工作有关的部门活动统称为司法活动；二是诉讼意义上的司法，即司法不单是法院的活动，特别是在刑事诉讼中，它涉及公安机关、人民检察院、人民法院以及司法行政部门等国家有关专门机关，其

---

① 陈光中等：《中国司法制度的基础理论问题研究》，经济科学出版社 2010 年版，第 4-5 页。

② 杨宇冠：《论刑事司法规律》，载《法学杂志》2016 年第 3 期。

职能包括侦查、起诉、审判、执行等方面；三是人民检察院和人民法院并列意义上的司法，即司法就是国家司法机关所进行的活动，包括人民检察院的检察活动和人民法院的审判活动；四是审判意义上的司法即司法就是法院的审判活动；五是民众认知意义上的司法，即将司法机关视为“公、检、法、司、安”的大司法看法是我国司法内涵的一般定位所在。因司法不是一个严格意义上的宪法和法律概念，结合前文对司法概念的分析，本书所研究的司法及其规律属于诉讼意义视域中的司法。另外，党的十八届六中全会提出设立国家监察委员会，其性质与功能定位不在本书的论述范围之内。

(四) 关于司法权的特征

基于上文对司法概念的梳理与界定，同司法概念密切相关的司法权无论其本质属性是判断权还是救济权，构建一套理性司法改革方案都必须在遵循司法规律的基础上了解司法权的运行特征：一是中立性。中立性是司法权的首要特征，它要求法官在审理案件时必须不偏不倚，不能带有任何倾向性意见，否则其所作的判断难免会有失公正。在古罗马的自然法理论中有一条最基本的原则是“任何人不能成为自己利益的法官”。在现代法治国家，司法权中立不仅仅是要求法官同审理案件没有直接的利益关系，同时还要求没有任何可能影响法官作出客观公正判决的外在因素，法官在审理和判决过程中也不能带有任何倾向性意见，只能在双方当事人之间保持不偏不倚的中立位置。因此，中立是司法公正的最基本要求，是当今任何一个法治国家的诉讼制度得以存在的基石。二是被动性。司法权的被动性也就是“不告不理”原则，其含义包括两个方面，即审判权的启动是以存在控诉为前提（无起诉就无法官）和审理范围不能超出起诉的范围（告什么审什么）。综观世界各国的诉讼法，被动性是一条最基本的诉讼原则。三是亲历性。司法权的亲历性就是要求法官在取舍证据、认定案件事实并适用法律作出裁判之前必须亲自经历庭审的全过程。具体到刑事诉讼程序中，亲历性要求法官遵循直接、言辞原则即直接原则和言辞原则。四是终局性。终局性是指司法是解决社会纠纷的最后一道防线，法院的判决一经生效就意味着案件已经终结，除了法定情形外，任何机关和个人都不能随意推翻。一般而言，司法权的终局性体现在法院的判决一旦生效即被视为公正的、纠纷实体权利义务关系最终确定，立即就会对当事人与法院和其他国家机关产生拘束力和执行力。在大陆法系国家，立法界和理论界将其称为“一事不再理原则”，英美法系国家则称为“禁止双重危险原则”。五是权威性。司法的权威性包括司法机关代表国家意志行使权力的强制力和诉讼参与人及其他民众内心服从两个方面的含义。一方面，司法机关在实现其解决纠纷、化解冲突等职能的过程中将国家意志施加于诉讼参与人及其他社会公众；另一方面，诉讼参与人及其他社会公众服从于司法机关所代表的国家意志。司法权威是代表国家意志的司法机关行使权力与诉讼参与人及其他社会公众服从的统一，是司法的外在强制力以及人们内在服从的统一。①

二、司法定位的理论基础

司法是国家权力体系重要的组成部分。司法定位主要研究的是司法在国家权力体系中的地位，解决的是司法权与立法权和行政权处于何种关系的问题。西方主要国家在资产阶级人民主权思想和三权分立理论的指导下，其司法一般与立法和行政相分离并形成相互制衡的关系。而我国司法则是在马克思主义人民主权思想和议行合一理论的指导下，形成了审判权与检察权由国家权力机关并列产生而且司法不享有违宪审查权的基本逻辑定位。

（一）西方司法定位的理论基础

随着国家和法律的出现，国家实施法律的司法活动才渐见端倪。但在漫长的人类历史中的大部分时期，司法权掌管在君主和国

---

① 卞建林：《我国司法权威的缺失与树立》，载《法学论坛》2010年第1期。

王手中，“朕即司法”，司法与行政不分。司法权最初只是王权的表现，国王派其亲信官员去各地兼理司法。虽然在古希腊时期也出现了准司法性质的机构和近代司法思想的萌芽，但真正为司法权与王权、司法与行政相分离，以及为古代司法向现代司法转型奠定理论基础的是资产阶级启蒙思想家的人民主权思想以及三权分立之理论。(1) 资产阶级人民主权思想。人民主权思想是在扬弃君权天授、君权神授的同时，基于天赋人权和社会契约论的逻辑假设而推导出来的。英国政治家弥尔顿首次提出“人民主权”的政治理念，即国王权力来自人民委托、人民才是权力的最终所有者，一切权力的源泉一向是来自人民的。[①] 最早把人民主权作为理论阐述的是17世纪英国思想家洛克，他认为，国家的最高权力属于人民，“如果掌权的人由于滥用职权而丧失权力时，这种权力就应重归于社会，人民就有资格行使最高的权力并由他们自己行使立法权或建立一个新的政府形式”。[②] 洛克强调人民的自由和平等地位来源于自然状态和自然法，人的生命、自由和财产权是不可剥夺及让与的自然权利；立法权必须是国家最高的权力；政府的权力来自被统治者的同意和委托，政府的成立是为了保障人民生命、自由和财产权利的实现，若政府背离人民的委托而滥用权力时，人民有权反抗。法国启蒙思想家卢梭以当时的封建君权、神权、特权以及自然权利说和社会契约论为基础，提出了新的人民主权理论，即“正如自然赋予了每个人以支配自己各部分肢体的绝对权力一样，社会公约也赋予了政治体以支配他各个成员的绝对权力，正是这种权力受到公意指导时就获得了主权这个名称”。[③] 公意就是指全体人民在订立社会契约时所表达的共同意志，公意支配之下的主权自然归于人民，共

① ［英］弥尔顿：《为英国人民声辩》，何宁译，商务印书馆1996年版，第165页。

② ［英］洛克：《政府论》（下册），叶启芳等译，商务印书馆1997年版，第91页。

③ ［法］卢梭：《社会契约论》，何兆译，商务印书馆2006年版，第37页。

同体的主权是不可转让、不可分割的最高权力。通过社会契约最后的决定权还是人民，人民始终是主权者。所以，人民主权思想彻底撼动了封建君主王权的基础，描绘了一幅资产阶级民主宪政的蓝图并为近代意义上的司法权从王权中独立出来奠定了重要的思想基础，且为司法权赋予了独立的品性。(2) 三权分立理论。近代意义的三权分立学说是由法国思想家孟德斯鸠提出的，他认为，“一切有权力的人都容易滥用权力，这是万古不易的一条经验。要防止滥用权力就必须以权力约束权力”。[①] 他将国家权力划分为立法、行政、司法三种权力并主张议会行使立法权、政府行使行政权、司法权则由独立的审判机关行使。他还认为，“如果司法权不同立法权和行政权分立，自由就不存在了。如果司法权同立法权合二为一，则将有对公民的生命和自由施行专断的权力，因为法官就是立法者。如果司法权同行政权合二为一，法官便拥有压迫者的力量。如果同一个人或是由重要人物、贵族和平民组成同一个机关行使这三种权力，则一切都完了”。[②] 这一学说为西方国家建立政治制度提供了模式并奠定了基本原则。但以卢梭为代表的资产阶级人民主权学说虽然在反对封建专制主义中起到了进步作用，但其局限性也是很明显的：一是人民主权的“民”的范围较小即仅属于资产阶级；二是立论基础自然状态说和社会契约论的理论是无法得以证实的。

（二）我国司法定位的理论基础

1. 马克思主义的人民主权思想。马克思、恩格斯在总结 1848 年欧洲革命的经验时，特别是在吸收资产阶级的人民主权学说的基础上创造性地提出马克思主义范式的人民主权。[③] 马克思发现国家

---

① ［法］孟德斯鸠：《论法的精神》（上册），张雁深译，商务印书馆 1997 年版，第 154 页。

② ［法］孟德斯鸠：《论法的精神》（上册），张雁深译，商务印书馆 1997 年版，第 156 页。

③ 《马克思恩格斯选集》（第 3 卷），人民出版社 1995 年版，第 316 页。

是阶级矛盾不可调和的产物而不是由社会契约产生出来的，国家的主权属于在国家政治生活中居于统治地位的阶级并产生于统治阶级的意志而非人们的“公意”。马克思主义还认为，国家的一切权力应该属于人民，人民是国家主权的唯一享有者。国家权力是统一而不可分割的。无产阶级在建立自己的政权后应当将一切权力统一集中在人民手中，由人民选出的代表来掌握国家最高权力。在提出人民主权的概念后，马克思主义进一步认为，司法权也应该属于人民，司法权应该是国民的直接产物。

2. 议行合一原则。议行合一与三权分立相对立，是指决定和执行国家重大事务的权力由最高国家权力机关统一行使的政治理念与实践，实行一切公职人员由人民选举产生并随时可以依法撤换的制度。1918 年《苏俄宪法》规定：全俄苏维埃代表大会及其常设机关——中央执行委员会是最高国家权力机关，人民委员会是行使行政权的最高行政机关，中央执行委员会在人民委员会所属各部（各人民委员会）中工作并执行中央执行委员会的各项特别委托。概括而言，一方面把立法和行政两种职能在人民代表身上结合起来；另一方面则承认国家机关存在不同的分工，立法权和行政权分别由两个不同的机关行使且立法权高于行政权。

（三）我国审判权与检察权由国家权力机关并列产生

我国司法的定位以马克思主义的人民主权学说和议行合一理论为基础并借鉴苏联社会主义司法制度，形成了审判权与检察权由国家权力机关并列产生的基本司法定位模式。我国宪法特别是 1954 年《宪法》确立的审判独立原则与只服从法律这一精神，充分证明了我国对司法的定位符合中国国情，是中国特色社会主义司法制度的重要特色之一。① 根据我国宪法和法律的规定，人民代表大会为国家权力机关，人民法院、人民检察院分别为国家审判机关和法

① 韩大元：《论 1954 年宪法上的审判独立原则》，载《中国法学》2016 年第 5 期。

律监督机关，分别行使审判权和检察权；与各级国家行政机关一样，各级人民法院与人民检察院均是由各级人民代表大会产生并对它负责受它监督。很显然，我国宪法并未就国家权力进行分割，国家权力统一由人民代表大会行使，全国人民代表大会行使最高国家权力，地方各级人民代表大会行使地方国家权力，在国家权力之下虽然设立行政机关、审判机关和国家法律监督机关，但它们均不是与国家权力机关并列而权力平等的机构，行政权、审判权与检察权均由国家权力机关派生且对国家权力机关负责并受其监督，以此确保所有的国家权力最终归由人民行使。所以，我国实行的是统一国家权力体系之下派生的“一府两院”制，即审判权、检察权与立法权的关系是监督与被监督、制约与被制约的单向关系，审判权、检察权与行政权是分立而且平行的关系。由此得知，我国司法不享有违宪审查权正是有别于西方国家司法制度的本色所在。

三、司法在国家治理现代化中的作用

党的十八届三中全会提出了“完善和发展中国特色社会主义制度，推进国家治理体系和治理能力现代化”的总目标。随后，十八届四中全会提出，“全面推进依法治国，总目标是建设中国特色社会主义法治体系，建设社会主义法治国家”。全会指出，“依法治国是坚持和发展中国特色社会主义的本质要求和重要保障，是实现国家治理体系和治理能力现代化的必然要求，事关我们党执政兴国，事关人民幸福安康，事关党和国家长治久安”。[①] 简言之，国家治理体系和治理能力现代化，实质上就是依法治国进程中司法地位与作用的问题。[②] 可以看出法治与国家治理现代化密切相关。在现代国家，法治是国家治理的基本方式，国家治理法治化是国家

① 《党的十八届四中全会〈决定〉学习辅导百问》，党建读物出版社、学习出版社 2014 年版，第 1–3 页。

② 卞建林：《司法在国家治理现代化中的地位和作用》，载《法制与社会发展》2014 年第 5 期。

治理现代化的必由之路。与人治相对的法治意味着法律之治，法治天然具有强制性、确定性、统一性、裁判性、程序性等特质，并存载着人类对理性、民主、平等、权利、安全等价值的期待，故而在多元、分化、自由、离散的现代社会中，法治对社会整合与国家治理具备了权威指引、价值定位、效能强化、正向激励、公平裁判、凝聚共识、确保沟通的功能。所以，司法是法治“核心”的核心，用德沃金的观点来说，“司法是法治帝国的首都，司法官是这个帝国的王侯”。另外，在国家治理体系和治理能力现代化与司法改革这样的双重大背景下，非常有必要论述司法在国家治理现代化中的作用，这种作用主要表现在其正向价值和功能两个方面。

（一）司法为国家治理现代化注入了正向的基本价值

司法的直接目的是实现个案公正，而其终极价值与现实追求则在于保障人权。[①] 或者说，努力让人民群众在每个司法案件中感受到公平正义。不论司法或司法权的本质是判断权还是救济权，鉴于司法权的中立性、被动性、亲历性、终局性与权威性等特征，这些有关司法属性的描述都反映了国家治理现代化进程中司法的作用是为其注入秩序、自由、公正、人权、效率、和谐等基本的正向价值。

1. 秩序价值

在哲学上，秩序是一个系统的范畴，它是指事物存在的一种有规则的关系状态。在一个系统中组成系统的各个要素都有自己不同的存在和运行特点。如果要素之间的关系总是能表现出某种恒定的规则性或协调性即系统的协同性，我们就说这个系统或事物是有序的。反之，我们称之为无序。[②] 美国学者博登海默说，“秩序是指

---

① 林钰雄认为，“无论刑事诉讼哪个阶段的设计理念，几乎都与刑事诉讼的目的息息相关，并且许多刑事诉讼的争议问题，往往必须回溯其根本目的及相互冲突时的解决途径”。参见林钰雄：《刑事诉讼法》（上册），中国人民大学出版社 2005 年版，第 6 页。

② 沈湘平：《人学视野中的秩序》，载《河北学刊》2002 年第 2 期。

在自然进程和社会进程中都存在某种程度的一致性、连续性和确定性”。[①] 因此，某种程度的一致性、连续性和确定性是秩序的具体特征。社会秩序表示在社会中存在某种程度的关系的稳定性、进程的连续性、行为的规则性以及财产和心理的安全性。

“从长远的观点来看，维护法律和秩序总是文明社会赖以生存的基础。”[②] 对于任何国家而言，国家治理现代化最根本的任务就是建立和维护安定有序的社会秩序。这种秩序是包容性秩序即司法和国家治理要实现的秩序：在社会主义核心价值体系引领下的秩序是百花齐放、百家争鸣、尊重差异、包容多样、“和而不同”的秩序，是一种使自由而平等的竞争和人道主义的生活成为可能的秩序，是摆脱了单纯偶然性、任意性、不可预测性的秩序，是各种社会分歧、矛盾和冲突能够在道德精神和法律理性的基础上得以和平解决或缓和的秩序，是社会组织健全、社会治理完善、社会安定团结、人民群众安居乐业的秩序。[③] 司法对秩序价值注入的作用体现在维护阶级统治秩序、维护权力运行秩序、维护经济秩序、维护正常的社会生活秩序以及建立和维护国际政治经济新秩序等方面，其中，司法在维护正常的社会生活秩序方面旨在确定权利义务的界限和避免纠纷、用文明的手段解决纠纷并对社会基本安全加以特殊维护。

2. 自由价值

自由，就西文字义来说指的是从约束中解放出来或者说是一种不受约束的状态。在罗马法中，自由的含义是“凡得以实现其意志之权力而不为法律所禁止者是为自由”。在哲学上，自由的含义是对必然的认识和支配。恩格斯曾经指出：“自由不在于幻想中摆

① ［美］博登海默：《法理学：法律哲学与法律方法》，邓正来译，中国政法大学出版社 1999 年版，第 219 页。

② ［英］丹宁：《法律的正当程序》，李克强等译，群众出版社 1984 年版，第 3 页。

③ 张文显：《法治与国家治理现代化》，载《中国法学》2014 年第 4 期。

脱自然规律而独立，而在于认识这些规律，从而能够有计划地使自然规律为一定的目的服务。这无论对外部自然的规律，或对支配人本身的肉体存在和精神存在的规律来说，都是一样的。”① 从政治学和社会学上来解释自由，就是免于他人的压迫或控制，每个人能够自主安排自己的行为（包括对公共事务的自主参与）。法学意义上自由的定义在于：自由是法律上的权利，其边界就是不能从事法律所禁止的行为。因此，自由对人的价值体现在自由是人的属性，是人的主体性的表现，是人的自我意识的现实化，是人类发展的助动力。

在国家治理现代化路径中，司法可以对自由进行确认和保障。因为自由需要法律或司法的确认和保障从而才可能是稳定的和现实的，法典就是人民自由的圣经。自由需要司法排除人们之间的相互强制与侵害，也需要司法排除主体自身对自由的滥用。司法确认和保障自由的方式一般包括以权利义务方式设定自由的范围以及实现方式、将责任与自由结合起来、设置国家权力及正当程序以提供救济等方面。当然，司法在确认和保障自由的程序中必须要遵循每个人自由并存、公益干预、消极自由之保障（非干预）与积极自由之保障（有限干预）等原则。故自由价值属于典型的国家治理现代化的基本正向价值。

3. 公正价值

公平正义是现代法治的核心价值追求，也是我国特色社会主义的内在要求。英国哲学家培根指出：“一次不公的判断比多次不平的举动为祸尤劣。因为这些不平的举动不过弄脏了水流，而不公的判断则把水源败坏了。”② 因而，国家治理的核心价值必然是体现党和国家执政为民的理念和社会公众的公平诉求，保障和促进社会公平，建设公平中国。党的十八大以来所要解决的就是人民最关

---

① 《马克思恩格斯选集》（第 3 卷），人民出版社 1995 年版，第 455 页。

② ［英］培根：《培根论说文集》，水天同译，商务印书馆 1983 年版，第 193 页。

心、最直接、最现实的利益问题并提出了建立以权利公平、机会公平、规则公平为主要内容的社会公平保障体系，努力营造公平的社会环境，保证人民平等参与、平等发展的权利。习近平同志在深刻阐述国家治理与保证社会公平正义的关系时指出，“全面深化改革必须着眼创造更加公平正义的社会环境，不断克服各种有违公平正义的现象，使改革成果更多更公平惠及全体人民”。“不论处在什么发展水平上，制度都是社会公平正义的重要保证。我们要通过创新制度安排，努力克服人为因素造成的有违公平正义的现象，保证人民平等参与、平等发展权利。要把促进社会公平正义、增进人民福祉作为一面镜子，审视我们各方面体制机制和政策规定，哪里有不符合促进社会公平正义的问题，哪里就需要改革；哪个领域哪个环节问题突出，哪个领域哪个环节就是改革的重点。对由于制度安排不健全造成的有违公平正义的问题要抓紧解决，使我们的制度安排更好体现社会主义公平正义原则，更加有利于实现好、维护好、发展好最广大人民根本利益。”①

在国家治理现代化范畴内，社会公平主要包括权利公平、机会公平、规则公平和司法公正。权利公平包括三个方面的含义：一是权利主体平等；二是享有的权利，特别是基本权利平等；三是权利保护和权利救济平等。“无救济则无权利”，任何人的权利都有可能受到侵害或削弱，当权利受到侵害或削弱时应当获得平等的法律保护和司法救济。机会公平是人类在从身份社会进入契约社会的过程中提出来的反对封建等级制度和世袭制度的革命纲领。机会公平要求摒弃先赋性特权、身份等级等不公平因素的影响，保证每个社会成员都能够有一个平等竞争的条件，从而拓展个人自由创造的空间，最大限度地发挥每个成员的能力和潜能。在国家治理现代化制度体系中，虽然机会公平并不能确保“结果平等”，但它为每个成

① 习近平：《切实把思想统一到党的十八届三中全会精神上来》，载《人民日报》2014年1月1日，第2版。

员的发展提供了公平参与和实现梦想的可能。规则公平主要是政策和法律规则要公平，其有三重含义即一是形式上公平，就是人们经常说的法律（政策）面前一律平等；二是实体公平，就是权利义务对等；三是在法律实施中“无例外”，对任何公民的合法权益都应当依法保护，对任何公民的违法犯罪行为都应平等地依法追究。司法公正是社会公平的底线，司法是维护社会公平的最后一道防线。德国法学家拉德布鲁赫认为：“法律所体现的社会客观价值之本质就在于公平正义，法律的普遍正当性就是追求这个社会客观价值。”① 司法公正是司法公信和国家公信的基础，若这一基础被虚化，人民群众对公平正义的信心、对法律的信任、对法治的期待就会丧失。维护公平正义是司法与法治的核心价值，更是国家治理现代化的逻辑价值。

4. 人权价值

人权是人的价值的社会承认，是人区别于动物的观念上、道德上、政治上、法律上的标准，它包含“人的权利”“人作为人的权利”“使人成其为人的权利”和“使人成为有尊严的人的权利”等多个层次。② 尊重和保障人权，最重要的是保障公民的基本权利。基本权利主要是人权和宪法宣告的公民基本权利，通常划分为三类：第一类是公民的政治权利和人身权利，诸如选举权与被选举权以及言论、出版、聚会、结社、游行、示威自由等政治权利以及人身自由不受侵犯、人格尊严受法律保护、住宅不受非法侵犯、通信自由和通信秘密受法律保护等；第二类是社会经济权利和文化教育权利，主要包括劳动权、休息权、财产权、退休人员的生活保障权、物质帮助权、受教育权以及文化权利等；第三类是对特定主体权利的保护，包括妇女、儿童、老年人、华侨、归侨和侨眷等的权

---

① ［德］古斯塔夫·拉德布鲁赫：《法哲学》，王朴译，法律出版社 2005 年版，第 32 页。

② 张文显主编：《法理学》（第 4 版），高等教育出版社、北京大学出版社 2015 年版，第 277 页。

利受到保护。在这些权利当中，生存权是首要人权，发展权是根本权利。根据人权类别可以得出，人权价值表现在人权是人的利益的度量分界，是人关于公共权力评价的道德标准以及人与人和谐相处的共同尺度。

通过司法来尊重和保障人权是国家治理现代化的本质要义。将法律融入国家与政府管理中就是为了人权保护和基本权利不可克减，确保人权和公民权利具有优先性，使得人活得自由和有尊严。在国家治理中，一定要懂得只有政府认真对待人权和公民权利，人民才会认真对待政府、法律和秩序，这样才会形成官民和谐型社会。① 作为国家治理核心主体的有关国家权力部门要及时关切各类诉求，不断丰富宪法法律体系和健全人权和基本权利保障。

5. 效率价值

“效率”一词可以在多种意义上使用。一般认为，效率是指从一个给定的投入量中获得最大的产出，即以最少的资源消耗取得同样多的效果或以同样的资源消耗取得最大的效果，也就是经济学家常说的“价值极大化”或“以价值极大化的方式配置和使用资源”。② 效率作为国家发展的基本价值目标，司法对人们的重要意义之一应当是以其特有的权威性的分配权利和义务的方式实现效率的最大化。通过确认和维护人权来调动生产者的积极性从而促进生产力的进步，承认并保障人们的物质利益从而鼓励人们为物质利益而奋斗，确认、保护、创造最有效率的经济运行模式并使之更有效地推动社会生产力的快速发展。

国家治理现代化追求的社会也应当是高效率的社会。国家治理的效率通过司法或法治可以更好地得以实现。从理论和实践两个方面来看，法治化的治理要比人治化的治理更有效率、更能保持可持续发展。在法治化的治理中，决策者依照程序科学决策、民主决策

① 张文显：《法治与国家治理现代化》，载《中国法学》2014 年第 4 期。

② 樊崇义主编：《诉讼原理》，法律出版社 2004 年版，第 186 页。

能够减少决策失误的可能性。构建完善齐备的部门法和法律体系等将为人们确立法律保障的信心并激发了社会效率的提升，保障公平、自由竞争和实现法律效率与社会效率在司法活动中的有机统一。

6. 和谐价值

“和谐”是一个非常古老而又经久不衰的概念。在社会科学领域中，和谐通常与国家治理和社会治理相提并论。党的十六大以来，有关和谐、社会和谐、促进社会和谐、构建社会主义和谐社会等论述与实践已成为深刻理解和谐价值的思想理论基础。在推动国家治理现代化进程中，以和谐作为法治和国家治理的核心价值，就是要把和谐价值融入法律规范体系和国家治理制度体系，致力于构建社会主义和谐社会。司法在国家治理现代化进程中的和谐作用，主要有两个评价标准：一是涉诉的双方主体对诉讼的过程满意，对案件的裁决结果都持认可态度，能够实现案结事了和息诉罢访；二是社会反映良好，诉讼结果实现了法律效果与社会效果的统一，实现了司法对国家治理现代化的和谐作用。①

和谐不仅是法治和国家治理的基本价值，在某种意义上也是法治和国家治理的终极价值、元价值。相较于其他价值，其“终极性”“元地位”表现为：一是凝练国家和法的价值，即从社会生活、历史传统、社会未来发展、哲学和法理中凝练出现代国家和法的价值；二是规范国家和法的价值，即从根本上决定着其他价值的本质属性，秩序应是和谐的秩序，自由应是和谐的自由，公正应是和谐的公正，人权应是和谐的人权，效率应是和谐的效率等；三是引领和协调国家与法的价值，使它们成为内在统一、互为补充、互相支撑的价值体系；四是反思和追问国家和法的价值，推动法治和国家治理的制度创新。将和谐精神注入司法必将使我国社会主义法

① 卞建林：《中国司法制度基础理论研究》，中国人民公安大学出版社 2013 年版，第 57 页。

治体系和国家治理现代化超越我国传统“统治”和西方传统“治理”而走向社会和谐之治。

(二) 司法在国家治理现代化中的功能

功能是指机能、效能、效用，是事物所孕育的作用。司法的功能就是指司法作为社会体系的一部分，在和社会其他功能单位发生关系的过程中所具有的自身对于社会整体而言的作用。从社会学的角度来看，司法功能主要是指社会整合、控制的功能。诚如庞德所断言，“法律已成为社会控制的最高手段了”。[①] 一般认为，司法具有保障、规范、教育、调整和服务等功能。我们认为，在国家治理现代化中，权利保障、定分止争是司法最基本的功能。特别是司法权作为一种国家政治权力，承担着在国家治理、市场治理和社会治理中的多重功能且有其独特的价值目标与定位。就国家治理而言，司法权在实现国家治理系统的适应、目标达成、整合和维持功能方面有着其独特的作用。

1. 权利保障功能

保障功能是司法在国家治理现代化中对各种社会关系以及公民、法人及其他组织合法权利的保护作用。从国家契约论的视角来看，保障功能是司法的首要功能。权利保障功能必然要求司法及司法权要对其他权力进行监督与制衡，从而维护国家政治秩序和规范中央与地方的事权关系，达到宪法规定的尊重和保障人权之最高国家治理目标。司法权“维系着人类生活、社会构成以及文化延续力乃至整个社会个体生存的基础”,[②] 司法权不仅通过司法过程宣扬、维护社会核心价值观，还要以整个司法活动维护国家治理和谐价值为理念来增强人民的尊严和幸福感。人权的司法保障是国家治理现代化的重要组成部分，以人为本、依法治理与公共治理都要求

---

① [美] 庞德:《通过法律的社会控制　法律的任务》, 沈宗灵等译, 商务印书馆1984年版, 第131页。

② 舒国滢:《西方法治的文化社会学解释框架》, 载《政法论坛》2001年第4期。

所有司法活动都应承担维护社会稳定、维护法律统一正确的实施，从而有效实现司法的权利保障功能。例如，在刑事诉讼活动中，司法的权利保障功能通过保障无辜的人不受刑事追究、保障被追诉人的人权与保护公民、法人和其他组织的人身权利、财产权利、民主权利和其他权利等表现出来。司法的有效运行还有助于完善立法、执法和司法的具体实践经验并积累相应的政治经验，为构建国家治理系统现代化提供更丰富的权利保障因素。为此，在我国司法运行机制的系统化方面需要做到以权力制约为理念配置司法权、以权利保护为核心运行司法权、以实现良性运转为标准保障司法权和以培育社会主义法治文化为根本支撑司法权。

2. 定分止争功能

司法起源于解决冲突纷争，并通过司法来化解矛盾与解决纠纷，明确权利义务，恢复社会秩序和维护社会稳定，故定分止争的功能是司法的初始功能。[①] 这是因为国家是由矛盾组成的，矛盾就是一种冲突或者纠纷。国家治理体系中的社会生活关系纵横交错，冲突或者纠纷的发生是必然的而不是偶然的。无论是违反民事规范的行为，还是违反行政规范的行为，抑或是违反刑事规范的犯罪行为，都只不过是一种冲突的升级。司法本体功能就是通过司法机关和司法组织的各项司法活动以合意型的纠纷解决方式或者决定型的纠纷解决方式定分止争。例如，公安机关的侦查活动，检察机关的追诉活动，人民法院的审判活动，司法行政机关的管理活动，律师的代理与辩护活动，法律援助活动，仲裁活动，调解活动，公证活动，司法鉴定活动，乃至监狱的刑罚执行活动，无不是一种决定型或者合意型的纠纷解决方式。司法解决冲突的特点是：一是司法解决冲突的范围广，有权受理和处置广泛发生于社会生活中的大多数争议；二是司法是以诉讼方式来解决冲突的活动，法定主体遵循法

---

① 卞建林：《司法在国家治理现代化中的地位和作用》，载《法制与社会发展》2014年第5期。

定方式解决纠纷更能保证处理结果的公正；三是司法是具有最终裁决力的活动，一旦纠纷冲突诉诸司法，司法裁决的结果具有终局性。所以，司法在国家治理现代化中所发挥的独特的本体功能就是定分止争，从而恢复社会秩序和维护社会稳定。

3. 弘扬法治功能

依法治国是我国的治国方略，建设社会主义法治国家是我国法治建设的目标。在当前国家治理现代化进程中，社会的法治程度还不是很高，如公民的法律素质亟待提高，法治理念需要不断加强。不懂得用法律保护自已、维护自身的合法权益或者国家治理环节不依法进行与不遵循程序正义将成为依法治国的重要障碍。因此，司法的一个重要功能就是在国家治理现代化进程中使广大人民群众不断形成对法律的尊崇和对法治的信仰，并由此体会到极大的信赖感和安全感，增强司法的认同和权威，同时也能在广大人民群众中宣传法律知识，培育法治意识，弘扬法治理念。国家治理现代化本身也在宣示着弘扬法治的司法功能。构建国家治理体系和治理能力现代化需要法治的引领和推动作用，也只有法治化才能匹配现代化的国家治理。

4. 积极规范功能

推进国家治理法治化是人民群众的共识和关切。无论是党的执政活动、国家机关的履职活动，还是人民行使民主权利参与国家治理的活动，都要遵循司法规则与程序，进而规范社会秩序和实现司法在国家治理现代化中注入的正向作用。司法本身就具有一定的价值标准并作出肯定的作用即积极作用，这种积极作用也相应地规范了社会秩序，使人们认识到司法在国家治理现代化进程中具有特有的积极规范社会功能。公正司法也对国家权力的行使发挥着积极规范作用，尤其是在市场经济是法治经济、民主政治是法治政治、法治是治国的基本方略、法治是党执政的基本方式的大背景下，善于运用法治治国理政，重视发挥法治特别是司法在国家治理现代化中的作用必然会表现为社会秩序的积极规范功能。

当前，国家治理现代化正在进行一场广泛而深刻的革命。司法改革特别是以审判为中心的诉讼制度的构建意味着我国将进一步摆脱传统人治的影响，真正实现从传统人治社会向现代法治社会的转变，进而推进国家治理体系和治理能力现代化。国家治理现代化中的司法是实现富强、民主、文明、和谐、公平、法治和美丽中国等建国目标和强国之梦的重要动力。

第二节　司法规律的内涵及实践展开

规律是事物之间的内在的本质联系，它决定着事物必然向着某种趋势发展。它是客观存在的，不以人们的意志为转移。具体到司法活动中，司法规律是司法实践所要遵循的基本趋势。一方面，它是人们对司法实践的经验总结，是人们跨越古今中外，对司法实践所作的理论升华与精要概括；另一方面，它也是指导司法实践的基本理念。作为一种理论升华，司法规律既影响着司法实践，又对照着司法实践，它体现在司法实践的各个环节中，促使我们对实践中不正当的现象进行反思，从而指导实践活动能更加理性地开展。前文指出，司法是国家治理的重要手段。在国家治理体系中，司法活动必须要遵循一些基本规律，才能充分发挥其定分止争、救济权利、制约权力、维护法治的作用。

研究司法规律，需要从普遍意义上对司法运行的一般规律做出总结，也要结合语境分析的方法，对中国特色社会主义语境下的司法规律做出归纳，还要结合司法职权的行使，对司法规律的实践化进行研究。如此一来，既能照应到司法规律内容的普遍性，也能照应到司法规律在当前我国的特殊性，还能照应到司法规律在实践中的展开。从而使得司法规律的内容更加全面，也更加富有时代意义和实践意义。从一般意义上来看，司法活动是一个裁判活动，它缘起于对立冲突，并以特殊的手段化解各种冲突。由此看来，司法遵循着对立冲突规律、国家裁判规律、规范裁判规律、证据裁判规律、中立裁判规律、独立裁判规律、被动裁判规律和裁判终局规律。结合中国特色社会主义的语境，也可以对司法运行的规律做出理论延拓：在中国特色社会主义制度的影响下，司法的根本特征体现为党性、人民性与法治性三点的有机统一，具体则体现为权责统一、权力制约、公开公正、尊重程序与裁判终局五个方面。司法规律的实践化体现为司法职权的行使，具体则表现为对司法职权配置、运行、监督与管理的指导作用。这种作用集中表现为两点：一方面，在司法规律的指导下，优化司法职权配置与运行方式，调整管理模式，从而提高权力运行的效率，保证司法职权的高效行使；另一方面，在司法规律的指导下，强化对职权行使的监督和管理，从而防止权力运行的恣意，保证司法职权的理性行使。

一、关于司法的一般规律

讨论司法的一般规律，必须要从司法的本质入手。本质是事物本身固有的根本的属性，是相对稳定的。与本质相对的概念是现象，现象是易于变化的。具体到司法运行中，司法现象呈现出多样化的状态。比如，从当前来看，司法概念是多元的，各国司法权力的内涵不同，权力大小也存在差异。但司法现象的多样化并不能改变司法的本质。从认识规律来看，人们可以从多样化的现象中提炼出某种相对稳定的属性，这种属性就是事物的本质。司法的本质是司法的本原状态，是司法本身固有的状态，具有相对的稳定性。讨论司法的一般规律，就是要探求司法活动中具有普适性与相对稳定的规律，因而必须要从司法的本质入手。就司法的本质而言，有论者指出，在世界范围内，无论司法体制采用何种架构方式，司法权力在本质属性上都是一种判断权。[①] 可见，无论司法具有什么样的表现，从根本上来看，它是一种判断权，是以判断的方式来发挥其

① 卞建林：《中国司法制度基础理论研究》，中国人民公安大学出版社 2013 年版，第 27 页。

在国家治理体系中的作用。考察司法的一般规律，自然需要结合其作为判断权的本质来加以考察。

司法是一种判断权，这就决定了其自始便处于对立冲突中，毕竟没有对立就无所谓抉择，更无所谓判断。故而，司法的一般规律，首先就是对立冲突规律，这是司法的问题面向，也是司法活动的出发点。同时，司法作为判断权这一本质，也决定了司法的过程是以一种特殊的手段来权衡对立冲突，最终形成裁判结论。故而，考察司法的一般规律，还要从司法化解冲突的方式入手。如此不难发现，司法作为一种化解冲突的方式，还是一种国家权力行为、规范适用行为、证据裁判行为、居中裁判行为、被动裁判行为和独立裁判行为，而从裁判的结论来看，则体现出终结性（终局性）。这些行为方式和行为结果也构成了司法规律的具体内容。可见，司法的一般规律体现在司法所面向的对立冲突和司法对对立冲突的化解上，司法的一般规律则是对立冲突规律、国家裁判规律、规范裁判规律、证据裁判规律、居中裁判规律、独立裁判规律、被动裁判规律与裁判终局规律。

（一）对立冲突规律

司法缘起于纠纷，故而首先遵循对立冲突规律，与之相对的是片面强调和谐甚至配合。所谓对立冲突规律，是指司法将纠纷以对立冲突的方式反映在运行过程中。司法的运行是一种控—辩—审（原告—被告—裁判）这样的三角形关系结构，其中控方与辩方（原告与被告）呈现出相互对立的关系。这一点不同于行政上的执法者—相对人的两极式关系结构。可见，司法对于纠纷的化解方式存在特殊性，在司法过程中存在多元主体，这些主体具有不同的利益追求，是冲突与对立的关系。这种冲突对立，就构成了司法与行政的差异所在。

以刑事司法的运行过程为例，刑事司法的运行是为了行使国家惩罚权力，是国家通过司法的方式来评价行为人的行为是否应当受到刑事惩罚。但在实践运行中，惩罚权力的运行一方面被分化给侦查机关、检察机关、审判机关、执行机关等多元的公权力主体，从而使得多元主体的权力之间呈现出相互制约的状态；另一方面也存在辩护主体这样代表私权利的主体，以对抗公权力运行的方式来实现对权力的制约。在刑事司法中，这些主体之间基本形成了控、辩、审的三角形诉讼结构，整个刑事司法的运行就是围绕着这样一个结构而展开。在这样的结构中，以侦查机关与检察机关为代表的控方主体追求的是社会保护，“公诉权的起源就与打击犯罪过程中实现国家权力的制衡，确立统一追诉犯罪的司法基准，实现司法刑罚权和有效维护社会整体秩序有关”[①]。在这样的一种价值诉求下，控方主体天然就会追求入罪。而以辩护人为代表的辩方主体追求的是人权保障。辩护权的权利理论认为，在刑事诉讼中，赋予被指控人辩护权，旨在为公诉一方提出和赢得起诉设置障碍。赋予被指控人权利可防止政府权力的滥用，从而保护所有公民不受非法侵害。[②] 在这样的一种价值诉求下，辩方天然就会追求出罪。不难发现，二者的利益追求是相对的，这就使得刑事司法过程天然呈现出一种对立冲突的状态。而作为审判者一方，裁判主体则需要在综合考量控辩双方意见的基础上，居于中立地位作出裁判，故而审判者一方的推理带有综合性。这样一种运行方式具有其合理性。其目的就是使社会治理过程中的矛盾与冲突被映射到不同的主体身上，再通过多元主体的互动，来保证冲突被更加全面地展示出来，使得裁判主体对冲突的考察更加全面。同时，在司法运行的过程中，与多元主体之间的互动相伴而来的是主体之间的相互制约，这能够避免控方与辩方其中任何一方意志的片面优先，也能够避免裁判者的主观擅断，从而使得冲突能够以一种理性的方式被化解掉。

可见，司法缘起于对立冲突，司法是为了化解对立冲突而存在的，直面对立冲突的存在，并理性地加以引导，才是司法运行的要

① 王新环：《公诉权原论》，中国公安大学出版社 2006 年版，第 31 页。

② 陈兴良：《刑事法治论》，中国人民大学出版社 2007 年版，第 230 页。

义所在。与对立冲突规律相对的是片面强调和谐甚至配合，这种做法否定了司法过程中多元主体之间利益冲突的客观存在，以至于司法的运行呈现出异化的态势。在刑事司法过程中，片面强调和谐甚至配合的典型表现就是控审合一、侦诉合一与辩护话语权的失落。这种做法否定权力主体之间的分化与制约，也忽视了权利对权力的制约。如此一来，往往可能诱发侵犯人权的风险，进而引发冤假错案。可见，否定司法的对立冲突规律会使得司法运行呈现出片面化的态势，进而诱发司法实践中的法治风险。遵从司法的对立冲突规律，才能使社会冲突更加全面地展示出来，也能保证司法决策更加的理性正当。

（二）国家裁判规律

司法是以国家裁判的方式来化解对立冲突的，故而坚持国家裁判规律，与之相对的是私力救济。国家裁判规律是指司法活动是一种公力救济，是国家权力活动，在化解冲突时具有强制性。公力救济，是指“权利被侵害时依国家权力以救济保护之方法也”。[①] 司法作为一种公力救济方式而出现，源于私力救济的无效甚至严重后果。“在过去，当这种纠纷发生时，受害者是通过自力救济加以解决。然而，这种自力救济仅仅对强者有利，而并不能成为对权利者的救济。”[②] 这种私力救济的方式，归根结底是将强力作为社会的根基。但在这样一个社会中，拥有最大力量的人就具有了针对所有人的最大权力，他可能暴力地强制所有的人，并且以所有人都会恐惧的严厉惩罚来控制他们。但是，当力量更强大的人出现时，原来的暴力行使者就会被迫沦为服从者，社会上只会迎来新一轮的暴力循环。如此一来，人与人之间的关系不仅无法被整合，反而可能因为相互之间的倾轧而呈现出愈加孤独，愈加原子化的态势。可见，

① 郑竞毅、彭时编著：《法律大辞书》，商务印书馆 1936 年版，第 148 页。

② ［日］中村英郎：《新民事诉讼法讲义》，陈刚等译，法律出版社 2001 年版，第 3 页。

采用私力救济，容易使得社会陷入恶性循环，甚至可能导致整个治理体系的崩溃。正是为了避免这种情况，国家才开始出面，以公力救济的方式来干预人们之间的矛盾冲突。这种公力救济就是司法。

司法的运行是一种国家主导下的权力行为，这一权力行为是由国家强制力保证实施的，只有这样才能使权力行使的相对人必须服从它，才能使法律在国家权力的管辖范围内对全体社会成员具有普遍的约束力。具体来看，司法活动的主体享有法律赋予的权力，司法活动的展开与结论都是一种强制行为。就司法活动的主体来看，司法活动一般是由国家专门机关来主持进行，由法院受理案件，主持进行诉讼活动，依审判权力对纠纷进行处理。并且在刑事司法的运行过程中，还会有检察机关、侦查机关与执行机关依照法定职权收集证据，发现案件真相，羁押犯罪嫌疑人、提起诉讼、支持诉讼和执行刑罚的活动。司法运行的过程具有强制性，如为了使司法活动顺利进行，各国家机关有权力对阻碍司法进行的各种行为采取强制措施或者其他强制性手段。例如，人民检察院有权力批准逮捕可能毁灭、伪造证据的犯罪嫌疑人，人民法院也有权对妨碍审判正常进行的诉讼参与人处以罚款或拘留。司法运行的结果是裁判结论，这样的结论也具有强制力。司法裁判的结论会影响到权利义务的重新分配，是以对公民的人身权利或财产权利的予夺为内容的，从而影响到公民的切身利益。为了保证裁判的顺利执行，国家也会对拒不执行的被裁判者加以追究，从而保证裁判的效力。由此可见，司法的运行遵循国家裁判规律，是国家公权力的作用过程，以国家强制力来保证实施，故而带有强制性。

（三）规范裁判规律

司法是以规范裁判的方式来化解对立冲突的，故而坚持规范裁判规律，排斥主观擅断。规范裁判规律是指司法活动中的多元主体必须要遵循规范的制约，这种制约既体现为规范文义的制约，也体现为规范思维的制约。这一规律与法治社会的追求相契合，与之相对的是主观擅断。

司法过程就是法律适用的过程，即将法律规范与案件事实对应起来，从而使得法律效果予以实现的过程。这一过程必须建立在服从法律规则这一基本立场上。这种基本立场可以被称为“守法主义”。施克莱指出，“所谓守法主义，是指一种伦理态度，它把是否遵循规则当作判断道德行为的标准，将道德关系视为由规则所确定的权利义务关系”。[①] 司法的运行是为了追求法治社会的实现，而法治社会的理想要求我们必须以规范人为原型对刑法进行设计，人与人之间的关系也需要以规范来加以维系。规范人具有对规范的理智判断和思考能力。在法治社会中，人们将被塑造成规范人格体。只有规范人格体产生了，有秩序的规范性社会才能被人为地建构起来。在这个依照规范目的而定义出来的社会中，个体之间依照规范设定的沟通模式进行往来，如果有人背离，规范就需要及时作出反应，反对干扰，保持规范沟通的继续有效。由此可见，在一个法治社会中，规范化的治理将成为最具权威和效力的治理方式。为了避免法治理想沦为空谈，司法也必然要成为一种规范化的治理，这就要求司法必须要遵从规范裁判规律。

规范裁判规律的具体落实必须遵从两个限制条件，一是规范文义的限制，二是规范思维的限制。就规范文义来看，司法必须要接受立法规范文义的制约，这是司法与立法之区别，也是维持公民预测可能性的需要。司法是对规范的执行，从这个意义上来看，司法具有相对克制性。超出规范文义的活动就不再是司法活动，而是一种创设规范的活动，即立法活动。同时，规范的载体是文字，文字虽然没有绝对的确定性，但却具有相对的确定性。这种相对的确定性源自人们的一般共识，正是由于一般共识的存在，文义才具有确定性，法律才得以维持公众对它的预测可能性。就规范思维来看，司法是一种规范化的社会治理手段，其中参与的任何一方都应当接

① ［美］朱迪丝·N. 施克莱：《守法主义》，彭亚楠译，中国政法大学出版社2005年版，第1-2页。

受法律思维方式的制约，诉说对规范的理解，否则就可能无法参与到司法中来。此时，规范成了法律思维的出发点和归宿，用法律方法看问题就是要用法律规范赋予事实以法律意义；用法律方法解决问题就是用规则、程序分配权利与义务、职权与责任、惩罚与救济等。这是其他学科的方法所不完全具备的。[①] 总之，司法的规范裁判规律是由规范文义和规范思维共同塑造出来的，两者综合作用，就使得司法成为一种规范化的社会治理手段。

（四）证据裁判规律

司法是以证据裁判的方式来化解对立冲突的，故而坚持证据裁判规律，排斥主观裁判与非理性裁判。“作为现代法治国家证据制度基石的证据裁判原则，是指诉讼中司法人员认定案件事实必须以证据为依据。”[②] 证据裁判原则的基本要求是作出裁判应当依据具有证据能力并且经过程序调查的证据。具体分析则包括三层含义：第一，认定事实必须依据证据，其他任何东西都不是认定事实的根据。第二，裁判必须根据具有证据能力的证据，这是对证据资格的要求。第三，证据必须在法庭上出示，并经合法的质证、认证程序后方可作为裁判的依据。这是对法定证明程序的要求。上述三层含义之间存在层层递进的关系，必须同时满足才符合证据裁判原则的基本要求。[③]

确立证据裁判原则，对于完成诉讼任务，实现司法公正发挥着基础性的作用。首先，证据是准确认定案件事实的主要手段。证据裁判原则就是要求在发现案件事实真相的基础上实现实体公正，而证据是人们借以复原案件原貌的基本手段，在司法实践中，诉讼证明活动主要是依靠证据而进行的。其次，证据是实现司法公正的基

① 陈金钊等：《法律方法论研究》，山东人民出版社 2010 年版，第 54 页。

② 陈光中、郑曦：《论刑事诉讼中的证据裁判原则——兼谈〈刑事诉讼法〉修改中的若干问题》，载《法学》2011 年第 9 期。

③ 卞建林主编：《刑事证明理论》，中国人民公安大学出版社 2004 年版，第 80 页。

石。这一方面是由于运用证据发现事实才能使得案件得到正确的处理，最大限度地实现司法公正；另一方面是由于围绕证据所设置的一系列诉讼程序和证据规则，有利于限制国家权力，保障个人权利，凸显司法的程序公正。再次，证据是当事人维护合法权利的重要依据。它不仅能够保证真正的犯罪分子受到惩罚，从而使得被害人的权利得到保障，也能够保证无辜的被追诉人不至于被冤枉，可以防止权力的滥用。最后，证据是进行社会主义法制宣传与教育的有效工具。一方面可以有效惩罚犯罪分子，实现对其的特殊预防；另一方面也可以震慑不稳定分子，实现一般预防。此外，还可以提高判决的可接受性和司法的公信力，有利于社会的和谐安定。

证据裁判原则已经被现代法治国家和地区的立法普遍确认。以刑事司法为例，大陆法系国家将之确定在了立法中，如日本《刑事诉讼法》第317条就规定“认定事实，应当依据证据”。英美法系国家法律中存在大量的对证据规则和诉讼程序的规定，也是证据裁判原则的具体体现。我国《刑事诉讼法》中虽然没有明确规定这一原则，但有关条文也包含这一原则的内容。例如，第55条第1款规定：“对一切案件的判处都要重证据，重调查研究，不轻信口供。只有被告人供述，没有其他证据的，不能认定被告人有罪和处以刑罚；没有被告人供述，证据确实、充分的，可以认定被告人有罪和处以刑罚。”2010年两高三部《办理死刑案件证据规定》第2条明确规定，“认定案件事实，必须依证据为根据”，正式确立了刑事诉讼中的证据裁判原则。之后，2012年最高法《关于适用〈中华人民共和国刑事诉讼法〉的解释》第61条规定：“认定案件事实，必须以证据为根据。”2012年最高检《人民检察院刑事诉讼规则（试行）》第61条第1款也规定：“……认定案件事实，应当以证据为根据。”十八届四中全会《关于全面推进依法治国若干重大问题的决定》（以下简称《决定》）中明确提出了“全面贯彻证据裁判规则，严格依法收集、固定、保存、审查、运用证据”的要求，这进一步说明证据裁判原则已经成为我国刑事证据制度的基石性原则。

(五) 居中裁判规律

司法是以居中裁判的方式来化解对立冲突的，故而要坚持居中裁判规律，排斥预断与偏倚。居中裁判规律是指在司法活动中，往往存在一个中立的主体，通过权衡来作出裁判，以此来维持法治状态的均衡，与之相对的是预断或偏倚。司法不可预断或偏倚，这样的做法是回避甚至搁置冲突，长久看来，不仅无法化解冲突，还可能导致冲突被进一步激化，从而导致社会治理的失效。

司法的特点在于其中立性，司法也只有保持中立，才能真正体现其作为判断权的定位，才能真正发挥其定分止争的功能。司法之中立是指“裁判者应在发生争端的各方参与者之间保持一种超然和无偏袒的态度和地位，而不得对任何一方存有偏见和歧视”①。司法中立，是人类法律理性经过历史检验的产物，也是司法本原的必然要求。有论者指出，司法就是司法权衡与司法场域的制度均衡，司法的本原就是法理均衡。这种均衡性本质要求它“无时无刻不能不位居中立于国家和社会之间的独立场域，实现和发挥着保障人权、接近正义、捍卫法律、权威裁判、理性决策、解决纠纷、形成规则的权衡性价值功能”。② 由此可知，在面对社会冲突时，司法应当在遵从社会伦理的基础上，从维持整个社会共同体存续的需要出发，基于中立的立场，对社会共同体中的个体关系、国家与个人之间的关系进行微妙的调和，促使公民社会的确立和良性运转。

司法只有保持中立性，才能够充分发挥其对权利的救济。所谓救济，是指“纠正、矫正或业已造成伤害、危害、损失或损害的不当行为的权利”。③ 司法中立所能发挥的救济效应体现在程序和

① 陈瑞华：《刑事审判原理论》，北京大学出版社 2003 年版，第 58 页。

② 廖奕：《司法均衡论》，武汉大学出版社 2008 年版，第 210 页。

③ [英] 戴维·沃克：《牛津法律大辞典》，李双元等译，商务印书馆 1997 年版，第 75 页。

实体两个层面：就程序上的救济而言，主要表现为两种情况。一种情况发生在公民权利受到其他公民侵犯时。此时，司法即提供一种由国家作为主体，裁判当事人之间纠纷的公力救济。这种公力救济不仅体现在结果的赔偿、补偿或惩罚上，也体现在司法过程中对弱者说理权的保障上，以此给予弱者救济的机会。另一种情况发生在公民权利直面国家权力时。此时，司法活动必须坚持法定的规则和程序，以居中的态度保障公民权利不会受到国家权力的任意侵犯。现代法治国家的刑事诉讼法大多向犯罪嫌疑人、被告人倾斜，正是这种救济性的体现。就实体上的救济而言，司法也不排斥对“恶法”所作的补正：当立法权力以跟进时代的名义，试图或者正在跨越自己的权力疆界的时候，司法却因其保守性而保持着对私人领域和私人事务的理解、尊重和宽容。这样一来，当立法权力走得太远时，司法权就可以从一种历史意识出发，遏制它们狂放的激情和理想的步伐。① 总之，面对冲突，司法应当坚持自身的中立裁判规律，这一规律是司法作为权利救济手段的必然要求。而司法的中立裁判规律，既包括在权利主体的冲突中保持中立，也包括在权力主体与权利主体的冲突中保持中立。司法正是以自身中立的特质，才能切实发挥其对权利的救济作用，也才能维持一个国家政治秩序的稳定。

（六）独立裁判规律

司法是以独立裁判的方式来化解对立冲突的，故而要坚持独立裁判规律，排斥非法干预。独立裁判规律是指在司法活动中，应当通过一定的方式和途径，来排除其他权力因素或不正当因素的干扰，保证司法活动能够依法独立地进行。司法的独立裁判规律要求司法活动必须是一种依照法律的独立认识、证明和裁决活动，这就要求司法主体不能受制于任何非法干涉。司法的独立裁判规律，主

① 谢佑平等：《刑事司法权力的配置与运行研究》，中国人民公安大学出版社2007年版，第252页。

要涉及司法权力与外部因素的关系问题，其中既包括排除公权力的不当干预，也包括排除法外因素的不当干预。

司法首先应当排除公权力的不当干预。司法是一种权力，是整个国家权力体系的一部分，故而需要与其他公权力主体一起，共同完成化解社会矛盾、维持社会秩序的任务。但需要注意的是，司法这种权力具有特殊性，它以裁判的方式来化解纠纷，也以裁判的方式来救济权利。从这个意义上来讲，司法需要同时考虑公权力和私权利的利益需求，并对二者加以权衡。可见，在众多的权力运作方式中，司法权力的运行具有特殊性，这就要求它在整个国家权力体系的运行中保持一种独立的状态，拒绝服从于任何强力。同时，司法作为维护一国法治、保障公众权利的最后一道关卡，也没有义务去服从任何强力的指示。司法如果过分强调其公权力的属性，就可能沦为强力的附庸，进而可能成为暴政的工具。

除了排除强力的不当干预，司法还要排除法外因素的不当干预。马克思指出："法官除了法律就没有别的上司。"① 可见，司法是执行法律的权力活动，其优先考虑的应当是法律因素，对行为作出基于法律的规范评价。但在实践运行中，人们可能会依据多种因素对某种行为作出评价，其中既可能包括法律因素，也可能包括政策落实、道德传统、经济发展、文化习惯等非法律因素，基于这些因素所作出的评价可以被统称为非规范评价，其是有可能与规范评价发生冲突的。在这个时候，司法主体当然不可能一概回避非法律因素的影响，因为这样做可能导致司法运作与公众意见渐行渐远，司法裁判的过程与结论都难以得到承认和执行，司法的权威性与正当性就会受到公众的质疑。但司法也不可以一概吸收裁判过程中的非法律因素，而是应当保持一种相对独立的姿态，审查非法律因素是否能够与法律因素达成契合，做到依法裁判。所谓"契合"，就

① ［德］马克思：《第六届莱茵省议会的辩论（第一篇论文）》，载《马克思恩格斯全集》（第1卷），人民出版社1995年版，第180页。

是指现行立法规定中涵盖了对某种行为的调整方法与评价结论。其中，既包括在法律条文规范文义上的契合，也包括在法律条文规范目的上的契合。只有在达成上述契合的情况下，司法主体才能够以裁判的方式，将规范评价与非规范评价统和起来。可见，司法运行的过程，就是司法主体立足于自身法律维护者的身份，对各种法外因素做出审查的过程。在审查的过程中，司法主体应当坚守自身的品性，不能片面地强调去服从法外因素。司法主体也应当运用自身的智慧，去统和法律因素与法外因素。不难发现，相对于基于法外因素的非规范评价而言，司法的运行是一种独立的基于法律因素的规范评价，司法只有保持这种独立，才能确保依法裁判的落实，进而实现法治理想。

（七）被动裁判规律

司法是以被动裁判的方式来化解对立冲突的，故而坚持被动裁判规律，排除过分能动。被动裁判是指裁判者的行为必须是消极被动的，即学界所概括的“不告不理”原则。法国学者托克维尔指出，“从性质上来说，司法权自身不是主动的。要想使它行动，就得推动它。向它告发一个犯罪案件，它就惩罚犯罪的人；请它纠正一个非法行为，它就加以纠正；让它审查一项法案，它就予以解释。但是，它不能自己去追捕罪犯、调查非法行为和纠察事实”。①

具体来看，被动裁判规律通过裁判过程启动的被动性、裁判主体的被动性和裁判范围的有限性表现出来。裁判过程启动的被动性是指裁判行为只能是审判者在争端发生之后，方能应当事人或者公诉机关的请求被动地介入，而不能主动启动司法程序。司法权的行使从来不是主动介入当事人之间的纠纷，而是在纠纷已经存在于当事人之间，并且由当事人提交司法程序解决的情况下，才能启动司法程序定纠止纷。从民事诉讼来看，需要由当事人将争端提交法

① ［法］托克维尔：《论美国的民主》（上卷），董果良译，商务印书馆 1993 年版，第 110 页。

院，才能启动审判程序。从刑事诉讼来看，也需要由公诉机关或者自诉人提起诉讼，才能启动审判程序。被动裁判规律也体现在裁判主体的被动性上。裁判主体的被动性，是指审判者必须要处于超然中立的地位，不能将自己定位成案件当事人，从而避免冲突被搁置甚至被激化。审判者的超然中立，尤其体现在证明活动上，表现为不承担举证责任。在证明活动中，举证责任是由当事人承担的，相反，审判者只是被动地对证据材料进行判断，以决定是否采信，并不承担败诉或其他不利后果。而在法庭辩论中，法官也不能将自身定位成当事人，导致存在偏倚，而应当居于中立地位听取辩论，并据此进行判断。被动裁判规律还体现在裁判范围的有限性上。从裁判的范围来看，审判者在诉讼过程中只能对当事人申请的内容进行裁判，而不能超出当事人申请的范围。日本学者谷口安平指出，司法机关仅仅在提起诉讼的原告所要求的范围内行动，法院的审理范围被原告提出的主张所限制，判决不能超出原告所主张的范围，也不能有与原告要求不相对应的内容。同时，上诉审法院也只能受制于上诉申请的事项范围，对于未提起上诉的事项，也不得重新审理或者作出裁判。

坚持被动裁判规律，体现了对私权利的保障和对公权力的制约。从私权利的维护角度来看，通过赋予当事人意思自治的自由，从而由当事人选择纠纷化解方式，体现了对当事人利益的尊重。从公权力的理性运行来看，通过对惩罚权力的分化，实现了权力之间的制约，从而避免了权力的过分张扬，也避免了私权利被随意侵犯。坚持被动裁判的规律，也是落实司法公正的必然要求。司法者采用被动的姿态，才能够真正起到化解纠纷、救济权利的作用。相反，如果司法者采用了主动的姿态，试图积极地发现和解决社会中出现的或者潜在的纠纷，那么势必将自己卷入当事人之间的利益冲突中，难以再保持公正的面目。

（八）裁判终局规律

司法裁判的结论具有终局性，这一点体现了司法的裁判终局规律。与之相对的则是程序的反转。裁判终局必然禁止程序的反转，这被论者总结为司法上的反转禁止律，即程序回转禁止、效力撤回禁止和重复裁判禁止。[①] 所谓程序回转禁止，即指程序上的排他和不可逆。如果一项争议进入司法程序，则司法机关就享有管辖权，除非法律另有规定，否则任何人都不能改变司法机关的管辖权，也不能将案件交由其他纠纷解决机制处理。所谓效力撤回禁止，即指法官对于诉讼在实体上的判断具有确定性，不容撤回。司法是经过了法定程序的结论，而“经过程序认定的事实关系和法律关系，都被一一贴上封条，成为无可动摇的真正的过去”[②]。而重复裁判禁止，则是指司法裁决具有既判力，法院不能对已经判决生效的案件重复审理。

裁判终局规律，在刑事诉讼中体现为“一事不再理原则”。根据联合国《公民权利和政治权利国际公约》第 14 条第 7 款的规定，“任何人已依一国的法律及刑事程序被最后定罪或宣告无罪者，不得就同一罪名再予审判或惩罚”。司法的裁判终局规律是诉讼经济的必然要求，它避免了纠纷解决手段和司法程序上的反复，也就避免了当事人和司法机关陷入诉讼的拖累，避免司法资源的浪费。司法的裁判终局规律也是维护司法权威的必然要求。这是因为，一方面，司法机关在诉讼中将被认定的事实推定为真实，从而终结了纠纷各方权利义务的不确定性，使当事人能够按照判决内容重新安排生活，社会秩序从另一层面得以恢复。另一方面，司法裁判也排除了同一纠纷再次适用其他方式解决的可能性。司法活动就成为解决纠纷的最后一道屏障，一旦经由司法程序，就宣告尘埃落定，无疑有利于增加司法的权威性。[③] 司法的裁判终局规律更是保障公民权利的必然要求。司法裁判往往牵涉到权利义务的重新分

① 江国华：《司法规律层次论》，载《中国法学》2016 年第 1 期。

② 季卫东：《法治秩序的建构》，中国政法大学出版社 1999 年版，第 18 页。

③ 卞建林等：《中国司法制度基础理论研究》，中国人民公安大学出版社 2013 年版，第 121 页。

配，直接影响到公民的权利行使和自由空间，这就要求司法运行能够保持起码的确定性，才能使公民可以预测自身行为的性质，避免自身受到法律的任意追究。裁判的反复不仅有可能破坏社会关系和司法的权威，还有可能使公民陷入国家的重复裁判中，也使得被追诉人陷入国家的重复追诉中，在这样的反复面前，公民就难以把握自身行为的法律性质，其权利行使就难以得到有效保障，自由行为的边界也呈现出模糊性，这无疑不利于人权的保障。而裁判终局规律不仅要求公民尊重已经生效的裁判结论，也要求公权力主体尊重已经生效的结论，这就使得公权力保持着基本的克制。如此一来，公众对行为性质的预测就是稳定的，人权保障的理念也就得以彰显。

二、中国特色社会主义对司法规律的理论延拓

从一般意义上来看，司法活动遵循着对立冲突规律，国家裁判规律、规范裁判规律、证据裁判规律、居中裁判规律、被动裁判规律、独立裁判规律与裁判终局规律。回到中国当前的语境下，则需要结合语境论分析方法，来分析中国特色社会主义对司法规律的理论延拓。语境论是指任何一个语境要素的独立存在都是无意义的，任何要素都只有在其他要素关联存在的、具体的或历史的语境中，才是富有生命力的。① 在法学领域中强调语境论的研究方法，就是强调特定的法律制度存在及有效发挥作用的特定意义价值谱系和具体的社会、经济、文化、历史等现实图景，是在反思的基础上，从一个多元的、历史的和具体的语境立场出发，反对单元直线的法律进化观，尤其反对以单元直线进化观来检讨人类整个法律和司法制度。② 采用语境分析论的研究方法，就需要我们明确，司法规律虽

---

① 苗金春：《语境与工具：解读实用主义法学的进路》，山东人民出版社 2004 年版，第 301 页。

② 卞建林、栗峥：《中国司法的当下语境与制度回应》，载《河南社会科学》2013 年第 3 期。

然具有一般性，但在特定的时空背景下，又必然会受到政治制度模式、经济发展水平、历史文化传承与科学技术力量等各种结构性要素的影响与制约，相应地，在某个时空背景下，探求司法规律的内容也必然是一种语境化的努力。

在我国当前的时空背景下讨论司法规律，就必然要结合中国特色社会主义的相关理论对司法规律做出延拓。中国特色社会主义司法规律的根本特征表现为党性、人民性和法治性的有机统一，故而，司法是在党的领导下落实人民民主、实现规范治理的权力活动。而基本规律则表现为权责统一、权力制约、公开公正、尊重程序与裁判终局五大要点。

（一）中国特色社会主义司法规律的根本特征

探讨中国特色社会主义语境下的司法规律，必然要结合我国当前的政治语境加以展开。而我国的政治语境主要体现为《中华人民共和国宪法》所规定的诸项政治制度和政治原则。有论者对之进行了梳理，指出主要有五个要点：一是坚持中国共产党的领导，二是坚持人民民主专政，三是坚持社会主义制度，四是坚持一切权力属于人民，五是坚持依法治国。根据这五大要点，中国的司法制度建设就必然要坚持党性、人民性与法治性。[①] 亦有论者指出："中国特色社会主义司法的根本特征就是人民性、政治性、法律性的有机统一。"其中的政治性是指中国特色社会主义司法的党性。[②] 可见，在中国特色社会主义司法的根本特征上，学界是具有共识的，即基本认为是党性、人民性与法治性这三点。

就党性而言，中国共产党是中国特色社会主义事业的领导核心，党的执政地位是通过党对国家政权机关的领导来实现的。司法权是中国共产党执政权力的重要组成部分，这就决定了司法工作也

---

① 卞建林等：《中国司法制度基础理论研究》，中国人民公安大学出版社 2013 年版，第 13 页以下。

② 张文显、孙妍：《中国特色社会主义司法理论体系初论》，载《法制与社会发展》2012 年第 6 期。

必须要坚持和服从党的领导。习近平总书记于 2014 年 1 月 7 日在中央政法工作会议上的重要讲话中指出：政法战线要旗帜鲜明坚持党的领导。坚持党的领导，就是要支持人民当家作主，实施好依法治国这个党领导人民治理国家的基本方略。既要坚持党对政法工作的领导不动摇，又要加强和改善党对政法工作的领导，不断提高党领导政法工作的能力和水平。[①] 最高人民法院院长周强也指出：党的领导、人民当家作主、依法治国是有机统一的，只有在党的领导下依法治国、厉行法治，人民当家作主才能充分实现，国家和社会生活法治化才能有序推进。因此，必须坚持党领导立法、保证执法、支持司法、带头守法，把党领导人民制定和实施宪法法律同党坚持在宪法法律范围内活动统一起来。[②] 可见，坚持党的领导是实现法治理想与人民民主的重要保证。这一保证作用的实现，不仅通过党对制定和实施宪法法律的领导性来体现出来，也通过党在遵守宪法法律时的模范性上体现出来。落实到司法活动的具体实践上，党对于司法活动的领导作用应当是综合的。如论者总结的，党的意志经过法定程序上升为国家意志，就是现行宪法与法律，党与司法机关都应在宪法和法律范围内活动。党依法领导与司法机关依法行使职权是统一的。而党对司法工作的领导，应体现为四个方面：路线、方针、政策的领导，向人大推荐司法机关负责人员的人选，通过组织活动、思想政治活动和党员模范作用来增强司法人员履行职责的自觉性，以及对司法机关依法独立行使职权发挥保障作用。[③] 可见，在司法活动中坚持党性原则，首先，要求司法工作要接受党的指导，落实党的政策，从而保证司法活动的党性原则。其次，要

① 《坚持严格执法公正司法深化改革》，载《人民日报》2014 年 1 月 9 日，第 1 版。

② 周强：《党的各级组织和领导干部必须在宪法法律范围内活动》，载人民网：http：//cpc. people. com. cn/n1/2016/1122/c64094 - 28885532. html，访问日期：2016 年 12 月 15 日。

③ 陈光中等：《中国司法制度的基础理论问题研究》，经济科学出版社 2010 年版，第 89 页。

求司法工作要寻求党的支持，从而保证司法活动在党的领导下顺利开展。最后，要求党在司法工作中要自觉守法，带头守法，通过自身模范作用在全社会塑造守法风气，从而赋予司法工作更强的权威性。

人民性是指司法工作必须要代表广大人民群众的利益，实现人民民主权利。中国特色社会主义司法的人民性，是坚持人民当家作主的必然要求，这一属性是由我国宪法确立的人民民主专政的国体和人民代表大会制度的政体决定的。从形式上来看，我国司法机关如审判机关和检察机关分别被命名为“人民法院”“人民检察院”，从本质上来看，社会主义司法活动的人民性也需要源于人民、属于人民、服务人民、受人民监督。中国特色社会主义司法活动的人民性，就要求司法活动的立场、依据、指南以及方法等都要立足于维护最广大人民群众的利益，坚持群众工作路线，坚持方便人民群众的工作机制，使得司法活动的运行能够满足广大人民群众的要求。同时，需要构建各种工作机制，保证人民群众能够有效参与司法，监督司法，支持司法，通过贯彻人民性的要求，来实现司法专业化与司法大众化的有机统一。

法治性则是指司法工作必须要服从法律，以法律作为自身运作的导向。中国特色社会主义司法的法治性，是坚持依法治国的必然要求。根据论者的总结，法治性包括法律至上、权力控制和权利保障三个方面的内容。[①] 其中，法律至上是指法律应当成为国家和公民个人行动的最高准则，也是对人们施加强制的唯一根据，其他各种因素尤其是权力意志不能代替法律的角色和功能。权力控制需要从形式与实质两个方面来理解：一方面，从形式侧面来看，法治要求以法律规则的形式强制性作用于权力，所有权力必须受制于法律规范；另一方面，从实质侧面来看，权力应当节制，避免自身过于

① 卞建林等：《中国司法制度基础理论研究》，中国人民公安大学出版社 2013 年版，第 15-16 页。

张扬，导致对公民个体的权利造成侵害。权利保障也是法治的一个重要内容。现代法治国家一般都在法治的框架内赋予公民各种权利，从而制约权力。而法治从控制权力出发，其最终的目的也是要落脚于保障公民权利。法治是对人治的反对，通过法治的手段，可以更好地维持一个国家的政治秩序和社会秩序：一方面，通过法治的手段来行使国家权力，构建国家权力的运行秩序，从而以和平的方式来确立整体上的国家政治秩序；另一方面，通过为人类创造行动准则，改变人们行动的任意性和偶然性，使得社会秩序良性运转。中国特色社会主义司法中的法治性，必然是要通过合理配置权利（权力）、义务和责任的法律来制约国家权力、规范社会主体活动，从而建设良好的、稳定的法律秩序的国家，最终实现最广大人民的根本利益。

党性、人民性与法治性是中国特色社会主义司法的根本特征，三者综合作用，是一个有机统一的整体，共同影响着中国特色社会主义司法的运作。从这个意义上来说，中国特色社会主义的司法就是在党的领导下落实人民民主、实现规范治理的权力活动。这就决定了中国特色社会主义司法是不能照搬西方国家的三权分立制度的。我国现行宪法规定，人民代表大会制度是我国最高的权力机关。在人民代表大会之下设立一府一委两院，即各级人民政府、监察委员会、人民法院、人民检察院，分别行使国家的行政权、监察权、审判权和法律监督权。这与西方国家三权分立的制度设计存在巨大差异：一方面，在我国，人民代表大会是立法机关，但宪法没有赋予司法机关反制立法机关的权力，这与三权分立的体制存在本质区别。另一方面，我国的权力分工与监督制约的方式与三权分立国家存在差异。根据宪法规定，人民代表大会之下设立了人民政府、监察委员会、人民法院和人民检察院，分别行使国家行政权、审判权和法律监督权，各个机关除了要接受人民代表大会的监督外，相互之间也存在制约的关系。可见，在我国，存在一个最高权力机关为人民代表大会，依各个机关职权的差异来配置权力，各个机关共同履行人民代表大会所赋予的权力，故而，其终极目的一致，都是维护人民民主专政。如此一来，不排斥行政机关与司法机关之间呈现出配合的状态。同时，为了保证权力的正当行使，我国采用的是人民代表大会监督结合各机关之间相互制约的制度。这一点也不同于立法权、司法权与行政权相互制约的制度设计。这种权力配置与制约的思路，体现在刑事司法中，就是《宪法》第 140 条的规定："人民法院、人民检察院和公安机关办理刑事案件，应当分工负责，互相配合，互相制约，以保证准确有效地执行法律。"在笔者看来，中国特色社会主义对司法权力的配置与制约都具有不同于西方国家的特殊性，这就使得中国特色社会主义司法的运作会因为职权的差异而导致主体的多元，这也就是刑事司法中"分工负责"的渊源。同时，多元主体又存在坚持党的领导和坚持人民民主的共识，因而会呈现出"互相配合"的状态。同时，为了使得权力运行更加科学理性，又需要坚持权力之间的制约，因而又有"互相制约"的规定。三种状态的结合，正是为了"准确有效地执行法律"，即实现有效的规范化治理。

由此可见，考察中国特色社会主义的司法运行规律，既要考虑到职权的差异，关注多元主体职权的差异性，也要考虑到多元主体之间基于党性、人民性与法治性的共识，关注多元主体的互动方式，从而保证司法职权行使的正当性与有效性。习近平总书记指出，"司法活动具有特殊的性质和规律，司法权是对案件事实和法律的判断权和裁决权"①。有论者指出，将司法权界定为判断权和裁决权，一方面给了司法权一个更加开放的结构，使司法各个环节都行使着对法律和事实的判断权；另一方面又强调了司法权力中具有决定意义的审判权。审判权的核心是裁判权，而侦查、检察围绕

① 习近平：《在中央政法工作会议上的讲话》（2014 年 1 月 7 日），载中共中央文献研究室编：《习近平关于全面依法治国论述摘编》，中央文献出版社 2015 年版，第 102 页。

的是定罪量刑，是裁判的前期工作；司法行政机关是执行裁判，只有裁判才是终局意义上的司法。[①] 在笔者看来，从一般规律上来讲，司法权就是判断权，是依据法律对事实性质的判断。然而，在中国特色社会主义制度下，司法活动既包含多元主体对事实法律性质所作的判断，又包含对多元主体判断分歧的裁判。司法活动会因为职权差异而存在多元主体，这些主体分工负责，实际上都在对某种事实的法律性质作出判断。在这一过程中，各个主体因为职权的差异，难免会存在不同的立场，这就使判断出现分歧。在司法活动中，设置审判主体的目的就是要对这些分歧进行化解，正因如此，审判权构成了司法活动的核心，承担的是对分歧进行裁判的权力。审判权力的运行，就需要基于党性、人民性和法治性的要求，通过开展与多元主体的互动，在互动中化解分歧。总之，判断权反映的是司法运行过程中多元主体的分歧，而裁判权反映的是审判机关基于党性、人民性和法治性的要求，与多元主体互动，从而在互动中化解分歧。分歧的存在和对分歧的化解综合起来，就构成了中国特色社会主义司法的完整内容。

（二）中国特色社会主义司法规律的具体展开

中国特色社会主义司法的根本特征体现为党性、人民性与法治性三个要点，三者是有机统一的整体。如此一来，司法就是在党的领导下落实人民民主、实现规范治理的权力活动。司法根本规律的具体展开表现为司法运行的基本规律。根据习近平总书记的讲话和学者的总结，司法的基本规律主要表现为权责统一、权力制约、公开公正、尊重程序与裁判终局五大要点。[②] 其中，裁判终局已在前文中论述，故在这一部分，将重点阐述除此之外的四项基本规律。

权责统一即权力与责任的统一。权力导致腐败，绝对的权力导

---

① 张文显：《习近平法治思想研究（下）——习近平全面依法治国的核心观点》，载《法制与社会发展》2016 年第 4 期。

② 张文显：《习近平法治思想研究（下）——习近平全面依法治国的核心观点》，载《法制与社会发展》2016 年第 4 期。

致绝对的腐败。在现代法治国家，不存在没有责任的权力。就当前来看，司法责任制已经成为本轮司法改革中的关键，习近平总书记曾指出：要“健全司法权力运行机制……完善主审法官、合议庭办案责任制，让审理者裁判、由裁判者负责”①。并在中共中央政治局第二十一次集体学习时强调，要紧紧牵住司法责任制这个“牛鼻子”。② 权责统一首先是在行政法领域建立发展起来的，是政府行使公共权力应当遵循的基本原则之一。就具体内容来看，其是指任何公共权力都应当处于责任状态，任何公共权力的行使者都应当是责任的承担者，没有不承担责任的权力行使者。权责统一原则虽然缘起于行政法领域，但也可以体现在司法的运行中，归根结底在于司法亦是一种公权力。有论者指出：“司法责任制的构建与完善，是权责统一原则在司法权运行领域的重要体现和必然要求，是公权力运行共有原则与司法权运行具体特点所共同决定的。”③ 可见，权责统一原则在司法领域中的落实，一方面要考虑到司法作为一种权力的共性，另一方面也要考虑到司法作为判断权的个性。就司法作为权力的共性来看，司法牵涉公民权利义务的重新分配，直接影响到公众自由、财产，甚至是生命安全等重要的权利，因此必然要求权责统一，在权力不当行使时承担法律责任。另外，从司法的个性来看，司法是一种判断权，司法官员有自由裁量的权力，这就要求其不受外在力量的干扰，此时就要求司法运行必须是独立的。因此，在司法领域中推行权责统一，也必须要确保司法责任的追究不会损害司法的独立性。可见，在司法领域中推行权责统一原

---

① 《中共中央关于全面深化改革若干重大问题的决定》，载本书编写组编著：《〈中共中央关于全面深化改革若干重大问题的决定〉辅导读本》，人民出版社 2013 年版，第 33-34 页。

② 《以提高司法公信力为根本尺度，坚定不移深化司法体制改革》，载《人民日报》2015 年 3 月 26 日，第 1 版。

③ 陈光中、王迎龙：《司法责任制若干问题之探讨》，载《中国政法大学学报》2016 年第 2 期。

则，关键的是要立足于司法权力本身的运行规律，处理好司法权力独立运行与责任追究的关系。从本轮的司法改革措施来看，最高人民法院在《关于完善人民法院司法责任制的若干意见》中明确提出六大原则：坚持党的领导，坚持走中国特色社会主义法治道路；依照宪法和法律独立行使审判权；遵循司法权运行规律，体现审判权的判断权和裁决权属性，突出法官办案主体地位；以审判权为核心，以审判监督权和审判管理权为保障；权责明晰、权责统一、监督有序、制约有效；主观过错与客观行为相结合，责任与保障相结合。最高人民检察院在《关于完善人民检察院司法责任制的若干意见》中也明确提出了完善人民检察院司法责任制的基本原则：坚持遵循司法规律，符合检察职业特点；坚持突出检察官办案主体地位与加强监督制约相结合；坚持权责明晰，权责相当；坚持主观过错与客观行为相一致，责任与处罚相适应。

权力制约是指司法权分别由不同机关行使，并实现权力的分工负责、互相配合、互相制约的制度安排。权力制约是为了避免权力的滥用和异化。“为了防止滥用权力，必须通过事物的统筹协调，以权力制约权力。”① 习近平总书记指出：要“推进公正司法，要以优化司法职权配置为重点，健全司法权力分工负责、互相配合、互相制约的制度安排。”② 这就是我国刑事司法中的司法权分工配合制约机制。一般认为，分工负责是指法检公机关在刑事诉讼中分别按照法律规定行使职权，其中公安机关主要负责普通刑事案件的侦查和强制措施的执行，检察机关负责审查批捕、直接受理案件的侦查和提起公诉，法院负责审判。互相配合是指三机关应当互相沟通，互相合作，避免推诿扯皮，共同完成刑事诉讼的任务。互相制约是指三机关之间，对于其他机关发生的错误和偏差予以纠正，对

① ［法］孟德斯鸠：《论法的精神》（上卷），许明龙译，商务印书馆2012年版，第185页。

② 习近平：《加快建设社会主义法治国家》，载《求是》2015年第1期。

于重要的刑事诉讼处理由其他机关予以把关，以达到互相约束的目的。[①] 在刑事司法的落实中，分工负责是前提和基础，其基本思路就是权力的分化与制衡，避免司法的专横。而在互相配合与互相制约的关系上，需要注意的是，不可片面强调配合而忽视了制约。过分强调配合往往会产生侵犯人权之虞，也是刑事司法错误发生、发展的重要原因之一。这就要求我们尤其要重视权力互相制约的重要作用，甚至可以认为，互相制约是司法权力分工配合制约机制运行的关键。这既是由该机制的立法本意决定的，也是由当前中国司法改革的任务决定的。从立法本意上来看，司法上采取职权分离，就是要实现权力之间的互相牵制，以权力制约权力，以防止权力滥用，防止和减少诉讼中的错误，以及一旦存在错误，能够及时发现、及时纠正。正因如此，“互相制约，应当是这一机制的制度精华”[②]。从当前司法改革的进程来看，中共中央十八届四中全会提出以审判为中心的改革主张，实际上就是要求审判阶段起到关键作用，即让审判机关成为关键性的制约者，而不是被制约者。由此出发，“制约为主，逆向制约为主应成为分工负责、互相配合、互相制约原则的新义”[③]。

公开公正，即司法运行要坚持公正这一核心理念，并以公开的方式来确保司法公正的落实。公正，即公平正义，维护公平正义是司法的核心价值，而公开是确保司法公正的必然要求。就司法公正而言，公正要求公平正义，公正是司法的核心价值。2014 年 1 月，习近平总书记在中央政法工作会议上指出，“促进社会公平正义是政法工作的核心价值追求。从一定意义上说，公平正义是政法工作

---

① 陈光中：《如何理顺刑事司法中的法检公关系》，载《环球法律评论》2014 年第 1 期。

② 卞建林：《健全司法权分工配合制约机制的思考》，载《河南社会科学》2015 年第 1 期。

③ 左为民：《健全分工负责、互相配合、互相制约原则的思考》，载《法制与社会发展》2016 年第 2 期。

的生命线，司法机关是维护社会公平正义的最后一道防线……”诚然，公正是司法的首要价值所在，也是人们对司法的期望所在。“不论是何种纠纷，人们之所以诉诸司法机关，其目的无非是谋求一个公正的判决。”① 而司法之所以能够作为维护社会公平正义的最后一道防线，不仅在于其化解冲突的功能定位，也在于其强制力和终局性，更在于其过程与结果的公正性。只有实现了公正的司法，才能真正称得上呈现了司法对权利的最终救济功能，司法才能真正担当起公平正义的最后一道防线的功能。司法如果偏离了公正的方向，就可能会被滥用，或是沦为其他权力的附庸，公民的合法权利不仅得不到救济，还可能会被践踏，这是任何一个法治国家所不能容忍的。从价值层面来看，司法公正就表征为独立、公开、公平、民主、和谐等价值准则。② 从中可见，司法公开是司法公正价值的重要组成部分，也是实现司法公正的必然要求。法谚有云：“正义不但要伸张，而且必须眼见着被伸张。”正义需要以人们可见的方式得到伸张，此可谓司法公开之要义。司法公开对司法活动的进行提出了两点要求：一是司法活动应当向诉讼当事人公开。诉讼当事人通过参加诉讼，希望通过充分表达愿望、主张和请求以影响诉讼，使法官作出有利于己的裁判结果。而公开的程序，不仅是他们参加诉讼、提出自己诉求的前提，也是他们能够知晓程序的运作过程并接受裁判结果的重要保障。二是司法活动应当向社会公众公开。社会公众要求普遍的正义，这样才能保证他们在社会中生存和生活的安全感，而且这也是对司法权力的有效制约方式。

尊重程序，即要求司法权的行使必须经过正当的程序，以程序正义的理念指导司法权的行使。在我国，司法权力的运行是为了准确有效地执行法律，即实现法治的目标。而实现法治的目标就必然

---

① 杨一平：《司法正义论》，法律出版社 1999 年版，第 53 页。

② 卞建林：《中国司法制度基础理论研究》，中国人民公安大学出版社 2013 年版，第 53 页。

要求我们坚持程序之治，坚持程序正义的理念。毕竟“正是程序决定了法治与恣意的人治之间的基本区别”①。程序正义最早起源于英国的自然公正观，1215年6月15日颁布的英国《自由大宪章》第39条规定：“任何自由民，如未经其有同等身份的人依法裁判或者根据王国的法律，皆不得被逮捕、监禁、没收其财产、剥夺其自有权或者自由习俗。”② 这是历史上公认的关于程序正义的最高规范表达。从当前来看，程序正义的标准包括法官的中立性、当事人的诉讼地位平等、程序的参与性、程序的公开性和程序的终局性五大要点。③ 程序正义的落实是程序价值在实践中的具体体现，其中便可能涉及实体正义与程序正义的关系协调问题。有论者指出，程序的价值包括工具性和独立性两个方面。程序价值的工具性在于其对于实体正义的意义。程序的价值首先在于保证实体价值的实现，而不是单纯为了程序正义而存在。程序价值的独立性在于程序公正本身直接体现出的民主、法治、人权和文明的精神，它不依附于实现实体公正而存在，本身就是社会正义的一种重要内容。④ 可见，程序价值的工具性与独立性之两面，反映出的是实体公正与程序公正的关系问题。一般认为，实体公正与程序公正相互依存、不可偏废。当二者发生矛盾时，应当通过权衡的方式来做出最合理的价值选择，实现公正利益最大化。所谓实体公正，通常可以理解为司法活动所作出的裁判结果符合实体法的规定，使每个人应得的权利得到完全的保障和实现。而程序公正，则是要求司法活动必须要满足处理纷争的一般原则和最低限度的公正标准。一般而

① 季卫东：《法律程序的意义——对中国法制建设的另一种思考》，载《中国社会科学》1993年第1期。

② 徐亚文：《程序正义论》，山东人民出版2004年版，第4页。

③ 卞建林：《中国司法制度基础理论研究》，中国人民公安大学出版社2013年版，第70页。

④ 陈光中：《坚持程序公正与实体公正并重之我见——以刑事司法为视角》，载《国家检察官学院学报》2007年第2期。

言，在遵循程序公正的前提下得出的结果都被认为是公正的，实体公正与程序公正在绝大多数情况下是统一的。但由于受诉讼价值的多元化、司法资源的有限性、人类认知能力的局限性等诸多因素的限制，实体公正与程序公正也难免会发生矛盾。实体公正与程序公正的关系如“车之两轮，鸟之两翼，互相依存，互相联系”。因此，当二者难以兼顾时，不应一味地选择程序公正或实体公正，而应当坚持实体公正与程序公正并重的理念。司法的本质是判断权，这就使得司法呈现为一种权衡的艺术，在处理二者之间的矛盾时，也需要符合诉讼中的利益权衡原则，即根据一定的原则和标准，基于诉讼利益最大化的考虑，确定某一方或者某些方面更为优越而放弃另外的方面。[①] 根据这一原则，当程序公正与实体公正发生矛盾时，不宜简单地确定谁更优先，而应当根据具体情况作出判断，从而保证司法治理的正当性与有效性。

三、司法规律在司法职权行使中的展开

前文已经对司法规律的一般内容进行了梳理，并结合中国特色社会主义对司法规律做出了理论延拓。在这一部分，有必要从理论回到实践，围绕司法规律的实践化问题展开研究。前文已经指出，司法规律既是对司法实践的概括，也发挥着对司法实践的指导作用。对司法规律的研究如果脱离了司法实践，就成了无源之水，无本之木，也就丧失了理论命题存在的意义。

司法规律的实践化，其实就是司法职权的行使。所谓司法职权，是指承担国家司法职能，行使国家司法权力的职责和权力。[②] 相应地，司法职权的行使就是特定主体承担司法职能，行使司法权力的实践活动。同时，在我国当前的语境下，司法职权又是一个涉

---

① 陈光中主编：《中国司法制度的基础理论问题研究》，经济科学出版社 2010 年版，第 398 页。

② 张文显：《法理学》（第 3 版），法律出版社 2007 年版，第 237 页。

及多元主体的概念。在党的十八届四中全会《决定》中，在“优化司法职权配置”一部分指出，要“健全公安机关、检察机关、审判机关、司法行政机关各司其职，侦查权、检察权、审判权、执行权相互配合、相互制约的体制机制”。可见，在我国当前的语境下，司法职权的行使就包括侦查权、检察权、审判权、执行权四种职权的行使。综合分析之下，司法职权的行使是一种实践性的活动，关系到多元主体将承担什么样的司法职能与权力，又如何行使这样的司法职能与权力的问题。司法规律发挥着对司法实践的指导作用，相应地，司法职权的行使也离不开司法规律的指导。司法规律对司法职权行使的指导作用，就是司法规律在司法职权中的展开。

司法规律的实践化就是司法规律在司法职权中的展开，在实践中则表现为对侦查权、检察权、审判权和执行权四种职权的配置、运行、监督与管理的指导作用。这种指导作用集中表现为两个方面：一方面，在司法规律的指导下优化司法职权配置与运行方式，调整管理模式，从而提高权力运行的效率，保证司法职权的高效行使。另一方面，在司法规律的指导下强化对职权行使的监督和管理，从而防止权力运行的恣意，保证司法职权的理性行使。如此一来，在司法规律的指导下，司法职权的行使将具有更强的有效性与正当性。

（一）司法规律在司法职权配置中的展开

司法职权的行使，首先是司法职权如何配置的问题。相应地，司法规律在司法职权的行使中展开，首先也表现为司法规律在司法职权配置中的展开。配置，就是安排。司法职权的配置，就是司法职责和权力由谁行使的问题。具体来看，就是侦查权、检察权、审判权和执行权由谁行使的问题。司法职权的配置是司法活动的一部分，必然要接受司法规律的指引。

司法职权的配置问题，包括外部配置与内部配置两个方面。司法职权的外部配置，主要关注司法职权与其他权力的关系，解决的主要是司法职权与其他权力，如立法权、行政权、司法行政权之间的配置问题。司法职权的内部配置，则主要关注司法职权自身，解决的主要是司法职权在内部应当如何配置的问题。具体而言，其包括三个方面的问题：第一是职责不同的机关之间的司法职权配置问题，即公安机关、检察机关、法院与司法行政机关之间的职权配置问题。第二是司法职权在每个机关内部范围内的配置问题。比如，检察机关内部应当如何分配侦查权、批准逮捕权、提起公诉权和法律监督权等。第三是不同层级之间的司法职权配置问题，即司法职权在中央和地方是如何进行配置的。

司法规律对司法职权配置的指导作用，表现为司法职权配置需要遵从司法的基本规律，并且形成属于自身的司法职权配置规律。具体到各个机关，则又会形成侦查权力、检察权力、审判权力与执行权力的配置规律。司法职权配置应当接受司法规律的指导，正确处理权力的分工问题，明确界定部门与部门之间、部门内部不同层级之间的职责、权力的界限，从而形成结构合理、权责明晰、运行高效、相互制约的司法权体系，才能够保证司法职权行使的公正、高效与权威。

（二）司法规律在司法职权运行中的展开

司法职权的行使，其次是司法职权如何运行的问题。相应地，司法规律在司法职权行使中的展开，其次也表现为司法规律在司法职权运行中的展开。司法职权的配置解决的是静态意义上司法职权由谁行使的问题，司法职权的运行则解决的是动态的司法职权如何行使的问题。具体来看，就是侦查权、检察权、审判权和执行权在实践中如何运行的问题。司法职权的运行是司法活动的一部分，也必然要接受司法规律的指引。

司法职权的运行问题同样也需要具备内部与外部的双重视角。就内部视角来看，司法职权的运行就是要关注侦查权、检察权、审判权和执行权各自的运行。需要认识到的是，由于不同主体的性质不同，承担的诉讼职能也不相同。同时，多元主体所处的诉讼阶段不同，每个诉讼阶段的具体任务又各有侧重，因此不同的司法职权有各自特有的运行规律。比如，在法律价值的问题上，侦查权运行强调效率，审判权运行侧重公正，而检察权则兼顾公正、效率与权力制衡。讨论司法职权的运行，首先就要在内部视角上关注不同权力的运行。就外部视角来看，司法职权的运行也要关注多元主体之间的职权交叉问题。需要认识到的是，尽管每种司法职权的运行都有各自的逻辑，但诉讼是一个整体，因而多元主体之间也不可避免地发生交流，进而引发职权的相互交叉与碰撞。比如，侦查权与检察权的关系问题，以及检察权与审判权之间的关系问题。讨论司法职权的运行，其次也要从外部视角上关注多元主体职权的交叉与碰撞问题。

司法规律对司法职权运行的指导作用，表现为司法职权的运行需要遵从司法的基本规律，并且形成属于自身的司法职权运行规律。具体到各个机关，则又会形成侦查权力、检察权力、审判权力与执行权力的运行规律，以及在处理多种职权之间的相互关系时所要遵循的规律。司法职权的运行应当接受司法规律的指导，明确权力运行的目标、程序与限度，实现权力运行的理性与正当，才能够保证司法职权行使的公正、高效与权威。

（三）司法规律在司法职权监督中的展开

司法职权的行使，再次是司法职权的监督问题。相应地，司法规律在司法职权行使中的展开，再次也表现为司法规律在司法职权监督中的展开。从语义上来看，监督是指从旁查看并加以管理。司法监督就是要对司法职权的运行加以监督，从而依法约束司法职权，避免司法权的扭曲和滥用。司法职权的监督是司法活动的一部分，与司法职权的配置运行一样，也必然要接受司法规律的指引。

司法职权监督可以认为是一切公权力主体、社会组织、公民等对涉及司法职权行使的所有机关、工作人员的司法活动进行的约束和控制。司法监督的目的在于约束司法职权的行使，防止司法职权的扭曲和滥用。司法监督的展开需要尊重司法的独立性地位，也要符合司法权的本质属性，还要契合司法权的运行特征。总体来看，司法监督可以分为检察监督、审判监督、人大监督和舆论监督四种。其中，检察监督分为四种：一是对刑事羁押的监督，二是对刑事侦查的监督，三是对审判活动的监督，四是对执行活动的监督。审判监督程序是指对于确有错误的案件，当事人通过申诉或者向检察院申请提起抗诉的方式进行再审，重新启动诉讼程序。从广义上来说，审判监督主要包括审级监督和审判管理监督。人大是国家权力机关，对法院、检察院的工作进行监督是人民主权的具体体现，也是我国宪法、人大监督法的要求之一。舆论监督属于社会监督的范畴，司法领域的舆论监督，一般是指社会公众通过网络、新闻媒体等渠道对司法活动进行跟进与评价，通过民意表达形成舆论压力，促使司法机关调整不当司法行为的监督方式。

司法规律对司法职权监督的指导作用，表现为司法职权监督需要遵从司法的基本规律，并且形成属于自身的司法职权监督规律。司法职权监督应当接受司法规律的指导，只有这样才能处理好司法权力独立运行与外部监督之间的关系，同时又能够有效避免司法权力自身运行的滥用与异化，进而保证司法职权在公开规范的路径下行使。

（四）司法规律在司法职权管理中的展开

司法职权的行使，最后是司法职权的管理问题。相应地，司法规律在司法职权行使中的展开，最后也表现为司法规律在司法职权管理中的展开。在管理学上，管理是指人们通过自觉地协调和控制人及组织的行为，以期使所从事的工作（活动）和谐、持续高效运行的社会活动（行为）。① 管理是一切组织正常发挥作用的前提，是保证组织有效运行必不可少的手段。科学的管理机制和管理办法，可以使组织的整体功能大于组织因素单项功能的总和，使组织以最少的资源投入来取得最佳的预期效果。司法管理就是为了保证

① 吴琼、戴武堂主编：《管理学》，武汉大学出版社 2016 年版，第 2-3 页。

司法机关各项工作的高效运行和司法权力的规范行使而制定的各项管理机制和实施的管理行为，是借用管理学上的方法和手段来规范和管理司法机关、司法权和司法活动的机制和具体手段。司法管理是司法活动的一部分，自然也接受司法规律的指导。

司法职权的管理，包括对人员的管理、对业务的管理和对行使职权的保障。其中，对司法人员的管理可以根据管理对象分为对法院人员的管理和对检察人员的管理。对法院人员的管理分为对法官的管理、对审判辅助人员的管理和对司法行政人员的管理；对检察人员的管理分为对检察官的管理、对检察官辅助人员的管理和对司法行政人员的管理。从内容上来看，针对人员的管理包括分类管理和行为规范与惩戒两部分。司法业务管理可以根据对象分为对审判业务的管理和对检察业务的管理，从内容上来看，则包括案件流程管理和司法业务考评两项内容。对行使职权的保障则包括司法人员的薪酬、身份、履职等保障机制。在当前社会背景下，司法职权的管理尤其要注重解决司法地方化和司法行政化的问题。所谓司法地方化，是指检察院、法院因为人财物等把持于地方等诸多因素导致在司法过程中不可避免地要受到地方党政的影响或者干预，司法机关演变为地方机关；而司法的行政化问题是指由于司法机关内部运用行政化的方式管理、运作司法而导致的司法内部不独立问题。①

司法规律对司法职权管理的指导作用，表现为司法职权管理需要遵从司法的基本规律，并且形成属于自身的司法职权管理规律。司法职权管理应当接受司法规律的指导，从而实现对司法机关、司法权运行和司法活动的科学化、规范化管理，保证司法机关不受外部干扰而独立行使职权，司法机关内部各职能部门能够有条不紊地良好运作，司法职能部门内部的人员能够切实认真履行自身职责，进而保证司法职权在法治框架下公正、高效和协调的运行。

---

① 陈卫东：《司法“去地方化”：司法体制改革的逻辑、挑战及其应对》，载《环球法律评论》2014 年第 1 期。

第三节　司法规律的关联要素及相互影响

司法规律并非自发生成的，而是在纵向的历史进程中逐步发展并形塑而成的，司法文化、司法理念、司法价值、司法制度、司法实践、司法方法均是其生成和发展的关联要素，其间产生互动并彼此影响，但相互之间存在明显的区别。正得益于此，现代意义上的司法规律方能得以形成，进而具备指导司法改革的理论和实践意义。因而，当我们研究司法规律时，不仅需要理解“司法规律是什么”，还应当把握“司法规律如何生成”以及“司法规律生成过程中受何种因素影响”，就此而言，研究司法规律与司法文化、司法规律与司法理念、司法规律与司法价值、司法规律与司法制度、司法规律与司法实践、司法规律与司法方法之间的相互关联就显得十分有必要。

一、司法规律与司法文化

司法文化的概念有广义和狭义之分。广义的司法文化是指所有的司法现象，包括器物、制度和观念。法律器物是以物质形态体现的法律制度，因而也可以归入法律制度的范畴。在西方，将司法文化等同于司法传统的观点，就采用了广义司法文化的概念。狭义的司法文化是指社会中植根于历史和文化的司法价值和观念。这种司法价值和观念不仅包括占主导地位的法律理论和意识形态，而且还包括大众的法律态度、观念和意识。[①] 因为后文中将分析司法规律与司法理念及制度的具体关系，故本部分在研究司法规律与司法文化的相互影响时，采狭义之司法文化概念。

① 高鸿钧：《法律文化与法律移植：中西古今之间》，载《比较法研究》2008 年第 5 期。

（一）司法文化是司法规律的牵引器

我国传统司法文化可以由四个关键词加以展开：其一，礼治。在中国古代，经由伦理、纲常秩序的维持，即通过礼治来实现国家治理乃是其根本特征，礼治亦成为中国古代司法理念的首要价值追求。所谓礼，简言之，就是强调君臣父子、兄弟夫妇、官士农工商各有职分，尊卑贵贱有别，亲疏长幼有序，各治其事，其基本特征是等级性和血缘性。所谓礼治，则是指主张根据礼的原则治理国家的一种统治方式。其二，民本。民本思想是中国古代政治法律思想中宝贵的精神财富，是中华文明的一个显著特征，对中国传统法律文化和司法理念都产生了深远的影响。起源于夏商周三代的“民为邦本，本固邦宁”的重民思想是民本思想的渊源。由于西周“德”观念的出现，使得政治法律文化中神的因素被降到最低点，人——尤其是统治者个人——的道德要求被大大提升，“礼乐文明”的人本主义特点发展成为中国特色的民本思想。其三，无讼。在中国传统社会中，这种对秩序与和谐的追求与崇拜，随着儒家“中庸之道”“天人合一”“以和为贵”的思想逐步演化成“无讼”这一具体原则。仅从其字面意义上来看，“无讼”具有两层含义，一是通过各种方式化解已有的纠纷，使不成讼；二是以道德教化人们无争无讼，使任何纠纷都得以及时化解，甚至使讼无以发生，禁之于未然。其四，中庸。中庸之道包含“权”和“时”两个范畴，“权”是通权达变，讲不违背原则的灵活性；“时”是审时度势，依据原则变通处置。儒家的“中庸”之学作为一种至大至微的方法论原则，贯穿于儒家仁学的始终，必然也会对儒家思想指导下的中国传统司法理念产生深远的影响，强调无枉无滥，不纵不淫，宽严适中。[①]

但正是在这样的司法文化中，中国古代程序观念的缺失才得以

---

① 卞建林主编：《现代司法理念研究》，中国人民公安大学出版社 2012 年版，第 6 页以下。

显现，与现代意义的司法规律背道而驰：首先，中国古代封建社会强调皇权至上，等级秩序分明，官即是法、王高于法。没有为官之人愿意受到程序的约束，削弱自己的权力。其次，在封建礼教中，道德即法，道德伦理受到无限推崇，甚至出现了经义决狱之风气，司法官吏将《春秋》作为定罪量刑的依据，论心定罪，主观臆断，道德的遵守与评判没有形式上的约束，运作中时常出现舞弊；伦理道德观念至上的背后是法治观念的缺位。最后，我国古代主要采用纠问式诉讼模式，司法官作为审判主体，可以依职权主动对被告人加以追究，二者处于不平等的诉讼地位。直到 1840 年，西方列强的坚船利炮迫使清政府打开国门，中国开始被迫学习和接受西方法律文化，中国近现代法制现代化的进程由此开启。从清末修律到民国时代的法制变革，一系列法律创制活动，使得中国近现代法制初具雏形。在清末修律的过程中，沈家本等人就指出："刑律不善不足以害良民，刑事诉讼律不备，即良民亦罹其害。"① "刑事诉讼虽无专书，然其规程尚互见于刑律。独至民事诉讼因无整齐划一之规，易为百弊丛生之府。若不速定专律，曲防事制，政平讼理，未必可期司法前途不无阻碍。"② 清末新政在辛亥革命的枪炮声中宣告失败，但沈家本等人对于法律的重新认识与修订，却有着里程碑般的意义。其颠覆了传统中国司法对于程序的认识，也点出了传统司法模式的症结所在，开始朝向现代司法规律进行探索。

（二）司法文化决定司法规律的本土语境

格尔茨（Clifford Geertz）主张的文化概念实质上是一个符号学的概念。马克斯·韦伯提出，人是悬在由其自身所编织的意义之网中的动物。而格尔茨也认同这一点，在他看来，所谓文化就是这样一些由人自己编织的意义之网。因此，格尔茨笔下对文化的分析不

① 李贵连：《沈家本与中国法律现代化》，光明日报出版社 1989 年，第 128 页。

② 《大清民事诉讼律草案》，修订法律馆 1911 年版，第 1 页，转引自季卫东：《法律程序的意义》，载《比较法研究》1993 年第 1 期。

是一种寻求规律的实验科学，而是一种探求意义的解释科学，即析解表面上神秘莫测的社会表达，“寻找复杂并使之有序”。[①] 正如格尔茨的著名论断所言：“和航海、园艺、政治和诗学一样，法律与民族志都是地方性的技艺：它们都凭借地方知识来运作。”[②] 弗里德曼（Lawrence Friedman）亦曾断言，法律是社会的产物，“或许法律有其独自享有的生命，但即便如此，它的生命也是非常有限的”。[③] 因而，司法文化决定司法规律能否实现，以及其实现形式为何。毕竟司法规律与司法规律的实现形式不能一概而论，如独立司法是司法权运行的客观规律，但其在中国、英美抑或德日的实现形式均是不同的，在不同的文化背景和政治体制下，司法规律的实现形式可以是多样化的。[④] 在近年来的司法改革进程中，理论与实际依旧存在距离，许多公众仍然对司法公正持怀疑态度。在中国现状之下，社会背景和制度设计有所出入，导致司法正义的渊源在法律之外，法官在很多时候不得不采取相反的方式，模糊程序的界限，以保证司法之效能。基于长久以来中国老百姓对于正义的追求与渴望，加之现代传媒工具的普及，司法机关在处理大案、要案时所承受的舆论压力增大。但没有程序的限制，就容易出现使用非法证据，公、检、法相互协作的情况，从而滋生冤假错案。本冀望司法公正能得到社会的广泛认可，到头来却是南辕北辙，问题不仅在于制度不够精细，更重要的是制度本身无法发挥其能效。评价司法之于公众的作用，不仅要从供给方出发进行判断，更重要的是要从需求方着手进行分析，从公众对司法的态度和感受，分析现有的司

---

① ［美］克利福德·格尔茨：《文化的解释》，韩莉译，译林出版社 2014 年版，第 5 页、第 44 页。

② ［美］克利福德·格尔茨：《地方知识》，杨德睿译，商务印书馆 2014 年版，第 193 页。

③ ［美］劳伦斯·弗里德曼：《二十世纪美国法律史》，周大伟等译，北京大学出版社 2016 年版，第 632 页。

④ 张文显：《司法的实践理性》，法律出版社 2016 年版，第 91 页。

法体系。一些人理所当然地认为败诉的当事人对司法会有负面的评价。但实际上，一部分胜诉的当事人同样会认为司法不公正。当胜诉、败诉双方当事人同时质疑司法的公正性时，司法也就失去了最基本的存在价值。“一般而言，事物越合理，就越容易理解。因此，查明真相、得出判决的程序越合理，则理性的当事人越赞成审理结果。也就是说，如果人们能理解程序及判决理由，他们就更有可能接受解决其争执的判决。”① 公众在得到判决结果时，根本无法理解或是认同判决的理由及程序，自然无法接受这样的判决结果。公众连国家的司法都无法信任，“法治”更无从谈起。

（三）司法规律与司法文化相互促进

2008年，最高人民法院提出了“能动司法”的概念，各界很自然地将之与“马锡五审判方式”联系起来，二者都推崇简化司法程序，追求实质正义。然而，司法改革应追求司法的现代化以及与社会需求相适应，却并不意味着可以用行政原理淡化司法特征。这种追求服务性、主动性、高效性的司法模式，不仅与传统意义上司法所具备的保守性相悖，还容易与具有主动性的行政相混淆，动摇司法机关的独立地位，导致司法丧失权威性、公正性、中立性，使其与司法规律背道而驰。打破司法规律的束缚，也许能满足一时之需，但从长远来分析，很有可能将造成更多问题的产生，形成恶性循环。因而，类似“能动司法”这样的司法模式或许能解一时之渴，但并非遵循司法规律。自党的十八届三中、四中全会以来，习近平总书记将司法的基本规律总结为权责统一、权力制约、公开公正、尊重程序与裁判终局五个方面，既是对下一阶段司法改革作出的指引，也是对过往司法改革的经验总结和误区澄清。② 在遵循司法规律的进程中，也要清醒地认识到对司法规律的遵循需要

① ［美］迈克尔·D. 贝勒斯：《法律的原则：一个规范的分析》，张文显等译，中国大百科全书出版社1996年版，第36页。

② 张文显：《习近平法治思想研究（下）——习近平全面依法治国的核心观点》，载《法制与社会发展》2016年第4期。

"语境的建构"，作为一种实践理性，司法的运行高度依赖于其所依存的时空环境、制度环境，具有鲜明的地方性特征。[①] 就转型时期的中国司法而言，司法文化仍有待培育，而符合司法规律的司法改革可以在此过程中起到一定的引领作用，即逐步推动司法文化符合现代司法规律的实现形式。

二、司法规律与司法理念

就词义而言，"理念"是指"对某一理论领域本质与规律的认识与观念"，或者更为简单地界定"理念"，就是指原理、原则、信念，或价值和精神取向。它是一种制度在建构和设计过程中内在的指导思想和哲学基础，是一系列价值选择的结果，并指向某种特定的目标。以此解释方法来探究"司法理念"一词的内涵，即指人们对有关司法理论本质及其规律的理性认识与整体把握，是司法实践中人们对司法性质的感悟、对司法精神的理解和对司法价值的解读而形成的一种观念模式，它是指导司法制度设计和司法实际运作的理论基础和主导价值观，也是人们基于不同的意识形态、文化传统对司法的功能、性质和应然模式等系统的思考，是司法的重要组成部分，属于哲学中的实践理性。[②]

（一）司法理念是内化于主体的司法规律认知

探讨司法理念，首先需要把握逻辑的一致性。正如有学者指出的那样，无论从何种角度出发，都不应出现理念和制度设计上的前后矛盾、逻辑混乱。当我们确定自己的目标是建立一个现代法治秩序时，就必然会选择一些具有最低限度普遍性的现代司法理念作为基本理念，如司法机关依法独立行使职权，这一点甚至与政治体制并无冲突。即便是苏联、东欧国家的社会主义法制，也同样授予法

① 卞建林主编：《现代司法理念研究》，中国人民公安大学出版社 2012 年版，第 18 页。

② 卞建林主编：《现代司法理念研究》，中国人民公安大学出版社 2012 年版，第 4-5页。

官和检察官以独立的法律地位。① 而司法权的独立行使，正是最根本、最普遍的司法规律。司法权既是统一的国家权力体系的组成部分，又是一种相对独立的国家权力。司法权的运行既有权力运行的一般规律，又有其特殊规律。其最显著的特殊规律是司法权运行的独立性。② 可见，逻辑一致性作为探讨司法理念之前提，强调最低限度普遍性的现代司法理念作为话语边界，其体现的就是认识主体对于司法规律的基本把握，是一种内化于主体的认知结果。司法规律客观存在，因而需要认识主体不断地发现规律、认识规律，随着人类对客观世界认识的不断深入，司法规律作为客观世界的一部分，也更清晰地被勾勒出来并由司法理念来加以呈现。

（二）司法规律是评价司法理念的客观标尺

司法理念是主体认知的表现形式，内化于心的同时也外化于行，具有主观性；但司法规律客观存在，需要认知主体去发现，而非认识、创造甚至表现。客观性事物易于评价，而主观认识则往往难以把握，其好坏优劣需要由客观标尺加以衡量。而前已述及，司法理念是内化于主体的司法规律认知，二者之间存在密切关联，因此评价司法理念可以充分利用司法规律的客观性。有学者发现，若干年前，主流媒体议论司法时，曾比较强调司法的中立性、平等性、专业性、合法性、公正性、被动性、权威性、终局性。但近年来，主流媒体侧重宣传的是司法的政治性、人民性、民主性、合目的性（为大局服务等）、可接受性（强调尊重社情民意、强调调解结案）、和谐性（强调司法机关之间的配合、强调对受害人的救济等）、合理性。有人把这种现象归结为个人因素，有人则将这种现象归结为“三十年河东、三十年河西”。实际上，这其中反映了人们对司法规律的认识不断地试错或证误，也反映了人们对司法规律

① 范愉：《现代司法理念的建构》，载《检察日报》2001 年 7 月 17 日，第 3 版。

② 张文显：《司法的实践理性》，法律出版社 2016 年版，第 95 页。

的认知需要一个甚至若干个否定之否定的辩证规律。[①] 一方面，对于司法规律的认知决定着不同司法理念之提倡；另一方面，司法规律的不断揭示可能影响到人们对于司法理念的评判标准。因而，看似对立的司法理念，并没有对错、好坏之分，而是应当以司法规律为标尺，评价其是否符合司法规律。当然，现代司法理念的构建不同于具体司法制度的建设，它更是一项复杂的系统工程，需要进行全方位、整体性、基础性的架构、改进、提高、发展，于此期间甚至要不断地经历各种试错，才能最终形成富有中国时代气息、中国时代精神的司法理念体系。在构建中国现代司法理念的过程中，首先不能拒斥世界现代优秀文明。当代世界的一个明显的发展趋势是经济的全球化促进了国际经济交往规范的全球化，与之相适应，世界各国的司法制度、司法理念也在某种程度上出现了趋同的态势。面对这一局面，我们应当正确应对，并以开放的胸怀和世界性的眼光加以审视。当然，借鉴西方法律文明固然是一种需要，但更重要的是应当将目光投注于我们中华民族的先人们所创造的灿烂法律文明上，认真研究和借鉴祖先留给我们的宝贵遗产，即中国传统的司法理念，[②] 以适合中国国情的标尺——中国特色社会主义司法规律——对司法理念作出评价。

（二）司法规律与司法理念相互关联

在建设社会主义法治国家并探索中国特色社会主义司法规律的进程中，积极研究司法理念的相关问题就显得意义重大：首先，司法理念与司法规律相辅相成。司法理念通常在司法的实际运作中贯彻始终、得到验证，而遵循司法规律的司法运作则以系统成熟的理念作为基础和支撑。因此，如果缺乏对司法理念的深入研究，致使相关理论准备不足，必然会造成司法运作基于错误的理念，进而导

① 江必新：《司法理念的辩证思考》，载《法学》2011 年第 1 期。

② 卞建林主编：《现代司法理念研究》，中国人民公安大学出版社 2012 年版，第 15 页。

致司法本身违背规律。其次，目前正在进行的司法改革实际上也是一场司法理念的变革，如果能够经由对司法理念的深入研究而形成相对成熟的思考，或者在一定程度上凝聚起立法者、司法者与学者的共识，则能够有力推动司法改革在遵循司法规律的前提下顺利开展。最后，虽然司法理念的存在是假设的，但是这并不意味着司法理念本身的虚无。人们对法律与法治的信仰恰恰根植于心理层面所具有的丰富的法律理念和法律精神。而司法理念的匮乏可能导致对司法规律的漠视，从而造成司法活动中人们思想的混乱与行动的迷失，并最终违背司法规律。从这一意义上而言，探讨司法理念的有关问题，对于研究司法规律有所裨益。① 正是因为司法理念与法治建设、司法改革关系密切，因此，要在法治建设与司法改革中遵循司法规律，需要厘清司法规律与司法理念的关系。

三、司法规律与司法价值

价值系哲学范畴，是“客体对于主体的意义”。② 司法价值是司法制度蕴含的价值理念，是司法制度的本质精神，体现在具体的司法活动中。“任何值得被称之为法律制度的制度，必须关注某些超越特定社会结构和经济结构相对性的基本价值。”③ 现代司法价值最核心的内容就是公平、高效和权威。司法价值犹如航灯，指引司法规律，司法规律的产生、发展、走向都必须符合司法价值的要求。对现代司法价值的辨析和明确，有助于我们进一步发现和总结司法规律，而对司法规律的逐渐认识，有助于我们加深对司法价值的理解。遵从司法规律办事，方能实现司法价值。司法规律与司法价值的关系具体体现在如下几个方面。

---

① 卞建林主编：《现代司法理念研究》，中国人民公安大学出版社 2012 年版，第4-5页。

② 李德顺：《价值论》（第 2 版），中国人民大学出版社 2007 年版，第 36-37 页。

③ ［美］E. 博登海默：《法理学：法律哲学与法律方法》，邓正来译，中国政法大学出版社 2004 年版，作者致中文版前言部分。

（一）司法规律是司法价值的客观载体

规律是一种稳定的、本质的、必然的、反复发生的联系。司法规律就是司法活动所遵循的规律，是司法政策和司法实践之间的规律，是司法理念同司法现状之间的规律。一切司法规律都体现司法价值中的核心价值——公平正义。对立冲突规律、居中裁判规律，正是在存在利益相左的对立双方且力量均衡的前提下，通过相互之间力量的较量实现公平正义，即所谓理不辩不明，中立审判者赋予控辩双方平等对抗的权利，通过质证论辩达到发现法律真相的目的，而发现真相本身就是在揭示公平正义。国家裁判规律、居中裁判规律、被动裁判规律、独立裁判规律更是在司法公平正义的要求下产生的。为了实现实体和程序公正、权利公平，司法活动必须作为一项国家职权活动来进行。在三权分立国家，司法权与行政权、立法权三足鼎立。在我国，宪法规定国家行政机关、审判机关、检察机关由人民代表大会产生，《刑事诉讼法》第5条规定：人民法院依照法律规定独立行使审判权，人民检察院依照法律规定独立行使检察权，不受行政机关、社会团体和个人的干涉。国家裁判保证司法公正不受外在干涉，居中裁判保障审判者不受控辩双方的干涉，被动裁判保证审判者坚持“不告不理”原则，不可随意插手解决社会纠纷，独立裁判原则保证审判者自由心证的形成，这些规律都体现并实践着司法价值的基本内容和要求。

（二）遵从司法规律是实现司法价值的根本路径

司法规律与司法价值的作用是相互的。司法价值指引司法规律，而按司法规律办事才能切实实现司法价值。对司法高效这一司法价值的认识帮助人们逐渐探索到繁简分流、多元化处理纠纷的司法规律。匈牙利学者阿尔培德·欧德指出：“在我们当今的时代里，几乎所有刑事司法程序改革都有两个基本目的：一是发现实施一种迅速、简便和成功程序的新方式和新途径；换言之，使司法活动的进行更有效率；二是确保司法活动参与人的权利，这与公正的要求密切相连。”① 为了实现司法高效，案件必须进行繁简分流。设想事实清楚，证据确实、充分的简单案件如果占用过多司法资源，在司法资源有限的客观条件下，必然会导致复杂案件所分配到的司法资源减少，对查明复杂案件的真相不利，难以实现司法公正。无论何种案件，都需要我们把握好公正和效率的关系，实现二者兼顾，毕竟“迟来的正义非正义”。只有遵循繁简分流区分案件复杂和难易程度的司法运作内部规律，才能有效利用司法资源，提高司法效率，实现高效的司法价值。

（三）司法价值认识深化是推动司法规律发展的内在动力

纵观人类司法裁判历史，从神明裁判到纠问制诉讼，再到今天的对抗制诉讼，甚至未来刑事诉讼发展方向的合作式诉讼模式的这一发展过程，体现着司法价值由野蛮到文明的不断发展，从维护社会秩序向维护社会公平正义、保障人权方向的不断发展。人们对司法价值的认识会随着经济社会的发展而不断深化，一旦司法价值的认识得到深化，那么对司法规律的认识必定会进一步深入，从而使司法规律符合变化了的客观实际，更好地指导司法实践工作。人们不断通过对司法价值认识的提升探索新的司法规律。对司法公正这一司法价值的认识帮助人们探索到对立冲突规律、规范裁判规律、居中裁判规律和独立裁判规律，早期通过神明启示“不问事实不问证据”的审理方式不可能使嫌疑人得到公正的裁判结果，纠问式诉讼中的审判者既当裁判员又当运动员的模式难以保障客观公正地查明案件事实真相，因此，最大限度地实现公正要求控辩双方平等对抗，审判者居中独立作出裁判。

（四）司法公正是司法规律的终极价值追求

现代司法理念包括司法公正、司法正义、司法高效、司法权威等多种司法价值。因此，司法价值是多元的而非单一的，不同的司法价值必然会在具体应用中发生冲突。这就要求司法价值体系内部

① Comparative Law Yearbook Vol. 9. 1985 by Martinus Nijhoff Publishers, pp. 4–5.

存在不同位阶。比如，公正优先，兼顾效率，正是司法公正和司法高效两个价值相冲突时采取的处理原则，即司法高效应让位于司法公正。我们认为，在司法价值体系中，司法公正是根本性和保证性的，位于第一序列。司法公正是研究司法价值的出发点和落脚点。在所有司法价值当中，司法公正居于核心地位。司法公正是树立司法权威的前提，是在处理公正与效率问题时优先考虑的因素，是效率必须予以保障的内容。“法律源于正义就如同源于它的母亲一样；因此正义比法律产生的早。”罗马法《学说汇纂》开篇就提出了这种观点。“但是我们有权坚持正义，把它作为终极出发点，因为正义就像真、善、美一样，是一个绝对的价值，也就是说，不可能从其他价值中推导出来的价值。”① 罗尔斯的《正义论》对此也进行了阐述：“正义是社会体制的第一美德，就像真实是思想体系的第一美德一样。一种理论如果是不真实的，那么无论它多么高贵，多么简单扼要，也必然会遭到人民的拒绝或修正；同样，法律和体制如果是不正义的，那么无论它们多么有效，多么有条不紊，也必然会为人们所改革或废除。每个人都具有一种建立在正义基础上的不可侵犯性。”② 因此，公平正义是本源性的司法价值，在公正优先的前提下，兼顾与平衡其他司法价值。

司法公正是检验司法规律的试金石。既然司法规律体现司法价值，那么司法规律也应服务于公平正义这一根本的司法价值之要求。对立冲突规律、国家裁判规律、规范裁判规律、居中裁判规律、被动裁判规律与独立裁判规律均是保障司法公正价值实现的规律，都是在司法公正的指引下，为人们所逐步探索到的。以实现公正为目的的规律才能经得起司法实践的考验，否则，则是谬误，不仅不能指导司法实践和司法改革，反而会使司法停滞不前甚至

① ［德］G. 拉德布鲁赫：《法哲学》，王朴译，法律出版社 2006 年版，第 32 页。

② ［美］约翰·罗尔斯：《正义论》，谢延光译，上海译文出版社 1991 年版，第 1 页。

倒退。

四、司法规律与司法制度

司法制度是国家政治制度的重要组成部分。司法制度是指司法机关的组织制度以及司法机关与其他相关机关、组织依法进行或参与诉讼活动的制度的总称。根据内容的不同，司法制度又可分为两个部分——司法组织制度和司法程序制度。司法组织制度，即有关司法机关或其他机关组织构成的制度，主要涉及这些主体在整个国家体制中的性质、地位以及司法机关的组织、编制、种类、职权等方面。司法程序制度，即诉讼制度，具体是指司法机关及相关组织依法定程序适用实体法、程序法，处理诉讼案件或非诉讼案件所应遵循的准则、程序和具体制度的总称。① 司法规律是司法本质特性与司法实践的必然联系，掌握好司法规律，遵循司法规律构建社会主义司法制度，有利于我们深化司法改革，更好地发挥刑事司法打击犯罪，保障人权的作用。

（一）司法规律是司法制度构建的内在逻辑

司法规律为人们的主观意识所掌握，人们运用掌握的司法规律进行法制建设，通过上层立法活动确立社会司法制度。构建司法制度的基本要求和思路应当符合司法规律。刑事诉讼模式，即人们对于侦查、起诉、审判流程和公、检、法三机关的作用和相互关系的思考，体现在精细化的诉讼程序设置中，背后则以人们对司法规律的认识为基础。从早期的神明裁判到弹劾制、纠问制诉讼，再到当今的职权主义诉讼和当事人主义诉讼模式，体现了从司法行政合一到司法依法独立公正行使、从诉审合一到诉审分离、从有罪推定到无罪推定、从重视实体到实体程序并重、从维护社会秩序到维护个人自由的认识发展路径，是对司法规律的探索过程。当前形成的两

① 对于司法制度的含义、内容、构成等问题，参见陈光中编：《中国司法制度的基础理论问题研究》，经济科学出版社 2010 年版，第 16-20 页。

种诉讼模式都是不同国家在不同地域下经过长期经济文化发展的产物，但随着人们认识能力的进一步增强，一国的法律制度已不能独立存在，世界不同国家、区域之间的交流融合进一步加强，综合考虑诉讼模式的多方面因素，无论是职权主义诉讼模式还是当事人主义诉讼模式，都很难完全独立存在，两种模式都在不断地相互借鉴和彼此融合，形成一种“混合制”的诉讼模式，这是发展中的司法规律，也是诉讼制度的发展方向。司法改革必须遵循和尊重司法规律，让司法制度的顶层设计依照司法规律的蓝图精心描绘。[①] 法律工作者要以司法规律为向导，科学构建符合我国国情和世界趋势的社会主义司法制度。

（二）司法制度是司法规律的外在固化

在形成对司法规律的相对系统、完整、深刻的认识后，人们会将司法规律上升至制度层面，在制度上予以确认。对司法规律的制度确认，既是司法规律发展的内在需要，也是司法制度不断完善、法治建设不断走向现代化的客观要求。控审分离、控辩平等对抗正是人们掌握控审关系和规律后进行的制度性确认。程序正义也是在程序独立价值不断凸显的司法规律下，不断得到制度固化的重要内容。例如，无罪推定原则，既是一项证据规则，又是象征程序正义、保障犯罪嫌疑人与被告人人权的宣言。无罪推定原则的起源可追溯至古代罗马法的“有疑，为被告人的利益”和“一切主张在未证明前推定其不成立”两项著名原则。[②] 其在立法上首次被确立，是在法国《人权宣言》中。第二次世界大战后，无罪推定原则作为一项国际刑事司法准则被联合国采纳，并在《世界人权宣言》和《公民权利和政治权利国际公约》中予以明确表述。英国、俄罗斯、葡萄牙、韩国等国先后在宪法中对无罪推定原则予以规

① 刘武俊：《司法改革须遵循司法规律》，载《中国审计报》2014 年 7 月 17 日，第 7 版。

② 陈光中、张佳华、肖沛权：《论无罪推定原则及其在中国的适用》，载《法学杂志》2013 年第 10 期。

定。在我国，无罪推定原则已被学者广泛接受，虽然目前并未明确规定无罪推定原则，但在立法上已涵盖无罪推定原则的核心内容，涉及其中大部分内涵。首先，《刑事诉讼法》第12条规定，即“未经人民法院依法判决，对任何人都不得确定有罪”。其次，《刑事诉讼法》明确控方承担举证责任。《刑事诉讼法》第51条规定：“公诉案件中被告人有罪的举证责任由人民检察院承担，自诉案件中被告人有罪的举证责任由自诉人承担。”再次，《刑事诉讼法》明确了证明标准及排除合理怀疑。《刑事诉讼法》第55条规定：“（一）定罪量刑的事实都有证据证明；（二）据以定案的证据均经法定程序查证属实；（三）综合全案证据，对所认定事实已排除合理怀疑。”最后，《刑事诉讼法》明确疑罪从无。其第200条规定：“……证据不足，不能认定被告人有罪的，应当作出证据不足、指控的犯罪不能成立的无罪判决。”未来，我国应顺应司法规律，明确提出“无罪推定”原则，坚决贯彻“疑罪从无”要求，加强对犯罪嫌疑人、被告人的人权保护，加快法治现代化步伐。

（三）司法制度与司法规律相互促进，共同发展

在时间维度上，司法制度有其历史延续性和流变性，在空间维度上，司法制度具有鲜明的地域性和国别性。在特定的时空场景中，司法制度的创制、发展、运作、变革乃至消亡，又受到政治制度模式、生产力水平、科学技术力量等各种结构性要素的影响和制约。[①] 因此，在对我国司法制度与司法规律之间关系的考察上，我们需要运用语境论分析方法，“力求语境化地（设身处地地、历史地）理解任何一种相对长期存在的法律制度、规则的历史正当性和合理性”，“反对用一种自我中心的、上帝式的、历史在我这里或在我们这一代终结的眼光来考察和评价任何制度”。[②] 即用历史

① 卞建林等：《中国司法制度基础理论研究》，中国人民公安大学出版社2013年版，第1页。

② 苏力：《也许正在发生：转型中国的法学》，法律出版社2004年版，第235、250页。

的、发展的、动态的眼光看待司法规律和司法制度两者之间的关系。司法制度从诞生之日起，就与客观实际发生偏离，时间越久，这种偏离越大。而司法规律是对司法的规律性总结，通常蕴含在司法制度背后。通常情况下，司法制度与客观实际需要的偏离最容易表现出来，为人察觉。司法制度通过其滞后所产生的一系列问题，在客观上对司法规律产生能动的反作用力，促使人们深化对司法规律的认知。而深化司法规律认知，又能够指引人们改革陈旧的司法制度，推动司法制度自身的不断完善。

党的十七大对我国司法制度建设提出了总体要求和基本目标，即建设公正、高效、权威的社会主义司法制度。要实现这个目标，无论是理论界还是实务界，对司法规律的考察都是有必要的。习近平总书记强调："要坚持司法体制改革的正确政治方向，坚持以提高司法公信力为根本尺度，坚持符合国情和遵循司法规律相结合，坚持问题导向、勇于攻坚克难，坚定信心，凝聚共识，锐意进取，破解难题，坚定不移深化司法体制改革，不断促进社会公平正义。"① 我们要立足于本国国情，但同时也要放眼全球。经济全球化带来社会生活各个领域，包括法律领域的全球化。我们应该以开放的姿态和世界性的眼光面对当前司法制度遭遇的问题，置于全球化语境下看待我国司法制度的发展方向。尤其是在世界各国普遍进行的刑事司法改革潮流中，一些刑事司法原则如无罪推定原则、正当程序原则、强制措施司法控制原则、有效辩护原则等为各国普遍采纳。② 我们要充分重视联合国的基本司法准则，承担相应的国际义务，加强司法领域国际合作，紧紧把握法治、独立、正当、人道等基本司法规律，遵循司法规律构建证据规则和程序规则，优化组织机构设置，深化司法改革，建设公正、高效、权威的司法制度，

---

① 《习近平在中共中央政治局第二十一次集体学习时的讲话》，载《人民日报》2015 年 3 月 26 日，第 1 版。

② 卞建林等：《中国司法制度基础理论研究》，中国人民公安大学出版社 2013 年版，第 24 页。

使我国司法制度不断走向现代化和文明化。

五、司法规律与司法实践

司法实践是在司法规律和司法制度指引下的具体司法活动。司法规律来源于司法实践，司法实践是检验司法规律的重要标准。司法规律本质上是一种主观认识，而司法实践是一种客观实际。在认识这对关系时，我们要坚持马克思主义认识论中实践的观点。实践的观点要求我们在实践中发现规律，认识规律，深化规律以及检验规律。

（一）司法实践是司法规律的根本来源

认识来源于实践。正确的、能够反复适用因而具有一定预见作用的认识即规律。司法规律即对司法实践的规律性认识。人们通过对司法现状的反复观察得出司法运行规律，并随着司法实践的不断发展而深化、修正对旧有规律的认识。

司法最初并非以条文或成文法典的形式出现，亦没有专门的司法机构进行专业的司法活动。当今大多被我们称为法，有时甚至完全被称为法的东西，即确定的、以词语表达的、由超越个人之权力发布的、从外部强加于个人的法律规则，在那时的民族中只可以找到某些蛛丝马迹。他们的法主要是氏族、家庭、家族成员共同体中的秩序：这种秩序决定一个有效婚姻的前提条件和后果，决定夫妻、父母与子女之间的相互关系以及其他氏族、家庭和家族成员共同体之相互关系。① 团体内部秩序的确立是存在对立冲突的多方利益主体之间相互协商的成果。在协商未果或是有一方违反了既定秩序的情况下，由氏族长老对团体成员的权利义务作出判断，这就诞生了居中裁判的主体，而团体成员对这种判断必须信服，纠纷由此化解，原有秩序得到维护。因此，从法社会学的角度来看，司法权

---

① ［奥］欧根·埃利希：《法社会学原理》，舒国滢译，中国大百科全书出版社2009年版，第30页、第31页。

本质上是一种判断权。对立冲突规律、司法裁判规律、司法终局规律由此产生并逐渐为人们所理解。在这个基础上，尤其是随着国家的产生，诉讼成为一项专业化的司法活动，并随着司法公平、司法民主、司法文明的呼声日益升高，法治思想逐步觉醒，诉讼的基本结构得以呈现，刑事诉讼中的控、辩、审三方以及民事、行政诉讼中的原告、被告、审判者三方均成等腰三角形结构分布，控辩双方、原告被告双方平等，法院作为专业机构中立、依法、独立进行裁判。现代诉讼模式逐渐形成，诉讼程序逐步确立。

（二）司法规律为司法实践指引方向

规律是人们从实践中总结出的事物之间本质的、必然的联系，是对事物的正确认知，对于实践具有预见、指导作用。司法规律对于司法实践也同样具有这样的作用。司法规律是对司法活动中必然联系的高度抽象性概括，是对司法实践的高度凝练，具有普适性，因而对司法实践具有指导作用。遵循司法规律进行司法实践，会提升实践效果，违背司法规律进行司法实践，则会导致事与愿违，无法达到实践目的。对司法规律的研究，最终是服务于司法实践的。

在法治社会中，刑事司法权力的运作区间极其广泛，并且与其他法律相比，它更是通过对公民名誉的否定评价，通过对公民人身自由、财产甚至生命的剥夺来系统化地提供正义，因此，基于刑事司法的权力运作与社会意识的主体命运息息相关，构建现代化的刑事司法制度就绝对不能对社会意识的变迁无动于衷。[①] 处于整个世界发展进程中的中国目前显露的经济市场化、权力内敛化及社会市民化三个变迁趋势，使个人的主体意识及程序的意义在整个国家机器的运转中日益彰显。[②] 改革开放以来，随着物质水平极大的提高，法治意识普遍得到人民群众的认可，依法治国成为人民群众的需要。随着党的十八届四中全会的召开，历史上第一次将依法治国

① 卞建林：《刑事诉讼的现代化》，中国法制出版社 2003 年版，第 37 页。

② 卞建林：《刑事诉讼的现代化》，中国法制出版社 2003 年版，第 59 页。

作为主题进行深入研讨，什么是依法而治，如何依法而治引发社会的广泛思考。当前，司法领域正在进行的司法改革已步入深水区，对司法实践的改造是根本性和制度性的。司法改革必须遵循司法规律来设计和运作。司法规律是厘定司法改革基本路径的根本依据，也是描绘司法改革路线图的重要标尺。

（三）司法实践是检验司法规律的重要标准

司法规律对司法实践把握准确，则有助于科学配置司法资源，优化司法程序，最大限度地发挥司法效力，提升司法公信力；司法规律脱离司法实践，则不符合司法实践的需要，阻碍司法实践的发展和司法功能的实现。而司法规律是否符合司法实践，必须由司法实践进行检验。离开了司法实践的检验，任何对于司法规律的理解、阐释、解读都是不准确的。新的生活方式，在一定程度上是整个从根本上改变了的社会生活和经济生活方式，即一种新的法律。① 司法应当顺应社会现代化的整体趋势，司法规律也必须符合当前的司法实践，指导并服务于司法实践。意识必须随着实践的发展而同步得到深化发展，遵循实践、认识、再实践、再认识的辩证发展过程。实践是检验真理的唯一标准。司法规律需要在实践中检验。对于符合司法实践的司法规律，我们要继续坚持。而对于阻碍司法实践的内容，我们要予以大胆革除或修正。

以刑事诉讼制度为例，公安机关、检察机关、审判机关分工负责，相互配合又相互制约的机制在理想上是完美的，但在实践中，三机关往往配合有余，制约不足。目前，在司法实践当中，公安机关作为最主要的侦查主体，在对犯罪嫌疑人、被告人采取强制性侦查行为的时候，除了逮捕需要由检察机关签署逮捕令外，几乎不受到任何限制地行使强制性侦查权力。检察机关对侦查机关监督力度不足，手段有限，审判机关对侦查行为更是无可制约。近年来涌现

---

① ［奥］欧根·埃利希：《法社会学原理》，舒国滢译，中国大百科全书出版社2009年版，第431页。

出一大批冤假错案，究其原因，正是“源头错、跟着错、错到底”这个怪圈所致。另外，我国刑事诉讼法典按照诉讼阶段论设计，先后顺序分别为立案、侦查、起诉、审判、执行，符合刑事诉讼实践逻辑，却是行政司法机关办案流水线作业弊端之所在。而德国刑事诉讼法典则以第一审程序为核心，将第一审程序分为主要程序和预备程序，第一审程序前为总则，第一审程序后为救济，整个刑事诉讼法典全面体现出以审判为中心的司法规律，刑事诉讼程序紧密围绕第一审程序展开，体现出审判程序在刑事司法活动中的决定性作用。自党的十八届四中全会以来，我国提出构建以审判为中心、以庭审为中心的诉讼制度，正是近年来司法系统在对一系列冤假错案进行反思后，调整公、检、法三机关之间关系的新举措，是对审判中心这一司法规律的深化认识。审判中心主义是法治国家公认的一条基本刑事司法原则，它是民主社会公正彻底地解决政府与个人之间利益冲突的客观需要。① 鉴于此，我们深化对司法职权配置规律、司法职权运行规律、司法监督规律和司法管理规律的认识，提出建立以审判为中心的诉讼制度，全面贯彻无罪推定原则，要求定罪量刑证据都在法庭上出示，法官的自由心证形成于法庭，全面适用证据裁判原则、非法证据排除规则、直接言词原则等，尊重和保障律师地位，形成控辩平等对抗、法官居中裁判的诉讼格局。同时，应认识到，要反对司法行政化即反对违背司法规律，将法院、法官及司法判断过程纳入行政体制的命令与服从关系之中，形成司法被行政格式化的变态现象。② 对于这种现象，我们在司法实践中必须坚决杜绝。

司法规律是司法实践的根本依托，法律工作者们在不断实践中摸索探究新的司法规律。我们对司法规律的探索和对现实的改造，

---

① 孙长永：《审判中心主义及其对刑事程序的影响》，载《现代法学》1999 年第 4 期。

② 张卫平：《论我国法院体制的非行政化》，载《法商研究》2000 年第 3 期。

不仅要结合我国的基本国情和现阶段的经济文化发展水平，也要有针对性地参考国际社会的做法，积极寻求域外经验，不断探索司法规律，深化对司法规律的认识，使之更有效地指导我们的司法实践活动，促进司法功能的全面实现。

六、司法规律与司法方法

司法过程中的司法方法主要包括法律发现、法律推理、法律解释、价值衡量、漏洞补充以及法律论证方法等。[①] 司法方法是对司法者在司法过程中所运用的技术、手段甚至艺术的统称，其目的是服务于案件裁判。司法方法是司法过程中的专业技艺，具有区别于其他领域的特质，为司法者所独有。因而，司法方法是司法依法独立公正行使并区别于他者的关键所在，当我们总结司法规律时，司法方法与司法规律的交互关系是必须加以考量的要素。

（一）借助于司法方法遵循司法规律

在司法方法理论中，法教义学向度的演绎与归纳被视为法律推理的基本方法，在此基础上方能进行有效的法律论证。法教义学的前提是存在稳定的法秩序（法源），并假设其为“大体合理”，借此为逻辑起点，从内部视角进行“价值无涉”的观察与思考。在哈贝马斯的真理共识论、埃尔朗根学派的实践商谈理论以及佩雷尔曼的论证理论上，阿列克西将普遍实践商谈理论延伸至法律论证的领域，并将法律商谈视为普遍实践商谈的特殊情形，其特殊性在于受现行有效法之约束。[②] 阿列克西这一“实践正确性的程序理论”自创设以来始终受到挑战，但不可否认的是，它给法学如何作为实践理性的一个特殊领域提供了理论框架和智识资源，将“理性商谈”提至法律实践的理想境界。命题证立的过程，往往遭遇三种

① 陈金钊：《司法过程中的法律方法论》，载《法制与社会发展》2002 年第 4 期。

② ［德］罗伯特・阿列克西：《法律论证理论——作为法律证立理论的理性论辩理论》，舒国滢译，中国法制出版社 2002 年版，第 262 页以下。

结果：无穷地递归；在相互支持的论据之间进行循环论证；在某个主观选择的点上断然终止论证过程。这三种结果被阿列克西称为“明希豪森—三重困境”[①]，阿列克西的法律论证理论是对法学领域走出这一困境的积极尝试。但有国内学者对此提出质疑：“我费了很大力气才向一些法官讲清了什么是‘明希豪森困境’，然而法官们却说，我们从来没有身处‘明希豪森困境’的感觉，倒是在企图理解你所说的‘明希豪森困境’的时候，我们险些陷入了困境。”[②] 事实上，这恰好证明了我国部分法官在形成判决的过程中缺乏法律论证的思维，抑或论证过程终止于法外权力的决断、违背司法规律，进而体现在裁判文书中——普遍缺乏说理。司法改革进程中对裁判文书的质量提出了新的要求，法官若要展示自身的业务水准和裁判的正当性，势必加强论证和说理，而一旦步入命题证立的过程，法官就会体悟到司法规律所要求的司法方法为他们带来的“困境”。

对此，考夫曼就曾反驳道：“（阿列克西创制的论证规则）虽然适合理性的商谈，但不适合法院的程序……法院的程序不是无控制的，参与人受法律，也受有缺陷的法律约束，程序不可能被推至无限延续，或也不可能只至‘论证的满足’就打住，相反，未取得合意也要终结，程序不仅服务于真理和正义，还要优先效力于法律和平。”[③] 但判决作出并不意味着商谈的结束，反而可能成为商谈的开始。公开公正是基本的司法规律，而公开的意图是将司法交由公众来评说，更接近获取佩雷尔曼所言的“普泛听众”之认同，是一种“说服”的有效性。任何一种论证的目标都是适应听众，

① ［德］罗伯特·阿列克西：《法律论证理论——作为法律证立理论的理性论辩理论》，舒国滢译，中国法制出版社 2002 年版，第 2 页。

② 桑本谦：《法律论证：一个关于司法过程的理论神话》，载《中国法学》2007 年第 3 期。

③ ［德］阿图尔·考夫曼、温弗里德·哈斯默尔：《当代法哲学和法律理论导论》，郑永流译，法律出版社 2013 年版，第 187 页。

并获取其认同。过往，司法的“听众”更多时候（除了少量公案外）仅仅是当事人及其代理人，即便是法律共同体试图获取司法信息也绝非易事，此时司法所追求的仅仅是“特定听众”的认同，在很大程度上是一种基于实效性的“劝说”。[①] 从某种意义上来讲，司法论证和决策获取合理性和正当性的标准即普泛听众之认同，因而，司法不仅要说服当事人，更要说服公众、学者甚至党政官员，理性商谈需要走出法庭，延伸至公共领域，实现最大范围的公开和最高认同度的公正。关于司法的群体性争议并不鲜见，但情绪化的对抗并非理性商谈，对于普泛听众的规范性作用而言，“只有对那些承认其为规范的人，它才是一个规范”。[②] 因而，为了回归司法规律，须知，理性的前提是信赖，承认的基础是知情，各方信息对称、信仰法律是理性商谈的基本条件。唯有如此，司法的运作方能遵循司法规律，通过有限但有效的共识，提升司法实践的可接受性，对法治意识的普及乃至公民理性的培育都有所裨益。

（二）司法方法应与司法规律相适应

尽管法教义学向度的演绎和归纳是司法方法的基本形态，但并不意味着僵化的“三段论”足以解决现代司法中的所有案件。司法活动置身于社会发展中，将其所面对的社会环境和可能给社会带来的影响作为考察因素，方能营造法律效果和社会效果相统一的司法氛围。而认识司法活动的本质，前提是认识社会发展的状态；探究司法规律的过程，也是描绘社会发展轨迹的过程。司法方法包括作为基础的司法技术和进阶的司法艺术。尊重程序是基本的司法规

---

① 关于“普泛听众”与“特定听众”、“说服”与“劝说”之间的差别，参见［德］罗伯特·阿列克西：《法律论证理论——作为法律证立理论的理性论辩理论》，舒国滢译，中国法制出版社 2002 年版，第 201-206 页。

② 佩雷尔曼将“普泛听众”称作“一切理性的人，和那些能够有资格讨论正在争论之问题的人”。Chaïm Perelman, *Rhetoric and Philosophy*, Philosophy and Rhetoric (1968), p. 21. 转引自［德］罗伯特·阿列克西：《法律论证理论——作为法律证立理论的理性论辩理论》，舒国滢译，中国法制出版社 2002 年版，第 204 页。

律，其意味着在司法活动中，法官要严格、逻辑地遵守源于法律和制度的规则和程式，因为司法技术是基础，是一种强调客观执行性的、普遍的司法方法；而司法艺术则是一种有针对性、辩证地借助和运用源于法律和制度的规则、程式的司法手段。它是司法技术的理性升华，讲求运用的完美性，体现司法能动性的感染力。[①] 正如有学者所言，尽管司法方法是多元的，但在具体到某一案件时，绝不意味着就只有某种司法方法适用于该案件，即每个案件绝不是预设的某种司法方法适用条件的简单复现，从而司法方法的适用，也不是机械、简单、一元的适用。在司法实践中，案件内容的复杂多样，案件事实与法律规定对接后的复杂情形，都决定了法官在针对具体个案时会不可避免地对司法方法予以复杂的运用。法律方法的复杂适用，不仅涉及司法方法的知识形态和其适用条件的预设问题，而且更关联着当司法实践智慧投射到司法方法理论体系时，法官创新地运用司法方法的运思水平和能力问题。[②]

（三）司法规律与司法方法相互影响

封闭运作的司法显然不符合规律，而公开公正的司法需要直面社会现实及其需求。在司法借助于一定的方法遵循司法规律时，其方法本身同样应当与司法规律相适应。易言之，在公开公正的司法运作中，其司法方法同样具有开放性。一方面，司法方法不能拘泥于法系限制，如成文法国家也逐渐开始形成指导案例，而判例法国家也逐渐开始制定成文规范，两大法系之间所遵循的司法规律本质上并没有区别；另一方面，司法者所遇到的具体问题总是情态各异甚至令其措手不及，并且无论司法者使用何种司法方法，必定面对当事人和社会其他旁观者的知识辨析、价值揣测和情感评判，倘若忽视司法者之外的社会主体的感受，司法原有的目的则难以兑现。

---

① 戴建志：《追问社会效果：司法方法的辩证运用》，载《人民司法》2012 年第 13 期。

② 谢晖：《论司法方法的复杂适用》，载《法律科学》2012 年第 6 期。

试图有效并有益解决司法实践问题的司法者，总会自觉或不自觉地发现并正视这一局面，并通过遵循司法规律的司法方法加以解决。[①] 这也印证了司法方法与司法规律的相互关系，在借助于司法方法遵循司法规律的同时，司法者所运用的司法方法本身需要与司法规律相适应，以满足社会发展之需求。

① 刘星：《司法方法中的推理、管理、修辞及司法公正——以“要件审判九步法”为样本》，载《法学》2015 年第 4 期。

第二章　司法职权配置规律

自党的十七大以来，中央大力部署、推进司法改革，其中“优化司法职权配置”是司法改革的重要内容。在我国新一轮司法改革进程中，《中共中央关于全面推进依法治国若干重大问题的决定》（下称《决定》）提出，“优化司法职权配置。健全公安机关、检察机关、审判机关、司法行政机关各司其职，侦查权、检察权、审判权、执行权相互配合、相互制约的体制机制”。司法职权配置是司法改革的核心内容，也是司法改革成功与否的关键。优化司法职权配置是促进司法公正，提高司法公信力的必然选择。司法职权配置的前提是遵循司法规律，受到司法规律的指引和约束。

司法规律是司法本质特征的归纳总结，是司法本身固有的、必然的、确定不移的本质。历史实践证明，只有尊重和服从司法规律，司法才能顺利发展，司法公正才能得以实现。遵循司法规律是科学、合理配置司法权的前提。司法职权配置应在司法规律的指引下，正确处理权力分工等问题，明确界定各部门职责、权力、义务，使其各司其职、各尽其责，实现对权力的制约，使司法权高质、高效的运行。本章研究司法职权配置的规律，包括侦查权的配置、检察权的配置、审判权的配置以及执行权的配置。

第一节　司法职权配置规律概述

党的十七大报告提出：“深化司法体制改革，优化司法职权配置，规范司法行为，建设公正高效权威的社会主义司法制度。保证审判机关、检察机关依法独立公正地行使审判权、检察权。”党的十八届三中全会《决定》提出："优化司法职权配置，健全司法权力分工负责、互相配合、互相制约机制。"党的十八届四中全会《决定》进一步提出："优化司法职权配置。健全公安机关、检察机关、审判机关、司法行政机关各司其职，侦查权、检察权、审判权、执行权相互配合、相互制约的体制机制。"并细化了优化司法职权配置的具体举措。党的十九大报告提出，要"深化司法体制综合配套改革"。可以说，司法职权配置是我国司法改革的重要内容。科学、合理地配置司法职权需要遵循司法规律。

一、司法职权配置规律的概念

（一）司法职权配置规律的概念

司法职权配置规律由"司法职权配置"和"规律"两个有机部分组成。《辞海》中对"配置"的解释是"配备；安排"。[①] 司法意义上的配置是指对司法权力的一种分配。司法职权配置是指将司法职责和权力分配给不同的代表国家行使司法权的国家机关。规律是反映事物发展的本质、特征及内在联系，是对事物发展变化过程的总结。规律是客观存在的，经历了历史的证明、时间的考验，体现了发展的趋势。人类的活动应当遵循规律，不能违背、改变规律，司法亦是如此。司法作为人类的一种活动，也拥有符合其自身特点的司法规律。如果与规律背道而驰，司法的运转就会出现种种问题，无法发挥司法的功能和作用，最终不得不尊重、顺从规律。司法职权配置规律，亦可以理解为配置司法职权的规律，是指享有司法权的不同国家机关在分配司法权、划分权力权限、确定各机关职责与义务时所体现出的规则。司法职权配置规律反映了司法职权的本质特点及内在联系，体现了不同司法权在运行过程中彼此之间的联系和区别，是配置司法职权应当遵循的原则，从而保证司法权得到科学、合理的分配，互相监督和制约，进而促进整个司法的高

① 夏征农主编：《辞海》，上海辞书出版社2002年版，第1271页。

效运转。

（二）司法职权配置的重要性

司法职权配置是司法职权运行的基础和前提条件，司法职权配置的合理与否直接决定了司法运行的法律效果和社会效果的好坏。在司法改革的浪潮中，科学、合理地配置司法职权对于完善司法体制具有重要的意义。

司法职权配置规律的重要性首先体现在司法职权配置本身的重要性上。司法职权的配置直接影响着司法工作的开展，调节着各个司法机关之间的关系。以刑事诉讼为例，《宪法》第 140 条规定，人民法院、人民检察院和公安机关办理刑事案件，应当分工负责，互相配合，互相制约。这就是对刑事诉讼中司法职权配置的原则性规定。那么，什么是“分工负责、互相配合、互相制约”，为什么要“分工负责、互相配合、互相制约”，怎样才能实现“分工负责、互相配合、互相制约”？对这些问题的解答都要遵循司法职权配置规律。违背规律必然妨碍司法职权的运行，损害司法权威。

司法职权配置规律关乎诉讼目的的实现。诉讼程序的进行都蕴含着程序参与人的期许，如在民事诉讼中，当事人希望通过诉讼维护自己的人身、财产权益；在行政诉讼中，行政相对人认为国家机关作出的行政行为侵犯了其合法权益，希望通过行政诉讼保护自身的合法权益，同时国家通过行政诉讼监督行政机关的行政行为合法性；刑事诉讼的目的由纠问式惩罚犯罪的单一追求，转变为惩罚犯罪与保障人权并行的双重目的，这就要求刑事司法职权的运行，既要及时准确地惩罚犯罪，又要有效地保护每个公民的基本权利。这些期许可以概括为诉讼目的，诉讼程序的进行、司法职权的配置都直接影响着诉讼目的的实现，唯有遵循司法职权配置规律，才可能正确高效地实现诉讼目的。

违背司法职权配置规律是司法实践中诸多问题的根源。近年来，一些案件引起了社会的广泛关注，如“赵作海案”“佘祥林案”“张氏叔侄案”“呼格吉勒图案”等。据已披露的细节，在导致冤错案件的原因中，我们可以频繁地看到“刑讯逼供”“非法取证”“公检法三机关联合办案”等字眼。公检法三机关联合办案是典型的违背司法职权配置规律的行为。在刑事诉讼中，公检法三机关的关系应是“分工负责，互相配合，互相制约”，该关系由分工、配合、制约三个方面组成，过分强调其中某一点而忽略其他方面是违背司法职权配置规律的。

科学准确地把握司法职权配置规律是深化司法改革的必然要求。随着司法改革不断向纵深领域推进，其涉及面也越来越广泛，包括司法体制、司法权力运行机制和司法管理机制等多项内容，其中司法职权配置调整是重中之重。然而，司法职权配置可谓牵一发而动全身，许多涉及基本制度、基本原则的改革必须由党和国家高屋建瓴做出整体部署。2015 年 2 月，中办、国办印发了《关于贯彻落实党的十八届四中全会决定进一步深化司法体制和社会体制改革的实施方案》。该实施方案以遵守司法规律为前提，对司法体制改革做了整体规划。此外，对于一些尚不具备全面推进条件的重大改革，要先行试点，对与现行法律规定有冲突的改革，应当得到立法机关的授权。以刑事诉讼领域中的认罪认罚从宽制度为例，其开展的前提是《全国人大常委会关于授权最高人民法院、最高人民检察院在部分地区开展刑事案件认罪认罚从宽制度试点工作的决定》。不论是试点先行还是人大授权，都体现了司法改革的慎审精神，试点工作所探索和总结的正是新的司法职权配置规律。中央的统一部署、全国人大的授权、先行试点体现了对司法规律的尊重，是深化司法改革的关键节点，扎实推进司法改革，必须以司法职权配置规律为指导。

（三）司法职权配置内容

我国司法职权主体是指国家专门机关，也就是说只有国家专门机关才享有司法职权。国家专门机关包括公安机关、检察机关、法院、司法行政机关，司法职权配置就是将司法职权在国家专门机关之间进行分工、配置。根据处理纠纷的不同性质，司法分为民事司法、行政司法以及刑事司法。如前所述，司法权划分为侦查权、检察权、审判权、执行权。司法职权配置就是把侦查权、检察权、审判权、执行权在公安机关、检察机关、法院、司法行政机关之间进行分工。

以横向和纵向为视角，司法职权的配置主要涉及三个方面：一是职责不同的机关之间的司法职权配置，即公安机关、检察机关、法院、司法行政机关之间的权限划分、职责分配以及相互制衡的问题。二是不同层级之间司法职权的配置问题，即司法权在中央和地方如何进行分配。比如，上级法院通过二审、审判监督程序等对下级法院进行监督。三是司法职权在每个机关内部范围内的分配问题。比如，检察机关内部如何分配直接受理案件的侦查权、批准逮捕权、提起公诉权、法律监督等职权。由此可见，司法职权配置错综复杂，是一个横向、纵向双重分配的问题。简言之，司法职权配置是指在不同性质的机关、不同层级、一个机关内部进行司法职权的配置。

具体按照不同的司法领域来看，司法职权配置在刑事、民事、行政三大领域各有不同。在刑事诉讼领域，司法职权可划分为侦查权、检察权、审判权、执行权。在民事诉讼领域，司法职权可划分为民事审判权、民事调解权、民事执行权。在行政诉讼领域，司法职权包括行政审判权和行政执行权。

二、司法职权配置的原则

原则，即原理和准则。法律原则对司法实践具有指导作用，决定了法律制度的基本性质、价值取向，是法律制度的理论基础。任何司法行为都不能违背法律原则，违背法律原则就是丧失了理论基础，不具有合理性。依据司法权的性质，司法职权配置主要有以下几项原则。

（一）权力分离与制衡

权力分离与制衡原则是指将不同性质的权力分离开，由不同的国家机关或者部门享有，独立运行，互不干扰，形成相互制衡，从而保证权力能够正常、有效、充分地运行，提高司法的运作效率。例如，司法权和行政权二者调整、适用的范围都不一样，属性截然不同，应在各自的职权范围内运行。如果司法权受到行政权的制约，司法的独立性将受到动摇，法官对待双方当事人很难保持客观中立、不偏不倚的态度，裁判结果的正当性会受到质疑，司法也将丧失其权威性。"当立法权和行政权集中在一个人或一个机关之手，自由便不复存在了……如果司法权不同立法权和行政权分立，自由也会不复存在了。"① 为了防止国家权力高度集中，许多国家普遍实行权力分离原则。资产阶级国家建立了立法、行政、司法"三权分立"的政治体制。根据马克思权力分工的原则，社会主义国家在构建国家权力体系时，仍将国家权力划分为立法权、行政权和司法权，分别由不同的国家机关来行使。② 立法权、行政权、司法权是国家权力的分支，都源于国家权力，因而，这三种权力具有同质性。权力具有天然的血亲关系，表现出来的更多的是权力之间亲密的配合关系，互相偏袒，互相包庇。"一切有权力的人都容易滥用权力，它是万古不易的一条经验。有权力的人们使用权力一直到遇到界限的地方才休止。"③ 权力的分离能够使各项权力发挥最大化功效，每种权力的充分行使能够对其他权力形成一种约束、监督，从而达到相互制衡的目的。任何权力都有不断扩张、膨胀的趋势，权力的高度集中会加剧权力的肆意妄为。因此，有效抑制权力蔓延的方法便是采取分散的形式，将过于集中的权力拆分成不同性质的权力，这样权力就被划小划散，每一部分的权力就很有限，就

① ［法］孟德斯鸠：《论法的精神》（上册），张雁深译，商务印书馆 1961 年版，第 156 页。

② 谢佑平：《刑事司法权力的配置与运行研究》，中国人民公安大学出版社 2006 年版，第 159 页。

③ ［法］孟德斯鸠：《论法的精神》（上册），张雁深译，商务印书馆 1963 年版，第 154 页。

不容易发生权力的滥用，从而防止权力的垄断、专横。

因此，权力分离与制衡原则是司法职权配置的基础原则。司法职权具有被滥用的天然性，司法职权的滥用会对人的自由、财产、生命造成侵害，以权力制约权力的形式来保护公民的权利，以防止司法人员滥用权力，以权谋私，损害司法公正。从司法职权外部的权力分离来说，就是将司法权与其他权力，如行政权、立法权相分离，彼此监督和制约，保证司法权的独立性、单纯性，防止其他权力扩张而牵制司法权的运行。从内部的权力分离来说，其一，要求侦查权、检察权、审判权、执行权分工明确，合理确定权限，既不能逾越权力的边界，也不能越俎代庖。否则，在没有监督和制约的条件下，司法权容易被专横，肆意妄为地行使，难以保证认定案件事实、适用法律的正确性。其二，要正确处理上级与下级之间权力监督和制约的关系。例如，上级法院对下级法院的监督并不是插手过问下级法院正在审理的具体案件，也不是对具体案件的裁判作出指令，下级法院也不应当将案件报送上级法院进行请示，各级人民法院应依职权独立行使审判权，只能通过法定的程序，如二审、再审进行合法监督。其三，侦查权、检察权、审判权、执行权每种权力内部也应分工负责，形成内部制约。例如，在民事案件中，法院立案权、审判权、审判监督权等之间如何监督和制约。

（二）审判中立

审判中立是对审判的基本要求，也是审判职能的特征。作为维护社会公平正义的最后一道防线，司法承载着无数公众的期待，要求审判必须保持客观中立的态度，作出客观公正的判决结果。无中立则无公正可言。中立是对法官最本质的要求，是审判权的精髓。审判中立是指，与案件无利益关系的法官平等地对待双方当事人，不偏不倚，不受任何其他与案件无关因素的影响和干扰，判决结果的作出只能建立在审查证据、适用法律的基础上。从诉讼构造来看，审判中立形成了典型的“等腰三角形”结构：对立冲突的诉讼双方当事人平等对抗，法官与双方没有任何利害关系，处于超然中立的地位，位居其上，从而达到权利与权力动态制衡的目的。这种“等腰三角形”的结构凸显了法官作为第三方中立的特征。法官作为与纠纷无利益冲突的第三方，介入纠纷解决过程，不是为了增强某一方对抗的实力，而是以客观中立的态度促进纠纷的解决。法官只有坚守中立，才能明辨是非，作出合理的处理方法。西方“自然正义”原则的第一条“任何人都不能成为自己案件的法官”，要求的就是裁判者的中立地位。美国学者戈尔丁对“自然正义”进行了重新解读，认为其应包括以下几层含义：（1）与自身有关的人不应该是法官；（2）结果中不应含纠纷解决者个人的利益；（3）纠纷解决者不应有支持或反对某一方的偏见；（4）对各方当事人的诉讼都应给予公平的注意；（5）纠纷解决者应听取双方的论据和证据；（6）纠纷解决者应只在另一方在场的情况下听取一方意见；（7）各方当事人都应得到公平机会来对另一方提出的论据和证据作出反响；（8）解决的诸项条件应以理性推演为依据；（9）推理应论及所提出的论据和证据。① 其中，第（1）项、第（2）项要求法官与案件无利益牵扯，第（3）—（7）项是法官平等对待双方的表现，第（8）项、第（9）项是要求法官以证据为基础，理性作出判决。

审判中立是法治国家普遍认同的一项基本原则，也是国际司法的基本要求，主要包括以下内容：其一，坚持审判启动权的被动性，即不告不理。法院的审判活动以当事人的起诉为前提条件。也就是说，民事诉讼必须有原告提起诉讼请求，刑事诉讼必须由检察机关提起公诉或自诉人提起自诉。法院不能积极主动地提起诉讼，违背司法规律。其二，法官中立行使审判权。审判中立必然要求法官中立。法官应平等地对待双方当事人，给予双方主张权利的平等机会，赋予双方平等的诉讼地位，不能恶意剥夺任何一方在法庭上

① ［美］戈尔丁：《法律哲学》，齐海滨译，生活·读书·新知三联书店 1987 年版，第 240–241 页。

法定的发言权。法官在法庭上的言行举止要不偏不倚，让双方当事人都感受到公平对待。其三，法官最终只能依据案件事实和法律独立自主地作出判决，排除其他一切党政机关、社会团体、个人的干涉和阻碍，严格执行“以事实为依据，以法律为准绳”的要求。审判的独立性受到世界性的重视，1985 年联合国第七届预防犯罪和罪犯待遇大会通过的《关于司法机关独立的基本原则》第 2 条规定：“司法机关应不偏不倚，以事实为依据并依据法律规定来裁决其所受理的案件，而不应有任何约束，也不应为任何直接或间接不当影响、怂恿、压力、威胁或干涉左右，不论其来自何方或出于何种理由。”《公民权利和政治权利国际公约》第 14 条规定：“在判定对任何人提出的任何刑事指控或确定他在一件诉讼案中的权利和义务时，人人有资格由一个依法设立的合格的、独立的和无偏倚的法庭进行公正的和公开的审讯。”由此可见，审判中立、审判独立已成为一项国际通认的基本原则。

审判中立必然要求司法与立法、行政实现分离，将司法从行政的控制中脱离出来，去除行政化，保持审判的中立。孟德斯鸠曾说：司法权在没有与立法权以及行政权分立的时候，就不存在自由。司法如果不独立，审判者无法保持中立地位。虽然审判权和行政权都是国家权力，但是与立法权、行政权相比，司法权处于弱势地位，“行政部门不仅具有荣誉地位的分配权，而且执掌社会的武力。立法机关不仅掌握财产，而且制定公民权利义务的准则。与此相反，司法部门既无军权，又无财产，不能支配社会的力量与财富，不能采取任何主动的行为”①。司法权处于如此弱势的地位，很容易受到其他强权机关的干预，使法官丧失独立性，以立法者或行政机关的意志作出判决，成为强权的傀儡，司法的公正性也不复存在。

---

① ［美］汉密尔顿等：《联邦党人文集》，程逢如等译，商务印书馆 1980 年版，第 391 页。

（三）控审分离

控审分离是权力分离制衡思想在刑事诉讼中的体现，通过明确控诉权、审判权的分工，调整控诉权和审判权之间的关系，保障控诉权、审判权的运行符合司法规律。控审分离的基本要求是：第一，刑事控诉权和审判权由不同性质的主体行使，实现机构设置上和人员组织上的审、检分离。第二，未经检察机关和个人起诉的事项，法院不得主动依职权审判。第三，法院审判案件的范围受到起诉的限制。

控审分离克服了纠问式诉讼带来的弊端，规范了控诉权、审判权二者之间的关系，形成约束和制约，维护了审判的中立性。古代纠问式诉讼模式赋予国家高度集中的司法权力，在刑事诉讼中，法官集侦查、控诉、审判等多种职权于一身，主动依职权追究犯罪，整个诉讼活动的启动、运行都是由法官控制决定的，法官在自我侦查、自我起诉的基础上进行审判，被告人沦为刑事诉讼的客体。拉德布鲁赫认为："纠问程序的功绩在于使人们认识到犯罪并非被害人的私事，而是国家的职责。其严重错误则在于将追究犯罪的任务交给法官，从而使法官与当事人合为一体。如果说之前的控告程序依循的是'没有人告状，就没有法官'，此时根据纠问程序的本质，则允许在没有人控告的情况下，由法官'依职权'干预。如果过去的控告程序是在原告、被告人和法官三个主体之间进行，则纠问程序中就只有法官和被控告人两方。被控告人面对具备法官绝对权力的追诉人，束手无助。"①

控审合一意味着法官一人兼具双重角色，既要承担控诉职能，又要行使审判职能，不仅违背了审判中立的要求，无法保证法官在案件事实审理过程中做到不偏不倚、公正裁判；而且控审不分容易导致法官先入为主，对案件形成预判，审判环节流于形式，从而使

① ［德］拉德布鲁赫：《法学导论》，米健、朱林译，中国大百科全书出版社 1997 年版，第 121 页。

法官难以查明案件事实的真相。通过对控诉职能和审判职能进行分离，有利于维护法官消极、中立的地位，法官才能公正审判；被告人的诉讼地位才能从客体上升为主体，充分行使诉讼权利，尤其是辩护权；辩护职能才能与控诉职能平等对抗，形成审判超然中立，位居于辩护、控诉之上的“等腰三角形”的诉讼构造。

近现代法治国家均确立了控审分离原则，目的在于通过明确控诉权、审判权之间的分工及相互制约关系，从而保障审判权的消极性、中立性，不仅有助于发现案件事实的真相，维护实体公正，而且防止权力过度集中对当事人基本权利造成侵害，保证程序的公正。法国2000年6月15日第2000—516号法律典第1条第2款明确规定：“刑事诉讼程序应当保证做到负责公诉的权力与审判权力分开。”① 俄罗斯联邦《刑事诉讼法》第15条规定，指控、辩护和刑事案件判决等职能相互分开，不得由同一机关或同一公职人员进行。德国《刑事诉讼法典》第155条第1款规定，法院开始调查，以提起公诉为条件。日本《刑事诉讼法》第248条规定：“公诉由检察官提起，而刑事案件则由裁判所审判。”第249条规定：“公诉的效力不涉及检察官指定的被告人以外的其他人。”②《公民权利和政治权利国际公约》第14条第1项规定：“所有的人在法庭和裁判所前一律平等。在判定对任何人提出的任何刑事指控或确定他在一件诉讼案中的权利和义务时，人人有资格由一个依法设立的合格的、独立的和无偏倚的法庭进行公正的和公开的审讯。”而“合格的、独立的和无偏倚的法庭”设立的前提是实现控审分离，唯有控审分离才能保障法庭的中立性。联合国《关于检察官作用的准则》第10条规定：“检察官的职责应与司法职能严格分开。”

（四）公正优先，兼顾效率

公正是司法的灵魂和生命。公正与效率是现代司法追求的两大

---

① 《法国刑事诉讼法典》，罗结珍译，中国法制出版社2006年版，第1页。

② ［日］田口守一：《刑事诉讼法》（第5版），张凌、于秀峰译，中国政法大学出版社2010年版，第158页。

价值目标。一个法治社会应当是公正的社会，同时也应是有效率的社会。司法公正包括程序公正与实体公正两个方面。程序公正是指在诉讼程序中体现出来的公正。对于司法受众而言，他们对程序公正的敏感度更高。正因为人民群众能够对诉讼程序中存在的问题产生直接清晰的认识，使得一些程序上存在瑕疵的案件，迅速发酵成社会热点。随着依法治国的不断深入，程序公正这种“看得见的正义”的价值日益凸显。实体公正是指案件实体处理结果体现的公正，具体包括对案件的准确认定和对实体法的正确适用。程序公正与实体公正有着不同的含义与意义，将二者结合起来才能真正实现司法公正。

“效率”一词本身来源于经济学领域，从经济的角度来讲，司法效率，是指在司法活动中所投入的各种资源（包括人力、物力、设备等）与所取得的司法成果之比例。① 将效率引进司法领域主要基于三个现实原因。

第一，为了解决司法资源有限的问题，实现司法资源最大化利用率。一方面，受社会关系复杂多变，犯罪轻刑化、立案登记制度改革等诸多因素的影响，社会冲突和纠纷频现，案件数量激增，司法人员在“诉讼爆炸”时代负重不堪。另一方面，国家投入司法的资源总是有限的，有限的司法资源无法满足日益增长的社会冲突与矛盾的需求，司法的人力、物力经常捉襟见肘。因此，提高效率成为解决“案多人少”现象的当务之急。

第二，随着时间的流逝，查明案件事实真相的难度也会逐步增大。证人对案件的记忆会随着时间的延长逐渐变得模糊，无法准确描述案发时的场景，证言的证明能力因而降低。物证也有可能随着时间的推移而被破坏、毁灭。这些因素都会加大查明案件事实的难度。因此，诉讼拖延不利于查明案件事实真相，无法及时实现司法

① 卞建林等：《中国司法制度基础理论研究》，中国人民公安大学出版社 2013 年版，第 87 页。

公正。

第三，公正具有时效性，时间的过分迟延会削弱公正的效力。正如西方法律谚语所云："迟来的正义非正义。"司法公正必须在合理的期限内实现，如果办案拖拉，久经未决，即使案件最后得到了正确处理，诉讼标的随着时间的流逝也可能丧失了其本身的价值和意义，司法公正将会受到质疑，引发信任危机。司法实践中，赵作海案、呼格吉勒图案便是如此，经过十几二十年甚至更长的时间才等到公正的判决结果，而当事人早已年过花甲或者不在人世，马拉松式的诉讼给各方当事人带来巨大的精神和心理压力。尽管一个案件经过三审终审肯定比两审终审让当事人觉得结果更加可靠，但是这样一来，不仅会造成案件积压，而且增加双方当事人的诉讼成本。因此，提高效率不仅能够解决司法资源有限的问题、缓解办案紧张的压力，而且还能及时解决纠纷、惩罚犯罪，当事人能够及时挽回损失，得到补偿。

繁简分流是提高司法效率、优化司法资源的有效方式。程序的烦琐复杂被认为是导致司法低效的罪魁祸首，即使案件事实清楚简单，双方争议明确，也要经历所有的诉讼环节，层层递进，消耗较长的时间。通过繁简分流的形式能够解决司法效率低的问题。大部分域外国家为了解决案件积压问题，设置了多元化的诉讼程序处理案件，以此提高效率。所有的案件若不区分简单复杂程度都适用同样的诉讼程序势必会因为司法资源的不合理分配而造成在简单案件上司法资源浪费、在疑难复杂案件上司法资源紧缺的失衡局面。鉴于疑难案件查明事实真相的难度，不适宜对疑难案件的程序进行简化。越是复杂的案件，越要保障当事人的诉讼权利。对于简单的案件，其案情明了，事实清楚，可以在保证诉讼当事人最基本的诉讼权利的基础上减少不必要的诉讼环节，如法庭辩论、法庭调查等，从而缩短诉讼周期。因此，在效率原则的要求下，优化司法职权配置应进行繁简分流，根据案件的性质、复杂疑难程度分配司法资源，依法快速处理简单案件，严格规范复杂案件的审理程序，该简则简，该繁则繁。使司法资源的投入与案件的疑难程度成正比，案件越复杂，需要的人力、物力、财力就越多，案件越简单，投入的司法资源就相应地减少，尽量以最低的成本实现最大的法律效果和社会效果。

然而，一味地追求诉讼效率未必能得到公正的诉讼结果，也并不能达到节约司法资源的最初目的。过于强调效率，以极快的速度处理案件，会使诉讼程序流于形式，当事人的法定诉讼权利得不到保障，因而会受到当事人的质疑：司法人员是否认真对待案件，事实真相是否调查清楚，法官的判决是否正确。在诸多的疑问困扰之下，诉讼当事人会质疑判决结果的公正性，便会上诉、申诉。这样一来，反而造成了司法资源的浪费，与提高诉讼效率背道而驰。需要强调的是，公正与效率都是现代司法追求的价值目标，但是当公正与效率发生冲突时，应当坚持公正优先，兼顾效率原则。

三、司法职权配置规律与推进以审判为中心的诉讼制度改革

审判是诉讼的核心环节，是指法院或者法庭通过审理，认定案件事实，适用法律，依据证据作出裁判的活动。我国诉讼分为刑事诉讼、民事诉讼和行政诉讼。刑事诉讼与民事诉讼、行政诉讼在程序上的区别主要在于刑事诉讼具有独有的侦查、起诉、死刑复核程序。在民事诉讼和行政诉讼中，并无审前阶段，诉讼就表现为审判。① 因此，“以审判为中心”强调的是刑事领域中的司法职权配置问题。

“推进以审判为中心的诉讼制度改革”是党的十八届四中全会提出的重要司法改革方向，是依法治国、实现司法公正、提高司法质量、保障司法权威的必由之路。“以审判为中心”的前提是优化

---

① 陈光中等：《中国司法制度的基础理论问题研究》，经济科学出版社 2010 年版，第 6 页。

司法职权配置、规范司法权力运行，重在理顺侦查权、检察权和审判权分工配合制约的关系，强化审判权在司法权力配置和运行中的核心地位。[①]“以审判为中心”是对司法权力结构的一项重大调整，对司法职权配置提出了新的挑战，必须遵循司法职权配置规律，对公安机关、检察机关、法院的职权作出明确的分工，使公、检、法三机关严格依据分工进行诉讼活动，各司其职、各尽其责。分工负责、互相配合、互相制约是处理我国公、检、法三机关在刑事诉讼过程中的权力划分及相互之间关系的基本准则，具有鲜明的中国特色。在以审判为中心的诉讼制度改革背景下，讨论司法职权配置的问题就是在司法职权配置规律的指引下，如何健全分工负责机制。

（一）分工负责的刑事司法体制

我国 1979 年《刑事诉讼法》首次规定了公、检、法机关之间“分工负责、互相配合、互相制约”的关系。1982 年《宪法》进行修改时，基于对文化大革命的反思，为了减少政治对司法制度的影响，避免司法制度成为政治运动的手段和工具，将其上升到宪法地位。这是具有中国特色的刑事司法体制，是处理公安机关、检察院、法院三者之间关系的基本原则。分工负责涉及刑事司法职权配置的规律。互相配合、互相制约更多的是强调在司法职权运行中如何处理公、检、法三机关之间的关系。分工负责是互相配合、互相制约的前提，也就是说，司法职权配置是司法职权运行的基础。

1. 分工负责的立法背景

分工负责，要求公安、检察、法院三机关分工明确，在各自的职权范围内行使权力，各尽其职，相互独立，严格依照分工进行诉讼活动，互不越权、互不替代。分工负责的理论基础是权力分离与制衡的司法规律，即不同的职权不能由一机关行使，否则权力难以得到制约和监督。《刑事诉讼法》对公、检、法三机关的职权范围

① 卞建林、谢澍：《“以审判为中心”：域外经验与本土建构》，载《思想战线》2016 年第 4 期。

作出了如下规定：对刑事案件的侦查、拘留、执行逮捕、预审，由公安机关负责。检察、批准逮捕、检察机关直接受理的案件的侦查、提起公诉，由人民检察院负责。审判由人民法院负责。此外，国家安全机关、监狱、军队保卫部门、走私犯罪侦查部门在各自职责范围内享有侦查权。

历史的经验告诉我们，司法职权必须进行分离。从新中国成立之初到文化大革命结束，三机关分工负责关系受政治因素的影响发生了多次变化。在新中国成立之初，三机关之间的职能有所分工，但并不严格、明确。1951 年秋冬举行的全国编制工作会议决定精简国家机关，便提出让检察机关“名存实亡”，只保留名义，不设机构，不配备干部，工作由公安机关兼办。1951 年 12 月，政务院下达《关于调整机构紧缩编制的决定（草案）》，规定公、检、法三机关合署办公。在实践中，三机关合署办公的形式五花八门，但主要是由公安机关兼办检察机关的工作。在 1958 年“大跃进”期间，三机关实行“一长代三长”（公安局长、检察长、法院院长一长代行三长的职权）、“一员顶三员”（公安局预审员、检察院检察员、法院审判员一员代行三员的职权）的做法。有的地方干脆将三机关合并为政法公安部，有的检察机关并入公安机关，成为后者所属的法制室或检察室。1960 年秋，再次精简国家机关，进一步推动三机关合署办公，强化公安机关的职权。① 在文化大革命期间，公、检、法三机关之间分工负责的关系彻底被摧毁，整个国家处在极其混乱的状态。在“砸烂公检法”的错误口号下，人民司法工作基本处于瘫痪状态，实行军管。公安机关一家独大，“法院的审判职能由公安机关的军管会下属的‘审判组’代为履行，实际上使法院沦为公安机关的附庸，检察机关更是直接被宣布撤

---

① 韩大元、于文豪：《法院、检察院和公安机关的宪法关系》，载《法学研究》2011 年第 3 期。

销”。[1] 在长达十年的文化大革命期间，司法公正不复存在，司法权力高度集中，难以制衡，冤案层出不穷，法律秩序遭到严重破坏。

2. 分工负责刑事司法体制存在的问题

我国刑事诉讼司法实践长期呈现出“以侦查为中心”的典型样态，审查起诉和审判阶段多是对侦查结果的确认，庭审流于形式，难以防范和纠正冤假错案。对于近几年披露的冤假错案，究其形成原因，在于“侦查中心”色彩鲜明，导致“起点错、跟着错、错到底”。“推进以审判为中心的诉讼制度改革”要求我们反思中国特色刑事司法体制在职权分工方面存在的问题，主要存在以下几点。

第一，公安机关侦查权力过大，难以制衡。公安机关在我国刑事诉讼中是主要的侦查机关，负责大部分刑事案件的侦查工作。由于其承担收集证据、查明犯罪事实、查获犯罪嫌疑人的重要任务，我国《刑事诉讼法》在司法职权配置方面，赋予了公安机关广泛的侦查权，使其能够顺利完成侦查任务。例如，我国刑事诉讼侦查阶段强制措施的适用，除了逮捕需要由公安机关向检察院提请批准，进行羁押必要性审查以外，所有其他强制措施和强制性检察行为，包括拘留、取保候审、监视居住；搜查、查封、扣押、冻结；技术侦查、秘密侦查等都是由公安机关自行决定、自行执行的，具有绝对的主导权。此外，侦查权独大的另一个原因是，在未改革之前，政法委书记兼任公安局局长。政法委是法院、检察院的领导，也就是说，公安局局长是法院、检察院的领导。这种扭曲的领导关系使得公安机关的权力不受约束，继而无限膨胀。这种权力配置明显违背了权力分离与制衡的司法规律，一方面，侦查权过于强大，难以形成制约，从而弱化了审判的地位；另一方面，侦查权过大，

① 韩大元、于文豪：《法院、检察院和公安机关的宪法关系》，载《法学研究》2011年第3期。

实践中容易发生滥用，从而侵犯公民权利。

此外，我国侦查权力的配置与国际司法的普遍规定不相符。域外许多国家将侦查行为分为强制性侦查和任意性侦查，并实行任意性侦查原则和强制性侦查法定主义与令状主义。日本《刑事诉讼法》第179条第1款规定了强制性侦查法定主义，即“为了达到侦查的目的，可以进行必要的侦查。但是，如本法无特别规定时，不得实行强制措施”。也就是说，只有在法律规定的情况下，才能适用强制措施。日本学者认为，“所谓强制措施，就是侵害个人利益的重要处分。使用强制措施的侦查叫作强制性侦查，不使用强制措施的侦查叫任意性侦查。因为强制性侦查只限定在法律有规定的领域，因此应当尽可能以任意性侦查方式进行侦查，这称为任意性侦查原则。在侦查中，任意性侦查是原则，强制性侦查是例外”①。由于强制性侦查行为本身的特征，如果被滥用或者异化极易侵犯公民的基本权益。因此，无论是大陆法系还是英美法系都对强制性侦查行为采取司法审查原则。英美法系国家强制性侦查的司法审查和人身保护令状制度建立较早，也较为完善。大陆法系国家也在资产阶级革命后实现了羁押和其他重要强制性侦查行为的司法审查。②也就是说，所有的强制性侦查行为都需要获得令状许可，侦查机关无权自行决定。

第二，法官不中立，审判不独立。公正是现代司法追求的首要价值目标。法官中立、审判独立是实现公正的重要保障。如前所述，法官中立、审判独立得到了国际刑事司法的普遍承认，将其作为实现司法公正的基本要求。在刑事诉讼中，法官中立要求法官在案件的审理过程中，对控方和辩方保持不偏不倚的态度，不偏袒任何一方，也不对任何一方持有偏见。法官中立的内在属性要求法官

---

① ［日］田口守一：《刑事诉讼法》（第5版），张凌、于秀峰译，中国政法大学出版社2010年版，第32-33页。

② 龙宗智：《强制侦查司法审查制度的完善》，载《中国法学》2011年第6期。

不能与案件有利害关系或者存在利益冲突。否则，法官难以客观根据案件事实和证据，以及专业知识对案件作出公正的判断。法官中立必然要求审判独立，审判独立是法官中立的制度保障。审判只有不受制于其他权力主体的影响，才能只依据案件事实和法律作出公正的裁判。审判一旦失去独立性，法官受到来自案外因素的干涉，必定会影响裁判结果的形成。然而，目前的案卷移送制度使法官在开庭审理前已经接触卷宗，已经对案件形成了预判，在开庭审理时先入为主，对被告人产生偏见，难以保持中立的地位。而内部请示、审批制度、审判委员会制度的存在，使我国法官无法独立地作出判断，还得听从上级的意见。

第三，控审不分离。控审分离原则要求不同的国家机关分别承担控诉职能和审判职能，从而实现组织和人员上的审检分离。也就是说，行使审判权的法官不能同时享有控诉权，享有控诉权的检察官不能同时行使审判权。控审分离是为了防止司法权力过于集中，被告人沦为诉讼客体，无权利可言。控审不分离，即控审合一带来的负面影响为：首先，法官不中立。法官不能平等地对待控辩双方，具有明显的倾向性。其次，控辩不平等。控诉机关和审判机关强强联合，使辩护一方在诉讼过程中处于弱势地位，无法与控方平等对抗，辩护权利得不到保障，无法得到法官公正的对待。最后，刑事诉讼构造扭曲。理想的刑事诉讼构造是控辩双方平等，法官居中位于二者之上的“等腰三角形”结构。控审合一使刑事诉讼构造成倒立的“等腰三角形”，控、审双方位于被告之上，共同追诉被告。因此，法治国家刑事司法必须实现控审分离。然而，我国在职权配置上存在明显的控审不分离。审前程序表现强制措施的适用不受司法控制。强制措施是对公民实体权利的处分，涉及人身自由权、财产权、隐私权等，应当由裁判者进行处理。但是公安机关除了逮捕由检察机关审批外，其他强制措施都是自行决定，自行执行。检察机关在自侦案件中所有强制措施都是自行决定。审判程序中控审不分离表现为法官庭外调查证据权。合议庭对证据有疑问，可以宣布休庭，采取勘验、检查、扣押、鉴定、查询和冻结的方式调查核实证据。上述行为属于侦查行为，不符合审判职能和控诉职能的分离。此外，法官变更罪名的权力也违背了控审分离原则。最高人民法院《关于执行〈中华人民共和国刑事诉讼法〉若干问题的解释》第 241 条第 2 款规定："起诉指控的事实清楚，证据确实、充分，指控的罪名与审理认定的罪名不一致的，应当按照审理认定的罪名作出有罪判决。"法官否定指控的罪名，以审理认定的罪名作出判决，而这个罪名未经法庭质证、控辩双方辩论，实质上是对被告人发出了主动的追诉，有违法官消极的地位，混淆了审判、控诉的职能。

（二）推进以审判为中心的诉讼制度改革

1. 以审判为中心的背景

《宪法》和《刑事诉讼法》都要求公、检、法三机关在刑事诉讼活动中分工负责、互相配合、互相制约，然而实践更多表现出来的是配合有余，而制约不足。科学合理的刑事诉讼结构应当是审判中立控辩平等对抗的"等腰三角形"结构，而实践中刑事诉讼结构却呈现出流水线形式，即公、检、法三机关合一，共同着力诉讼程序向下推进。有人形象地将此比喻为"侦查机关做饭、检察机关端饭、审判机关吃饭"，造成审查起诉阶段、审判阶段多是对侦查阶段结果的确认，庭审流于形式，无法对案件事实、证据严格把关，发挥审判的功能。由于法律并没有明确规定侦查、起诉、审判三阶段的位阶，且侦查机关最早接触案件，享有庞大侦查权收集保全证据，导致诉讼重心前移，形成侦查中心主义。近几年披露的冤假错案反映出我国刑事诉讼内部结构存在问题，许多冤假错案在侦查源头上就产生错误，并且一路错到底，最终审判亮红灯，造成司法不公正，司法权威岌岌可危。究其深层次原因，在于"刑事司法职权配置不符合司法规律，且与之相应的诉讼程序设置不合理，二者所产生的交互作用，使我国的刑事诉讼呈现出以'侦查为中心’的典型样态”①。审判中心正是基于公、检、法三机关在立法和司法运行中的不足而提出的，是对三机关关系的完善和发展。②因此，以审判为中心的提出具有一定的现实意义，能够矫正公、检、法三机关之间扭曲的关系，同时对优化三者之间“分工负责、互相配合、互相制约”的关系提出了更加明确的要求。

2. 以审判为中心对司法职权配置的要求

第一，“以审判为中心”强调只有法官在审判阶段才能解决被告人的定罪量刑问题。根据刑事诉讼各阶段的性质和任务不同，刑事诉讼分为立案、侦查、起诉、审判、执行五个阶段。虽然各个阶段内容不同，但最终共同的目的都是追诉犯罪，解决刑事责任问题，保障人权。要说明的是，共同的目的并不意味着各阶段在定罪量刑方面发挥同等功能。《刑事诉讼法》第 12 条规定：“未经人民法院依法判决，对任何人都不得确定有罪。”只有审判阶段才是定罪量刑的法定阶段。侦查、起诉属于审前程序，都是为了审判做前期准备，对犯罪嫌疑人罪责的认定并不产生有罪的法律后果。在侦查、起诉、预审等程序中，主管机关对于犯罪嫌疑人罪责的认定仅具有程序内的意义，对外不产生有罪的法律效果。③

第二，“以审判为中心”要求审判独立，法官中立。审判独立是以审判为中心的前提，若审判尚不独立，法官所作的判决并非基于法律和事实，而是受制于多方因素，即使高喊审判中心口号，也是徒劳无功。

一方面，法院是唯一具有定罪量刑权的司法机关。从法院整体角度来讲，人民法院独立行使审判权，“不受行政机关、社会团体

① 卞建林、谢澍：《“以审判为中心”域外经验与本土建构》，载《思想战线》2016 年第 4 期。

② 陈光中、步洋洋：《审判中心与相关诉讼制度改革初探》，载《政法论坛》2015 年第 2 期。

③ 孙长永：《审判中心主义及其对刑事程序的影响》，载《现代法学》1999 年第 4 期。

和个人的干涉”。从法官角度来理解，行使司法职权，法官要保持客观中立的态度，不偏不倚公正地认定案件事实、适用法律，作出客观公正的判决，从而保障司法公正的实现。另一方面，如前所述，审判具有最高级别的制约权，对侦查、起诉形成一种反向制约，规范侦查权、起诉权的行使。审判作为诉讼的中心，只有保持审判独立，才能发挥审判对审前程序的制约和引导。无独立则无制约可言。

第三，“以审判为中心”强调司法权对侦查权的制约，发挥审判对审前诉讼行为的规范和指引作用。[①] 一方面，这种制约体现在证明标准上。既然侦查、起诉围绕审判进行，是审前准备阶段，那么侦查、起诉应当参照适用审判的标准，严格规范审前的侦查、起诉活动，从源头上防止将“病案”带入审判程序中，避免“起点错、跟着错、错到底”。我国《刑事诉讼法》规定的侦查终结、起诉、审判定罪的证明标准都是“事实清楚，证据确实、充分”，但是司法实践中各机关对证明标准的理解并不一致。侦查终结、提起公诉的证明标准实际上低于审判阶段定罪的标准，使得证明标准表面统一，实则不一致，常常出现退回补充侦查、审判阶段需要的重要证据没有收集等现象。以审判为中心要求办案人员重视审判，在侦查、起诉阶段严格适用审判阶段的证明标准，“确保侦查、审查起诉的案件事实证据经得起法律的检验”。另一方面，侦查权一家独大，检察机关监督不力，法院并不介入审前程序，使得侦查权难以受到控制，“侦查中心主义”严重。西方国家，对强制性侦查行为采取司法令状主义，以防止侦查权失控。鉴于此，“以审判为中心”要求对侦查机关、检察机关的强制性侦查行为建立符合我国国情的司法审查制度。“侦查机关和检察机关的搜查、扣押、监听、羁押等行为也应受到诉讼化审查，使审前程序体现诉讼特征，

---

① 卞建林、谢澍：《“以审判为中心”域外经验与本土建构》，载《思想战线》2016 年第 4 期。

以平衡、稳定的诉讼结构推进刑事诉讼程序，保障当事人合法权益。”①

（三）推进以审判为中心的诉讼制度改革必须健全分工负责、互相配合、互相制约的刑事司法体制

“以审判为中心”涉及侦查、起诉、审判等诉讼阶段之间的关系，对应的便是侦查权、检察权、审判权之间的配置和运行。我国《宪法》《刑事诉讼法》规定刑事司法职权配置和运行的规律是分工负责、互相配合、互相制约。该原则是对公、检、法三机关自新中国成立以来多年办案经验的总结，无疑具有合理性，是值得肯定的。但刑事司法实践中对分工负责、互相配合、互相制约的理解与适用存在偏差，导致配合有余，而制约不足。推进以审判为中心的诉讼制度改革必须健全分工负责、互相配合、互相制约的刑事司法体制，使其符合司法规律。

分工负责、互相配合、互相制约是公、检、法三机关行使职权的原则。然而，在刑事司法实践中，公、检、法三机关之间过于配合，权力制衡不足，经常出现公、检、法三机关联合办案，搞“三长协调”，或检法机关提前介入，随时沟通。② 诉讼的重心发生前移，“侦查中心主义”盛行，形成“公安煮饭、检察端饭、法院吃饭”的流水线式结构和办案模式，导致法庭审判虚置化，起诉、审判阶段多是对侦查阶段结果的确认，“关多久，判多久”现象比较普遍。就司法实践而言，“分工负责、互相配合、互相制约”原则在适用中存在许多问题，“以审判为中心”解决了“分工负责、互相配合、互相制约”原则适用中的误区和盲点，纠正了错误，指明了方向。

---

① 卞建林、谢澍：《“以审判为中心”视野下的诉讼关系》，载《国家检察官学院学报》2016 年第 1 期。

② 卞建林：《健全司法权分工配合制约机制的思考》，载《河南社会科学》2015 年第 1 期。

第一，“以审判为中心”要求合理配置公、检、法三机关的职权，实行实质性的分工负责、各尽其职。公、检、法三机关要严格依照法律的规定，在授权范围内独立行使职权，不能混淆职能，也不能代替行使权力。“以审判为中心”强调审判在刑事诉讼中的中心和重心地位。从“以侦查为中心”过渡到“以审判为中心”在职权配置上要求建立符合我国国情的强制性侦查行为的司法审查制度，侦查机关和自侦案件中的检察机关不能自行决定强制措施的适用。限制法官庭外证据调查权以及更改罪名的权利，彻底实现控审分离。保障法官中立、审判独立，落实主审法官责任制、取消内部审批制度、改革审判委员会制度，使法官不受外界因素干扰，只依据证据、法律，客观、公正地作出裁判。坚决抵制三机关联合办案，弱化审判程序地位，庭审虚化。最高人民法院《关于建立健全防范刑事冤假错案工作机制的意见》明确指出：“严格依照法定程序和职责审判案件，不得参与公安机关、人民检察院联合办案。”这是分工负责、各尽其职的表现。

第二，“以审判为中心”对互相配合提出了新的要求。互相配合并不是无原则的配合，侦、控、审三方不能串通一气，共同对犯罪嫌疑人、被告人进行追诉。互相配合不能违背控审分离原则，影响审判独立、法官中立。“以审判为中心”要求侦查、起诉服务于审判，审判活动的顺利进行离不开侦查机关、检察机关的大力配合和支持，主要体现为：侦查机关要依法收集证据，达到定罪量刑的标准；检察机关要严格把关审查起诉，确保起诉符合审判的标准；切实履行举证责任，充分发表公诉意见和辩论意见，保障证人出庭做证，贯彻直接言词原则。侦查机关、检察机关对审判机关的配合还体现为维护审判权的完整性，即只有法院才能对被告人判定有罪、科处刑罚，侦查机关、检察机关不能分割法院的裁判权。

第三，“以审判为中心”要求实现从“平行制约”向“递进制约”的转变。“互相制约”在刑事司法实践中通常被理解为公、检、法三机关之间“彼此平行”的制约关系，这种平行制约关系实际效果并不理想，而且与诉讼规律不相符。从司法规律上来说，公检法的制约关系主要是一种“递进制约”关系，它们之间的职能关系不应当是平行的，而应当是起伏的。[①] 也就是说，法院制约检察机关，检察机关制约公安机关，形成一种层层递进的制约关系。“以审判为中心”要求“后一阶段的诉讼活动要制约前一阶段的诉讼活动，侦查、起诉不符合审判的要求，达不到定罪的标准时，要服从审判机关的裁决”。[②]

第二节　审判权配置规律

审判职权配置，通俗地讲就是谁来行使审判职权的问题，解决的是审判职权如何分工，由谁负责的问题。审判职权配置的规律，就是在对审判职权进行分工的过程中总结出来的基本经验，也是必然要遵循的基本理念。可见，考察审判职权的配置规律，需要紧紧把握“分工负责”与“权责分明”两个核心要点。“分工负责”是审判职权配置所要解决的实际问题，需要讨论审判职权在国家权力体系中的分配、审判职权在法院体系中的分配、审判职权在某一法院内部的分配、审判职权在专业人士和公众之间的分配等问题。“权责分明”是审判职权配置所要达到的目标，一方面通过优化审判职权配置，提高配置的科学化程度，保证审判职权行使的高效；另一方面通过优化审判职权配置，提高配置的规范化程度，避免审判职权被滥用。

围绕“分工负责”与“权责分明”两个核心要点，本节分为“审判职权的概念与定位”“审判职权配置的一般规律”“我国审判职权配置中的现实问题与完善思路”三大部分：第一部分讨论审

① 樊崇义：《“以审判为中心”需正确理解“分工配合制约”原则》，载《检察日报》2015年9月16日，第3版。

② 顾永忠：《“以审判为中心”是对“分工负责、互相配合、互相制约”的重大创新和发展》，载《人民法院报》2015年9月2日，第5版。

判职权的概念与定位的问题。审判是一个复杂的概念，随着语境的差异会有不同的意义和定位。本节将从诉讼活动的角度出发，也结合当下我国司法改革中的一些重要问题，对审判职权的概念与定位做出研究。第二部分讨论审判职权配置的一般规律。具体而言，则从审判职权的外部配置、横向配置、纵向配置、内部配置和民主参与等角度展开研究。第三部分讨论我国当前审判职权配置中存在的关键问题与改革思路。主要围绕当前我国检察机关的酌定不起诉权力、审级制度、专门法院与专门法庭的设置、法官办案主体地位和人民陪审制度的完善等问题展开研究。通过对上述三部分内容的研究，努力廓清审判职权配置所要遵循的基本规律，并在此基础上对实践进行反思，以期有助于推动我国审判职权的优化配置。

一、审判职权的概念与定位

讨论审判职权的配置，必须要对配置的对象——审判职权展开研究。研究审判职权，关键是要明确审判职权的概念和定位。本书是在诉讼的视角下讨论司法职权的行使，因此也需要在诉讼视角下解读审判职权。在对审判职权的概念加以明确的基础上，需要对审判职权的定位加以讨论。应当注意的是，在我国这一轮司法改革的语境下，司法权是判断权和裁判权。那么，在这一语境下应当如何定位审判职权？同时，在本轮司法改革中，又有“司法权本质上是中央事权”的定位，并在这一定位指导下展开了一系列的实践活动。在我国单一制国家和司法改革的时代背景下，也有必要对审判职权是否属于中央事权的问题展开研究。本书在这一部分中主要围绕上述三个问题，对审判职权的概念与定位的问题展开研究。

（一）审判职权的概念

讨论审判职权的配置，首先要明确审判职权的概念。审判职权概念的核心在于审判。关于审判的概念，学界有多种看法。有论者指出，审判由审理和裁判两个部分组成，审理是指审判机关对社会纠纷进行调查、审查和评判的司法活动，而裁判是指审判机关对特定案件作出实体性或程序性处理的判定的司法活动。[①] 也有论者认为，审判就是原告、被告或者控辩双方在法庭上各自提出自己的主张和证据并进行辩论，法官站在第三方的地位上，基于国家权力依法进行审理并作出裁判的一种诉讼活动。[②] 还有论者指出，审判是指争讼的双方在法庭上各自提出主张和证据并展开辩论，法官进行审理并作出裁判的诉讼活动。[③] 更有论者认为，审判具有广义和狭义之分。以刑事审判权为例，广义的审判职权是指法院依据职权范围，参加刑事诉讼程序，应用法律规范解决各种刑事纠纷的权力。除了受理案件后的审理和裁判，还包括审前程序中对侦查机关的司法审查、执行程序中对减刑、假释等作出裁判等权力。狭义的审判权则是专指法院对公诉机关提出起诉的刑事案件进行审理并作出裁判的权力。[④]

本书从诉讼的角度来理解司法权，也将从诉讼的角度来理解审判权。故而，本书所使用的审判权定义是狭义的审判权定义，即原告、被告或者控辩双方在法庭上各自提出自己的主张和证据并进行辩论，法官站在第三方的地位上，基于国家权力依法进行审理并作出裁判的一种诉讼活动。由此，审判应当具备四大要素：首先，客观上存在一个双方之间的冲突或者纠纷；其次，利益主张不同的冲突双方把这一争执交由非冲突方的、具有权威性的第三方处理；再次，在“两造具备”，第三方居间的“三方组合”格局中，按一定程序解决该纠纷；最后，对冲突或行为的处理，第三方有最终的独立决定权。

（二）审判职权是裁判权

所谓审判，就是指原告、被告或者控辩双方在法庭上各自提出

---

① 朱福勇主编：《审判学》，法律出版社 2016 年版，第 2 页。

② 陈光中主编：《刑事诉讼法》，北京大学出版社、高等教育出版社 2016 年版，第 340 页。

③ 张建伟：《刑事诉讼法通义》，北京大学出版社 2016 年版，第 483 页。

④ 卜开明：《刑事司法职权配置论》，中国法制出版社 2016 年版，第 43 页。

自己的主张和证据并进行辩论，法官站在第三方的地位上，基于国家权力依法进行审理并作出裁判的一种诉讼活动。而审判职权，就是指法官在履行审判权力时的职责和权限。在明确了审判职权定义的基础上，还需要对审判职权的定位做出研究。习近平总书记指出，司法权是判断权和裁决权。根据这一认识，司法各个环节都是在作出“判断”，如侦查机关要查明真相，会形成关于犯罪事实与犯罪嫌疑人的“判断”；控方在证据材料的基础上也会形成关于构成犯罪与构成什么犯罪的“判断”；辩方也会形成无罪的“判断”。但从诉讼法的意义上来看，这些判断都是预判，而不是具有决定意义的最终“判断”。能够形成最终“判断”的是审判机关。可见，审判就是要针对各方作出的判断，基于特定的地位，针对各方的“判断”，作出具有终局意义的“裁决”。需要注意的是，在习近平总书记已经将司法定性成“判断权和裁决权”之后，就需要对审判权的理论定位做出认真的剖析，尤其是要明确“判断”与“裁决”的差异。

“判断”与“裁决”的差异，实际上就是审判职权与司法活动中其他职权，即侦查、检察、执行等职权之间的差异。从审判的定义上来看，审判含有审理和裁判两个环节。实际上，就审判本身来看，首先也是一种判断，但这种判断，之所以与司法活动中的其他判断存在差异，关键就在于其审理方式和裁判方式上的差异。这种差异，就构成了审判权自身的特性，也使得审判权与司法活动中其他权力区别开来。具体阐释如下。

审判权是法官依法进行审理并作出裁判的活动。它具有独立性、中立性、被动性、终局性、公开性、亲历性、公正性七大特征。所谓独立性，是指法院及法官在行使审判权时只服从宪法法律，不受任何机关、社会团体和个人的干涉。所谓中立性，即“有关事项的裁断者或处理者对与该事项具有利害或直接关系的诉讼主体应当保持不偏不倚的态度，不得偏袒任何一方或对另一方持有偏见或歧视”。[①] 所谓被动性，是指法官在法律实施过程中不主动介入案件，而是遵循不告不理的原则。而终局性，是指审判权对于纠纷具有最终的裁判权的特性，司法裁决具有既判力的效力。审判权的终局性一是体现为裁决效力的最高性。对于司法机关作出的裁决，其他任何机关、组织或个人均不得变更或撤销。二是体现为裁决效力的终局性。司法机关对一纠纷作出生效裁决后，不得再将这一纠纷纳入司法裁判的范围，即一事不再理。审判职权的公开性，即法庭裁判的全过程一般应当向社会公众开放，允许公众在场旁听，允许新闻媒介采访和报道。审判公开包括两大基本内容，即整个法庭裁判过程的公开和法院裁判结论的公开。亲历性也被称为“直接和言辞原则”，即裁判者必须亲自经历裁判的全过程，在法庭上直接审核证据、听取争议各方辩论，借此形成内心确信和判断。亲历性有两个最基本的要求：一是直接审理，二是以言词的方式进行审理。前者要求裁判者在裁判过程中必须亲自在场，接触那些距离原始事实最近的证据材料；后者则要求裁判者必须以口头方式进行裁判活动，听取控辩双方以口头方式提交的各类证据。审判职权的公正性源于法律的平等、公平、公正的价值内涵，审判公正是指“在审判活动中按照公开、公正、中立的原则，制定和遵循科学、合理的程序，实现对诉讼主体与诉讼参与人权利与义务的正确平等的合理分配，使之达到理想的正义结果”[②]。

（三）审判职权兼具中央事权与地方事权的性质

审判权作为一种裁判权，与司法活动中的其他职权存在差异，具有独立性、中立性、被动性、终局性、公开性、亲历性、公正性七大特征。正是这些特性，构成了审判职权在国家权力体系中独特的一面。在明确审判权作为裁判权的定位之后，还需要结合我国作为单一制国家的定位，讨论审判职权是中央事权还是地方事权的问

① 陈光中：《论刑事诉讼的“中立”理念》，载《中国法学》2002年第2期。
② 宋世杰：《论刑事审判公正》，载《中国法学》1999年第2期。

题。这一问题的讨论从理论上关乎审判职权的现实定位，从实践上则直指司法地方化问题，对我国当下具有重要的意义，有必要单列出来进行讨论。

在2013年开启的新一轮司法改革中，去除司法机关的地方化占据着核心地位，其理论基础就是“司法权本质上是中央事权”的论断。这一定位的主要改革方向，就是消解地方在人、财、物等方面对司法机关的干预或影响。为了落实司法权属于中央事权的性质，新一轮司法改革也采取了一系列的重大举措，如省以下法院的人、财、物由省级统管，探索设立跨区法院，最高人民法院设立巡回法庭，行政案件的集中管辖等方式。应当认识到，“司法职权是中央事权”这一主张，不仅是这一轮司法改革的口号，也已经通过试点活动落实到具体实践中。审判职权是司法职权的重要组成部分，也是司法活动运行中的重要环节，在这一时代背景下，就有必要从理论上对审判职权是否属于中央事权的问题展开讨论，进一步明确审判职权的定位。

根据学者的研究，事权与财权是中国财政理论特有的，是计划经济体制的产物，在这一背景下，事权是指政府管理国有企业、事业单位的职权，应当与获得财权的大小相一致。[①] 有论者进而指出，“事权”的核心是事务。司法权作为一种事权，是一个复合性的概念，既包括司法权的核心内容，即审判权，也包括配套性的内容，如司法组织的建立、司法人员的任命和司法经费的保障等。[②] 笔者认为，审判职权因为自身的特殊性，并不完全属于中央事权，而是兼具中央审判事权和地方审判事权的性质。

从审判职权行使的统一性来看，审判具有中央审判事权的一面。这是国家权力运行统一性和公民权利平等保护的必然要求。出

① 刘文华：《也论事权与财权的统一》，载《法学研究》2008年第1期。

② 姚国建：《中央与地方双重视角下的司法权属性》，载《法学评论》2016年第5期。

于这样一种要求，全国应当适用相同的裁判标准，审判权也应当统一行使，标准应当尽量统一化。由于审判权是国家判断权，因此，审判权的统一行使是审判权的必然要求。统一行使的要求，大至区域之间的裁判尺度统一，小至法院内部不同审判组织之间的统一。其结果既表现为行使主体的特定性，又表现为类案裁判结果的稳定性。审判权的统一行使，既可以避免毫无边界地行使裁判权所导致的不安全，也能避免一味地限制裁量权可能遭遇的相应制度无法协同运作所造成的理念与社会期待的极大反差。审判权的统一性是由法律的统一性及国家的统一性决定的，中央立法机关通过全国性法律，除法律有明确规定不能适用于特别地区之外，应当在全国范围内得到统一的贯彻执行，而保证其法律能在全国通行无阻地得到贯彻执行的最重要最关键的机构就是分布在全国各地的司法机关。一个地区法院所作出的裁判不仅对本地区有约束力，而且对全国来讲同样具有约束力；而一个地区行政机关所作出的行政决定却只能在本辖区有效，非辖区内不产生法定效力。可以说，国家的真正统一是由司法权维系的。

然而，审判职权并非完全的中央审判事权，还具有地方审判事权的一面。首先，从现代社会的权力运行来看，基于现代宪法理念所倡导的地方自主和地方民主的基本要求，本身就没有绝对意义的中央事权。即便是国防与外交，也只是由中央部门保留这些权力的核心内容，允许地方政府在一定程度上参与这种权力的行使。① 其次，结合审判职权本身的特征来看，也很难说审判职权就是中央事权。毕竟，审判职权所处理的事务，都是发生在全国各地的性质各异的各类案件，具有较强的地方性。大部分审判职权所处理的事务，都是涉及个人、法人或者社会组织的利益，较少涉及国家利益。从一审法院管辖的内容上来看，大多也是地方性事务。并且，

---

① 姚国建：《中央与地方双重视角下的司法权属性》，载《法学评论》2016 年第 5 期。

审判职权是依照立法条文进行审判，而地方人大显然也是我国的立法主体。《宪法》第133条就规定："地方各级人民法院对产生它的国家权力机关负责。"《立法法》第72条第1款也规定："省、自治区、直辖市的人民代表大会及其常务委员会根据本行政区域的具体情况和实际需要，在不同宪法、法律、行政法规相抵触的前提下，可以制定地方性法规。"在这种情况下，即便从职权的依据上来看，也难以认为审判职权完全是中央事权。最后，片面强调审判职权属于中央事权，显然与宪法所规定的上下级法院之间的关系不相符。《宪法》第132条第2款规定："最高人民法院监督地方各级人民法院和专门人民法院的审判工作，上级人民法院监督下级人民法院的审判工作。"可见，上下级法院之间是监督与被监督的关系，而非领导与被领导的关系，上下级法院之间有相对的独立性。在这样一种背景下，完全认为审判职权是中央事权，容易模糊上下级法院之间的关系，破坏下级法院在行使职权时相对独立的地位，这一做法无疑是违背审判职权本身的规律的，很有可能导致审判不公。

可见，强调审判职权是一种中央事权，其目标是解决司法地方化的问题。其本意固然是好，但如果片面强调这一属性，很容易忽视审判职权本身作为地方事权的一面。笔者认为，在现代国家，审判职权是一项兼具中央事权与地方事权性质的职责与权力。司法改革不能违背这一基本规律与定位。而在司法地方化的问题上，也不能简单地依靠将权力向上集中的方式来加以克服，这种做法，虽也有可能克服司法的地方化，但却有可能进一步加剧我国司法的行政化问题。因此，我们依然要坚持审判是兼具中央事权与地方事权的性质定位，一方面要维护审判职权的统一性，另一方面也要尊重审判作为地方权力的一面。同时，通过改革措施，来有效协调其中央事权与地方事权的关系，使二者达到最大的统一。而在司法地方化的问题上，最关键的是依然要保证司法权的独立行使，保证各种势力不得干涉司法。

二、审判职权配置的一般规律

审判职权配置所要解决的是审判职权“分工负责”的问题，目标是要实现“权责明确”。审判职权配置的一般规律，就是古今中外审判职权在“分工负责”中总结出来的一般经验。笔者认为，既然审判职权是关乎“分工负责”的问题，就必然要从以下几个方面来展开研究：首先，从外部关系上，审判职权在整个国家权力体系中是如何实现分工负责的；其次，从横向关系上，审判职权在法院系统内部又是如何依专业不同来实现分工负责的；再次，在纵向关系上，审判职权在上下级法院之间是如何实现分工负责的；又次，在内部关系上，审判职权在同一法院内部又是如何实现分工负责的；最后，在外部参与上，审判职权在专业力量与外部力量上又是如何实现分工负责的。围绕上述五个问题，笔者将逐层考察审判职权在整个国家权力体系中的配置方式，并以审判职权配置的实践经验作为佐证，以期归纳审判职权配置的一般规律。

（一）外部配置上的法院专属规律

审判职权在宏观层面上的配置规律，旨在重点解决审判职权在整个国家政治权力结构中，与其他职权之间的不同定位，进而归属于哪个国家机关行使的问题。从现代法治国家的视角来看，一般都遵循法院专属规律，即由法院专司审判职权，且专享审判职权，其他机关、组织与个人不得分割或变相享有审判职权。

审判职权法院专属规律，源于审判作为司法判断权在整个国家政治权力结构中的独特定位。“在国家职能没有分化的情况下，是不存在法院独占司法裁判权的问题的。”① 有限的社会资源不可能被全部投入某一种社会事务中。因此，社会分工决定了纠纷的解决也应该由一定的专门组织承担。司法判断功能的独特性，正是由于

① 李昌林：《从制度上保证审判独立——以刑事裁判权的归属为视角》，法律出版社 2006 年版，第 41 页。

它作为一种三方结构，在化解纠纷中发挥着难以替代的作用。就纠纷的化解而言，司法的三方结构之所以比两方结构更加有效，正是由于它不从属于任何一方，才能将纠纷都纳入一种和平、公正、有效的化解机制中。在两方结构中，纠纷的解决主要依赖于双方的交互作用，包括使用暴力和妥协退让。然而，和解往往难以达成，自决又容易演化成弱肉强食的恶性循环，这无疑无法达成政治秩序的稳定。可见，司法性的判断，是由纠纷双方和中立第三方共同组合而成的纠纷解决机制，主要依赖于第三方的中立地位和行为来引导和促使纠纷解决。第三方加入进来，不是为了加入某一方，否则是激化矛盾。作为一种司法判断权，审判之所以能够维持政治秩序的稳定，正是由于它本身就是一种和平、有效、公正的化解机制。并且通过这样一种特殊的机制来对各种纠纷进行排解，进而宣誓自身存在的合理性和必要性。

在现代法治国家，包括立法与行政的各种政治权力也成为法治的对象，政治权力在运行过程中产生的纠纷也必然要通过司法判断的方式来加以化解，从而发挥司法判断独特的功能，维持政治秩序的稳定。在政治权力无法避免成为当事人的情况，只有坚持法院专属规律，排斥外部力量，尤其是权力的不当干预，才能使司法判断的功能落到实处。“如果司法权不同立法权和行政权分立，自由也就不存在了。”① “凡是社会秩序混乱的时代或国家，毫无例外的都缺少一个有效的、具有适应性的司法结构。”② 审判权作为一种司法判断，绝不能与任何权力发生混同或与任何权力进行联合，否则便无法救济公民被侵害的权利，公权力与私权利的冲突就可能被搁置甚至被激化，政治秩序的稳定也难以达成。可见，享有审判职权的法院正是由于切断了与其他机关、组织与个人等利益相关者的联

---

① ［法］孟德斯鸠：《论法的精神》（上），张雁深译，商务印书馆 1961 年版，第 155 页。

② 程竹汝：《司法改革与政治发展——当代中国司法结构及其社会政治功能研究》，中国社会科学出版社 2001 年版，第 25 页。

系，才得以发挥维持政治秩序稳定的功能。正如论者所言：法院在证明权力正统性的同时，也必须证明自己的正统性。法院只有让世人和自己相信，作出的裁判未受到各种有损于原则的社会联系的腐蚀，它的权威源于某种独有的权能，其正统性问题才能被缓和乃至认肯。为了坚持和维护这种权能，法院必须将要求指向机构自治。①

落实审判职权法院专属规律，必然要求做到两点：第一，法院专司审判职权。现代型法院是专一性相当强的法院，往往以解决纠纷为专责。而传统型法院在整体上很难以专一性相衡量。其职责、目标往往多元化。需要指出的是，现代型法院并非纯粹的专一性法院，在不影响其他功能发挥的前提下，也可能行使着其他功能。但其他功能只是法院的次要工作，并非法院关注的中心。② 国家应避免由法院承担过于复杂的功能，进而避免可能由此导致的法院沦为其他权力机关的附庸。第二，法院专享审判职权。“同一官署忽而忙于维护国家利益，忽而又将国家利益弃置一边，忙于维护正义，显然既不协调。”③ 作为司法判断权的主体，法院必须从其他国家权力的影响中解脱出来，国家亦应排斥外部力量的不当干预，才能使法院能够独立公正地作出裁判，才能使审判作为司法判断权，发挥其独特的治理功能。可见，审判职权外部配置上的法院专属规律，是历史发展的必然，也是审判职权本身属性的必然要求。这一规律显然也体现在具体的实践中。从世界通行规律来看，审判权力的配置一般采用法院专属的方式。例如，作为英美法系代表的美国《宪法》第 3 条规定：“合众国的司法权，属于一个最高法院以及由国会随时下令设立的低级法院。”可见，美国的联邦司法权由联

① ［美］诺内特等：《转变中的法律与社会》，张志铭译，中国政法大学出版社 2004 年版，第 63 页。

② 左卫民、周长军：《变迁与改革——法院制度现代化研究》，法律出版社 2000 年版，第 29 页。

③ ［德］拉德布鲁赫：《法学导论》，米健译，法律出版社 2012 年版，第 121 页。

邦最高法院和联邦下级法院享有，法院是唯一行使审判权力的主体。作为大陆法系代表的德国《基本法》第 92 条规定："司法权托付于法官；由联邦宪法法院、本基本法所规定之各联邦法院及各邦法院分别行使之。"据此，审判权归属于各级各类法院。在日本，根据《日本国宪法》第 76 条第 1 款的规定，国家司法权归最高法院和根据法律规定设置的下级法院。可见，从世界通行的规律来看，审判职权一般被配置给法院，由法院开展审判工作，行使审判职权。

（二）横向配置上的专业类分规律

审判职权在外部配置上遵循法院专属规律，法院专享审判职权。但就审判职权的配置而言，仅停留在此是不够的。即便在法院系统内部，还需要进一步考虑分工负责的问题。在法院系统内部的职权配置上，首先需要考虑横向配置的问题。而在横向配置上，存在专业类分规律。审判职权横向配置的专业类分规律，就是指在法院系统内部，依据不同的案件性质或者职权内容，进一步细化为不同的主体。专业类分规律是审判主体参与社会治理，提高治理能力的必然要求。司法是社会治理的一种方式和手段，审判作为司法活动的重要环节，自然也不能例外。审判的任务是定分止争，化解社会冲突，这就必然要受到社会形态复杂性的影响。相应地，审判职能的配置也必然要反映社会形态的复杂性，并通过改变自身系统复杂化的程度来应对社会形态的复杂性。而随着社会发展的愈加复杂化，社会治理功能的日益分化，法院自身的复杂化程度也必然会提高，体现在横向配置上，就是专业类分的日益分化，专门法院和内设庭室的逐渐增多。正如有的论者所言，法院内设庭室的增加，从原因方面来看，是受整个社会政治经济形态变迁的影响；就分庭的结果来看，在内部治理上通过功能分化、知识分工来化解社会复杂性。这两个方面在逻辑上交互肯定，构成了法院分庭管理的最大的正当性基础。[①] 从一般规律来看，这种专业类分规律体现为两点：第一是法院的分类设置，即根据社会发展的状况和行使职权的需要，设置专门法院；第二是普通法院内部的分类设置，即根据社会发展状况和行使职权的需要，设置专业庭室。

依照审判管辖内容的不同，法院系统被区分为普通法院和专门法院。以德国为例，其就将法院区分为宪法法院、普通法院、劳工法院、行政法院、社会福利法院和财政法院。宪法法院主要负责违宪审查和宪法解释，对国家机关以及法院判决是否尊重宪法进行监督，调解联邦和各州之间的纠纷和州与州之间的纠纷，受理公民起诉中的侵犯宪法规定的有关人权的案件。同时，其还负责对司法机关、行政机关和立法机关进行监督，并处理部分宪法性争议。普通法院主要负责对普通刑事案件和民事案件的审理；劳工法院主要负责解决雇主与雇员之间的争议；行政法院负责行政法规定的所有诉讼案件；社会福利法院主要审理涉及医疗事故、退休等的社会保险争议案件；财政法院主要负责审理有关税收以及财务方面的争议案件。[②]

在区分普通法院和专门法院的同时，普通法院内部也会设置专业庭室。以法国的刑事审判职权配置为例，法国刑事审判法庭分为预审法庭与审判法庭。预审法庭的主要任务是收集犯罪证据，并对涉及某人的犯罪证据是否充分进行认定，决定是否提交审判法庭进行审判。仅初审管辖权就分别由违警罪法院、轻罪法院、重罪法庭、未成年人法庭、军队军事法庭、海上法院、国家最高特别法庭、共和国特别法庭和行政法院行使。[③] 而在民事审判职权配置上，除了设置普通的法院外，也设立了若干民事专门法院，包括商业法庭，审理商事诉讼和破产案件；劳动法庭，审理雇主和雇员之

① 刘忠：《论中国法院的分庭管理制度》，载《法制与社会发展》2009 年第 5 期。
② 宋建潮等：《德国、法国司法制度之比较》，载《人民司法》2000 年第 3 期。
③ 卜开明：《刑事司法职权配置论》，中国法制出版社 2016 年版，第 55 页。

间的个别纠纷案件；社会保障法庭，审理社会福利纠纷案件；农业用地法庭，审理农田租赁纠纷引起的案件，等等。[①]

（三）纵向配置上的级别多层规律

法院系统内部的分工负责问题，不仅需要考虑横向配置的问题，也需要考虑纵向配置的问题。而在纵向配置上，审判职权配置又呈现出级别多层规律，体现为法院的审级制度。法院审级制度是指一国法律规定的审判机关在纵向组织体系上的层级划分，以及诉讼案件经过几级法院审理后，其裁判立即发生法律效力的制度。[②]可见，审级制度包括两大问题：第一是各级法院管辖内容的问题，第二是诉讼当事人的上诉与上级法院对下级法院的复审问题。有论者指出，法院纵向组织结构多层性创制的理由有四：第一，通过上级法院对下级法院的审判监督保证法律实施的统一性；第二，避免将冲突的最后处置权一次性地委托给了某一法官，最大限度地减少错判发生的可能性；第三，便于当事人诉讼，初审法院按照地域设置，承担着辖区内的各类诉讼案件，其数量众多，便于当事人起诉和应诉；第四，允许上诉，从制度上保证当事人诉权的充分实现，体现诉讼的公正性和民主性。[③] 也有论者指出，现代行使审级制度具有纠纷解决和规则之力两项主要功能。上级法院通过对案件的重复审理，不仅可以确保案件得到相对正确的处理，进而促进纠纷解决的正当化，而且可以确保法律的统一适用，通过解释法律或者创造法律的方式不断地修补现行的法律规则。[④] 综上所述，笔者认为，审判职权纵向配置需要考虑法律统一、诉讼救济、案件纠错、

---

① 谭世贵等：《中国司法体制改革研究》，中国人民公安大学出版社 2013 年版，第 67 页。

② 沈德咏：《中国特色社会主义司法制度论纲》，人民法院出版社 2009 年版，第 213 页。

③ 陈业宏、唐鸣：《中外司法制度比较》（上册），商务印书馆 2015 年版，第 353 页。

④ 王超：《西方国家刑事审级制度功能的比较分析》，载《比较法研究》2012 年第 6 期。

化解纠纷的功能需求。相应地，审判职权纵向配置一般体现出两个规律：第一，从管辖范围来看，不同层级的法院依案件由轻到重或者案件类别，享有不同的管辖权。第二，围绕复审与上诉的问题，基本存在有三审终审或两审终审制，并围绕不同审级设置了不同的复审范围。

就管辖范围来看，不同层级的法院依案件由轻到重或者案件类别享有不同的管辖权。德国将普通法院分为联邦法院、州高等法院、州法院和地方法院四级。就刑事审判职权配置来看，地方法院作为初审法院，管辖轻微的刑事案件。地方法院的审判组织有独任法官和陪审法庭两种形式，前者有权管辖自诉的犯罪案件和判处最高刑期不超过两年的轻罪；陪审法庭管辖不属于刑事独任法官管辖和不属于较高审级法院管辖的犯罪，以及可能处四年以上监禁刑的个别犯罪。州法院有小刑事庭、大刑事庭以及有特别事物管辖权的不同的刑事法院和陪审法院。其中，大刑事庭和陪审法院均为一审法院。州高级法院仅享有涉及国家安全的犯罪案件的初审管辖权。

审级制度的设立还要考虑上诉与复审问题。因此，审判职权的纵向配置，除了要涵盖管辖权的制度设计问题，也要涵盖上诉与复审制度设计的问题。从现在西方国家的一般规律来看，其实行的是三审终审制，其第三审只对原审适用法律是否正确进行审查，第二审审查事实只限于上诉部分。[①] 在德国，仅地方法院和州法院享有初审管辖权；联邦法院、州高等法院原则上只对上诉案件享有管辖权（作为例外，州高等法院负责审理涉及国家安全的一审案件）。州法院既是一审法院又是二审法院，负责受理因不服地方法院一审判决而提出的上告审案件（又称第二审上诉）。州法院在第二审上诉程序中既对事实又对法律问题进行审查，与一审程序没有区别。州高等法院和最高法院负责审理仅以判决违背实体法或程序法的规

① 陈业宏、唐鸣：《中外司法制度比较》（上册），商务印书馆2015年版，第373页。

定为理由提出的上诉审案件（也称第三审上诉）。根据德国《刑事诉讼法》第335条、《法院组织法》第121条的规定，州高等法院受理的第三审上诉包括两种情形：一是对上告审（州法院）的判决不服而再次向州高等法院的上诉；二是对于地方法院的判决，不向州法院提起上诉而直接向州高等法院提起的上诉，又称为越级上诉。联邦法院主要受理不服地方法院和州高等法院判决的第三审上诉案件，以及不服州法院和州高等法院的一审判决而提出的第三审上诉。第三审上诉只审查法律问题。

（四）内部配置上的法官办案主体规律

审判职权配置的分工负责，最终要考虑审判职权的具体落实。毕竟法院审理案件不是以法院整个结构在进行，而是以某个个体或者组织在进行。因此，审判职权的配置，必然要回归到个案的审判和裁判过程中来，考察如何配置的问题。换句话说，审判职权的配置，最终还是要归结于谁在具体的审判活动中行使审判职权的问题，这就是审判职权的内部配置问题。审判职权的内部配置，解决的主要是在某一法院内部，围绕法院院长、庭长、主审法官、审判组织及与上级法院之间的一种权力配置关系。审判职权优化配置的最终目标是在具体的审判活动中明确权责内容，进而保证职权运行的有效性与规范性。而具体审判活动的开展，就必然要围绕办案法官这一主体来加以展开。相应地，在审判职权的内部配置上，办案法官也必然要占据主体性的地位，这一地位是审判职权属性的必然要求，也是体现审判公正的必然要求。

在社会科学中，主体性总是意味着某种自主性、自觉性、自为性、自律性，及某种主导的、主动的地位。① 法官的办案主体地位，也是从这个角度出发的。有论者指出，主体性是指作为主体的人推动包括刑事诉讼制度在内的社会制度的发展，是他们建构、主导和支配着刑事诉讼活动。法官主体是依法中立地行使审判权、对

① 张文显：《法哲学范畴研究》，中国政法大学出版社2001年版，第101页。

具体案件进行审理和裁判的法律关系主体。法官主体性的确立，首先要唤醒法官自身的主体意识，使之成为能够体现自在目的实存的主体，并能够自为地参与诉讼过程，而不是被动地仅仅作为工具或只是作为司法过程的手段，哪怕该过程的实体结果可能是正义的。① 也有论者指出，法官的主体性地位主要表现在两个方面：一是在法院内部，法官居于办案核心地位。每位主审法官都是一个相对独立的工作单位，依托合议庭开展办案工作，谁审理、谁裁判、谁负责。其他都是辅助、服务、保障人员，其职责就是辅助法官、服务审判、保障诉讼。二是在诉讼活动中，法官居于中立主导地位。法官依法定职权和程序，掌控诉讼活动节奏与进程，其他诉讼参与人均在法官指导下有序地参加诉讼活动。② 可见，法官的办案主体地位，强调法官本身的独立与中立，也强调法官对整个诉讼活动的主导地位。法官具备办案主体的地位，是实现审判公正的必然要求。拉德布鲁赫曾云："法官就是法律由精神王国进入现实王国控制社会关系的大门。"③ 事实上，体现为法律秩序的社会秩序只有通过法官的司法程序才能得以昭示、维护和实现。所以，法官职业阶层是实际上直接承担着实现法治国家的使命。④ 法官的办案主体规律，也契合了审判职权的中立性、独立性、亲历性与公开性的要求，因而，法官居于办案主体的地位是审判职权配置的必然趋势。落实法官的办案主体地位，才能更好地保障当事人的诉权，更好地实现审判在社会治理过程中定分止争的作用。

法官办案主体规律，是现代法治国家的一个通行规律。例如，在美国，初审裁判一般是由独任法官作出，上诉审裁判则由多名法

---

① 李健：《论法官的主体性》，复旦大学博士学位论文 2011 年，第 14 页。

② 倪寿明：《落实和尊重法官主体地位》，载《人民司法》2014 年第 13 期。

③ ［德］拉德布鲁赫：《法学导论》，中国大百科全书出版社 1993 年版，第 100 页。

④ 米健：《论司法独立、法官独立、审判独立》，载《董必武法学思想研究文集》（第三辑），第 428 页。

官组成的合议庭依据明确的议决规则作出。① 大陆法系国家各审级的裁判也通常是由合议庭作出的。也就是说，各国法院在同一审级中，对于独任法官或合议庭所实施的审判活动和行为，法院内其他成员不能介入和参与；并且独任法官或者合议庭所形成的裁判意见，也不受制于（并且排除）法院内其他主体的评价和影响。②

（五）专业审判与陪审参审相结合规律

在现代法治国家，审判职权的配置规律除了要围绕法院系统，从外部配置、纵向配置、横向配置和内部配置做出考察外，还需要关注到审判职权的民主性与开放性。这一属性，落实在职权配置上，就呈现出专业审判与陪审参审相结合的规律。具体而言，审判职权不仅会被配置给专业的法官，也会被配置给专业人士之外的社会公众。具体就体现为陪审制度和参审制度。审判职权的专业审判与陪审参审相结合规律，有利于提高审判的民主性，提高审判的公正性。首先，陪审制与参审制有利于公众参与审判，实现对国家审判权力的制约。其次，陪审制与参审制有利于克服职业法官形成的难以克服的职业偏见和思维定式，增强事实认定的准确性。最后，公众参与审判，还能够将公众价值灌注于审判活动，以普通人的见解制约专业人员，使审判能够有效反映社会的价值倾向，增强审判活动的公众认同。

专业审判与陪审参审相结合的规律，是世界范围内审判配置的普遍规律。以刑事审判为例，很多国家都建立了吸收普通公民参加刑事审判的制度。具体来说，则有陪审制和参审制两种模式。③ 英

---

① ［美］戴安·伍德：《上诉法院与上诉法官的作用》，郭豫译，载宋冰编：《程序、正义与现代化——外国法学家在华演讲录》，中国政法大学出版社 1998 年版，第 161 页以下。

② ［德］傅德：《德国的司法职业与司法独立》，杜涛译，载宋冰编：《程序、正义与现代化——外国法学家在华演讲录》，中国政法大学出版社 1998 年版，第 16 页。

③ 陈光中主编：《刑事诉讼法》，北京大学出版社、高等教育出版社 2016 年版，第 65-66 页。

美法系国家采用陪审制，其特点是，由随机挑选的一定数量的公民（一般是12人）组成陪审团，根据法庭出示的证据对被告人是否有罪这一事实问题作出裁决，由职业法官对证据的可采性问题作出认定，向陪审团解释有关的法律；如果陪审团认定被告人有罪，法官应独立地决定被告人应被判处的刑罚。大陆法系国家采用参审制，专业法官和普通公民一起参与审判，二者有同等权力，共同决定案件的事实和法律问题。也有的国家同时存在陪审制和参审制，如丹麦和挪威，二者就同时存在：严重的犯罪一般实行陪审团审理；对于所有被告人还没有坦白的刑事案件、交通违章案件和其他轻微违法案件，则实行参审审理。①

三、我国审判职权配置中的现实问题与完善思路

探索规律的主要意义在于对照实践，指导实践，反思实践。在明确了审判职权配置的一般规律后，有必要结合我国当前审判职权配置的现状，对问题进行梳理，并提出相应的改革思路。应当认识到，这一轮司法改革的一个重要口号就是要尊重司法规律。对照当前的一些重要司法改革措施不难发现，其实都是对审判职权规律的遵循和落实。故而，在本书的这一部分，笔者也将结合当前司法改革中的一些关键措施讨论我国审判职权配置的现实问题与完善思路。

（一）法院专属规律的落实：对酌定不起诉制度的考察与完善

在现代法治国家，审判职权在横向配置上首先要坚持法院专属的规律，这是权力分离规律的必然要求，也是现代诉讼发展的经验成果。从我国的宪法法律规定来看，也要求人民法院依法独立行使职权。可见，我国审判职权的配置也遵循法院专属的方式。我国《宪法》第128条明确规定，“中华人民共和国人民法院是国家的审判机关”。《人民法院组织法》第2条也做了如此规定。可见，

① 张建伟：《刑事诉讼法通义》，北京大学出版社2016年版，第172页。

人民法院享有审判权，是国家的审判机关。这一性质的定位决定了人民法院的独立地位，即人民法院与人民政府、人民检察院并列，具有同等的法律地位。正如《宪法》第131条规定："人民法院依照法律规定独立行使审判权，不受行政机关、社会团体和个人的干涉。"但从实践中的一些具体情况来看，法院专属规律还需要进一步的完善与落实。其中，尤其值得重视的，是检察机关酌定不起诉权力的行使。

酌定不起诉又称相对不起诉，即人民检察院对于起诉与否享有自由裁量权，对于符合条件的，既可以作出起诉决定，也可以作出不起诉决定。《刑事诉讼法》第177条第2款就规定了这一制度："对于犯罪情节轻微，依照刑法规定不需要判处刑罚或者免除刑罚的，人民检察院可以作出不起诉决定。"从立法规定上来看，酌定不起诉的适用必须具有两个条件，一是犯罪嫌疑人的行为已经构成犯罪，应当负刑事责任；二是犯罪行为情节轻微，依照《刑法》规定不需要判处刑罚或者免除刑罚。前文指出，审判职权的配置应当遵守法院专属的规律。体现在立法中，就是《刑事诉讼法》第12条的规定："未经人民法院依法判决，对任何人都不得确定有罪。"这一规定体现了无罪推定的原则。基于这一规定，确定被告人有罪的权力由人民法院统一行使。在人民法院依法判决有罪之前，从法律效果上来讲，只能推定犯罪嫌疑人无罪。然而，人民检察院的酌定不起诉权力，实际上已经牵涉到对被告人有罪与否的处理。那么，如何结合定罪权力的专属性来认识酌定不起诉权力的法律后果与具体程序，以及今后的完善途径，就需要单列出来加以讨论了。

考察酌定不起诉制度的各项内容，需要首先回到制度的诞生过程上，从立法本意上加以探求。从历史上来看，我国的酌定不起诉制度是在1996年修改《刑事诉讼法》时废除了免予起诉制度的基础上建立起来的。时任全国人大常委会法工委主任的顾昂然在《关于〈中华人民共和国刑事诉讼法修正案〉（草案）的说明》中清楚地阐述了修正案废止免予起诉制度的原因："免予起诉，是检察机关对依照刑法规定不需要判处刑罚或者免除刑罚的犯罪分子，定罪但不予起诉的一项制度。免予起诉制度对于体现惩办与宽大相结合的刑事政策，和对轻微案件及时结案，发挥了一定的作用。问题是，一，不经法院审判程序就定有罪，不符合法制的原则；二，实践中，对有些无罪的人决定免予起诉，侵害了被告人的合法权利；对有些依法应当判刑的，却给予免予起诉。经与各方面反复研究，草案扩大了不起诉的范围，对犯罪情节轻微，依照刑法规定不需要判处刑罚或者免除刑罚的，人民检察院可以不起诉，不再使用免予起诉。"① 可见，从立法过程和立法本意上来看，之所以废止免予起诉制度，建立酌定不起诉制度，其中一个重要的考虑就在于维护人民法院定罪权力的专属性，保障犯罪嫌疑人的合法权利，有效规制检察机关的自由裁量权。同时，需要注意的是，废除免予起诉制度并不意味着否定该制度的积极意义。免予起诉制度中的节约司法资源、通过非刑罚化的方式使犯罪人顺利回归社会这些优势，酌定不起诉也应当吸收并通过制度运行来加以发挥。

酌定不起诉制度的诞生带有人民法院定罪权力专属的考虑，结合这一点，酌定不起诉的法律效果应当与无罪判决具有同等的法律效力。前文指出，人民法院定罪权力的专属性，就要求在人民法院依法判决有罪之前，从法律效果上来讲，只能推定犯罪嫌疑人无罪，这一点带有无罪推定的精神。从这个意义上来讲，人民检察院所作出的任何不起诉决定都不能具有有罪的法律效力。固然，人民检察院必须对犯罪嫌疑人构成犯罪与否、构成什么样的犯罪进行审查，但这种审查只具有程序上的意义，并不具有实体法上的处理效果。人民检察院如果认为犯罪嫌疑人构成犯罪，就应当提起公诉，由人民法院对案件进行审理并作出是否有罪的判决。既然检察机关

① 顾昂然：《关于〈中华人民共和国刑事诉讼法修正案〉（草案）的说明》，载《中国人大》1996 年第 7 期。

决定终止刑事追诉活动，就意味着不再将案件交付法院审判，其法律效果就相当于一个无罪判决，与无罪判决具有同等的法律效力。

同时，结合人民法院定罪权力专属性的规律，酌定不起诉制度也需要在制度架构上和运行上作进一步完善。前文指出，定罪权力专属于法院，实际上并非一个形式上的权力分配，这是因为法院在实质上能够满足审判职权中立性、亲历性和被动性的需求，才使得定罪权力专属于法院具有了更强的正当性。这些特性根本上源于刑事诉讼法之人权保障的目的。同样，酌定不起诉制度也必须要围绕人权保障来考虑制度的进一步完善。基于这一考虑，酌定不起诉制度还应当在以下几个方面作进一步完善：第一，进一步明确适用酌定不起诉的实体条件和范围，在“犯罪情节轻微”的认定上出台更加细化的指导意见，避免权力的滥用。第二，应当落实被不起诉人的主体地位，赋予犯罪嫌疑人选择审判权。审查起诉部门在作出酌定不起诉决定之前，应当告知作出酌定不起诉的事实和理由，并征求犯罪嫌疑人及其辩护人的意见，如果犯罪嫌疑人不同意不起诉决定，或者不愿意接受相关的处罚，检察机关就应当作出起诉的决定，将案件提交法院审判；如果犯罪嫌疑人基于自愿接受不起诉决定，则不能反悔。被不起诉人对决定没有申诉的权利，也不能要求法院再对此案进行审判。① 第三，设置救济机制，维护被不起诉人的权利。当前针对被不起诉人对酌定不起诉的申诉，只有维持和提起公诉两种结果。但缺少检察机关自己纠正错误的程序。从完善人民检察院的自我监督机制来讲，也应当考虑设置检察机关自我纠错程序，由上一级检察院纠正错误的不起诉决定。

（二）专业类分规律的落实：专门法院与专门法庭的设置与完善

审判职权在横向配置上的专业类分规律，是为了应对社会发展

---

① 汪海燕：《我国酌定不起诉制度的困境与出路——论赋予犯罪嫌疑人选择审判权的必要性》，载《政治与法律》2004 年第 4 期。

的复杂化和社会治理的功能分化。同时，采用专业类分的配置模式，也在一定程度上提高了审判职权的集中化与专业化程度。显然，这一规律有利于审判职权的进一步完善。从我国的实践状况来看，也普遍遵循专业类分规律。

我国在审判职权的横向配置上体现了专业类分的规律。从专门法院的设置上来看，有军事法院和海事法院。而在普通法院内部，则可以依需要设置刑事审判庭、民事审判庭、经济审判庭和其他审判庭。从实践中来看，普通法庭内部也设置了许多专门法庭。以天津市为例，自2008年起，天津法院专业合议庭类型和数量迅速增长。截至2012年，一共有专业合议庭90个、23类，集中在交通事故、劳动争议、未成年人、金融、医疗、物业、房地产、婚姻家庭、买卖合同、公司证券、环境保护等类案件上。[①] 然而，当前审判职权虽然采用了专业类分的规律，但还存在进一步完善的空间，也存在一些需要重视的问题。具体来看，一方面需要设置新的专门法院和专门法庭，回应现实需求，完善职权配置方式；另一方面需要关注现实中已经产生的问题，避免损害审判职权的公正性。

1. 法院类型的设置和完善：以知识产权法院、行政法院为例

专业类分规律的落实，源于对审判职权在社会治理中能力的关注，设置专门法院和专门法庭，其目的就是要进一步提高审判机关的治理能力。专业类分规律是本轮司法改革的一项重要工作。2016年，人民法院的司法改革就在知识产权法院、海事法院、破产案件等方面取得了突破。就知识产权专门法院和专门法庭的设置来看，最高人民法院出台了《关于在全国法院推进知识产权民事、行政和刑事案件审判“三合一”工作的意见》，除北京、上海、广州知识产权法院之外，各级法院要积极推进知识产权审判庭统一审理知识产权民事、行政和刑事案件。在海事法院方面，也推动确立以民

① 《优化司法资源配置，建立多元专业审判机制——天津高院关于加强专业合议庭建议的调研报告》，载《人民法院报》2012年5月10日，第8版。

商事案件为主、合理涵盖其他领域的海事案件专门管辖制度，明确人民法院对我国管辖海域的司法管辖权。同时，针对破产案件，最高人民法院印发了《关于在中级人民法院设立清算与破产审判庭的工作方案》，要求直辖市应当至少明确一个中院设立清算与破产审判庭，省会城市、副省级城市所在地中院应当设立清算与破产审判庭。应当看到，我国的司法实践和司法改革都非常重视专业类分规律。笔者认为，在今后的改革中，应当进一步落实这一规律，推动知识产权法院进一步的完善。同时，可以借鉴域外经验，考虑设立专门的行政法院和宪法法院。

首先，应当关注知识产权法院设置的意义，进一步总结经验并加以完善。建立专门的知识产权法院是目前的国际趋势。自 20 世纪 60 年代开始，一些国家和地区就开始探索成立知识产权法院。1961 年德国建立联邦专利法院，成为世界上公认的第一个知识产权法院。此后，英国、美国、泰国、日本、俄罗斯、韩国等国家也相继成立了本国的知识产权法院。从我国的情况来看，知识产权法院的成立，不仅是循应知识产权司法保护体制变革的国际潮流，也是深化我国司法体制改革的重要举措。我国司法改革的目标，就是针对妨碍司法依法独立公正行使和阻碍司法健康发展的两大症结。承认知识产权法院的专门法院的地位，实行司法区域与行政区划适当分离的错位管辖制度，可以发挥跨行政区划审理案件的示范引导作用，契合去司法地方化的方向；同时，赋予知识产权专门法院以专属管辖职能，统一司法标准，提高审判水平，也符合独立性和专业性的司法运行机制改革。[①] 在今后的改革方向上，应当总结经验，进一步发挥专门法院的优势，发挥其在司法改革中的作用。

其次，结合行政案件的特点，应当在未来设置专门的行政法院。专门法院在去除司法地方化，保证专业性上发挥着重要作用。

---

① 吴汉东：《知识产权法院的专门法院属性与专属管辖职能》，载《人民法院报》2014 年 9 月 3 日，第 5 版。

行政案件的双方当事人在事实上并不平等：一方是掌握公权力的行政机关，另一方是相对弱势的行政相对人。同时，许多具有专业性和技术性的案件必须经过行政复议之后才能进入司法程序。这些都需要强化审判职权在行政诉讼中的地位，保证司法权对行政权的监督与制约。正是出于这一考虑，世界范围内不少国家都相继设立了行政法院作为专门的行政审判机构。然而，当前我国行政审判属于普通法院系统的一部分，并未独立出来。最高人民法院在行政诉讼管辖制度上，推行了交叉管辖、提级管辖和集中管辖的改革举措。但始终无法根治审判权不独立的顽疾。[①] 考虑到这一点，必须设立独立的专门行政法院，以实现行政诉讼管辖与行政区划的分离，才能保证行政审判的独立与公正。2014 年 10 月党的十八届四中全会决议提出，“探索建立跨行政区划的人民法院”，“完善行政诉讼体制机制，合理调整行政诉讼案件管辖制度”。2014 年 11 月 1 日通过的新修订的《行政诉讼法》第 18 条第 2 款规定：“经最高人民法院批准，高级人民法院可以根据审判工作的实际情况，确定若干人民法院跨行政区域管辖行政案件。”该条款被认为给今后行政审判体制改革预留了制度空间。尤其是 2014 年年底北京市四中院和上海市三中院的成立，被有些学者解读为“行政法院之近似物”，认为“将来行政法院可以其为基础建立，目前的改革举措已隐然指向设立行政法院之最终目标”。[②] 在我国当前成立行政法院，除了可以实现权利救济，实现权力监督，确保司法公正之外，还可以有效维护法律适用的统一，确保司法中央事权的精神落到实处。[③] 而在我国设立行政法院，也具有法律可行性与时代可行性：一方

① 梁凤云：《关于对中国特色行政法院体系的基本设想》，载《行政法学研究》2015 年第 1 期。

② 董皞、郭建勇：《独立而公正：行政案件跨区审理改革的价值追求与制度设计》，载《法律适用》2015 年第 2 期。

③ 王振宇：《行政审判体制改革应以建立专门行政审判机构为目标》，载《法律适用》2015 年第 2 期。

面，我国成立行政法院并没有法律上的不可逾越的障碍，因为虽然《宪法》和《人民法院组织法》中没有关于行政法院的规定，但可以通过解释《宪法》第129条“专门法院”为行政法院的设置提供合宪性基础，然后相应地修改《人民法院组织法》和《行政诉讼法》即可设立行政法院。[①] 通过这种“宪法解释+修法”的设立途径可以解决合宪性和合法性问题。另一方面，从当前改革的时代特征来看，正如论者所言，可以通过利用现有的铁路法院系统的改革契机和各种软硬件资源，“借壳上市”将铁路法院置换为行政法院，亦可回应反对者对于成立行政法院成本过高的质疑。[②] 从具体的设置方式上来看，世界范围内有三种主要模式：司法系统内独立行政法院模式、名义上隶属行政系统行政法院模式和最高司法机关下设行政法院模式。考虑到我国《宪法》的规定，审判权完全归属于法院，也考虑到人民代表大会制度的落实，应当在最高人民法院之下设立专门人民法院的模式。[③] 具体而言，可以由最高人民法院设置行政审判分院，主要负责司法解释和司法政策的制定、代表最高人民法院行使行政案件终审权，统一监督和领导各级行政法院工作；高级行政法院可以在华北、东北、华东、华中、西北、西南和华南设立，主要作为上诉法院发挥作用，并审理最高人民法院认为应当由其审理的案件；基层行政法院则可以跨三到四个地级市设立，负责一审案件的审理。对于案件多和地域广的行政法院，可以设立巡回法庭。

2. 专业类分的现实问题与风险：过分能动破坏职权公正性

当前审判职权在实践中采用专业类分后，也存在一些问题。概括来说，采用专业类分如果违背审判职权被动性的规律，过分强调

---

① 马怀德：《行政审判体制改革的目标：设立行政法院》，载《法律适用》2013年第7期。

② 马怀德：《行政审判体制改革的目标：设立行政法院》，载《法律适用》2013年第7期。

③ 江必新：《中国行政审判体制改革研究》，载《行政法学研究》2013年第4期。

职权的主动性，或者片面追求权力的扩大化，可能会破坏审判职权的公正性。诚如论者所言，分庭管理和编制剧增，使得法院无法自主于其他机构，也使得承办案件的法官无法自主于一级级的行政领导。[①] 具体来看，首先，数量庞大的法官群体导致制度运行偏离了设计之初的设计目标，形成了独立的个体利益，从而导致为了寻求庭室利益故意扩大编制，谋求个体利益的提高，结果却只能将法院自身置于一种相对于地方政府和党委的不自主地位，也背离了自身代表公共利益的性质。其次，随着内设庭室的增多和人员的剧增，出现了减少信息费用和进行内部管理两个需要，这两个因素聚合在一起，也使得法院的审判日益顺从于一种行政事务上的科层制。最后，强大的内设机构也产生了巨大的组织成本。所有的这些因素结合起来。几乎已经成为中国公正审判的自我颠覆因素。应当认识到，这些问题的出现，归根结底在于目前治理方案的局限性。诚如论者所言，目前秉持的治理方案始终局限于既有的知识系统内，这种命题判断做出的根据在于一个逻辑定式：社会复杂性不断加重，具体应对的社会治理要素就要进行代数式的增加。这一思路几乎也成为政界与学界的通识。[②] 有论者认为，想要打破这样一种状况，必须重新回到法院权力配置的格局下，将法院从目前的超强的司法主动主义和作为权力集装器的角色转变为正当程序理论所主张的消极的、中立、被动的第三者。笔者认为，这一改革思路无疑是符合审判职权的本质的。诚然，在目前的状况下，审判职权在横向配置上遵循专业类分规律，符合审判职权行使的整体趋势，也能更好地行使审判职权，回应社会治理的需求。但需要注意的是，审判职权的运行从来不能片面强调自身参与社会治理的一面，而应当坚持以自己独特的定位参与社会治理。如果过分强调审判职权的主动性与能动性，就可能导致审判职权背离自身被动性与权利救济者的地

---

① 刘忠：《论中国法院的分庭管理制度》，载《法制与社会发展》2009 年第 5 期。
② 刘忠：《论中国法院的分庭管理制度》，载《法制与社会发展》2009 年第 5 期。

位，使之与行政权难以区分。同时，刻意细化自身的庭室分配，确实有可能导致人员管理的过分复杂与增加不必要的成本。更重要的是，片面追求自身权力的扩大，一方面，导致审判职权背离了自身的公共属性，可能导致过分追逐个体利益，审判职权丧失了自身的中立地位，定分止争的功能也有可能沦为空谈。另一方面，过分追求权力扩大化，需要落实到财政与人员编制的扩大上，在当下的实践中确实导致了审判职权在人、财、物上受制于地方政府与党委，实际上导致了审判职权的自我颠覆。

总之，在审判职权的横向配置上，需要处理好回应社会的能动性与尊重规律的稳定性之间的关系。在实践活动中，我们固然要强调依照社会发展的现实状况实现专业类分，设置不同的庭室，但在整体的指导思路上，应当坚持两个指导方向。第一，坚持回应现实需求，通过设置专门法院来进一步回应社会治理的需求。第二，避免片面强调审判职权的能动性与主动性，防止为了扩大审判职权的地位而片面追求专业类分。要坚持审判职权本身的运行规律，在中立性、独立性、被动性等特性的指导下对审判职权的横向配置做出进一步的完善。

（三）级别多层规律的落实：有限三审制度的构建

我国的审判职权在纵向配置上同样遵循着级别多层的规律。一方面，我国各级法院在管辖内容上存在差异，主要是依据案件性质和程度上的差异，划分审判职权。另一方面，在诉讼当事人的上诉与上级法院对下级法院的复审制度上，我国也确立了两审终审制的原则和一审终审与三审终审的例外，同时还存在审判监督程序这一特殊的审判程序。

审判职权在纵向配置上需要坚持级别多层的规律，一方面要求在级别管辖上进行分工负责，实现上下级法院在管辖上的权责明晰；另一方面也要求在审级制度上实现分工负责，在尊重下级法院独立审判权的基础上保障诉权，实现有效监督。但反观我国当前审判职权的纵向职权配置状况，已经背离了级别多层规律，集中体现在两审终审制的问题上。因此，应当考虑域外有限三审制度的经验，对我国当前的审级制度作出改革。

一方面，两审终审相对于三审终审权利保障力度较弱，可以考虑设置三审终审制度的改革方向。目前，我国采用的是两审终审制度，而国外多确立了三审终审制度，其中国外的审判组织中的上下级法院的审查内容是有区别的，上级法院只对有限的法律与事实争议进行审查，或只做法律审。从审判职能上来区分，国外的法院组织通常由初审法院、上诉法院与最高法院组成。其中，初审法院负责事实审与法律审；上诉法院负责法律审，或只在极为特殊的情况下，进行有限的事实审；而最高法院仅负责法律审，并且在上诉上采用许可制，即对审理什么样的案件，最高法院有自主选择权。可见，第三审一般只限于以统一法律解释为目的进行法律审。在第三审确立法律审的意义在于：因为将抽象的法律应用于具体案件，需要适用者正确理解和应用，以求得良好的法律效果。法律审可以避免可能出现的法官在主观上对法律的理解存在分歧而造成适用法律的偏颇。① 相对而言，我国目前采用的是两审终审制度，并未确立第三审的法律审。在法律需要解释的问题上，采用的是批复或者最高人民法院出台司法解释的方式。但有论者认为，“批复”这种解释形式实际上存在严重的违宪问题：首先，“批复”实质上就是请示的下级法院主动将解释权分离并转移给最高法院行使的结果，但是最高法院的这种做法却损害了下级法院司法权的独立性和完整性。其次，这种做法也继续对其他没有请示的下级法院在类似案件中的司法权构成侵权。最后，“批复”因为提前介入，从而使得上诉和申诉流于形式，因此还侵犯了《宪法》赋予公民的上诉权和申诉权。② 面对这一状况，是否有必要在中国确立三审的法律审，

---

① 张建伟：《刑事诉讼法通义》，北京大学出版社2016年版，第537页。

② 贺日开：《司法解释权能的复位与宪法的实施》，载《中国法学》2004年第3期。

就成为一个需要我们考虑的问题。同时，学界主张设立三审终审制度，还有以下理由：第一，刑事司法改革的侧重点是加强对被告人的权利保障，三审终审制与刑事司法体制改革的侧重点相吻合，它为当事人提供了又一次纠正错误判决的机会，为当事人增添了司法救济的新渠道；第二，实行三审终审制度，加强了更高级别法院对下级法院审判权的制约，有利于形成诉讼体制内的制约；第三，实行三审终审制，有利于正确适用法律，新的法律制定越来越多，法律的正确解释和适用问题已经变得十分突出，增设法律审级，是正确适用法律维护刑事司法公正的需要；第四，由于三审终审制具有强化当事人权利的积极作用，实行三审终审制度也有利于增强我国刑事司法的公信力。①

另一方面，全面审查难以体现对当事人诉权的保障和尊重，应当确立有限审查的原则。有限审查（部分审查）与全面审查的分类主要是依据上诉审的审查以及判决的范围是否受到提起理由的限制。目前，绝大多数国家实行的是有限审查。在这样的制度下，上诉法院所审查的内容仅限于当事人在上诉书或复审申请书中明确表示不服的部分，而对于上诉书或复审申请书中没有涉及的部分，即使存在一些错误，上诉审也不作重新审理和更正。② 但我国在刑事诉讼中采用的是全面审查原则。我国《刑事诉讼法》第 233 条规定："第二审人民法院应当就第一审判决认定的事实和适用法律进行全面审查，不受上诉或者抗诉范围的限制。共同犯罪的案件只有部分被告人上诉的，应当对全案进行审理，一并处理。"在这一原则的指导下，上下级法院的审理模式就高度"同质化"。在我国，就没有严格意义的上诉法院，只有上级法院与下级法院之分，各级法院的相互关系主要是政治的和管理的，而不是功能的和分工的。

① 张建伟：《刑事诉讼法通义》，北京大学出版社 2016 年版，第 538 页。

② 陈卫东、李奋飞：《刑事二审"全面审查原则"的理性反思》，载《中国人民大学学报》2001 年第 2 期。

案件就像在一个封闭的圆筒中往返，诉讼体制呈现“圆筒状”，无法实现案件自下而上的有效分流。[①] 这一方式并不遵从审判职权配置的规律，导致审判职权难以实现上下级法院之间的分工。不仅难以实现审判工作的分流，导致效率价值的失落；也不尊重当事人或上诉人的诉权，导致公正价值的失落。正因如此，有论者主张，在我国建立有限审查原则，明确规定第二审的上诉审查应当受上诉或者抗诉理由的限制。理由在于：首先，全面审查违背了司法的被动性和中立性，与诉讼经济原则和上诉程序的救济性质不相符。其次，在二审法院不堪重负的情况下，也很难对一审裁判进行全面审查。最后，当下立法没有对上诉理由进行限制，上诉的内容可以由当事人自由选择，当事人可以选择全面审查，因此并不会给二审的救济功能造成太大的负面影响。[②] 党的十八届四中全会《决定》中也明确提出针对二审审查的内容作出改革，指出二审要“重在解决事实法律争议”。这就要求二审审理要明确案件争议点，对于有争议的事实认定或者法律适用问题，应当重点审查，着力解决。而不再是像当前一样，对一审全部事实进行审理。当然，《决定》只是要求要改革全面审查原则，并未明确指出要落实有限审查原则。但在笔者看来，无论是从审判职权分工与效率的角度，还是从尊重诉权与公正的角度，有限审查原则都应当成为今后改革的方向。

总之，审判职权的纵向配置需要坚持级别多层的规律，从而在审判系统内部实现分工负责，实现保障诉权、权责清晰的目标。然而，当前我国审判职权的配置采用的是二审终审全面审查的模式。其中的二审终审制导致法律审的缺位，在诉权保障上也不如三审终审制。同时，全面审查制度又导致内部分工不明确，不能很好地尊重诉权，可能导致审判效率与公正价值的失落。出于这种考虑，在

---

① 何帆：《论上下级法院的职权配置——以死即法院职能定位为视角》，载《法律适用》2012 年第 8 期。

② 朱立恒：《中国刑事审级制度的渐进性改革》，载《法学评论》2012 年第 2 期。

未来的改革方向上，我国应当逐步设立有限三审终审制度，从而更好地发挥审级制度应有的功能，保障审判制度的良好行使。

（四）法官办案主体规律的落实：权责一体化与庭审实质化

审判职权配置最终的关键，是要解决谁来负责具体的审判。从这个意义上来讲，法官的办案主体地位是必须要被坚守的。法官办案主体的地位是否能够落实，甚至在终极意义上关乎审判职权的优化配置。遵循法官办案主体规律，是今后我国司法改革的重要方向，也是今后我国司法改革的重点方向。我国最高人民法院于2015年发布的《关于完善人民法院司法责任制的若干意见》第2条第3款中明确指出，要“遵循司法权运行规律，体现审判权的判断权和裁决权属性，突出法官办案主体地位”。其中一个重要的努力方向，就是要“让审理者裁判，让裁判者审理”。独任法官审理案件形成的裁判文书，由独任法官直接签署；合议庭审理案件形成的裁判文书，由承办法官、合议庭其他成员、审判长依次签署；审判长作为承办法官的，由审判长最后签署。审判组织的法官依次签署完毕后，裁判文书即可印发。除审判委员会讨论决定的案件以外，院长、副院长、庭长对其未直接参加审理案件的裁判文书不再进行审核签发。

但从我国当前的审判职权配置方式来看，还存在重要的问题。在当前的制度背景下，法官的办案主体地位面临着各种限制，蕴含着巨大的司法不公的风险与危机，从长远来看，必然导致审判职权在整个社会治理功能上的失效。因此，我们必须要重新考虑办案法官在审判过程中的地位问题，通过一定的制度设计来保障办案法官的主体地位。

我国当前的一些制度设计显然是违背办案法官主体规律的。有论者指出，我国当前审判活动的制度设计，采用的是“多主体、层级化、复合式”的方式。[①] 所谓“多主体”，即审判活动由法院内部多个主体参与，从承办法官、合议庭、副庭长、庭长、副院长、院长，至审委会，各主体都可以参加到审判活动中，并对案件的实体裁判产生不同的影响；“层级化”，即法院内合议庭、庭长、院长以及审委会之间构成类似于行政科层的层级化设置，各层级具有明确的从属关系，并且这种从属关系的效应常常体现在案件的实体裁判过程中；“复合式”，即同一案件在同一审级法院内往往需要经历多个主体和多个层级的复合评价，才能形成最终的裁判意见。也有论者指出，从制度层面上来讲，我国对审判权分羹的制度根据作用力的渊源可以分为内向型与外向型。前者大致包括领导（院长、副院长、庭长、副庭长等）审批制度、审委会制度、考核制度等；后者延伸囊括请示制度、人大监督制度等。[②] 可见，在这一制度设计下，办案法官的审判职权面临着各种力量的分化与限制，难以形成独立自主的地位，也就更谈不上对整个诉讼活动形成主导作用了。

在我国当前背景下，落实办案法官的主体地位，应当从以下两个方面入手：

1. 落实主审法官责任制

既要通过明确办案法官的独立中立地位，强化办案法官对诉讼的主导作用，在职权配置方式上对法官职权配置方式加以完善。党的十八届三中全会通过的《中共中央关于全面深化改革若干问题的决定》中明确提出，要完善“主审法官责任制”，突出主审法官在办案中的主体地位，体现“让审理者裁判，让裁判者负责”。四中全会的《决定》又进一步规定，要“落实谁办案谁负责”。在这一语境下，主审法官应当成为依法独立行使审判职权的主体。而主

① 顾培东：《人民法院内部审判运行机制的构建》，载《法学研究》2011 年第 4 期。

② 胡印富：《再议法官独立审判权——以上海方案的深化为视角》，载《时代法学》2015 年第 1 期。

审法官作为审判责任制的核心，就是要按照权责相统一的原则，在诉讼活动中居于主导地位，依法享有独立行使审判权和主持庭审权、控制审判流程权、独立签发裁判文书权等与审判实务相关的权力，并依法独立或共同承担相应的办案责任。[①] 需要注意的是，落实权责一体，关键是要处理好主审法官或审判组织与审委会之间的关系。作为人民法院内部的一个审判组织，审委会制度改革一直都是历次司法改革的重点。在这一轮司法改革中，又作了很大的制度推进。应当认识到，作为人民法院内部的一级审判组织，合理界定审委会的制度角色与职能定位，不仅会影响到审委会与合议庭的关系，而且会影响到人民法院内部的职权配置，也会影响到审判职权的整个行使。本轮司法改革，已经将审委会的制度功能从“讨论决定重大、疑难案件”转向“总结审判经验，讨论决定审判工作重大事项的宏观指导”。2018 年新修订的《人民法院组织法》已将审委会的功能定位成为总结审判经验、讨论决定重大疑难复杂案件的法律适用。讨论决定再审和其他重大问题。另外，指出可将审委会会议分为全体会议和专业委员会会议，在未来的法律适用中，全体会议和专业委员会会议的分工可参考论著的建议，即将重大、疑难、复杂案件的审理权交给审判专业委员会或者专业审委会委员合议庭，形成审判专业委员会或者审委会委员合议庭专注于案件的审理、审委会全体委员会议侧重于总结审判经验和指导宏观审判实践的司法新格局。[②] 同时，依然需要注意设置审判专业委员会时，尊重审判职权的客观规律，首先要强调将绝大多数案件交由审理法官或者审判组织裁判，避免出现新的审裁分离的现象。

2. 落实庭审实质化需求

通过强化庭审的作用，在制度环境上强化办案法官的作用，让

① 叶青：《主审法官依法独立行使审判权的羁绊与出路》，载《政治与法律》2015 年第 1 期。

② 方乐：《审委会改革的现实基础、动力机制和程序建构——从“四五改革纲要”切入》，载《法学》2016 年第 3 期。

办案法官的主体地位落到实处。强调办案法官的主体地位，也需要具体的制度环境，这就需要我们进一步强调庭审的实质化。应当认识到，庭审的实质化，首先是对抗除审判职权之外的其他力量的不当干预。将庭审过程作为诉讼的关键环节，而不是将侦查、起诉环节作为诉讼的关键环节，才能真正确立法官的审判职权在诉讼过程中的核心地位。审判的实质化，其次是对抗审判职权内部其他力量的不当干预。将庭审过程作为审判职权行使的关键环节，而不是将汇报、讨论决定作为审判的关键环节，才能真正确立办案法官的审判职权在整个审理与裁判过程中的核心地位。总之，强调法官的主体地位，必然要在制度环境上强调庭审实质化，强调审判以庭审为中心。从具体落实上来看，就是要贯彻直接言词原则，真正由庭审法官通过开庭审理这种特殊的场景活动来审查判断证据，认定案件事实，独立适用法律，确定被告人刑事责任。①

（五）陪审与参审规律的落实：人民陪审员制度的完善

人民陪审员制度在我国由来已久。早在抗日战争时期，陕甘宁边区已经形成了人民陪审员制度，采用群众公审的方式对破坏边区秩序的人以及地主进行审判，处以刑罚。中华人民共和国成立之后，人民陪审员制度继续得以沿用，人民陪审员产生的方式主要包括由审判机关临时邀请有关单位派人参加；各民众团体推选陪审员轮流出席；由机关、团体推选代表出席。这一制度也得到了 1954 年和 1978 年《宪法》的确认。我国目前采用的是人民陪审员制度，更倾向于大陆法系的参审制。根据我国《刑事诉讼法》第 183 条的规定，基层人民法院、中级人民法院审判第一审案件，应当由审判员三人或者由审判员和人民陪审员共三人或者七人组成合议庭进行，但是基层人民法院适用简易程序速裁程序的案件可以由审判员一人独任审判。高级人民法院审判第一审案件，应当由审判员三人至七人或者由审判员和人民陪审员共三人或者七人组成合议庭进

① 卞建林：《应当以庭审为中心》，载《检察日报》2015 年 7 月 16 日，第 3 版。

行……人民陪审员在人民法院执行职务，同审判员有同等的权利。

然而，从当前来看，人民陪审员制度存在一系列问题，集中表现为以下几个方面：人民陪审员制度在很多地方都已名存实亡，流于形式；在少量有人民陪审员参与的案件中，人民陪审员也普遍陪而不审，合而不议，常常被当作弥补职业法官人数不足从而提高法院工作效率的一种方法；甚至有很多法院根本就不搞陪审制度。[①]

这一状况已经阻碍了人民陪审员制度的功能发挥，在一定程度上损害了审判职权的公开性与民主性。正因如此，党的十八届四中全会《决定》指出，要完善人民陪审员制度，保障公民陪审权利，扩大参审范围，完善随机抽选方式，提高人民陪审员制度的公信度。逐步实行人民陪审员不再审理法律适用问题，只参与审理事实认定问题。2018 年新公布的《人民陪审员法》对人民陪审员的条件、选任程序、参审范围、参审机制、参审案件职权、退出和惩戒机制、履职保障机制等问题作出了明确规定。

笔者认为，从审判职权配置的视角来看，人民陪审员制度的进一步完善，需要从根本上明确其制度定位，以此来确定人民陪审员制度的优势，以其优势形成对专业审判的互补。进而对人民陪审员的参与方式和审理对象做进一步的考察。

首先，明确人民陪审员制度的定位。当前，人民陪审员制度发生问题的根源在于对人民陪审员制度的定位出现了问题，将之定位成专业审判的补充，而忽略了制度本身存在的独立意义和价值。实际上，人民陪审员制度至少能够发挥参与审理、监督审理和化解矛盾三大作用。就参与审理来说，人民陪审员作为一种社会力量，无论在人员结构还是知识结构上，都能够发挥对专业审判的参与作用，从而补充专业审判的力量，也通过大众的一般认识与社会公众的价值观念补充法官专业知识。就监督审理而言，人民陪审员存在

① 陈光中主编：《刑事诉讼法》，北京大学出版社、高等教育出版社 2016 年版，第 66 页。

的实质意义在于通过社会力量的参与，促使法官公正审判，强化法官说理的能力。就化解矛盾而言，人民陪审员作为社会力量的代表，实际上是为社会公众发表意见提供途径和平台。人民陪审员制度可在“司法”和“社会”这两个实体之间建立实质的交流关系，缓解转型时期公众与司法之间的尖锐矛盾。人民陪审员在审判过程上的参与能够提高案件的透明度，又可以通过知识的互补来增强案件的可接受性，从而提高裁判过程和裁判结果的公正性与权威性。需要指出的是，人民陪审员制度还可以实现裁判权的主体回归，催化庭审结构的改革以及确立现代庭审原则，是确立审判中心的重要突破口。[①]

其次，明确人民陪审制的参与方式与审理对象。当前审判实践中的“陪而不审”现象，实际上要求我们对人民陪审员参与审理的方式作出进一步的思考。党的十八届四中全会《决定》指出，要逐步实行人民陪审员不再审理法律适用问题，只参与审理事实认定问题。这一规定的背后实际上是陪审员与法官的分职分权思想，即考虑到当前陪审员的现实状况和陪审员制度的价值，由陪审员与法官分别承担不同的职权。事实上，这也是国外陪审参审制国家的普遍经验。在英美采陪审团审判的国家，就采用陪审员负责事实问题，法官负责法律问题的模式。而在法德等参审制国家中，虽然参审员与法官并未有职责分工，但实际上也有着更加细化的制度设计，体现了职权分工的思维，如法国就采用了颇有特色的问题列表制度。[②] 应当认识到，陪审员制度发挥的是社会力量参与的优势与外部知识互补的优势，陪审员往往能够进行更好的常识判断、情理判断与良心判断。这些判断在事实问题的认识上能够发挥更好的作用。而这一定位，对于吸引更多民众参与到陪审制度中来，也能发

---

① 施鹏鹏：《深化人民陪审员制度改革的机理与思路》，载《人民法院报》2015年7月16日，第5版。

② 施鹏鹏：《法国参审制：历史、制度与特色》，载《东方法学》2011年第2期。

挥良好的作用。出于这种考虑，在当前人民陪审员制度中采用职权分工的思维是正确的方向。虽然新的《人民陪审员法》第 21 条依然规定人民陪审员可对事实认定的法律适用独立发表意见，但在制度实践上，却应当关注人民陪审员在事实认定上的相对优势。在今后的改革方向上，应当进一步完善人民陪审员参与下的事实认定机制。除《人民陪审员法》中规定为审判长的指引和提示义务外，还应当从四个方面着手：第一，由职业法官区分法律与事实，并决定各种程序性事项；第二，坚持庭审实质化，赋予控辩双方更加平等的地位，使得裁判者真正得以居中并独立地进行事实认定；第三，将事实问题细化为问题列表，帮助人民陪审员进行更加准确的判断；第四，对人民陪审员进行适当的培训。

最后，在未来可以考虑人民陪审员制的应然功能定位，丰富人民陪审员制的形式，扩大人民陪审员制的适用范围。一方面，应当考虑设置专家陪审机制与平民陪审机制的双轨并行机制。有论者指出，专家陪审制度可以有效利用体制外资源，但有可能与大众化目标相悖。出于这种考虑，可以建立专家陪审与平民陪审的二元结构机制。[①] 具体来看，陪审员制度的基础应当回归到常识判断、情理判断和良心判断的机制本源上，改陪审员与法官同职同权为分职分权，以赋予陪审员对事实进行认定的职权为原则，使得更多民众有机会、有能力参与陪审，建立真正“大众化”的平民陪审机制。与此同时，也应当总结专家陪审的经验，延续陪审员与法官同职同权的配置模式，进一步提高陪审员的选拔条件，甚至完全比照选拔法官的标准选拔，吸引优秀人才参与审判，建构专家陪审机制。另一方面，也可以考虑扩大陪审制度的适用范围。2018 年《人民陪审员法》第 15 条规定，涉及群众利益、公共利益的；人民群众广泛关注或者其他社会影响较大的，由人民陪审员和法官组成合议庭

① 廖永安：《社会转型背景下人民陪审员制度改革路径探析》，载《中国法学》2012 年第 3 期。

进行审判。这正是注意到了陪审制度在化解社会矛盾、提高裁判的公正性与公信力方面发挥着难以替代的作用。因此，可以考虑在重大敏感案件和重大社会影响案件中扩大陪审制的适用，确保陪审员的充分参与使之化解矛盾的功能得到更好的发挥。

第三节　检察权配置规律

一、检察权的概念与属性

检察权，简言之，是指对检察机关享有的各种职权的总称。作为国家专门机关的组成部分，我国检察机关的基本职权和具体任务由人民检察院组织法和三大诉讼法明确规定，其中检察机关在刑事诉讼中的多项职权是检察权的主要构成部分。

新中国检察制度设立以来，刑事检察一直是检察机关的核心工作。1979 年通过的第一部《刑事诉讼法》第 3 条规定："批准逮捕和检察（包括侦查）、提起公诉，由人民检察院负责。"1996 年在对《刑事诉讼法》修改时将第 3 条表述调整为"检察、批准逮捕、检察机关直接受理的案件的侦查、提起公诉，由人民检察院负责"。并且为了纠正刑事司法实践中有法不依的现象，加强检察机关对整个刑事诉讼活动的监督，1996 年《刑事诉讼法》在第 8 条增加了"人民检察院依法对刑事诉讼实行法律监督"的基本原则，赋予了检察机关对于立案、侦查、审判、执行环节广泛的监督权。2012 年《刑事诉讼法》再次被修改，通过规范的调整进一步强化了检察机关的诉讼监督权。检察机关在民事诉讼和行政诉讼中的职权同样由来已久。1982 年《民事诉讼法（试行）》总则规定"人民检察院有权对人民法院的民事审判活动实行法律监督"①，民事检察才回归检察职能领域。但是由于当时立法机关和社会各界对检

① 1982 年《民事诉讼法（试行）》第 12 条。

察机关如何参与民事诉讼看法各异，检察机关内部的认识也不尽统一，所以该法分则中没有具体规定检察监督的具体方式、程序等内容，民事审判监督工作很难推进。经过近十年的研究与试点之后，1991 年《民事诉讼法》正式颁布，这部法律在分则中增加了 4 个条文，完善了检察机关对生效民事裁判的抗诉程序①。此外，1989 年《行政诉讼法》不仅在总则中规定检察机关有权对行政诉讼实行法律监督，在分则中也规定了检察机关的抗诉权②。以这两部法律的颁布为标志，检察机关开始告别"刑事检察院"的单一局面，向多样化的检察类型发展。之后，在党的十八届四中全会的推动下，2015 年 7 月第十二届全国人大常委会第十五次会议通过了《关于授权最高人民检察院在部分地区开展公益诉讼试点工作的决定》，授权最高人民检察院在生态环境和资源保护、国有资产保护、国有土地使用权出让、食品药品安全等领域开展提起公益诉讼试点。为落实该决定，最高人民检察院相继发布了《检察机关提起公益诉讼试点方案》和《人民检察院提起公益诉讼试点工作实施办法》。经过两年的试点，2017 年《民事诉讼法》和《行政诉讼法》正式对公益诉讼加以明确。

由上，我国检察机关的主要职权包括公诉权、批准逮捕权、诉讼监督权、职务犯罪侦查权③以及提起公益诉讼的权力。不同的职权具有不同的属性，呈现不同的特点，其配置也须遵循不同的规律和要求。

（一）检察机关行使公诉权，具有诉讼属性

1. 公诉权的概念与诉讼属性

公诉权，是指国家公诉机关针对犯罪嫌疑人的犯罪行为向法院提出控告、要求法院通过审理对指控的犯罪事实进行确认并对犯罪

---

① 1989 年《行政诉讼法》第 10 条。

② 1989 年《行政诉讼法》第 64 条。

③ 有关职务犯罪侦查权的内容，将在第四节"侦查权配置的规律"中讨论，此处不予赘述。

嫌疑人予以刑事处罚的诉讼权力，属于国家司法职权配置的重要内容。公诉权是当代检察机关的基本职能，也有人称其为“检察机关核心的标志性职能之一”①；公诉权的诉讼属性是检察机关的基本属性，对于这一属性，可以从不同的维度进行解析。

首先，公诉权是国家刑罚权的重要组成部分。刑法理论认为，犯罪是危害社会、触犯刑律、应当受刑罚处罚的行为。② 基于犯罪分子的犯罪行为而产生国家刑罚权，即国家对犯罪分子用刑罚加以处罚的权力，这是国家主权的体现。刑罚权包含制刑权、求刑权、量刑权和行刑权，求刑权即指对犯罪分子提起刑事追诉的权力。在公诉案件中，对犯罪分子提起刑事追诉的权力就是公诉权。而在现代法治社会，由于无罪推定原则的作用，任何人未经法院依法判决不得确认有罪，当然更不能处以刑罚。因此，公诉请求的内容既包括求罪，也包括求刑；首先是求罪，然后才是求刑。

其次，相对于审判权的被动性、消极性而言，公诉权在行使过程中表现出“主动性和自主性”。主动性是指公诉机关对于发现事实真相、推进诉讼进程、关注裁判结果的积极作为，自主性则是指向公诉主体独立行使公诉权的职权需要。③

再次，从诉讼构造而论，公诉权的确立及其与审判权的分野，完成了近现代刑事诉讼史上的重大变革。在封建纠问式诉讼模式中，“任何法官都是检察官”，法官集侦查、控诉、审判多项职权于一身，在自侦自查的基础上自诉自审，导致严重的控审职能不分。在权力高度集中的法官面前，被告人毫无权利可言，由诉讼主体沦为诉讼客体、追究对象。如果没有控审分离、审检分立，便没有审判中立，也没有控辩平等。

最后，作为“代表国家行使追诉权的专门机关向行使国家审

---

① 朱孝清：《对公诉理论研究的建议》，载《检察日报》2011年2月9日，第3版。

② 高铭暄：《中华人民共和国刑法的孕育诞生和发展完善》，北京大学出版社2012年5月版，第20页。

③ 徐鹤喃：《公诉权的理论解构》，载《政法论坛》2002年第3期。

判权的法院提出的一种诉讼请求”[1]，公诉权的行使产生并且应当产生审判发生、限定审判范围和确定被告人、明确辩护对象等效果。

2. 公诉权与审判权、侦查权是相互配合、相互制约的关系

我国宪法和法律规定，公、检、法三机关进行刑事诉讼，实行分工负责，互相配合，互相制约。党的四中全会《决定》进一步提出，优化司法职权配置的主要任务是要健全公安机关、检察机关、审判机关、司法行政机关各司其职，侦查权、检察权、审判权、执行权相互配合、相互制约的机制。本书认为，此处的“检察权”应当作公诉权理解，因为从严格意义上来讲，只有公诉权才发生与侦查权、审判权、执行权互相配合、互相制约的问题。[2]在这种体制下，我国公诉权要遵循职权属性，有效、正当地行使求罪与求刑需要处理好两对关系。

第一，公诉权与审判权的关系。

在现代刑事诉讼中，调整起诉与审判的关系有两个最为基本的原则，即“控审分离”与“不告不理”。

在司法史上，随着国家社会控制能力的增强和对犯罪本质认识的变化，出现过国家刑事司法权力高度集中的现象，盛行过纠问式诉讼模式。在纠问式诉讼模式下，法官集侦查、控诉、审判多项职能于一身，在自侦自查的基础上自诉自审。在权力高度集中的法官面前，被告人由诉讼主体沦为诉讼客体、追究对象。为克服纠问式

---

① 卞建林主编：《刑事诉讼法学（第三版）》，中国政法大学出版社 2014 年版，第 250 页。

② 除公诉权之外，在刑事诉讼中检察机关还负责直接受理案件的侦查，除主体、范围与公安机关不同之外，其性质与公安机关侦查相同，不可能说检察机关侦查权与公安机关侦查权互相配合、互相制约。诉讼监督权是法律赋予检察机关专属行使，公安机关的侦查权、法院的审判权、司法行政机关的执行权都属于检察机关诉讼监督的对象，更不可能说监督者与被监督者之间互相配合、互相制约。至于批准逮捕，其实质是以法律监督机关之名行司法审查之实，是对公民人身自由的特殊保障和对强制性侦查行为的法律控制，也不能与侦查权互相配合、互相制约。

诉讼的弊端，在近代司法变迁过程中围绕刑事司法职权配置实行过重大改革。在诉讼职能上实行控审分离，在诉审关系上贯彻不告不理原则。只有控审分离，法官才可能免除既当控诉人又当裁判者的双重角色，限制法官依职权主动追究犯罪的冲动；被告人才可能恢复自己的诉讼主体地位，依法行使以辩护权为核心的诉讼权利；辩护职能才可能与控诉职能分庭抗礼，现代辩护制度才得以建立和发展。而不告不理，则具体有两项要求：一是明确审判以起诉为前提，未经起诉的案件法院不得径行审判，以避免审判权的主动启动；二是明确审判受起诉范围限制，不得及于起诉以外的人和事，即所谓的“诉审同一”。

在我国，由于检察机关为国家专门法律监督机关的宪法定位，检察机关具有优势诉讼地位，再加上检察机关与审判机关“互相配合”的特殊关系，容易使诉审关系偏离审判的理想构造，降低被告人一方的诉讼地位，抑制辩护律师的作用发挥。加之，在诉审同一方面，《刑事诉讼法》对于起诉效力与审判范围问题规定得不够明确，实践中审判对象超出起诉范围，或者法院认定罪名与起诉罪名不一致的情况时有发生。因此，要实现控审分离，不告不理，一方面，要切断控诉方与裁判方的体制联系，树立法官中立形象，加强法庭审理中的控辩对抗，保障被告人辩护权的充分行使。另一方面，对规范诉审关系的相关制度作出规制：首先，未经起诉之个人和事实，法院不得径行审理并定罪科刑，这是调整诉审关系的基本原则。其次，尽快在立法上明确规定撤销、变更、追加起诉制度，以适应司法实践变更追诉之需要。再次，变更或追加起诉应当立即通知被告人及其辩护律师。如果对被告人辩护权的行使有实质性影响的，应当延期审理。最后，如果法院认为指控的罪名与指控事实不相符，而检察机关不同意法院变更指控罪名的动议时，法院应当向控辩双方告知改变指控罪名的意图，在控辩双方进行必要的准备后，再行审理和判决。①

第二，公诉权与侦查权的关系。

对于公诉权与侦查权的关系，多是将其置于“检警关系”的大视域中进行探讨的。在世界范围内，大陆法系国家普遍实行检警合一的关系模式。检察机关集侦查权和起诉权于一身，警察机关协助检察机关侦查犯罪或接受检察机关的指挥侦查犯罪。检察机关作为侦查权主导不仅可以自行侦查也可以指挥警察机关进行侦查。这种模式的基础是国家主义理论，认为检察机关与警察机关都是国家或政府的代表，侦查权与控诉权在本质上具有同质性。英美法系国家一般实行检警分离的关系模式。检察机关和警察机关相互独立，彼此之间没有领导与被领导的关系。除了特殊情况外，检察机关不得干预警察机关的侦查活动。这种模式源于将检察机关视为民众的诉讼代理人与作为政府代表的警察机关的观念上的差异。我国的检警关系显然难以套用以上任一种：一方面，在组织形式上，我国检察机关和侦查机关分立；另一方面，在体制关系上，我国检察机关行使的公诉权与侦查权是相互配合、制约的关系；行使诉讼监督权与侦查权是监督与被监督的关系。但在长期的司法实践中，“重配合、轻制约”，甚至“只配合、不制约”的现象一直存在，在此种现象下，侦查权作为刑事诉讼进程的起始就不可避免地扮演着中心的角色。以侦查为中心不仅在程序上架空庭审，而且在实体上埋下了“起点错、跟着错、错到底”的严重隐患，加之侦查权本身的主动性和倾向性，极易对公民权利造成损害。因此，“以审判为中心”的改革设计在近年被提出并受到广泛关注。所谓“以审判为中心”，主要强调的是审判对审前诉讼行为的指引与规范作用。我国的公诉权与侦查权的关系，在这种实践的异化和改革的催促双重压力下，又当往何处去？

---

① 卞建林、谢澍：《“以审判为中心”视野下的诉讼关系》，载《国家检察官学院学报》2016 年第 1 期。

本书的观点是，坚持检警分立，公诉权与侦查权相分离，同时完善检察介入侦查、公诉指导侦查的理论和制度，发挥公诉权在侦查取证方面的指导作用：首先，检警分立的基本架构是由我国的司法体制决定的，也为加强侦查监督、防范刑讯逼供的现实应对所要求。其次，公诉权与侦查权的分立既是上述域外两种模式的核心差异，也体现在我国正在推进的有关职务犯罪侦查权的改革方案里。最后，侦查指导与侦查监督的区别需要再次被强调，这种区别不仅反映在职权属性上，也将反映在检察机关内部的职权配置中。正是因为两者之间不可模糊的界限，使得我国检警分立的图景更加清晰。而在这一清晰的图景中，有必要进一步明确指导、介入侦查的案件范围、条件和具体程序，并明确侦查机关不执行检察建议的程序性后果等，规范公诉指导侦查的行使。

(二) 检察机关行使诉讼监督权，具有诉讼监督属性

我国1982年《宪法》第129条规定："中华人民共和国人民检察院是国家的法律监督机关。"根据这一宪法定位，三大诉讼法均在总则部分规定了检察机关进行法律监督的原则，并对这一原则在立法修改和相应的司法解释中进行不断细化与完善。与此同时，党领导下的司法改革也对司法监督进行了多次强调。党的十八届三中全会提出，"优化司法职权配置，健全司法权力分工负责、互相配合、互相制约机制，加强和规范对司法活动的法律监督和社会监督"。四中全会进一步明确，优化司法职权配置的主要任务是要健全公安机关、检察机关、审判机关、司法行政机关各司其职，侦查权、检察权、审判权、执行权相互配合、相互制约的体制机制；加强对司法活动的法律监督则指"完善检察机关行使监督权的法律制度，加强对刑事诉讼、民事诉讼、行政诉讼的法律监督"。如前所述，应当将此处的配合制约体制与加强诉讼监督区别开来。我国检察机关被赋予了广泛的诉讼监督权，检察机关行使诉讼监督权具有诉讼监督属性，这一属性已经逐渐发展成与诉讼属性并立的检察机关的基本属性，并且依然在不断地被强调和强化。

1. 人民检察院对刑事诉讼进行监督

继1982年《宪法》对检察机关明确定位后，1983年修正的《人民检察院组织法》第5条规定，人民检察院对于公安机关的侦查活动是否合法，实行监督；对于人民法院的审判活动是否合法，实行监督；对于刑事案件判决、裁定的执行和监狱、看守所、劳动改造机关的活动是否合法，实行监督。其后制定的《民事诉讼法》和《行政诉讼法》也都规定了检察机关进行法律监督的基本原则，但是先于《宪法》制定的《刑事诉讼法》却一直没有对此作出回应。直至1996年修改《刑事诉讼法》时，为了纠正刑事司法实践中有法不依的现象，加强检察机关对整个刑事诉讼活动的监督成为立法修改的重点内容。不仅在《刑事诉讼法》第8条增加了“人民检察院依法对刑事诉讼实行法律监督”的基本原则，还初步建立起诉讼监督的体系，包括对公安机关立案活动的监督、对公安机关侦查活动的监督、对人民法院审判活动的监督以及对执行机关执行活动的监督。但是由于缺乏具体的制度，多数监督都只是停留在“对……的活动是否合法实行监督”的宽泛层面，因此，监督不力的情况未得以根本好转。在总结司法实践经验和理论研究成果的基础上，2012年、2018年《刑事诉讼法》以及2018年《人民检察院组织法》修改时进一步强化了检察机关对刑事诉讼的法律监督：

第一，扩展诉讼监督的范围，增加诉讼监督的对象。主要内容包括：新增了羁押必要性审查制度；增加了对指定居所监视居住强制措施的监督；增加了对死刑复核程序的监督；增加了对强制医疗措施的监督以及增加了辩护人、诉讼代理人对阻碍其依法行使诉讼权利的申诉控告及处理程序和对采取强制措施、侦查措施违反法律规定行为的申诉控告及处理程序。

第二，明确诉讼监督重点，强化对侦查活动的监督。检察机关不仅要在审查起诉时注意查明“侦查活动是否合法”，而且要适时介入侦查活动，对侦查行为实行同步监督。此外，为了规范侦查机关的逮捕行为和逮捕后的讯问活动，防范刑讯逼供和其他非法取证侵害人权的行为，《刑事诉讼法》修改还增加了逮捕后送看守所羁押的规定，完善了逮捕后通知家属的规定。

第三，强化对执行活动的监督，保证刑事裁判的有效实现。《刑事诉讼法》加强了检察机关对刑罚执行活动的监督，特别是完善了暂予监外执行决定批准过程中的监督机制、暂予监外执行决定批准后的监督机制，以及变更刑罚执行决定减刑假释的监督机制。为贯彻《刑事诉讼法》规定，最高检《人民检察院刑事诉讼规则》将对刑事判决、裁判的监督细化为对交付执行的监督、对收押罪犯的监督、对看守所执行刑罚的监督、对释放罪犯的监督、对公安机关执行刑罚活动的监督、对法院执行财产刑的监督、对终止执行的监督，以及对缓刑、假释和暂予监外执行的监督等，并加强了驻监所检察人员的配备和建设。2018 年《人民检察院组织法》还增加了巡回检察的相关内容，第 17 条规定："人民检察院根据检察工作需要，可以在监狱、看守所等场所设立检察室，行使派出它的人民检察院的部分职权，也可以对上述场所进行巡回检察。"

虽然立法配置了以上丰富的诉讼监督权，但是目前的司法实践依然反映出如下不足，亟待在不断强化诉讼监督的发展趋势中加以完善。

第一，监督范围不足。虽然 2012 年《刑事诉讼法》新增了很多监督对象，但是在检察权的实际运行领域，依然有一些未被纳入监督范围的情况。首先，在立案监督方面，我国立法只规定了对应当立案而不立案的监督，未明确对不应当立案而立案如何处理，而且对法院的立案，检察机关也不能监督。其次，在审判监督方面，检察机关对自诉案件如何进行监督也无规定。最后，在执行监督方面，目前承担刑罚执行监督的主要是监所检察机构，负责监督公安机关和司法行政机关的刑罚执行活动，但是法院执行没收财产、罚金刑等活动并没有被纳入监督范围。

第二，监督渠道不畅通。检察机关行使立案监督依法可以要求公安机关书面说明不立案的理由，但是法律并没有规定检察机关可以要求公安机关移送相关材料，因此立案监督的行使很容易因为缺乏必要的信息而流于形式。检察机关行使对民事、行政审判活动的监督同样存在信息缺失的问题，目前几乎都是通过当事人申诉、人大交办等被动方式提起。

第三，监督效力不明确。检察机关行使监督的方式主要包括提出口头纠正意见和书面纠正意见，书面纠正意见一般会与机关内部绩效考核制度相关联，因此相比口头纠正意见效力要高。但是总体而言，除非该违法行为属于涉嫌犯罪的情况，否则检察机关的监督没有法律上的实质效力，纠正意见如果不被违法机关重视，则没有任何后续的保障可以将监督落到实处。

2. 人民检察院对民事、行政诉讼进行监督

我国从第一部《民事诉讼法》和《行政诉讼法》开始即规定了民事行政诉讼检察监督权。1991 年《民事诉讼法》第 14 条规定："人民检察院有权对民事审判活动实行法律监督。"1990 年《行政诉讼法》第 10 条规定："人民检察院有权对行政诉讼实行法律监督。"然而，由于立法技术和理论认知的局限，初建时期的民行监督存在诸多问题，尤其是在监督方式方面。在两部法律的分则条文中，关于人民检察院对人民法院的民事审判活动和行政诉讼实行监督的方式只规定了抗诉。抗诉本质上属于事后监督，只有在发现发生法律效力的判决、裁定确有错误时，才能够提出抗诉，实施法律监督。但是面对庞大、复杂的民事诉讼和行政诉讼，仅仅依靠置后的节点所进行的单一监督方式显然是难以满足公正需求的。甚至对于这唯一监督方式的程序设置也十分简陋。1991 年《民事诉讼法》仅在第 185 条至第 188 条对抗诉条件、抗诉效果、抗诉书和抗诉再审进行了简要规定。1990 年《行政诉讼法》甚至只有第 64 条提及相关内容。对抗诉应当如何操作，法院如何审理等这些问题都未有规定。面对因此而造成的民行监督孱弱与我国社会转型需要以及民众公正需求之间的矛盾与压力，近年来，在中央关于司法体制改革的部署和推动下，对《民事诉讼法》和《行政诉讼法》都

进行了大幅度地修改，分别于2012年和2014年相继颁布，并且随即还制定了2013年《人民检察院民事诉讼监督规则（试行）》和2016年《人民检察院行政诉讼监督规则（试行）》，对我国民行监督制度作出了重大调整。其中最主要的内容包括以下几点。

第一，增加了民行监督的方式。除抗诉方式外，人民检察院还有权以检察建议的方式实行法律监督。并且在审判监督程序中，地方各级人民检察院对同级人民法院已经发生法律效力的判决、裁定和调解书，发现有错误的，可以向同级人民法院提出再审检察建议。

第二，扩大了民行监督的范围。2012年《民事诉讼法》将"人民检察院有权对民事审判活动实行法律监督"，修改为"人民检察院有权对民事诉讼实行法律监督"，将民事执行活动纳入法律监督范围。同时，增加规定人民检察院发现调解书损害社会公共利益的，应当提出再审检察建议或者提出抗诉。此外，党的十八届四中《决定》要求，对涉及公民人身、财产权益的行政强制措施以及在履行职责中发现的行政机关违法行使职权或不行使职权行为进行司法监督，一般以为检察机关是监督主体。

第三，强化了民行监督的手段。增加规定人民检察院因提出再审检察建议或者抗诉的需要，可以查阅人民法院的诉讼卷宗，并可以向当事人或者案外人调查核实有关情况。

第四，完善申请再审检察建议或者抗诉程序。增加规定，在三种情况下当事人可以向人民检察院申请再审检察建议或者抗诉：一是人民法院驳回再审申请的；二是人民法院逾期未对再审申请作出裁定的；三是再审判决、裁定有明显错误的。并且经人民检察院提出再审检察建议或者抗诉，人民法院再审的，当事人不得再向人民检察院申请再审检察建议或者抗诉。

（三）检察机关行使审查批捕权，具有司法审查属性

逮捕是刑事诉讼中最为严厉的强制措施，其正确适用可以保障侦查、起诉、审判活动的顺利进行，惩治预防犯罪，维护社会秩

序。如适用不当，错捕滥捕，则会给公民的合法权益造成严重的损害。为规范逮捕措施的适用，法律设置了严格的条件和专门的程序。《宪法》第 37 条第 2 款规定："任何公民，非经人民检察院批准或者决定或者人民法院决定，并由公安机关执行，不受逮捕。"即检察机关是我国唯一有权审查批捕的机关。并且为保证逮捕措施的准确适用和慎用，《刑事诉讼法》第 87 条明确规定："人民检察院审查批准逮捕犯罪嫌疑人由检察长决定。重大案件应当提交检察委员会讨论决定。"在检察实务中，对于审查批准逮捕的案件，一般采用"个人阅卷，集体讨论，报检察长决定"① 的方法。而对于重大案件，则应由检察长提请检察委员会讨论决定。即使在当前正在进行的主任检察官制改革试点中，批准逮捕也依然是由分管的副检察长决定的。② 因批准逮捕被规定在《刑事诉讼法》第 3 条中，传统上将批准逮捕作为检察机关依法享有和行使的诉讼职权，并在论证检察机关与侦查机关互相配合、互相制约的关系时，经常以审查批准逮捕为例加以说明。但在当下全面推进依法治国、强调对人权的司法保障的背景下，实在有必要对审查批准逮捕的属性作一番新的探讨，并为探索建立符合中国国情的对强制性侦查行为的司法审查和令状许可制度提供理论支撑。

1. 关于审查批捕的司法审查属性

从性质上来看，审前羁押制度既是一种通过在一定期限内剥夺犯罪嫌疑人人身自由以保障刑事诉讼顺利进行的诉讼保障制度，更是一种防范个人人身自由不受国家权力任意侵犯的人权保障制度。为保证审前羁押的正确适用，国际人权公约和法治发达国家均从条件和程序方面对审前羁押予以严格规制，实行程序法定和司法审查原则。联合国《公民权利和政治权利国际公约》第 9 条第 1 款规

① 陈光中、严端：《中华人民共和国刑事诉讼法释义与应用》，吉林人民出版社 1996 年版，第 96 页。

② 邹开红：《部分试点检察院主任检察官的职权配置》，载《国家检察官学院学报》2014 年第 6 期。

定："人人有权享有人身自由和安全。任何人不得加以任意逮捕或拘禁。除非依照法律所确定的根据和程序，任何人不得被剥夺自由。"从程序方面对审前羁押进行规制，就是实行司法审查和令状许可。司法审查具体包括逮捕授权、羁押审查和羁押救济三个方面，构成防止错捕错押的三道防线。逮捕授权，就是审前羁押必须以取得令状的合法逮捕为前提，该逮捕令状必须由中立的司法官签发。羁押审查，是指被逮捕的人应被迅速带至司法官面前，由司法官亲自聆听其辩解，并决定是否应当或需要对其予以羁押。《公民权利和政治权利国际公约》第 9 条第 3 款规定："任何因刑事指控被拘捕或拘禁的人，应被迅速带见审判官或其他经法律授权行使司法权力的官员，并有权在合理的时间内受审判或被释放。"羁押救济，赋予被羁押人向法官申请终结不适当或不必要之羁押的权利。《公民权利和政治权利国际公约》第 9 条第 4 款规定："任何因逮捕或拘禁被剥夺自由的人，有资格向法庭提起诉讼，以便法庭能不拖延地决定拘禁他是否合法以及如果拘禁不合法时命令予以释放。"司法审查原则的基本指导思想是，羁押的必要性应由行使司法职能的官员审查，司法官有权并应在任何发现羁押不必要时解除羁押。

在我国，逮捕这一强制措施，既意味着抓捕，也意味着羁押。检察官作出批准逮捕决定即意味着签发逮捕令状。一旦作出逮捕决定，既应实施抓捕犯罪嫌疑人的行为，亦应将被抓捕的犯罪嫌疑人在法定期限内予以关押。为实行对逮捕措施的司法控制，宪法和法律规定批准或决定逮捕的权力由行使司法职能的人民检察院和人民法院行使，实际就是确立了司法审查原则。我国检察机关对侦查机关提请批准逮捕的案件进行审查，实际行使的就是司法审查职权。2012 年在对《刑事诉讼法》修改时，为增强审查批准逮捕程序的司法性，增加规定：人民检察院审查批准逮捕，除了审查公安机关移送的报捕材料以外，还可以讯问犯罪嫌疑人，对是否符合逮捕条件有疑问或者犯罪嫌疑人要求向检察人员当面陈述的或者侦查活动可能有重大违法行为的，应当讯问犯罪嫌疑人；可以询问证人等诉讼参与人；可以听取辩护律师的意见，辩护律师提出要求的，应当听取辩护律师的意见。此外，法律还增强了人民检察院对逮捕执行的监督力度，增加规定：犯罪嫌疑人、被告人被逮捕后，人民检察院仍应当对羁押的必要性进行审查。对不需要继续羁押的，应当建议予以释放或者变更强制措施。这些立法改革举措，充分说明我国逮捕制度和程序设置所体现的司法审查性质。

2. 探索建立对强制性侦查行为的司法审查制度

在法治国家，不仅要对逮捕羁押进行司法审查，实行令状主义，而且要把所有强制性侦查行为都纳入司法控制的范围。从比较法的视野来看，很多国家将侦查行为区分为任意性侦查和强制性侦查，实行任意性侦查原则与强制性侦查法定主义。例如，日本《刑事诉讼法》第 179 条第 1 款规定："为了达到侦查目的，可以进行必要的调查。但是，如本法无特别规定时，不得实行强制措施。"据日本学者解释，"所谓强制措施，就是侵犯个人重要利益的措施。使用强制措施的侦查叫作强制性侦查，不使用强制措施的侦查叫任意性侦查。因为强制性侦查只限定在法律规定的领域，因此应该尽可能以任意性侦查方式进行。这称为任意性侦查的原则。在侦查中，任意性侦查是原则，强制性侦查是例外"。[①] 强制性侦查行为，按受强制权益的不同大致可分为三类：一是关涉公民人身自由的侦查行为，包括拘留、逮捕、羁押等；二是关涉公民住宅权、财产权的侦查行为，包括搜查、扣押、查封、冻结等；三是关涉公民隐私权、通信自由权的侦查行为，包括监听、窃听、检查邮件等。所有上述强制性侦查行为，侦查机关自身都无权采取，必须经过司法审查，获取令状许可。

我国《刑事诉讼法》在刑事司法职权配置方面，赋予侦查机

① ［日］田口守一：《刑事诉讼法》，刘迪、张凌、穆津译，法律出版社 2000 年 1 月第 1 版，第 28 页。

关广泛的权力，以期侦查机关能够顺利完成查明犯罪、查获犯罪嫌疑人的任务。因此，除逮捕需提请检察机关审查批准外，所有其他强制性侦查行为，均可由公安机关自行决定，自行执行。此种权力配置不仅使得侦查机关的权力过于膨胀，容易产生过度适用甚至异化滥用的风险，也使得检法机关对侦查权力缺乏充分的制约能力和手段，对侦查过程中的违法现象难以进行有效纠正。因此应当考虑，探索建立符合我国国情的对强制性侦查行为（包括强制措施）的司法审查和令状许可制度。在我国《刑事诉讼法》中，应当对公安机关的侦查行为作任意性侦查与强制性侦查的区分，并且将强制性侦查作为司法审查与控制的对象，以期对侦查活动加以规制。建立强制性侦查行为司法审查与控制机制，首先需要明确，凡关涉限制或剥夺公民基本权益的侦查行为和强制措施，不能由侦查机关自行决定，要由行使司法职权的机关或人员来审查批准。接下来的问题是谁来具体行使司法审查的职权？鉴于我国法院独立性与中立性有所欠缺的现状，由法官控制强制措施和强制性侦查行为的令状制度不仅难以发挥制度实效，而且极易加剧庭审流于形式的现实难题，而检察机关作为国家的法律监督机关，在刑事诉讼中具有广泛的诉讼监督权，由其行使司法审查权较为适宜。并且与诉讼监督权相类似的是，检察机关行使司法审查权应当与公诉权分立开，行使司法审查的检察官必须保持中立地位，不得同时承担追诉职能，更不能与侦查机关互相配合，共同协作。

（四）检察机关行使提起公益诉讼的权力，具有公益属性

1. 公益诉讼检察的独立性

检察机关行使提起公益诉讼包括民事公益诉讼和行政公益诉讼，虽然在规范性上挂靠民事诉讼法和行政诉讼法这两部法律，但是公益诉讼与传统的民行检察工作具有本质上的差异：它关注长效性，以督促立改为目标指引，不囿于个案；它具有选择性，面对公益的浩瀚和司法权、行政权的内在张力，公益诉讼必须对案件有所取舍；以及虽冠之以“诉讼”之名，但是公益诉讼实际暗含着

“无讼”性——尽可能通过不发动诉讼至少是不由检察机关发动诉讼的方式恢复被损害的公益，诉前程序正是由这种理念围裹而生。上述特性与以诉讼、个案为轴的民行检察显然相去甚远。因此从形式上赋予其独立的地位，是对公益诉讼检察公益属性的正解。

2. 公益诉讼检察的属性与内容

2017 年 6 月 27 日，十二届全国人大常委会第二十八次会议表决通过了关于修改民事诉讼法和行政诉讼法的决定，检察机关提起公益诉讼明确写入这两部法律。这标志着我国以立法形式正式确立了检察机关提起公益诉讼制度。检察机关可分别就破坏生态环境和资源保护、食品药品安全领域侵害众多消费者合法权益等损害社会公共利益的行为以及生态环境和资源保护、食品药品安全、国有财产保护、国有土地使用权出让等领域负有监督管理职责的行政机关违法行使职权或者不作为分别提起民事公益诉讼、行政公益诉讼。此次修法意味着，检察机关提起公益诉讼的试点经过两年实践检验后，正式得到了立法确认，就此踏上了全面实施的旅程。2018 年 3 月 2 日，最高人民法院、最高人民检察院联合发布《关于检察公益诉讼案件适用法律若干问题的解释》。《解释》根据民事诉讼法和行政诉讼法的规定，对办理检察公益诉讼案件的程序、检察机关的诉讼权利义务等内容作出规定，提供了办理检察公益诉讼案件的统一规范，体现了检察公益诉讼不同于普通民事、行政诉讼的特点和规律，突出强调了检察机关作为公共利益代表的特殊地位和重大责任。

就公益属性而言，检察机关通过行使诉讼职能衔接诉讼程序、维护法律统一实施，通过行使监督职能平衡司法体制、督促人民法院、公安机关及其他行政机关纠正违法行为或决定，都是基于维护国家利益和社会公共利益的基本立场，并且从这一立场发展出所称的“客观中立义务”。在行使职能时检察机关必须谨守“客观中立义务”的六项基本要求：包括“客观取证义务”、“中立审查责任”、“公正判决追求”、“定罪救济责任”、“诉讼关照义务”和

“程序维护使命”①。这些要求在检察机关公益诉讼工作中同样存在，但是论及俯瞰公益的广阔视角、直面公益损害的大局关切，公益诉讼显然比其他检察类型更具代表性。所以本书以为，检察机关正是以公益诉讼为触角，集中展现着身为国家利益和社会公共利益维护者的司法职责。

二、检察机关上下级之间的领导体制

优化检察权的配置，除了在国家权力结构通过授权的方式给予检察机关更多支持，还需健全检察机关的上下级领导体制和内部职权划分予以落实。就领导体制而言，我国采取的是上级检察院与本级人大的“双重领导”体制。然而，该体制在实践中显现出检察机关地位的“附属化”、检察权的“地方化”以及内部“行政化”的多重问题。对此，一方面可以从检察机关上下级领导体制的发展历程中寻找线索，另一方面也需要结合当前人财物省级统管的改革作出分析，以便为检察机关更好地攻坚克难、迎接机遇与挑战提供一些有益的思考。

（一）检察机关上下级领导体制的发展历程

我国设立以“检察”为名的机关可追溯至清末时期。统治者被迫“仿行宪政”，从 1902 年开始实行审检合署，在大理院及各级审判庭设立检察局，负责刑事案件的公诉工作，并监督刑事案件的判决和执行。随后，中华民国基本承袭了清末的检察制度，同时确立了检察机关上下级管理体制。检察长监督全国检察官，上级检察官监督下级检察官，可以就职务上的事项发布命令，最高法院检察署受司法部长监督。并将检察官分为五级，分级管理。中国共产党在新中国成立前的根据地时期也建立了检察制度，亦采用审检合署，最高法院的检察长领导各级检察院的工作，并且在抗日战争时期引入民主集中制，建立各级检委会，领导、计划、推动各级检察

---

① 龙宗智：《检察官客观义务论》，法律出版社 2014 年版，第 118-124 页。

官及一切检察工作；在解放战争时期确立了“垂直领导”的体制。

新中国成立后，我国检察机关的上下级领导体制又经历了三个阶段：第一个阶段是上级检察院与同级政府“双重领导”阶段。明确规定各级检察机关为同级人民政府的组成部分，受上级检察机关和同级人民政府委员会之领导。1951 年《各级地方人民检察署组织通则》第 6 条明确规定：“各级地方人民检察署与上下级及同级各机关之关系如下：（一）各级地方人民检察署受上级人民检察署的领导。（二）各级地方人民检察署（包括最高人民检察署分署）为同级人民政府的组成部分，同时受同级人民政府委员会之领导，与同级司法、公安、监察及其他有关机关密切联系，进行工作。省人民检察署分署受所在区专员的指导。”第二个阶段是上级检察院“垂直领导”阶段，即取消了同级政府的领导，上级检察院是检察机关的唯一领导主体。1954 年《人民检察院组织法》第 6 条明确规定：“地方各级人民检察院独立行使职权，不受地方国家机关的干涉。地方各级人民检察院和专门人民检察院在上级人民检察院的领导下，并且一律在最高人民检察院的统一领导下，进行工作。”第三个阶段正是目前上级检察院与本级人大的“双重领导”阶段。1979 年《人民检察院组织法》第 10 条明确规定：“最高人民检察院对全国人民代表大会和全国人民代表大会常务委员会负责并报告工作。地方各级人民检察院对本级人民代表大会和本级人民代表大会常务委员会负责并报告工作。最高人民检察院领导地方各级人民检察院和专门人民检察院的工作，上级人民检察院领导下级人民检察院的工作。”2018 年《人民检察院组织法》承继了这一内容，由第 9 条加以规定。另外，我国 1982 年《宪法》也在第 133 条中对“双重领导”的体制加以确认：“最高人民检察院对全国人民代表大会和全国人民代表大会常务委员会负责。地方各级人民检察院对产生它的国家权力机关和上级人民检察院负责。”①

（二）上级检察院与同级人大的“双重领导”

1. 同级人大对检察院的领导

同级人大对检察院的领导主要表现为人事任免和工作监督两个方面。

（1）人事方面。2018 年《人民检察院组织法》第 37 条规定了最高人民检察院的人事任免：“最高人民检察院检察长由全国人民代表大会选举和罢免，副检察长、检察委员会委员和检察员由检察长提请全国人民代表大会常务委员会任免。”第 38 条规定了地方各级检察院的人事任免。“地方各级人民检察院检察长由本级人民代表大会选举和罢免，副检察长、检察委员会委员、检察员由检察长提请本级人民代表大会常务委员会任免。地方各级人民检察院检察长的任免，须报上一级人民检察院检察长提请本级人民代表大会常务委员会批准。省、自治区、直辖市人民检察院分院检察长、副检察长、检察委员会委员和检察员，由省、自治区、直辖市人民检察院检察长提请本级人民代表大会常务委员会任免。”由上可见，对于检察机关的人事任免，人大具有组织选举或直接任免的权力，然而从理论上来看，任命制和选举制是两种截然不同的方法，现行规定混淆了选举产生与上级批准两种不同权力来源的界限，而且在实践中更为常见的也是地方人大具有决定权。加之财政方面依赖于地方政府拨款。人、财、物的地方化不可避免地会造成检察机关地位的“附属化”和检察权的“地方化”。

（2）工作方面。人大对于检察工作的领导一般有七种方式：（1）听取和审议检察机关的工作报告；（2）执法检查和代表视察；（3）工作评议和执法评议；（4）对检察机关办理的案件实行个案监督；（5）督促执法责任制和错案追究制的落实；（6）质询、特

① 洪道德：《省以下人财物统管背景下的检察机关上下级领导关系研究》，载《法学杂志》2016 年第 11 期。

定问题调查、罢免等监督手段；（7）决定检察机关提交的重大事项。[1] 其中，关于第（7）项，2018 年《人民检察院组织法》第 2 条规定："地方各级人民检察院的检察长不同意本院检察委员会多数人意见……属于重大事项的，可以报请上一级人民检察院或者本级人民代表大会常务委员会决定。"将存在异议的重大检察事项报请本级人大常委会决定明显存在报请对象的错位。如此，人大及其常委会实际承担着"监督者"和"决定者"的双重职责，不利于其监督权的客观、中立行使。更勿论，人大常委会并非专业的检察业务机关，其组成人员的专业知识水平、司法决策技能等存在较大的局限性，使其难以对检察机关具有异议的重大检察业务事项作出正确的决定。如果上级检察机关发现下级检察机关的同级人大常委会作出的决定存在错误，其是否有权阻止下级检察机关继续执行这一决定？对此，现行法律没有作出相关规定，也很难从理论上获得解决。

2. 上级检察院对下级检察院的领导

正如前文所述，检察机关同时接受人大的监督，人事任命和财政管理均受制于地方，因此上级检察机关对于下级检察机关主要是检察业务的领导，并且这种业务上的指导通过 2012 年《刑事诉讼法》及最高检《人民检察院刑事诉讼规则》，以及 2018 年《人民法院组织法》的修订全面展开，具体包括如下几个方面。

首先，在刑事诉讼中，上级人民检察院对下级人民检察院作出的决定，有权予以撤销或者变更；发现下级人民检察院办理的案件有错误的，有权指令下级人民检察院予以纠正。下级人民检察院对上级人民检察院的决定应当执行，如果认为有错误的，应当在执行的同时向上级人民检察院报告。

其次，上级人民检察院可以受理各类申诉、控告和举报等。例

---

① 郭立新、张红梅：《检察权的外部监督制约机制研究》，载《河北法学》2007 年第 2 期。

如，辩护人、诉讼代理人认为公安机关、人民检察院、人民法院及其工作人员阻碍其依法行使诉讼权利的申诉或者控告；在自侦案件中，当事人和辩护人、诉讼代理人、利害关系人对于司法机关及其工作人员不当行为的申诉或者控告；被害人对不起诉决定的申诉；对侦查人员采用刑讯逼供等非法方法收集证据的报案、控告、举报；当事人及其法定代理人、近亲属对生效裁判后的申诉，等等。

再次，在涉及管辖问题时，基层人民检察院发现犯罪线索的，应当报设区的市级人民检察院决定立案侦查。设区的市级人民检察院也可以将案件交由基层人民检察院立案侦查，或者由基层人民检察院协助侦查。最高人民检察院、省级人民检察院发现犯罪线索的，可以自行决定立案侦查，也可以将案件线索交由指定的省级人民检察院、设区的市级人民检察院立案侦查。设区的市级以上人民检察院侦查终结的案件，可以交有管辖权的基层人民法院相对应的基层人民检察院提起公诉；需要指定其他基层人民检察院提起公诉的，应当与同级人民法院协商指定管辖；依法应当由中级人民法院管辖的案件，应当由设区的市级人民检察院提起公诉。

最后，在行使诉讼职能和诉讼监督职能的各个方面。关于逮捕，上一级检察机关要对下一级公安机关对人民检察院不批准逮捕的决定复议不被接受的进行复核，同时负责审查下一级提请的案情复杂、期限届满不能终结的案件延押一个月的申请，备案外国人、无国籍人被批准逮捕的决定。另外，上一级检察机关负责批准在指定的居所执行监视居住，备案下一级检察机关解除指定居所监视居住或者变更强制措施的决定。除此之外，检察机关还要对下一级公安机关对人民检察院不起诉决定的复议不被接受的进行复核。对于重大、疑难、复杂的案件，上一级人民检察院，可以报经检察长批准，派员介入侦查。并且下一级检察机关撤销案件也要报请上一级检察机关审查。

由此可见，我国上下级检察机关的基本关系是“上命下从”。并且上级检察机关对下级检察机关的领导深入检察工作的各个方面。看似有利于检察一体化运行，但实际上导致了检察工作的反向集中，级别越向上，承担的业务量和难度越大，最后甚至聚集于位居顶端的最高人民检察院。而对于上级检察机关作出的决定，下级检察机关必须执行，行政化色彩严重。同时，在行政化的工作方式中还存在诸多程序不明的情况，如只有在被告人上诉的刑事二审程序中，上级检察机关才有权改变下级检察机关的原起诉意见，但行使该职权应遵循何种程序，尤其是当涉及对下级检察机关的检察委员会作出的决定时，上级检察机关的承办人、处室负责人或主管领导是否有权直接改变其意见，立法对此没有作出规定。权力的过于集中、内部的行政化运作以及程序的配备不足使得当前的体制正损害着检察的一体化运行。

（三）人财物省级统管带来的机遇与挑战

为了解决上述问题，新一轮的司法改革提出，要“改革司法管理体制，推动省以下地方法院、检察院人财物统一管理，探索建立与行政区划适当分离的司法管辖制度，保证国家法律统一正确实施”。人财物的省级统管虽然在一定程度上有利于缓解检察机关的“附属化”和检察权的“地方化”问题，但是由试点方案可以发现，人才物的省级统管并未触及人大对检察机关的人事任免权和工作监督权，因此从根本上就难以落实杜绝地方化的预期。并且省级统管扩张的是省级检察院的权力，基层检察院的权力并未得到加强甚至在相对意义上而言却受到限缩，检察机关内部的行政化很有可能因此而加剧。面对这种风险，上下级检察机关之间需要更健全的权限划分和权力运行机制予以应对。

1. 去“地方化”与去“行政化”

在率先进行试点的上海市的方案中，对于检察官的人员管理采取的是“统一提名、分级任免”的方式。具体来说，区县检察院领导干部，由市检察院党组提名，检察院政治部会同区县党委组织部、政法委共同推荐考察并征求区县党委意见后，按干部管理权限和有关程序依法任免。其他检察官的法律职务由市区（县）两院党组根据遴选、惩戒委员会提供的建议名单统一提名，并由各级检察长按照法定程序提请同级人大常委会依法任免。关于检察院的财物管理，上海试点方案提出，建立经费统一管理机制，将各区县检察院作为市级预算单位，纳入市级财政统一管理，经费由市级财政统一保障。落实“收支两条线”管理，各级检察院追缴的赃款赃物，全额上缴市级国库。同时，建立资产统一管理机制，集中清查登记各区县检察院的各类资产，由区县划转市相关部门统一管理。由上可以发现，改革的主力在于检察系统的财物制度和人事提名制度，对与同级人大的关系并未切割。加之人大依法还享有对检察工作广泛的监督权，很难说检察机关就此摆脱了“地方化”或者“附属化”。不仅如此，人财物的省级统管对于上下级检察机关领导体制改革的另一个目标——“去行政化”，更添压力。

所谓“去行政化”，主要就是减少内部不必要的汇报、审批程序，包括上下级检察院之间和同一检察院内部的上下级领导之间，从而强调、突出作为承办人的检察官个人的意志与责任，并在必要时集合系统力量给予支持。① 实行人财物省级统管后，省级和市级检察院在对于基层检察院人财物方面获得了更多的权力，这势必也将进一步扩大其在检察业务方面的领导优势和决定权，导致上命下从的行政化色彩更为浓重，这对于各级检察机关独立行使职权无疑会产生更多阻力。对于同属司法机关的法院的改革，最高人民法院司改领导小组在2013年就作出过强调：“省以下地方法院人财物统一管理并非法院内部的‘垂直管理’，不是将上下级法院在审判业务上的监督指导关系变成‘领导关系’……人民法院也应当在确保审级独立的前提下，探索建立科学的法官选任和法官员额制度，坚决避免出现上级法院干预下级法院依法独立审判的情况。”② 但

① 洪道德：《省以下人财物统管背景下的检察机关上下级领导关系研究》，载《法学杂志》2016年第11期。

② 何帆：《法院人财物统管并非“垂直管理”》，载《法制资讯》2013年第11期。

在检察机关，由于立法明示的领导关系以及理论倡导的检察一体，一直缺少对这个问题的关注。并且由于人财物省级统管后，基层检察院不再享有地方政府的财政补贴，各级检察机关工作人员的待遇趋向持平。如果改革之后的待遇低于改革前，势必会影响基层检察人员的工作积极性以及降低基层检察院的吸引力，造成人力资源进一步向上级检察机关聚集，与基层检察实践的需求不相匹配。

2. 关于检察机关上下级“双重领导”体制的改革建议

人财物省级统管制度无论是在去“地方化”还是在去“行政化”方面成效都非常有限，甚至改革的本身还催生了一些新问题，亟待进一步调整和规范现行“双重领导”体制加以解决。

第一，调整人大对检察机关的领导权限与方式。

人大对检察机关的人事任免权是我国人民代表大会制度的必要组成部分，在权力来源上具有合理性和正当性。但是这并不意味着各级人大都应当享有这项权力。例如，在新中国成立后关于检察机关上下级体制的第二个阶段——上级检察院“垂直领导”阶段，就采用的是全国人大任命或选举省级检察长、副检察长、检察员和检察委员会委员的方式。全国人民代表大会选举或全国人民代表大会常务委员会任命最高人民检察院检察长、副检察长、检察员和检察委员会委员；由最高检提请全国人民代表大会常务委员会批准任免省级人民检察院的检察长、副检察长、检察员和检察委员会委员。省级以下各级检察长、副检察长、检委会委员和检察员由省级人民检察院提请最高人民检察院批准任免。在此种方式下，虽然存在检察机关外部监督不足的隐患，但优点是极大地压缩了地方干预检察工作的空间。相比之下，无论是现行规定还是人财物省级统管改革方案采取的都是“分级任免”的方式，各级人大分别享有对检察机关的人事任免权。在改革方案中，省级检察院统一提名然后再分级任免更是有违效率原则。本书主张，平衡前一阶段的“垂直领导”体制与现阶段的“双重领导”体制并结合人财物省级统管的相关内容，明确地方各级检察机关受上级检察机关和省级人大的双重领导。其中，省级人民检察院检察长的任免，仍须报最高人民检察院检察长提请全国人民代表大会常务委员会批准。市县两级人民检察院的人事任免由省级人民检察院统一提名后提请省级人大任免。同时，取消人大对检察机关具体业务的决定权，尤其是取消检察长与检察委员会多数委员异议请示制度，明确和维护人大作为检察工作监督者的客观中立地位。

第二，调整上级检察机关对下级检察机关的领导权限与方式。

上级检察机关与下级检察机关之间的领导与被领导关系由我国《宪法》和《人民检察院组织法》所明确，也为检察权的一体化运行所必需。因此，一直以来，如前所述，上级检察机关对于下级检察机关的诸多事项都具有决定权。在人财物省级统管的改革方案下，还有进一步强化的趋势。但是领导不同于代行，案件事实的认定、证据采信以及案件的处理更多需要的是亲历性和专业知识而非领导权威。而且要树立上级检察机关的领导权威恰恰不能过多介入下级检察机关的业务办理。

因此，在试点推行人才物省级统管的有利背景下，应当突出强调上级检察机关在检察管理上的决策力度，弱化和减少对检察业务的指令。有学者将这一思路表述为，“上级检察院对下级检察院应当享有信息知悉权、工作部署权和办案指挥权，以及为确保这三项职权有效行使而产生的保障性职权，即业务考评权、检察培训权、督察权和纠错权”①。在限制上级检察机关领导方式的同时，也应当明确下级检察机关独立的办案权，对于具体工作的领导可以由既有的汇报、请示、批准、备案等环节性的介入转变成依托网上办案流程控制系统进行查询，同时辅以责任追究机制督促权力合理运行。②

---

① 向泽选：《检察权的宏观运行机制》，载《人民检察》2012 年第 1 期。

② 向泽选：《新时期检察改革的进路》，载《中国法学》2013 年第 5 期。

三、检察机关内部的职权划分

检察权的配置需要通过享有职权的各主体来推动实现。我国立法和司法解释对于检察权主体的规定并不统一。例如，现行《刑事诉讼法》只出现了检察长、检察委员会和检察人员三个主体称谓。2012年《人民检察院刑事诉讼规则（试行）》第32条对于检察人员的解释是："本章[①]所称检察人员，包括人民检察院检察长、副检察长、检察委员会委员、检察员和助理检察员。"2015年《关于完善人民检察院司法责任制的若干意见》（以下简称《检察院司法责任制意见》）还规定了主任检察官、独任检察官。2018年《人民检察院组织法》则新增了主办检察官。一般认为上述均为检察机关的职权主体。在静态配置中，检察长、检察委员会在检察机关内部享有最高权力，检察长统一领导，检察委员会则为检察机关的决策机构，实行民主集中制；普通检察官享有直接办理案件的权力，包括调查权、证据的收集和采信权、强制性侦查措施的实施权、实施强制措施的建议权和部分强制措施的执行权、案件处理的建议权和执行权等；主办检察官作为办案组的组织者和指挥者，统筹、协调办案工作；业务部门负责人在其间发挥着承上启下（上传下达）的效用，享有对本部门办理案件的分派权和审查权。[②]从检察权的动态运行来看，包括检察长主动批办案件而启动检察权和普通或主办检察官依照法定程序办理案件，层报业务部门负责人、副检察长、提请检察长批准而启动检察权两种样态。检察权的集中配置和行政化运作导致了很多问题，最典型的包括检察长与检察委员会的职权冲突、检察长与检察官的权限分割以及业务部门负责人与主办检察官的权限划分等。为了解决这些问题，近年出台的法律及相关文件对于各职权主体的权限与责任进行明确，在一定程

① 《人民检察院刑事诉讼规则（试行）》第三章回避。

② 向泽选：《检察权运行机制与检察权配置》，载《政法论坛》2012年第6期。

度上细化了检察权的分配，减少了审批环节，突出了检察官的主体地位。但是由于检察权的复杂、多样，立法和司法解释对于职权主体的规定依然存在交叉重叠、职责不明的问题，需要进一步厘清。

（一）关于检察长与检察委员会

在我国，检察机关的领导体制实行检察长负责制与检察委员会民主集中制并存的双重领导体制，检察长和检察委员会都是检察机关的领导机构。2018 年《人民检察院组织法》第 36 条明确规定："人民检察院检察长领导本院检察工作，管理本院行政事务。"同时规定，在各级检察机关设立检察委员会。"检察委员会实行民主集中制，在检察长的主持下，总结检察工作经验、讨论决定重大案件和其他重大问题。"具体而言，检察委员会讨论决定的案件，主要是本院办理的重大、疑难、复杂案件，由检察官依程序提请检察长决定将案件提交检察委员会讨论。检察委员会议进行集体领导的议事程序则要求：检察委员会会议必须有全体检察委员会委员过半数出席才能召开；必须有全体组成人员过半数同意，才能作出决定；检察委员会委员在议题审议时均有权发表独立意见；在表决议题时，检察委员会委员一人一票，按照少数服从多数的原则，由全体委员过半数通过，少数委员的意见可以保留并记录等。

检察委员会作为各级检察院进行科学民主决策的法定机构，是人民检察院实行民主集中制，在检察长的统一领导下，坚持集体领导的一种组织形式。由于立法同时规定了检察长在检察委员会议事程序中的特殊权力，具体包括检察委员会审议议题由检察长决定；检察委员会会议由检察长主持召开；当检察委员会委员意见分歧较大时，检察长可决定不付表决，另行审议；检察长不同意检察委员会多数委员意见的，对案件可以报请上一级人民检察院决定，对事项可以报请上一级人民检察院或者本级人大常委会决定。因此，检察委员会的民主集中制，实际是检察长主持下的民主集中制。

设置检察委员会的初衷本是希望以"民主议事、民主决策、集体负责"这种集体领导的方式形成对检察长负责制的有效制约和补充，防止单一首长负责制可能产生的考虑不周和独断专行。但是无论是从理论还是从实践来看，检察长主持下的民主集中制并不能恰如其分地实现理想设计的“并行不悖”，反而造成了检委会议事程序的诸多弊端。少数服从多数、个人服从组织的集体民主，不可避免地会存在检察长与多数委员意见发生冲突的情况。如果检察长坚持个人意见，就会出现两种结果：第一种是其他委员碍于检察长的权威而妥协，在此种方式下，检察委员会制度显然被架空，不仅有违引入集体民主的初衷，也造成检察资源的浪费。第二种是检察长将异议报请本级人大或者上级检察机关。对于异议请示人大通过，前文论述已证明不可取；而异议请示上级机关则不可避免地要面临效率低下以及上级检察机关过多介入下级检察机关办案的风险。因此，要彻底解决这一问题，就只能从源头上避免冲突。明确检察长与检察委员会之间的权力位阶关系，取消首长负责制，明确检察委员会享有最高决策权，或者改革检察委员会民主集中制将其置于检察长的领导之下。本书赞同学者观点，主张建立“检察长领导下的民主集中制”，赋予检察长对异议问题的独立决定权。

所谓“检察长领导下的民主集中制”的主要内容和要求包括：第一，明确检察长在检察机关的领导权。检察长统一领导人民检察院的工作；检察委员会在检察长的主持下讨论决定重大案件和重大检察业务事项，检察委员会的决定通过检察长的命令被贯彻执行；检察长与检察委员会多数成员意见不一致时，检察长可以自行决定并对该决定承担全部责任，同时报请上一级检察机关审查备案，也可以不作决定而报请上一级人民检察院决定。第二，调整检委会的职能定位。改检察委员会为检察长决定重大检察事务时的审议、咨询机构。同时，加强检委会的选任与管理，建立委员议事考评机制，将委员在会议中的发言内容等作为委员选任、职务晋升等方面的考评依据，实行委员资格的浮动制。

通过上述方式，不但可以调和检察长负责制和民主集中制之间的冲突，也有利于及时解决异议问题，节约司法资源，提高司法效率；同时，明确了检察长对检察委员会决定的领导责任，实行检察长权和责的统一，完善了检察机关责任追究制度。客观上将促使各地检察机关以更为严格的标准审查提请检察委员会审议的议题，防止检察委员会审议案件范围的泛化，实现检察长负责制、检察委员会讨论制与检察官办案责任制的相得益彰和合理均衡①。

（二）关于检察长与检察官

如前所述，检察长统一领导人民检察院的工作，在检察机关中享有广泛的权力。《检察院司法责任制意见》虽然将一些原先属于检察长的职权分割给检察官或者业务部门负责人，但依然保留了绝大多数的决定权，包括决定是否逮捕或是否批准逮捕犯罪嫌疑人；决定是否起诉；决定是否提出抗诉、检察建议、纠正违法意见或提请抗诉；决定终结审查、不支持监督申请；对人民检察院直接受理立案侦查的案件决定立案、不立案、撤销案件，决定采取强制措施，决定采取查封、扣押、冻结财产等重要侦查措施；决定将案件提请检察委员会讨论、主持检察委员会会议；决定检察人员的回避，主持检察官考评委员会对检察官进行考评，组织研究检察工作中的重大问题以及法律规定应当由检察长履行的其他职责等。从上述职权范围可以看出，对于涉及办案的绝大多数事项的决定权依然集中于检察长手上。与此同时，《检察院司法责任制意见》对于检察长和检察官的职权规定了“权力清单”制度——“省级人民检察院结合本地实际，根据检察业务类别、办案组织形式，制定辖区内各级人民检察院检察官权力清单，可以将检察长的部分职权委托检察官行使。各省级人民检察院制定的权力清单报最高人民检察院备案”。

根据该项制度，省级检察院被授予了检察官职权的决定权，这项权力从根本上突破了立法对于检察长职权的规定，其合法性存

① 卞建林、李晶：《检察委员会议事程序之思考》，载《人民检察》2010 年第 17 期。

疑。而且省级自制权力清单的模式也会带来“授权”或者“分权”的随意性和地域性。加之从法理上来说，本书同意学者意见，“我国检察改革的基本方向应当是‘还权’而非‘授权’”①，权力的部分下放极有可能又是一次“穿新鞋、走旧路”的改革。因此，本书的观点是，与其先划定一个宽泛的检察长职权范围再规定省级检察机关可以自行划拨检察长的职权，不如还检察官应有的办案决定权，同时明确检察长的职务收取权和移转权。

检察官享有办案决定权指的是检察官享有检察长职权中与办理具体案件直接相关的所有权力，包括起诉或不起诉、抗诉的决定权，决定逮捕或批准逮捕权，诉讼监督权，立案或者不立案、撤销案件决定权，采取强制措施或者重要侦查措施的决定权等。而关于回避、提交检委会讨论、主持检察官考评等职权由于需要在检察长的统一领导下进行调配和组织，仍归检察长行使。检察官行使办案决定权和相关文书签发权，承担案件责任。检察官作出办案决定应报检察长备案，由检察长对其进行监督。检察长发现确有错误或者与检察官意见不一致时，经过商议仍未能统一意见的，检察长可以将该案件收回自行办理或者移交其他检察官办理。在责任机制构建方面，以权责统一为原则，实行“谁办案谁负责”。检察官对自己承办的案件承担责任，检察长对职务收取和移转的结果承担责任。明确检察长的职务收取权和移转权不仅有助于加强内部监督、统一法律适用，还可以成为强化检察长统一领导的缓冲带，避免检察权运作过程中绝对的上令下从。为减轻检察机关的内部行政化提供催化剂，也为平衡检察一体和检察独立补充“润滑剂”。②

（三）关于主办检察官与业务部门负责人

为了突出检察官的主体地位，2018 年《人民检察院组织法》第 28 条规定：“人民检察院办理案件，根据案件情况可以由一名

① 万毅：《检察改革“三忌”》，载《政法论坛》2015 年第 1 期。

② 万毅：《主任检察官制度改革》，载《甘肃社会科学》2014 年第 4 期。

检察官独任办理，也可以由两名以上检察官组成办案组办理。由检察官办案组办理的，检察长应当指定一名检察官担任主办检察官，组织、指挥办案组办理案件。”“主办检察官”是继主诉检察官、主任检察官之后的全新探索，具有突出办案、减少科层的制度优势，因而发展出强大的生命力，在实践中分别可嵌入相对固定式办案组、临时组合办案组和统一调配式办案组三种形式的办案组织。关于主办检察官与部门负责人的关系，考虑到司法传统与办案实际，应当明确部门负责人对主办检察官办理的案件适度的参与和提出建议的权力。部门负责人可根据主办检察官的提请，组织检察人员对难以作出决定和处理的案件进行讨论。部门负责人还要承担本部门的执法管理工作，负责抓好考勤考纪、学习教育等事务工作。

第四节　侦查权配置规律

侦查是刑事司法公权力行使过程中的基本环节。但是不同于检察权和审判权研究的广泛深入，侦查之研究，更集中于侦查的行为、程序和控制等具体方面，对于以权力为载体、以规律为目标，整体统一构建的研究相对较少。我国在侦查权配置领域内，交互存在历史遗留问题和新时期深化司法改革所出现的新问题，这些问题集中表现在侦查主体的设置、侦查权限的划分及侦查权的控制三个方面。[①] 侦查作为公诉案件诉讼程序中的重要阶段，公权力行使涉及犯罪嫌疑人、被告人的权利处分问题，侦查权问题事关重大，但在司法实践中，普遍存在侦查权限过于宽泛、侦查主体不断扩张、司法控制缺位薄弱等问题。由此可见，对侦查权配置开展规律性的研究，具有理论与现实的意义。

① 周欣：《我国侦查权配置问题研究》，中国政法大学博士学位论文2008年，第1页。

一、侦查权的概念与属性

(一) 侦查与侦查权的基本概念

要准确理解侦查权的概念与属性，首先应当明晰侦查的概念，美国《布莱克法律词典》中诠释“侦查”为“侦测或揭露犯罪，并将刑事案件提交给治安法官”①，我国《辞海》中将“侦查”界定为“指检察机关和公安机关在办理刑事案件中进行的查明犯罪人，搜集证据，确定犯罪事实等各种活动”。② 区别于辞典解释的精炼，学术研究视野和角度更为宽大和全面，以日本为例，通说主张“侦查是侦查机关以达到提起公诉及实行公诉为目的而发现犯罪嫌疑人和收集证据的程序”③，与大陆法系中纠问式的侦查理念相契合。而亦有学者提出，“侦查只是被用来发现事实真相和犯罪嫌疑人的客观活动”，更趋近于英美法系中当事人主义的侦查观，诉讼参与各方都有一定的参与权限。更有日本、我国台湾地区学者基于德国法中基本权干预理论体系，区分为任意性侦查和强制性侦查，其中又分别体现为对人的干预和对物的干预。从立法例的角度来看，各国多为以列明侦查的行为规范为主，较少概括式地界定侦查概念，其中有我国澳门地区在《刑事诉讼法典》第 245 条中规定：“侦查系指为调查犯罪是否存在、确定其行为人及行为人之责任，以及发现及收集证据，以便就是否提出控诉作出决定而采取之一切措施之总体。”④ 我国《刑事诉讼法》第 108 条第 1 项规定：“‘侦查’是指公安机关、人民检察院对于刑事案件，依照法律进行的收集证据，查明案情的工作和有关的强制性措施。”

---

① 转引自孙煜华：《侦查权的宪法控制》，法律出版社 2014 年版，第 21 页。

② 周欣：《我国侦查权配置问题研究》，中国政法大学博士学位论文 2008 年，第 7 页。

③ 肖贤富主编：《现代日本法论》，法律出版社 1998 年版，第 462 页。

④ 周欣：《我国侦查权配置问题研究》，中国政法大学博士学位论文 2008 年，第 9 页。

对于侦查的界定存有一定的共性。首先，侦查以查获犯罪嫌疑人，调查犯罪、收集各种证据，查清是否应当追究刑事责任为目标；其次，侦查多以国家公权力机关为主要主体；再次，侦查行为和措施是多样的，具有强制性的方法和程序都应遵循法律保留的原则；最后，侦查行为为达至目标实现，或多或少都具有一定的强制性，反映了国家权力的基本特征。而对于侦查不同的理解和认识，主要反映在侦查主体范围、侦查的定性和侦查行为的差异上，实质上是由诉讼构造不同、诉讼理念侧重区别导致的。

如前所述，侦查具有国家强制力的表象和特点，侦查权作为行使侦查行为的权力，是重要的公权力。侦查权的概念及其配置问题，关系到侦查体制中的主体设置、权力分配、权限划分和监督控制等问题，这当中尤其与侦查主体之间存在密不可分的关系。然而，在我国现行《刑事诉讼法》中，却没有“侦查权”一词的表述，侦查权的概念在学界也存在广泛的争议，主要反映为对其权力内核和外部特征的不同主张。有的学者认为，侦查权即是实施侦查行为的权力；[①] 有的学者从国家法律的角度出发，认为侦查权可分为侦查权和刑事强制措施权；也有的学者从权力相互制衡的角度出发，认为侦查权可分为案件侦查权和侦查监控权；而学界通说则从侦查程序的全过程来对其进行解读，认为“侦查权是一个权力集合，包括侦查程序启动决定权、侦查措施决定权、侦查行为执行权与监督侦查行为的权力”[②]。

前述之观点，多拘于从外延或内核的某一角度之分析，侦查权应是一个集合概念，立足于侦查之本义，既要有不同权力行使的内容也有程序运行过程的解读，因此，本书主张，侦查权应是侦查主体为查清事实、收集证据、追究责任，以法定的程序和行为开展调

① 汪建成：《冲突与平衡——刑事程序理论的新视角》，北京大学出版社 2006 年版，第 226 页。

② 周欣：《我国侦查权配置问题研究》，中国政法大学博士学位论文 2008 年，第 12 页。

查或其他强制性措施的公权力，应包括侦查环节中的启动权、实施权、执行权、决定权和监督权等。

从概念引申可知，侦查权具有以下基本特征：首先，权力源于国家法律的授权，由法定的主体行使，并由国家法律进行制约；其次，除了征得当事人同意实施的任意性侦查，绝大部分侦查权的行使行为都具有国家意志和国家强制性的特征，恰因为公权力对于公民权利的干预处分，需要经过严格的决定和审查程序，权力实施亦应当遵守比例原则；最后，侦查权是一系列权力的综合，其内容应涵摄侦查过程中的实质权力和程序权力。

（二）侦查权的属性

1. 侦查权系属司法权

关于侦查权的属性，学界一直存有是司法权还是行政权的争论。司法权和行政权是“三权分立”理论下的概念，虽然其内容和特征区分明显，但其之间范围仍缺少明晰精准的界限。关于侦查权权属的辩论或源于两者本质特征的比照，或源于不同诉讼视角的评价，但无法否认的是，侦查权确实兼具两种公权力的诸多特征。跳出定义分类的困局，争论的价值导向应在于如何构建完善侦查权配置的体系，如何有效地制约和监督侦查权的行使。

主张侦查权是行政权的论点认为，侦查权是执行、管理权，属于警察权力体系之一部分，对调查案情、收集证据的执行，反映了对犯罪嫌疑人权利的干预处分，具有行政管理权的特点；有的观点主张侦查权的主要实施主体是作为行政机关的警察机构，其权力当然反映为行政权；也有的观点强调侦查权是侦查机关为追查案件而主动实施的权力，侦查人员往往具有一定的倾向性，并在侦查活动中更重视实现诉讼效率优先的价值，与司法权的消极、中立、公正优先等特征相违背。①

① 杨宗辉：《论我国侦查权的性质——驳“行政权本质说”》，载《法学》2005年第9期，第16-21页。

主张侦查权是司法权的学者认为，广义的司法即包含全部刑事诉讼活动，侦查作为其中的一部分，不受行政法、行政诉讼法所规范，系属于司法权的基本特征。一方面，侦查是公诉和审判活动的基础，侦查权是与公诉权、审判权连贯完成司法“判断”之要义，共同集合为广义的司法权；另一方面，虽然侦查权源于警察权，但警察权应划分侦查权和行政权，一般警种职权分工中也会将专司刑事侦查工作的警察与维护社会治安、履行行政职能的警察分离开来，侦查权之主要主体刑事警察（司法警察）多被认为是司法人员；除此以外，侦查权的实施适用于规范刑事司法活动的法律，必须受到司法的控制，英国法院亦有裁判确认行政机关作出对公民权利有不利影响的决定为司法性行为。[①] 如果属于行政权的行使，如有违法行为发生势必只能事后进行司法制裁，但如果是司法权的行使，尤其是处分公民基本权利的侦查权，司法控制将覆盖全程，表现为事前审查与事后救济的双重监督，典型的表现即在一些国家，由司法官签发司法令状对侦查权的实施予以授权。

综合上述观点，本书认为，从适用法律、诉讼活动属性、司法共同体和司法监督体系完善等角度，应该主张侦查权属于司法权的范畴。

2. 具有强制性的侦查权行使应遵守司法保留原则

如前所述，侦查本身具有显著的国家强制力的特征，但是在实务中，侦查权的实施行为不可能仅仅限定于法定的强制措施或强制性措施的范围之中，侦查中除存在大量法定的侦查行为之外，还有法律未予以明确规范或限制、以被侦查人的同意或承诺为前提的任意性侦查行为。由此可见，侦查权的实施不仅如立法所述具有强制性，还应具有任意性，对于这两种属性的厘清区分，有助于分析不同属性的侦查权的运行和规范。

① 周欣：《我国侦查权配置问题研究》，中国政法大学博士学位论文 2008 年，第 22 页。

在域外的司法实践中，侦查机关多首先实施任意性侦查，在用尽相关行为后方实施强制性侦查，可谓“以任意性侦查为原则，以强制性侦查为例外”。所谓任意性，其特征在于强调以被侦查人的权利来制约侦查权的扩张；所谓强制性，因其行为必将处分公民人身、财产等基本权利，其关键在于强调以法定之措施、司法保留原则等来制约侦查权的行使。在域外实践中以搜查行为为典型，英国、日本、韩国等国均明确了警方在征得犯罪嫌疑人的同意后方实施任意性侦查，但是如果犯罪嫌疑人不同意侦查，警方只能在已取得一定证据的前提下，申请搜查证进行搜查。

任意性侦查的判定标准取决于相对人的主观意思表达，日本学界分别有“有形力说”“侵犯重要权益说”“综合判断说”等评析，其中，“综合判断说”主张从有形力、重要权益、紧迫性、必要性、适当性等方面入手，并结合具体案情综合判断，更为合理。域外法律中多有诠释解读，未来我国侦查权任意性在法律规范制定中应强调对被侦查人的权利保护，防止任意性侦查变相成强制性侦查，强化任意性侦查向强制性侦查演变的程序规范要求。

侦查权的强制性反映为内外在不同的强制性，物理、权利和程序的强制，是外在的强制性，体现为具体的“有形力”，而对于被侦查人的精神强制的压力，是内在的强制性。其在内容上包含三个部分，一是涉及人身权的拘留、逮捕、羁押；二是涉及财产权的搜查、扣押、查封、冻结；三是涉及名誉权、隐私权等的秘密侦查、技术侦查行为等。强制性侦查行为的实施，对于被侦查人权利的干预处分之显著，使其必应受到更为严格的规范和制约。在域外法律实践中，凡涉及人身、财产权的强制性侦查行为多受司法令状主义、司法保留原则约束，只有法定个别紧急情形之例外。对于强制性侦查权的制约，关键在于侦查行为决定权、监督权行使主体与执行权行使主体的分立制衡。我国在侦查行为的制度设计中，缺乏有效得力的制衡机制，强制性的侦查措施的决定和执行多由同一个侦查主体实施，容易造成强制性侦查权的滥用。本书认为，在未来的程序设计中，应该适时、适度地引入域外司法审查的成熟经验，将上述处分干预被侦查人权利的强制性侦查行为纳入司法令状的范畴，由中立的司法机构审查侦查行为，确保具有强制性的侦查权的合法合理之运行。

二、侦查权实施主体

（一）侦查权实施主体的范围与特征

侦查权的实施主体，即侦查主体，是指在刑事诉讼过程中依法对刑事案件组织展开侦查，并形成侦查结果的组织和人员。侦查主体问题直接关系到侦查权向谁配置、如何配置的问题。另外，侦查主体是侦查权的具体实施者和操作者，侦查主体的范围和其行为实施的效果，对于侦查目的的实现具有重要的影响。

应当首先明晰侦查主体的范围。侦查主体的范围并未限定于组织、机关或团体，其评判标准应当为是否被依法赋予侦查权。不同法系、不同侦查架构下的侦查主体均不相同，一般而言，警察机关、检察机关等国家专门机关是当然的侦查主体。审判机关在不同侦查体系中，或享有完全的司法审查权，或享有局部的司法审查权，或只就个别强制措施行为享有决定权，其介入和参与侦查行为的程度深浅并不能说明其享有侦查权，而只是法律关系主体的一部分。在大部分英美法系国家，基于当事人主义诉讼模式的基本理念，侦查主体并不以侦查权的享有为标准，其范围可以扩张到国家机关以外的其他机构或个人，法律允许当事人通过自主取证、律师取证或侦探取证等方式参与到案件调查中来，收集有利证据，以获得与控方平等对抗的机会。除此以外，各国会依据刑事诉讼的需要或特殊案件（如毒品、走私、职务犯罪等）的发生频率，通过立法赋予特殊机构一定的侦查权，但这种授权应该严格限定适用范围和权力界限。

由此可见，侦查主体的确立应具备的基本特征为：一是有法定之身份，二是有法律赋予的侦查权，三是有专业侦查的能力。侦查主体的活动也应限于刑事诉讼的侦查阶段，止于公诉阶段启动，享有清晰的权力内容，划定明确的活动范围。

（二）侦查权实施主体一般为国家机关

除了个别国家授予个人、民间机构和组织一定的侦查权以外，各国多以国家机关作为主要侦查主体，其设置亦各有不同。英美法系中典型国家如英国等，普遍认为警察机关对于侦查行为应享有极大的自主权，不受检察机关的领导。大陆法系中典型国家如德国等，则多主张警察机关系检察机关组织侦查的辅助机关，检察机关是案件中所谓的“侦查主体”。为协调侦查权之监督，有的大陆法系国家如法国，则由预审法官代为行使侦查决定权。[①] 在我国，被法律授予侦查权的权力主体包括公安机关、人民检察院、国家安全部门、军队保卫部门、监狱侦查部门、海警部门和海关走私犯罪侦查部门。尽管侦查主体职能不同，但都面临着如何合理配置侦查权、如何协调和衔接好侦查权与其他权力之关系、如何在内部划分侦查权等相同的问题。

关于是否应当允许公民侦查的问题，本书主张，为保障诉讼中的控辩平衡，制衡侦查机关的侦查权，保护当事人权利，更好地发现事实真相，应该允许赋予符合法定资质、具有侦查能力的个人或组织一定范围的侦查权，也是对辩护人调查取证权的合理补充。[②] 至于私人侦探等在侦查中可能侵害公民权利的问题，应当比照律师业，通过司法行政主管部门的管理和行业自律等加以规范。

（三）职务犯罪侦查权的配置问题

在我国，关于职务犯罪侦查权配置，即检察机关自侦案件范围问题，在历史沿革中曾就立法做过一些调整。1979 年《刑事诉讼法》第 13 条第 2 款规定：“贪污罪、侵犯公民民主权利罪、渎职

① 蒋石平：《我国侦查主体与侦查权的合理设置与配置》，载《河北法学》2006 年第 2 期，第 109 页。

② 张泽涛：《私人侦探在刑事诉讼中的运用及其规范》，载《法学家》2007 年第 6 期，第 94-99 页。

罪以及人民检察院认为需要自己直接受理的其他案件，由人民检察院立案侦查和决定是否提起公诉。”应当说，当时检察机关直接受理案件的范围比较广泛，自侦案件的数量是比较庞大的。1996 年《刑事诉讼法》修改，为纠正司法实践中有法定程序却不严格遵守的现象，加强检察机关对整个刑事诉讼活动的监督是司法实践的迫切需要，因而成为立法修改的重点内容。为此《刑事诉讼法》增加了一条基本原则，即第 8 条“人民检察院依法对刑事诉讼实行法律监督”。在赞成强化检察机关诉讼监督的同时，人们普遍认为，检察机关作为国家法律监督机关，应当集中主要精力进行法律监督，而不能把主要精力放在侦查案件上，侦查的案件越多，与监督的角色就越冲突，尤其表现在自侦案件的监督上。于是，对检察机关自侦案件的范围进行了适当调整，第 18 条规定：“贪污贿赂犯罪，国家工作人员的渎职犯罪，国家机关工作人员利用职权实施的非法拘禁、刑讯逼供、报复陷害、非法搜查的侵犯公民人身权利的犯罪以及侵犯公民民主权利的犯罪，由人民检察院立案侦查。”在一定程度上限缩了检察机关自侦案件的范围。2015 年在大部制改革的背景下，最高人民检察院调整职务犯罪侦查预防机构，整合反贪总局、渎职侵权检察厅和职务犯罪预防厅组建了新的“反贪污贿赂总局”，强化直接侦查、指挥协调、业务指导等工作。

2016 年年底，随着国家监察体制改革落地，检察机关中负责职务犯罪侦查的相关部门将转隶监察委员会，职务犯罪侦查权的配置发生重大变化。监察委员会的成立是力图实施组织和制度创新，通过整合反腐败资源力量，扩大监察范围，丰富监察手段，实现对行使公权力的公职人员监察全面覆盖，建立集中统一、权威高效的监察体系。与此同时，检察机关保留了部分侦查权，2018 年《刑事诉讼法》第 19 条第 2 款规定，“人民检察院在对诉讼活动实行法律监督中发现的司法工作人员利用职权实施的非法拘禁、刑讯逼供、非法搜查等侵犯公民权利、损害司法公正的犯罪，可以由人民检察院立案侦查。对于公安机关管辖的国家机关工作人员利用职权实施的重大犯罪案件，需要由人民检察院直接受理的时候，经省级以上人民检察院决定，可以由人民检察院立案侦查”。

三、侦查权的配置与划分

随着司法改革的不断深入，司法权力如何优化配置是学术界和实务界共同关注的问题。与检察权、审判权不同的是，侦查权配置不是一个经过严密论证或是人们约定俗成的共识性概念，在称谓上也多种多样。但与检察权、审判权相同的是，对侦查权配置的研究对于如何精准理解权力主体不同的职权属性，如何保障公权力在刑事诉讼中的有效运行和合理规制具有重要的意义。

（一）侦查权配置的概念与原则

所谓配置，即分配、配置和安排。对侦查权配置的狭义理解，即如何确定不同侦查主体的管辖范围，这是从国家授权的角度来分析，主要聚焦在不同的案件类型由哪个主体实施侦查权，也包含不同主体之间的相互关系问题。但从广义上来理解，侦查权配置应当与侦查主体形成立体架构的关系，可以从横向与纵向上进行分析，横向配置是指不同的侦查主体之间的权力分配，其中也包含国家赋予哪些主体侦查权，这是侦查权的第一次配置。纵向配置是指同一侦查主体内部的权力分配，这是侦查权的第二次配置。完整意义上的侦查权配置是指，有关立法机关授予侦查权、划分侦查权限以及构建控制机制的权力分配体系。[①] 可见，在广义的侦查权配置之基础上，不应遗漏国家其他司法权对于侦查权的制约和控制，方可构成完整的侦查权。

溯源侦查权配置的理论基础，侦查权是国家权力的重要组成部分，也是刑事诉讼的公权力，国家权力配置学说和刑事诉讼权力配

---

① 周欣：《我国侦查权配置问题研究》，中国政法大学博士学位论文2008年，第33页。

置理论对于侦查权配置都有着重大的指导意义。[①] 国家权力配置学说是对国家权力进行分配的学说，主要包含权力归属于人民、权力运行方式可以分为横向和纵向的配置等两个方面的内容，其中关于国家契约论、人民主权论、分权制衡论、权力合法论、权力有限论等均在前文中有所涉及。以国家权力配置学说为基础，结合刑事诉讼的实际，刑事诉讼权力配置理论衍生出了权力法定、控审分离、控辩平等、参与民主、司法控制等基本理论，这些基础理论对于刑事诉讼而言具有普世价值，是共识观点，是侦查权配置的主要理论支柱。[②]

在侦查权配置的过程中，既涵盖国家权力的分配，也包括对侦查主体、诉讼环境的考量，只有各方面综合因素的周全协调才能保障权力效能的充分发挥。侦查权配置应当遵守如下原则：首先，应当重视侦查权与公民权利之间的权重，国家权力与公民权利是一种动态的平衡关系，国家与社会在不同时期的犯罪形势和刑事政策都有变化，侦查权中的强制性也会有轻有重，但是国家对于侦查主体的赋权应在合理的界限范围内，不能恣意剥夺公民的基本人权。其次，侦查主体的能力与侦查工作的特质应协调一致，侦查工作强调专业性、技术性、灵活性和时效性，侦查过程中存在对公民基本权利的处分，具备与之相适应的能力尤为重要。再次，侦查权配置应符合侦查权行使的目的，从诉讼程序上来看，侦查权行使是为了实现对犯罪行为的有效追诉，实质上就是为公诉权行使提供必要的支持与准备，而公诉权行使则是为了对侦查形成的证据、结论等进行审查和把关，确保侦查工作的准确性，那么在配置侦查权的过程中，既应重视两种权力的顺畅衔接，使侦查更好地为公诉服务，又

① 周欣：《我国侦查权配置问题研究》，中国政法大学博士学位论文 2008 年，第 34 页

② 周欣：《我国侦查权配置问题研究》，中国政法大学博士学位论文 2008 年，第 34-49 页。

有必要注意隔绝两种权力的过度融合，以免损害公诉权审查的客观性和中立性。最后，应当尊重刑事司法体制中的侦查传统，司法传统通常是运行相对成熟的司法体制在某一社会环境下长期实践沉淀而成的结果，具有广泛的认可度和较强的稳定性，侦查权配置的优化应遵从循序渐进式的变革路径，如在我国当前试图推行侦查权的司法审查，必将面临诸多体制性的阻滞，可能欲速则不达。

（二）侦查权在不同侦查主体间的配置

侦查权在不同的侦查主体之间的配置，实质上就是侦查主体的设置情况及其被赋予的权力内容。前文已介绍了侦查主体的范围、要件和基本特征，主要是通识性的基本信息，下文将考察比较不同法系、不同侦查体制下的侦查权配置构造，以此梳理出侦查权初次配置的基本规律。

英国是传统的英美法系国家，其侦查主体发轫于民间，从由被告人自行追诉犯罪逐步演变为以官方为主的侦查体制，法律与司法实践中仍允许私人侦探的存在。英国的绝大多数刑事案件的侦查都由警察机构负责，而检察机关并不承担侦查任务，也不承担相应责任。除了警察之外，还有一些不同的政府机构，如贸易和工业部、内陆税务局、海关署等对职责管辖领域的犯罪进行侦查。另有如涉嫌对欧共体诈骗、贪污贿赂、勘验非正常死亡的尸体等案件的侦查均由不同的国家机构负责。单独设立专门的侦查机关，赋予侦查某一类特定案件权力的做法肇始于英国。

美国的侦查主体设置与英国较为相似，但因为美国存在联邦和州两层授权机制，反映为联邦及各州的侦查主体共存，并各自独立开展侦查，其中既有常规的警察机构，也有执法机构下设的专门警察机构。美国的私人侦探业也极为发达，已是犯罪侦查体系的必要补充。美国的检察机关享有部分特定案件的侦查权，如职务型犯罪、违反联邦法律的犯罪，此外，独立检察官可以直接立案侦查国家高级官员的形事案件。[1] 在联邦和部分州，重罪案件还须经由大陪审团审查，其在审查过程中也拥有一定的调查权。

德国的侦查主体包括警察、检察官和侦查法官。德国的警察同样分为联邦和州两级，并根据警种不同来分配权限；德国的检察官一方面享有侦查权，另一方面还有权领导和指挥警察的侦查行动。但在具体案件上，一般而言只有恐怖活动案件、比较严重的犯罪案件和要求有特殊知识和经验的案件需要由检察官和警察共同侦查，其他案件主要由警察进行侦查。德国的侦查法官主要是审查检察官或警察的侦查行为，考察干预公民基本权利的行为之合法性，一般起到司法监控者的作用，但在某些紧急情况下，侦查法官也可主动提起侦查程序。

日本的侦查机关是指具有犯罪侦查权限和职责公务员的总称，具体指检察官、检察事务官以及司法警察人员。[2] 其中，司法警察人员仍是侦查工作中的主力，检察官一般只对公务人员贪污受贿、重大经济诈欺、大规模偷税漏税等自行侦查。在司法警察人员主要负责侦查的案件中，检察官通常是第二位参与者，一般只是从审查起诉的角度予以补充侦查。而检察事务官是对检察官的侦查活动提供辅助支持的职员。

根据我国法律，在我国的侦查主体中，检察机关在对诉讼活动实行法律监督中发现的司法工作人员利用职权实施的非法拘禁、刑讯逼供、非法搜查等侵犯公民权利、损害司法公正的犯罪可以立案侦查；国家安全机关负责立案侦查危害国家安全的犯罪；军队保卫部门对军队内部发生的刑事案件行使侦查权；监狱侦查罪犯在监狱内犯罪的案件；海关总署缉私局享有对其管辖的走私犯罪案件的侦查权。除了上述法律另有规定的情形外，公安机关负责其他刑事案

---

① 周欣：《我国侦查权配置问题研究》，中国政法大学博士学位论文 2008 年，第 77-79 页。

② ［日］松尾浩也：《日本刑事诉讼》，丁相顺译，中国人民大学出版社 2005 年版，第 38 页。

件的侦查工作。

关于强制性侦查权的使用主体问题，公安机关、检察机关均有权实施具有强制性的侦查行为，但在审批手续、审批级别上各有区别，如技术侦查措施就应该由县一级公安机关批准实施，在措施执行方面，技术侦查措施与通缉一般都由公安机关发布和执行。至于侦查过程中的强制措施，检察院可以决定任意强制措施，公安机关可以决定拘传、取保候审、监视居住、拘留等强制措施，基于对羁押必要性审查的前提，公安机关不能决定逮捕，绝大部分的强制措施都只由公安机关执行。

综上，不同法系和国家根据自身实际情况均摸索出一套各有特色的侦查体制，但是基础性的设置大致相同。一方面，警察都是侦查工作中的主要承担者；另一方面，犯罪的多元化催生了侦查主体的多元化，不断出现负责某一专项的侦查机构，以适应侦查专业化程度不断加大的新趋势。基于诉讼构造和历史渊源的不同，两大法系之间对于检察机关是否享有侦查权甚至领导侦查具有较大的分野，大陆法系普遍主张检察机关享有侦查权，并根据实际，行使作用强弱程度不同的侦查领导权。此外，英美法系国家普遍允许将国家侦查权力适度让渡给私人、民间组织等，以保障当事人主义下的平等对抗，但奉行国家侦查权绝对化的大陆法系则从未向私人松动过侦查权的配置。

侦查权的此次配置反映的是侦查主体的设置与权力的授予问题，从不同的配置模式中可以看到如下一些规律性的结论。首先，专业化、多元化的侦查队伍设置是趋势，未来还将不断出现专门负责某一类复杂刑事案件侦查工作的专门机构的分解细化，但同时也要避免层累叠加的机构之间存在权力真空或者竞争的现象。其次，无论检察机关领导还是司法审查，都是为了对侦查权的实施加上一道必要的“枷锁”，两种模式各从效率与人权的不同角度出发，无法评价优劣，但有一个强有力的第三方能对侦查权加以控制，以免其恣意妄为侵害民权，无疑是十分有必要的。最后，侦查是国家对有犯罪嫌疑的公民实施调查的举措，具有秘密性和极强的倾向性，在该过程中犯罪嫌疑人极其弱势且处于信息严重不对称的状态，仅仅依靠律师保护是远远不够的，因此适度向私人放宽侦查权限，引入更多侦查资源，不仅有助于发现真相，也对公民权利起到了切实的保护作用。

（三）侦查权在同一侦查主体内部的配置

侦查权在同一侦查主体内部的分配，是权力分配的进一步细化。各个国家多以警察机关作为主体，结合本国中央与地方的权力分配实际，首先厘清中央与地方侦查机关之间的关系，再进一步明确侦查机关内部对于不同案件的侦查权限。

英国的警察系统承担了绝大多数刑事案件的侦查权，其内部包括中央警务管理机关、地方警察机构和专门警察机构等。[①] 其中，对于流窜作案和需要协调不同地区警察合作配合的，由中央警务管理机关负责。地方警察机构根据案件类型和侦查需要组织不同的侦缉队开展侦查，而如交通运输、机场港口、国防军队、毒品管理、关税稽查等领域的案件都由专门的警局或附属于相关行政、军事机构的专门机构负责侦查。虽然英国的总检察长必须任命和领导专门设立的侦查机构，但这些机构实质上是独立于检察机关之外，不能以此认定检察机关享有侦查权。

美国设有联邦和州两级警察机构，各自独立行使侦查权，同时设立了负责不同类型案件侦查的设在内政部、国防部、财政部等执法机构下的专门警察机构。针对职务犯罪、间谍活动、恐怖活动、有组织犯罪等严重刑事案件的调查，联邦调查局有权直接负责侦查。

德国同样设为联邦和州两级警察机构，其中联邦警察机构中主要的侦查部门有刑事警察局和边防警察局，联邦警察机构与州警察

① 何家弘：《从他山到本土——刑事司法考究》，中国法制出版社 2008 年版，第 33 页。

机构之间只有配合协作的关系，两级警察机构相对独立。在联邦机构中一般另设有如打击间谍活动、危害国家安全活动、铁路执法等的专门侦查机构，在州警察机构，一般由其内部设立的刑事警察部门负责侦查。

日本的警察体系属于上下统一、层级分明的集中型侦查体制，国家警察机构对于地方警察机构有较大的影响力，其司法警察人员可分为一般司法警察职员和特别司法警察职员，其中的特别司法警察职员承担着对一些不便管辖的地域或领域的侦查工作，如监狱、铁道、邮政、海上保安等。

基于我国的国情，我国各侦查主体都形成了上级领导下级、科层分明的高度集中型的权力体制，上级侦查主体对下级的侦查工作有决定性的影响力，加之政法委等部门的存在，基层侦查主体权被进一步削弱。另外，各侦查主体从县一级起即可对于侦查行为中的绝大部分强制措施或强制性措施具有决定权，除了上级外，几乎不受制于其他机关，又极易造成侦查权的肆意扩张。此外，我国侦查权配置存在一种特色模式——“镶嵌式”设置模式，在我国公安体系中，存在六支全国性行业公安队伍，即交通航运公安、铁路公安、森林公安、民航公安、缉私警察、中国海警，而在一些地方还设置有环保警察、国土公安、税务警察、旅游警察等其他类别的行业公安。[①] 与各国设立的专业化侦查机构不同，行业公安存在法律授权不清和双重监管体制等问题，其管理体制并不明晰，转制呼声较大。近年来，铁路警察系统已经从铁路运输企业中剥离出来。在警察内部系统中，警察权中的侦查权的分配也不甚明朗，派出所和刑侦部门之间存有侦查权交叉重叠的问题，存在“全警皆侦”的疑虑。

侦查权的此次配置涉及侦查机关上下级的纵向配置和内部部门

① 龙耀：《中国行业公安执法问题研究》，载《西部法学评论》2016 年第 2 期，第 93 页。

之间的横向分配。关于上下级之分配，应综合中央与地方的行政分权情况，如前所述，侦查权具有司法权的属性，在上下级的关系中，侦查主体应享有一定程度的独立性，强调上下级侦查机关之间的协作关系。关于内部部门之分配，应当有法律授权和权力的合理分解，重点对业务知识需求较高、侦查难度较大的特殊案件设立专业化的侦查机构来负责侦查，这种分解应当审慎科学，充分尊重司法规律和司法传统，此外，专业侦查机构的组织领导关系应更加清晰明确。

（四）我国侦查权配置的制度检讨

职务犯罪技术侦查权配置不完整。这也是我国职务犯罪侦查权最突出的问题。我国《刑事诉讼法》第150条第2款和第3款规定："人民检察院在立案后，对于利用职权实施的严重侵犯公民人身权利的重大犯罪案件，根据侦查犯罪的需要，经过严格的批准手续，可以采取技术侦查措施，按照规定交有关机关执行。追捕被通缉或者批准、决定逮捕的在逃的犯罪嫌疑人、被告人，经过批准，可以采取追捕所必需的技术侦查措施。"根据该条文，一般认为检察机关只拥有职务犯罪技术侦查决定权，没有职务犯罪技术侦查执行权。然而，关于"追捕"部分的规定，有学者解读认为，"可以采取追捕所必需的技术侦查措施"意味着检察机关此时既有技术侦查决定权又有执行权。总体而言，在实践中，检察机关因为没有配备健全的技术侦查设备与人员，也多是将技术侦查交由公安机关或国家安全机关执行。但是从高效打击职务犯罪的角度来看，决定权和执行权相分离，不仅会降低职务犯罪的侦查效率，而且容易导致职务犯罪侦查泄密，所以应当赋予检察机关完整的技术侦查权，同时为检察机关执行技术侦查配备必要的条件，包括有学者提议组建"职务犯罪侦查信息技术部门"。

关于"行业公安"肆意扩张侦查权的问题，行业公安的存在或者联合办案的组织，进一步延伸扩张了侦查权，最终将异化侦查权，妨害司法公正。行业公安机关呈现双重领导管理体制，即给予了行业、企业以侦查权牟取利益的机会，利用司法手段为自己服务。本书认为，各行业公安应效仿铁路警察系统完成体制改革，纳入公安系统的统一管理，实现有效的业务监管，建立起一套独立、公正的专业侦查队伍。

针对公安系统内部侦查权分配不清的问题，归根结底仍是由警察权中的行政权和侦查权混同导致的，应当根据适用对象、适用规范和侦查的强制程度，根据职能对口的原则，配备相应的刑事侦查具体部门和人员，将侦查权根据案件不同划归到相应的刑侦、国保、经侦等部门，提高侦查的效率和专业化，派出所与其他警务管理部门不再独立承担侦查工作，而是协同配合侦查的实施。

四、侦查权的控制

侦查权是指国家授权在案件未决、真相未明的情况下对犯罪嫌疑人开展的刑事诉讼活动，它将直接处分公民基本权利，如果不加以控制，很可能会对无辜公民的基本权利造成损害，任由侦查主体对侦查权进行滥用和扩张。对侦查权的控制有效与否，也是评判侦查权配置是否合理、科学、正当的重要因素。对侦查权的控制应来源于法律授权，并从多个角度、多种路径建构起一套行之有效的监控体系，主要可以从内部控制和外部控制两个方面来加以分析。

（一）侦查权的内部控制模式

内部控制实际上是侦查主体在实施侦查权时的自律行为，通过自上而下的方式来监控和防范权力行使者滥用、错用、不当使用权力的行为。这当中，主要探讨作为主要侦查主体的警察系统和检察系统的内部控制。

一般而言，警察机关的内部监管模式包括内部负责人审批、对提请批准逮捕和移送审查起诉案件统一审核、统一把关、督察制度。我国法律规定，强制性侦查中的一些措施应由县级以上公安机关负责人批准，这是内部负责人审批的典型例子，其中侦查领导长官的意志是关键。侦查终结后，侦查机关内部通过审核机制对即将移送起诉的案件进行最后把关，对于依照公诉标准仍存在问题的案件予以退回补正，实质上，这也是侦查权的事后监管措施。建立督察体系是世界各国广泛应用的行政管理措施，这种监察由专门的督察人员在侦查执法工作的全过程中随时进行监督，也可以就侦查中矛盾突出的问题组织督察，覆盖面更加广泛。

检察机关在开展侦查工作时与警察机关并无不同，但是因为侦查权、侦查监督权和公诉权集于检察机关一身，虽这些职权分配在内部不同的部门，但依然存在“裁判员”和“运动员”同为一队的问题，如果对自侦案件监管制约不力，那么很可能导致放纵犯罪和侵犯人权。检察系统的内部控制可以通过以下方式来实现：首先，采取上下级的集中领导制，将自侦案件中的个别强制措施审批上提一级即为一种范例；其次，利用内部机构的独立性实现相互制约，检察系统中有必要突出侦查监督和公诉部门的独立地位，重视其对内的权力行使，以形成有效监管；最后，根据案件情况，强调自侦案件中的检察长负责制，规定一些自侦案件应当交由检察委员会集体讨论决定。

（二）侦查权的外部控制模式

侦查权的外部控制是更为有效、更能保护公民权利的监管模式，也能促使侦查主体通过检察机关、审判机关的监督完善补正侦查工作，使之更好地服务于起诉、追究犯罪。各国多以强有力的司法控制对侦查工作加以限制，而我国对侦查权的外部控制是相对薄弱的。对侦查权的外部控制主要包括检察机关的司法控制与审判机关的司法控制。

检察机关对于侦查的控制实质上是全方位、全过程的，有的国家强调警察只是检察人员的辅助人员，但过于强调检察的侦查监督权，也容易造成监督权对于侦查权的侵蚀，导致检察机关成为行使侦查权的“侦查主体”。实质上，检察机关的监督是有重点领域和机动能力的，应该包含三个方面：第一，对于强制措施尤其是逮捕羁押的制约，包括羁押必要性、适当性的审查；第二，对于侦查违法行为有权提出纠正意见，并要求将整改情况通知检察机关；第三，对于侦查工作的环节和程序加以监控，如立案、回避、羁押期限、羁押场所等监督工作，必要时应提前介入警察机关的侦查工作中，对侦查工作开展一些有益的引导。此外，检察机关的监督应该建立更多的“刚性监管”，确保监督意见被高度重视、及时反馈并积极落实，而非毫无效能的“柔性监管”。

审判机关对侦查权的司法控制是更为中立的控制，审判机关一般不参与侦查工作，只就一些关系到公民切身权利的事项判断予以裁断，并提供证据规则和程序法上的救济措施。各国多以建立羁押的司法审查机制和搜查、扣押的令状许可制度，由专门的法官组织中立审查，对于侦查工作能否继续开展起到决定性的作用。此外，审判机关可以通过审判活动发现侦查违法行为，排除非法证据，甚至追究侦查违法责任，以事后监督的方式起到制约侦查权的作用。

第五节　执行权配置规律

“法律的生命力在于执行。”执行是诉讼的最后一个阶段，是法定国家机关依照法定程序，以国家强制力为后盾保障实现生效裁判文书的内容，维护当事人的权益，实现诉讼目的的过程，也是实现司法公正的最后一道关锁。执行关乎着当事人既定的权益能否实现，国家对罪犯是否能进行有效、及时的惩罚。如果执行不及时、不准确、不合理将直接侵害当事人的利益，影响执行的功能和价值。只有将生效裁判文书付诸实现才算是真正的定分止争，才是实现司法公正。毋庸讳言，权力天生就带有被滥用的基因，执行权以国家强制力为后盾，更容易发生权力的扩张，对权利造成侵害。因此，需要科学、合理地配置执行权，在权力间形成相互制约、相互监督的关系，从而达到预防权力无限扩张与滥用的目的。

执行权的配置，简言之，是指将执行权分配给不同的国家机关。执行权的配置分为外部配置和内部配置，外部配置是把执行权看作一个整体，如何处理协调执行权与其他权力之间的关系，如审执关系。内部配置包含两个层面：一是因执行案件性质的不同，有民事执行权、刑事执行权和行政执行权之间的权限划分；二是民事执行权、刑事执行权、行政执行权三种执行权各自内部的权力分工与制约。鉴于民事执行与行政执行的程序相差不大，而刑事执行程序与前两者有所不同，本节将重点讨论具有代表性的民事执行权和刑事执行权的配置。

一、执行权的属性

权力的性质决定权力载体的组织构造和运作方式。司法规律要求权力的配置要依据权力的性质和构造进行。准确认识执行权的性质是执行权配置科学、合理的前提和基础。

（一）关于执行权性质的学术争议

1. 司法权说

该说认为，执行权和审判权都是法院司法权的组成部分。[①] 审判是进行事实认定，适用法律的过程，最终形成裁判结果。而执行旨在实现生效法律文书的内容，是法官作出判断结果之后的延续行为。审判与执行二者联系紧密，执行保障裁判结果的实现，只要裁判没有执行，法律文书将变成一纸空文。执行不力，法律权威将受到质疑。因此，只有同时实现审判和执行，才能真正实现司法公正。有学者就认为，“民事执行权和民事审判权两者共同作为人民法院司法权的内核，两者只有相互联系、相互配合才能从最终结果上使债券人的民事权益得以最终实现，民事执行程序和民事审判程序两者是司法权下两个并列的子程序”[②]。在刑事法学界，一般都根据刑事执行行为由法院发动这一现实，认为刑事执行行为是一种

---

① 肖建国：《民事审判权与执行权的分离研究》，载《法制与社会发展》2016 年第 2 期。

② 金友成、房保国：《全国诉讼法学年会观点综述（民事诉讼法部分）》，载《政治与法律》2002 年第 2 期。

司法行为。尤其是刑事执行程序作为《刑事诉讼法》的组成部分，这一立法体例足以使人们认为刑事执行程序也是一种诉讼程序，因而将刑事执行权想当然地认为是审判权的组成部分，或作为审判工作的一个附属环节，进而主张将刑事执行权定位为司法权。[①] 司法权应当属于包括司法强制权在内的综合性权力，而民事执行权就是司法权下独立于审判权的司法强制权。[②]

2. 行政权说

有学者认为，“执行和审判是两种不同性质的工作，执行工作从性质上讲是行政活动，具有确定性、主动性、命令性、强制性的特点”[③]。这种观点强调强制执行不同于审判，认为执行活动是行政活动，民事执行权是国家行政权。也有学者认为，“执行权不是司法权，因为它不符合司法裁判的任何一个特征。相反，执行更加接近行政管理活动，属于司法裁判过程结束后进行的一种特殊的行政活动”[④]。还有学者从行政权属性的角度出发，分析民事执行权应当属于行政权。我国各级行政机关是国家权力机关的执行机关，负责执行国家权力机关制定的各项法律、法令（刑法、民法和三大诉讼法除外）和就某些重大事项作出的决定。人民法院是国家审判机关，代表国家行使审判权，它所作出的判决和裁定是适用国家法律的结果。因此，国家法律由行政机关执行，同理，人民法院适用国家法律作出的判决、裁定也应由行政机关执行。换言之，判决、裁定的执行工作应具有行政属性。[⑤] 就刑事执行而言，有学者从监狱的狱政管理性质和特征出发，认为监狱作为刑事执行机关的

---

① 俞静尧：《刑事执行权机制研究》，群众出版社2005年版，第74页。

② 肖建国：《民事审判权与执行权的分离研究》，载《法制与社会发展》2016年第2期。

③ 孙小虹：《克服执行难是社会系统工程》，载《人民日报》1999年3月10日，第10版。

④ 陈瑞华：《看得见的正义》，中国法制出版社2000年版，第158页。

⑤ 谭世贵主编：《中国司法改革研究》，法律出版社2000年版，第294页。

主体，“就其工作的本身而言，是国家行政机关”①。那么，监狱行使的执行权则是行政权。

3. 司法行政权说

有学者认为，民事执行行为既有不同于审判工作的行政性，又有不同于一般意义上的行政行为的司法性，“民事强制执行是一种具有行政性和司法性双重特征、以保证人民法院完成审判职能为基本任务的司法行政行为”，是一种“国家执行机关基于其司法行政执行权迫使债务人履行义务以实现债权人债权的活动”。②

4. 混合属性说

有学者指出：“民事执行权具有司法权和行政权双重属性，在执行工作中，司法权和行政权的有机结合构成了复合的、相对独立的、完整的民事执行权。”“强制执行中体现的部分职权具有司法权的特点，如在执行中通过裁判的形式处理执行异议和执行分配争议就体现了被动性、中立性、终局性。强制执行中体现的部分职权具有行政权的特点，如调查财产、送达法律文书等，体现了主动性、单方面性和非终局性。”③ 亦有学者认为，“行刑权作为刑罚权的一个重要组成部分，它的直接属性是国家的一种司法权。但是行刑活动是一个将法院生效的判决和裁定文书执行的过程，具有一定的时间性。因此，不可避免地要涉及被执行罪犯日常生活起居的管理，这时的行刑权就带有一种行政管理的性质，行刑权也包含着行政权。所以，可以说行刑权是一种带司法权和行政权的统一”④。

---

① 冯卫国：《论依法治监理论与实践的若干问题》，载《中国监狱学刊》1999 年第 4 期。

② 常怡、崔婕：《完善民事强制执行立法若干问题研究》，载《中国法学》2000 年第 1 期。从三权分立的国家学说来看，司法行政权并不是一种独立的国家权力；从我国国家机关的设置来看，司法行政权其实是一种行政权，因此，严格来说，这种观点仍属于行政权说。

③ 高执办：《论执行局设置的理论基础》，载《人民司法》2001 年第 2 期。

④ 夏宗素主编：《狱政法律问题研究》，法律出版社 1997 年版，第 68 页。

因此，混合权说认为，执行权是集司法权与行政权于一体的复合型权力。

（二）执行权性质的探讨

探讨执行权的性质需要对执行行为进行分析。执行是一个比较复杂的过程，执行行为具有不同的形式，我们需要对其进行分类讨论。从总体上来看，执行权的行政属性主要体现为：首先，执行权的行使具有鲜明的倾向性和目的性，以裁判文书内容为准，不具有中立性。其次，执行权具有主动性。执行主体需要积极采取执行行为以达到执行的目的。例如，在刑事监禁刑的执行中，执行主体还承担着教育改造执行对象的任务，积极性更加突出。最后，效率是执行追求的首要目标。执行要求及时实现裁判文书的内容，维护当事人的合法权益、及时惩罚犯罪。执行权的司法特征主要表现为：当需要对原来的生效裁判内容进行变更时，需要进行“判断”，此时执行权具有司法权的属性。

从微观上来看，在民事执行领域，民事执行权的具体权能包括判断性权能和实施性权能两类，判断性权能又可分为执行裁判权能和执行命令权能两类。涉及执行当事人提出的执行申请、抗辩、异议及其实施的和解、以物抵债等自治行为的合法性问题，案件执行标的的确定问题，执行财产的权属关系以及应当执行的范围问题等，主要是判断事项，表现出司法权的本质。而查封、扣押、冻结、拍卖、变卖等事项则主要是实施事项，表现为行政色彩浓厚。在刑事执行领域，执行行为主要包括两大类，一类是执行实施权，即负责对生效判决、裁定的执行，包括死刑、无期徒刑、有期徒刑、缓刑、拘役、管制、剥夺政治权利、罚金、没收财产。另一类是执行的变更，即在执行过程中出现法定情形所进行的减刑、假释、暂予监外执行等。前者是单纯的执行行为，是对罪犯的管理。后者需要根据新的事实、理由判断是否符合条件，作出裁定，具有典型的司法权特征。

本书认为，如前所述，执行权是一种复合型权力，既包含司法权内容，又具有行政权属性。但并不是所有的案件在执行过程中都需要进行裁判，如果执行中没有出现异议、没有减刑、假释的事由，执行权并不会体现出司法权的属性。因此，执行权既不是纯粹的司法权，也不是纯粹的行政权，而是具有司法权和行政权双重属性的复合型权力，且体现更多的是行政权的特征。

二、刑事执行权配置

刑事执行又称行刑，是指刑罚执行机关根据审判机关作出的已经发生法律效力的刑事判决或裁定，依照法律规定的程序，将确定的刑罚付诸执行的司法活动。[①] 刑事执行是刑事诉讼的最后一个环节，直接关乎着刑罚的目的能否最终实现，也是能否实现刑罚教育、威慑、惩罚的关键阶段。刑事执行有广义和狭义之分，狭义的刑事执行是指诉讼结束后对生效裁判文书的执行。广义的刑事执行不仅包括狭义的刑事执行，还包括刑事强制措施的执行。本书使用的是狭义的执行概念。

党的十八届四中全会提出："优化司法职权配置。健全公安机关、检察机关、审判机关、司法行政机关各司其职，侦查权、检察权、审判权、执行权相互配合、相互制约的体制机制。""完善刑罚执行制度，统一刑罚执行体制。"这是中央首次明确将执行权作为与侦查权、检察权、审判权具有同等地位的第四种司法权力，并指明了刑事执行权的改革方向。需要指明的是，统一刑罚执行体制并不是因为其是行政权而统一。刑事执行是诉讼活动，是司法权的一部分，属于第四种司法权力，是在此意义上讨论统一刑罚执行体制。

（一）刑事执行权配置规律

1. 刑事执行一体化

所谓刑事执行一体化，即在刑罚执行实行统一的刑事执行法律

① 马克昌主编：《刑罚通论》，武汉大学出版社 1999 年版，第 12 页。

规范调整的基础上，结合现行的刑事司法组织体系，逐步建立专门、统一、健全的刑事执行司法体制，以实现对基本性质一致、价值取向相同的刑事执行司法活动的规范统一管理。[①] 刑事执行一体化旨在统一、科学管理，形成刑事执行的最佳整体效益。刑事执行一体化的内在要求是由统一的、专门的国家机关负责执行权的行使，以确保刑事执行活动的统一性、权威性。许多域外国家都是采用刑事执行一体化模式，如"在美国，刑事执行权归属于司法部。由于美国是联邦制，执行上存在联邦和州两套系统。联邦司法部是最高执法机关，是刑事执行的专门机构。在联邦司法部下设监狱管理局和假释委员会具体负责各项工作"[②]。又如，在法国，司法部负责刑事执行工作。法国司法部内设两个部门专门负责刑事执行工作：一是监狱行政司，主要负责对狱政工作的监督管理和刑事案件的判决执行工作，并参与有关的立法、研究；二是刑事特赦司，负责对全国的特赦上诉案件及有关法令、假释案件的预审工作。[③]

2. 权力制衡与执行效率

公正与效率是司法追求的两大目标。权力分离的目的实质上是分权，发挥权力的最大化功能，同时通过分权实现权力制约权力。但是权力的过度分离、分散会降低效率，增加内部消耗，削弱权力的效能。权力分离是为了制约权力，避免权力被滥用，维护司法公正。但是"效率是公正的第二层含义"，权力过于分散会影响运行效率，司法公正效果会受到减损。如前所述，刑事执行权体现出来的特征更多的是行政权、管理权，而效率是行政权应有的特征。因此，刑事执行权在进行权力配置时既要讲求分权制衡，又要考虑如何保证效率，在二者之间实现平衡。

---

① 高伟：《刑事执行制度适用》，中国人民公安大学出版社 2012 年版，第 16 页。

② 郭林林：《刑事执行权配置研究》，浙江工商大学硕士学位论文，第 8 页。

③ 郭林林：《刑事执行权配置研究》，浙江工商大学硕士学位论文，第 10 页。

3. 行刑社会化

行刑社会化是为了配合罪犯再社会化目标而形成的行刑理念和模式，是实现罪犯再社会化的必由之路。[①] 刑事执行的目的在于实现刑罚的内容，对罪犯进行教育改造，使罪犯能够认知到自己行为的违法性，真心悔过，重新做人，让犯罪人能够回归社会，重新融入集体当中。罪犯被置于封闭的环境中进行学习改造，周围都是与自己一样的罪犯，与社会生活截然不同，感受不到社会的存在。"把犯人带出正常社会并置于异常社会中去，并以此希望他们（在释放后）能适应社会，这既不可能，也不合逻辑。"[②] 封闭式的环境与现实社会仍然存在巨大的差别，要想让罪犯真正回归社会，在刑事执行中增添社会化因素就显得十分有必要。在西方国家，大多数国家并没有采取封闭式的执行环境，更多的是半封闭或者全开放环境。例如，"在美国，在社区服刑的罪犯在数量上超过了在监狱中服刑的罪犯；在丹麦和瑞典，开放式监狱的数量超过了传统的封闭式监狱"[③]。国际组织为使囚犯能够顺利回归社会作出了相关规定，联合国《囚犯待遇最低限度标准规则》第 60 条第 1 款规定："监所制度应该设法减少狱中生活同自由生活的差别。" 第 60 条第 2 款规定："刑期完毕以前，宜采取必要步骤，确使囚犯逐渐纳入社会生活。" 第 61 条规定："囚犯的待遇不应侧重把他们排斥于社会之外，而应注重他们继续成为组成社会的成员。因此，应该尽可能请求社会机构在恢复囚犯社会生活的工作方面，协助监所工作人员。" 执行社会化有利于提高罪犯重新适应社会的能力，与社会融为一体，防止罪犯因长期脱离社会，在释放后，适应不了社会的发

---

① 冯卫国：《行刑社会化研究——开放社会中的刑罚趋向》，北京大学出版社 2003 年版，第 39 页。

② ［美］巴特勒斯：《矫正导论》，孙晓雳等译，中国人民公安大学出版社 1991 年版，第 82 页。

③ 冯卫国：《行刑社会化研究——开放社会中的刑罚趋向》，北京大学出版社 2003 年版，第 3 页。

展变化，对社会产生陌生感，无所适从，最终有可能再次犯罪。执行社会化不仅能够促进执法部门严格依法执行，社会力量对刑事执行进行监督和制约，而且有利于保障被执行人的权利，降低被执行人再犯罪的风险。“刑罚执行的社会化原则，是指在刑罚执行的过程中，要调动监狱外的一切社会因素，合理救助改造犯罪分子并保证和巩固刑罚执行的效果，确保行刑目的的实现。”①

（二）对我国现行刑事执行权配置的反思

权力配置是权力运行的基础。如果权力配置不合理，将直接影响到刑事执行的运行，无法达到执行的目的和效果。我国现行刑事执行权的配置存在一定的问题，违背了司法规律，需要理性地检讨。

1. 执行主体多元化，导致执行权配置过于分散

我国刑事执行方式具有多种类型，不同的刑罚形式对应着不同性质的执行主体，因此，执行主体呈现出多元化的特点。根据我国现行《刑法》《刑事诉讼法》《监狱法》《社区矫正实施办法》的有关规定，我国刑事执行权的主体包括人民法院、公安机关、监狱、少年犯管教所、社区矫正机构。具体分工为：一是人民法院负责死刑立即执行、罚金、没收财产的执行。二是监狱负责被判处死刑缓期两年、无期徒刑、剩余刑期在三个月以上有期徒刑的执行，对符合减刑、假释的罪犯有权提出建议。三是司法行政机关负责指导管理、组织实施对被判处管制、缓刑、假释以及暂予监外执行的罪犯的社区矫正工作，县级司法行政机关社区矫正机构对社区矫正人员进行监督管理和教育帮助，司法所承担社区矫正日常工作。四是公安机关负责执行剥夺政治权利、拘役、驱逐出境等，在必要时会同法院执行没收财产刑；公安机关下属的看守所代为执行罪犯在被交付执行刑罚前，剩余刑期在三个月以下的有期徒刑。五是未成

① 马克昌主编：《刑罚通论》，武汉大学出版社 1999 年版，第 514 页。

年犯管教所负责未成年犯刑罚的执行。[①]

刑事执行权主体多元化，导致执行权配置过于分散，影响执行权的运行效果。一方面，刑事执行权分散行使，易造成“一人一把号，各吹各的调”的弊端，不利于总结经验、统一领导和科学管理，也不利于保障各种刑罚执行的统一和不同改造形式的前后相接。[②] 另一方面，分散的执行权导致各执行主体之间缺乏沟通协作，增加了执行机制内部的消耗，执行效益大打折扣。

2. 部分执行主体承担执行职能，违背了权力分离原则

权力分离原则是刑事司法职权配置的普遍规律，刑事执行权的配置也应当符合权力分工与制约原则，即将不同性质的权力分配给承担不同职能的机关，从而形成权力对权力的制约。

人民法院承担执行职能与法院审判中立的地位相违背。人民法院是我国法定的唯一享有审判权的机关，审判权的特性要求法官处理案件应不偏不倚，居中裁判。但人民法院同时承担了一定的执行职能，负责死刑立即执行及财产刑，这种权力配置导致人民法院同时具有审判权和执行权两种不同性质的权力，不仅明显违背了权力分离原则，而且严重损害了法院客观、中立的公正形象，容易让社会公众对法院形象形成误解。例如，人民法院负责死刑案件的立即执行，“客观上容易在社会大众的心理层面上形成法院‘血腥’、‘暴力’的‘刀把子’印象”[③]。人民法院对负责罚金、没收财产等财产刑的执行，会影响法院的判刑。法院可能会将被告人能够缴纳的罚金数额作为量刑的情节，“罚金刑判处的多，量刑就少”，出现“以罚代刑”的现象。再如，公安机关在刑事诉讼中既要承

① 《刑事诉讼法》第253条、第258条、第259条、第260条。《监狱法》第2条、第15条、第74条。

② 肖胜喜、郭家汉：《刑事执行程序论》，中国政法大学出版社1991版，第8-9页。

③ 万毅：《刑事执行制度之检讨与改造》，载《甘肃政法学院学报》2005年第6期。

担主要刑事案件的侦查工作，又享有部分刑罚执行权，集侦查权与执行权于一身，不符合分工负责原则，很难实现侦查权和执行权之间的相互制约和监督。例如，将被采取拘留、逮捕强制措施的未决犯罪嫌疑人关押在隶属于公安机关的看守所。羁押的目的是防止犯罪嫌疑人逃跑、隐匿、毁灭、伪造证据等，影响侦查工作的顺利进行。但是在实践中，未决羁押异化为侦查手段。侦查人员利用犯罪嫌疑人羁押在看守所的便利条件，采用威胁、引诱、刑讯逼供等手段获取案件证据，严重违反了程序正当性以及侵犯了犯罪嫌疑人的权利。同时，看守所负责剩余刑期在三个月以下的刑罚执行，容易造成未决犯和已决犯“交叉感染”，既不利于未决案件侦查工作的开展，也不利于教育改造。

3. 刑事执行权配置不合理，导致资源不均衡，影响执行的效能

我国没有统一的、专门的刑事执行机关，刑事执行权分散于多个主体，而承担执行职能的人民法院、公安机关并不是专门负责执行的机关，它们还承担着其他重要的司法职能。人民法院的主要工作是审判，“案多人少”已经让法院不堪重负，捉襟见肘，绝大多数法官的工作都处于超负荷状态。因诉讼爆炸，法院的审判资源本身就很紧缺，法院负责死刑立即执行和财产刑的执行势必会占用法院的资源，一方面，增加了法院的工作量，影响了审判的质量；另一方面，执行工作并非人民法院的主要工作，仅仅是其“副业”或“兼职”，法院投入的资源不足，会导致刑事执行的质量下降，执行程序走过场，很难及时发现执行中存在的错误，无法保障执行的正当性。

此外，公安机关除了维护社会治安以外，还要承担绝大多数刑事案件的侦查工作。侦查工作本身难度就很大，需要消耗大量的时间和精力。而且由于犯罪轻刑化趋势，犯罪率日益增长，侦查任务也相应加重，公安机关的司法资源呈现紧张的趋势。在资源有限、侦查工作量大的背景下，让公安机关负责执行工作，一方面，公安

机关将力不从心，自顾不暇，可能导致执行不力；另一方面，影响侦查工作的质量和效率，最终影响判决结果的正确性和公正性。刑事诉讼活动的各个阶段（立案、侦查、起诉、审判、执行）就像多米诺骨牌一样，彼此紧密相连，形成了“多米诺骨牌效应”，即侦查阶段受到影响，将对接下来的起诉、审判、执行都产生影响，从而影响到整个刑事诉讼的质量。因此，公安机关承担执行职能既影响侦查工作的顺利进行，又无法保证执行的质量。

4. 社区矫正职权配置不合理

社区矫正是非监禁刑的一种刑罚执行方式，是执行社会化的主要表现形式。社区矫正制度是刑罚轻刑化、人道化、司法文明化的重要标志，是西方经验的中国化，也是一项促使罪犯改恶从善的好制度。由于犯罪轻刑化的趋势，社区矫正的适用率在逐步提高。“从2003年试点开始到今天已历经十多年，有关数据表明，目前全国接受社区矫正的总人数大约70多万，且社区矫正人数的绝对数逐年增加，监狱服刑人员相对数有所下降。”① 目前，制定《社区矫正法》已经提上日程，正在征求意见。但从征求意见稿规定的内容来看，社区矫正制度仍然不健全，在职权配置方面存在不足之处。

第一，社区矫正性质不明晰。厘清性质是职权配置的前提。《社区矫正法（征求意见稿）》回避了社区矫正的性质，无法解决社区矫正机构应当由什么性质的机关负责，社区矫正机构的工作人员的性质也不明晰。

第二，社区矫正执行主体不明确。《社区矫正法（征求意见稿）》规定国务院、县级以上地方人民政府司法行政部门管理社区矫正工作。居民委员会、村民委员会，社区矫正人员的家庭成

① 《立什么、怎么立、如何立得更好社区矫正法论证会专家各抒己见》，载《法制日报》网，http://211.103.140.77/fz_jhxt/index.php?s=/Public/shareNews/nid/1813/isorder/0，最后访问时间：2016年1月2日。

员、监护人、保证人，所在单位或者就读学校协助社区矫正工作。对主管主体、协助主体均作出了规定，而对于社区矫正的执行主体语焉不详。这种模糊性规定有可能导致实践中分工不明确，互相扯皮，无法落实社区矫正制度。

第三，未明确社区矫正机构工作人员的组成和性质。社区矫正机构的工作人员是社区矫正的具体执行人员。工作人员的性质和能力决定了社区矫正能否实现刑罚的执行，以及对社区矫正人员的教育和帮扶。

（三）完善刑事执行权配置的路径选择

1. 构建刑事执行一体化模式

执行权过于分散造成实践中出现一系列问题，影响执行权的运行，为解决此问题，许多学者呼吁统一刑事执行权的主体，实现执行权的统一管理。“由于刑事执行是独立的刑事法律活动，具有高度的专业性，刑事执行权就应尽可能给独立的专门机关行使，以符合其自身的特征和性质，遵循其内在的运行规律。”① 党的十八届四中全会《决定》提出：“完善刑罚执行制度，统一刑罚执行体制。”这为刑事执行权配置指明了方向，奠定了刑事执行一体化的基调。笔者认为，刑事执行权实现从分散到统一的转变是必然趋势。鉴于刑事执行的复杂多样性、部分执行主体不适格、刑事执行资源配置不均衡等原因，由专门的机构对刑事执行进行统一化管理很有必要，能够实现刑事执行的专业化，提高执行的效益。

关于统一刑事执行主体存在三种主张：一是由司法部统一领导执行工作。有学者认为，由司法部统一负责刑事执行，有利于实现行刑机构同其他刑事司法机构的有机协调、合理分工和相互制衡。② 二是确立检察机关指挥执行工作。有学者依据刑事诉讼构造

---

① 牛振宇：《论裁判权与行刑权关系的再定位》，载《内蒙古大学学报（人文社会科学版）》2003 年第 5 期。

② 冯卫国：《论刑事执行权的合理配置》，载《法学论坛》2010 年第 1 期。

的原理，认为刑事诉讼系由检察机关所提起，实现国家刑罚权是检察机关提起公诉的根本目的之所在，因此作为实现国家刑罚权的执行，往往也同时被视为检察机关的专属职权，在动态上构成了公诉权的延伸。[①] 三是设立国家执行总局，在条件成熟时将民事、行政裁判执行纳入统一执行体系，最终实现国家执行权的专门和统一行使。有学者建议，根据执行方式和对象的不同，在国家执行总局之下设置若干二级机构。参考现在司法部内设的司局名称，我们建议设置监狱管理司、社区矫正司、附加刑执行司以及民事执行司、行政裁判执行司等。[②]

从比较法的视野来看，刑罚的执行一般都由司法部统一负责(有的国家的最高司法行政机关为法务部、法务省等)。例如，美国由联邦司法部和州司法部管理和监督全国所有监狱及其他惩戒机构，包括社区矫正中心。在英国，司法部下设的监狱行政司负责对狱政工作的监督管理和刑事案件的判决执行方面的问题（主要是徒刑执行、缓刑、监外执行、犯人刑满后的重返社会等)。[③] 在法国，司法部负责管理监狱系统，解决缓刑、监外执行、罪犯刑满后重返社会等一系列有关刑事的判决执行问题。德国的州司法部负责刑罚执行，联邦没有刑罚执行的管理机构。在日本，罪犯改造机构分为矫正局和更生保护局两大部分，二者均受法务省领导，矫正局主要负责监狱行刑，而更生保护局主要负责缓刑、假释等社会改造措施的监督管理。[④]

本书认为，从我国目前的实际情况出发，由司法部统一刑事执

① 万毅：《刑事执行制度之检讨与改造》，载《甘肃政法学院学报》2005 年第 6 期。

② 谭世贵、郭林林：《我国刑事执行权配置——现状、问题与优化》，载《浙江工商大学学报》2014 年第 1 期。

③ 张福森主编：《各国司法体制简介》，法律出版社 2006 年版，第 82 页。

④ 力康泰、韩玉胜、袁登明：《刑事执行一体化初探——刑罚实现的制度性思考》，载《犯罪与改造研究》2000 年第 10 期。

行工作更为合理，并制定专门的《刑事执行法》为刑事执行一体化提供依据。因为刑事执行权除了缓刑、假释、暂予监外执行等刑罚变更权以外，表现更多的是行政权的特征，具有强制性、单向性、主动性、管理性的特征。从域外经验来看，美国、法国、日本①都由司法部专门负责领导组织刑事执行。由司法部统一行使执行权较为适宜：一是与执行权的性质相吻合，可以提高执行效率，解决职能冲突问题。二是司法行政机关负责刑事案件的执行，能够实现审执分离，得到有效监督。三是我国负责监禁刑的监狱承担了大部分案件的执行。司法行政部门负责监狱的管理，在刑事执行方面有着丰富的经验。检察机关是我国法定的监督机关，并且拥有审查起诉权、批准逮捕权、职务犯罪侦查权以及立案监督、侦查监督、审判监督、执行监督等诸多权力。若由检察机关指导执行工作，一是容易造成检察机关权力过于强大，不符合权力制衡原理；二是会出现由谁来监督监督者的问题，不利于对执行工作的监督。

2. 取消人民法院、公安机关的刑事执行权

如前所述，人民法院、公安机关承担执行权违背了权力分离的本质，因此，应取消人民法院、公安机关的刑事执行权，使人民法院、公安机关专职于审判、侦查，不仅遵循了权力分离原则，而且能够提高执行的质量。具体而言，人民法院承担死刑立即执行、财产刑的执行与法院在司法中的角色定位相冲突，并且不符合“审执分离”规律。因此，建议将人民法院的死刑立即执行、财产刑的执行权交由司法部，实现刑事审判权和刑事执行权的分离，既维护了审判的中立地位，将更多的精力用于审判工作，又能在审判权和执行权之间形成制约。

将看守所从公安机关中分离出来，归由司法部管辖。司法部负

① 在日本，刑事执行工作由法务省领导并组织实施，由作出裁判的法院所对应的检察官指挥执行，矫正局和更生保护局及其下属的监狱等机构负责具体实施。（日本的法务省与司法部类似）

责看守所的管理更具合理性：一是实现公安机关侦查权和执行权的分离，防止公安机关权力独大，削弱了审判的地位。二是减轻了公安机关的工作量，使公安机关有足够的时间和精力专心于本职工作，保障侦查的质量，打击犯罪，维护社会秩序。三是司法部管理看守所能提高执行的质量。实践中，刑事执行成为公安机关的附属工作。公安机关对刑事执行的监管力度不够，时有疏忽，无法保证执行质量。

3. 减刑、假释裁定权主体是否需要变更

根据我国现行法律规定，减刑、假释由执行机关提出建议，人民法院裁定，即人民法院对减刑、假释拥有裁定权。但学界对减刑、假释裁定权的主体存在争议。许多学者认为法院行使减刑、假释裁定权不合理，呼吁将减刑、假释裁定权归属于司法行政机关。

英美法系国家通常规定由行政机关决定减刑、假释，大陆法系国家则主要由法院决定。在美国，假释并不是由法院决定的，而是设立了专门的假释委员会，将法院从刑事执行权中脱离出来。假释委员会的类型大致有三类：一是矫正体系模式，即其成员来自监狱矫正系统的工作人员。二是独立模式，由州长直接任命假释委员会的成员，委员会直接向州长负责，而独立于矫正系统。三是联合模式，即假释委员会设在矫正系统中，同监狱当局保持着一定的联系，但又拥有相对的独立性。美国更多的州采用或倾向于第三种模式。[①] 在法国，2014 年 8 月 5 日第 2014—896 号法律第 40 条规定，除紧急情况外，凡是涉及减刑的裁定、批准服刑人在有人看管下外出，以及准许被判刑人外出的决定，均在听取刑罚执行委员会的意见之后作出。刑罚执行委员会议由刑罚执行法官主持，共和国检察官或监狱机构的首长为该委员会的当然成员；回归社会与帮教考验

① 袁登明：《行刑社会化研究》，中国人民公安大学出版社 2005 年版，第 188 页。

监管服务处在刑罚执行委员会内也有其代表。[①] 刑罚执行法官有权确定刑罚的执行方式，有权对刑罚进行调整。[②] 德国假释的裁决权由法院享有。[③] 在葡萄牙，由判刑法官决定被判刑人能否假释。[④]

本书认为，人民法院行使减刑、假释决定权是合理的。首先，减刑、假释裁定权的性质决定了减刑、假释裁定权是归属于人民法院还是属于司法行政机关。如果减刑、假释权是司法权，那么理应由人民法院行使；如果减刑、假释权是行政权，那么应由行政机关行使。如前所述，司法权是一种判断权，会对当事人的权利产生影响。准予减刑、假释需要判断服刑人是否确有悔改、立功或重大立功等表现，而且这种判断会导致刑期缩短或者服刑状态发生变更(并不是否定原判决的正确性)。因此，减刑、假释相当于对服刑人员的“二次裁判”，属于司法权的范畴，应当由人民法院根据法定的条件决定是否准予裁定。人民法院行使减刑、假释裁定权不仅符合权力的性质，而且能够防止权力腐败，以权换刑、以钱换刑。

其次，英美法系国家专门的减刑、假释委员会机构设置、审查程序设计与法院的审判程序具有异曲同工之处。在多数英美法系国家，承担减刑、假释职能的机构是独立于具体监管部门，并与监管部门具有平等地位的第三方，要求假释委员会与法院一样保持独立性，与具体的执行机构没有隶属关系。且减刑、假释机关在审查决定是否适用减刑、假释时通常都必须举行类似于法院审判的言词听证，必须听取刑罚执行机关以及当事人的口头陈述，而不得只进行

---

① 《世界各国刑事诉讼法》编辑委员会编译：《世界各国刑事诉讼法：欧洲卷（上）》，中国检察出版社 2016 年版，第 759 页。

② 法国 2014 年 8 月 5 日第 2014—896 号法律第 32 条。

③ 《德国刑事诉讼法典》第 454 条。

④ 谢望原：《欧陆刑罚制度与刑罚价值原理》，中国检察出版社 2004 年版，第 57 页。

书面审查。[①] 例如，美国、加拿大对减刑、假释都要求进行听证。

再次，有些国家对假释决定权实现了司法化的转变。例如，法国在 1970 年以前，由司法部长决定假释。[②] 1970 年至 1975 年修改的《刑事诉讼法》规定法官和司法部长都享有假释的权力。[③] 2000 年 6 月 5 日通过的第 2000—516 号法律以及 2004 年 3 月 9 日通过的第 2004—204 号法律的修改，规定司法部长不再享有假释的权力，假释主体完全司法化。

最后，减刑、假释实践中显现出来的问题并不是减刑、假释裁定权的配置不合理，而是实际运行不符合立法设计。根据法律的规定，人民法院应当组成合议庭审理减刑、假释的案件，然而实践中并非一案一报，而是集中报送审判。由于每次报送的案件较多，合议庭通常采用书面审理，没有足够的时间一一开庭审理，也很少会见被告人。法院“仅核查提请减刑、假释的材料是否齐备，不同材料的内容之间是否存在冲突，而对材料内容的真实性不进行一一核实。人民法院对提请减刑、假释案件裁定准许的占提请案件总数的 98%以上”。[④] 法官在减刑、假释程序中已经沦为橡皮图章，缺少庭审对抗，而且被告人并不能依申请启动减刑、假释程序，只能由监狱提出建议，监狱在减刑、假释中占有绝对的主导地位。因此，规范减刑、假释的适用才是关键问题。建议增加减刑、假释程序的对抗性，赋予服刑人提出减刑、假释的权力。提高减刑、假释的透明度，接受社会的监督。例如，在条件允许的情况下，可以实

① 陈永生：《论减刑、假释裁定权之归属》，载《中国刑事司法杂志》2007 年第 4 期。

② 法国 1963 年修改的《刑事诉讼法》第 730 条第 1 款明确规定：“准许假释的权力属司法部长。”

③ 《法国刑事诉讼法典》，谢朝华、余叔通译，中国政法大学出版社 1997 年版，第 284 页。

④ 张亚平：《法国减刑、假释程序司法化之演进及其启示》，载《法商研究》2014 年第 5 期。

行减刑、假释公开听证，邀请学者、律师、社区工作人员参与听证，发表意见，强化减刑、假释的社会化色彩。

4. 完善社区矫正制度的配置

社区矫正制度存在许多需要完善之处。在职权配置方面，应主要从以下三个方面进行健全。

第一，立法明确社区矫正的性质。首先，社区矫正是一种刑罚执行方式。其次，社区矫正与监狱相对应，具有司法行政管理性质，不同之处在于社区矫正是开放式刑罚，监狱是封闭式刑罚。根据目前的试点经验来看，应当将社区矫正视为一种执法活动，具有公权力的性质，以便为国家在此方面投入一定的人力和物力提供依据。因此，《社区矫正法》应当明确社区矫正的刑罚执行性质和司法行政性质。

第二，社区矫正法应当对社区矫正机构的性质和设置作出明确的规定。社区矫正除了具有刑罚性质外，表现出来的是对社区矫正人员的监督和管理。美国联邦的社区矫正工作由美国司法部下设的监狱局分管。绝大多数政府下设矫正局，负责各州的监狱和社区矫正的管理。英国负责社区矫正的工作机构在中央一级为内政部国家缓刑局，是中央行政机构。全国设有地方缓刑服务局，直属国家缓刑局指导、管理和监督。日本社区矫正机关分为三个层次：一是中央。法务省设保护局和中央更生保护审查会。二是地方更生委员会。三是保护观察所。[①] 可见，国外多数国家都有专门或者相应的机构负责社区矫正工作，尽管称谓有所不同，但大多都是司法行政部门。因此，根据社区矫正的性质，由司法行政机关具体执行社区矫正工作具有合理性。具体设置方案可以为：首先，应当在县级以上设立社区矫正机构，至少要明确其机构编制、性质与职责。其次，社区矫正机构下可设立社区矫正所，设置在乡镇，这样有利于实现对社区矫正人员就近管理的目标，能够提高教育帮扶的效果。

---

① 王公义主编：《刑事执行法学》，法律出版社 2013 年版，第 302-307 页。

最后，可设立社区矫正委员会，将共青团、妇联等社会团体力量凝聚起来，强调社区矫正依靠社区力量，增强社区矫正社会力量的参与度，多方位地帮助社区矫正人员回归社会。

第三，基于社区矫正的司法行政性质，社区矫正机构工作人员至少应为“公务员”。例如，美国的社区矫正工作者兼具多重身份。多数州均规定从事社区矫正的工作者隶属公务员序列，身份上属于政府行政官员；而且他们中绝大多数人从事与法律相关的工作，精通法律，专业性强，熟谙社区矫正的一应程序与内容。[①] 又如，英国社区矫正工作人员被称为矫正官，属国家公务员序列，由内政大臣任命，接受国家缓刑局的统一管理。鉴于社区矫正并不是单纯的管理行为，本质上是一种刑罚，需要有一定的强制力保障其实施。根据需要还可以配备类似于人民法院、人民检察院的少量司法警察，以便协助社区矫正机构工作人员有效开展社区矫正工作。关于社区矫正工作中的社会力量，他们并不具有社区矫正的决定权力，只是协助开展社区矫正工作。

三、民事执行权配置

（一）民事执行权配置的一般规律

对比分析美国、英国、德国、日本、法国、俄罗斯等世界主要国家、民事执行权配置具有特色的瑞典以及我国的近邻韩国等的立法和实践，不难发现域外民事执行权的配置具有以下四个方面的共同特征。从某种意义上来看，这些共同特征其实就是民事执行权配置的基本规律。

1. 判断性执行权能由法官行使

民事执行权中的执行命令权能和执行裁判权能，在性质上属于司法性权能，只能由法官行使。因此，所有国家均将启动民事执行

---

① 李素琴、谭恩惠：《美国社区矫正制度对我国的借鉴》，载《中国人民公安大学学报（社会科学版）》2012年第5期。

程序的执行命令权能、裁判执行过程中形成的纠纷的执行裁判权能配置给法院，由具有法官身份的人员行使。正是这个原因，域外没有一个国家配置的民事执行权完全脱离了法院。其中，法国和日本有专门的执行法官，执行法官与审判法官的资格、地位完全相同。其他国家没有专门的执行法官，审判法官处理执行事务时就成为执行法官。

2. 执行实施权能由执行官（执达官）行使

民事执行权的实施性权能，其行政性权能的色彩更浓厚。在域外，行使该权能的主体不必具有法官资格，各国均配置给执行官（执达官）。但配置的具体方式各有特色：美国和俄罗斯交给司法警察，英国、德国、日本交给隶属于法院的执行官，韩国交给由法院资深书记官或者由事务官担任的执行官（书记官或者事务官担任执行官后的身份是公务员，但没有工资，他们通过向当事人收费取得报酬），法国交给具有自由职业性质的执达官（但执达官在法院有办公室且管辖的地域范围有严格限制，近年来英国也出现了私人执达官），瑞典则交给财政部下设的国家税务委员会。

3. 执行法官与执行官（执达官）以执行事项为分工依据

除了德国和日本外，其他国家的执行法官和执行官（执达官）的分工并不是以案件为依据，而是以执行事项的不同为依据：执行法官负责处理执行案件中的裁判性事项，执行官（执达官）负责处理执行案件中的非裁判性事项（实施性事项）。在德国和日本，对动产实施执行的，当事人直接向执行官提出申请；对不动产和债权实施执行的，当事人直接向执行法官提出申请。但在对不动产和债权实施执行时，执行法官又会把具体的实施事项交给执行官完成。

4. 重视保持执行裁判权能和执行实施权能的联系

德国、日本、法国、英国等行使执行裁判权能的法官与行使执行实施权能的执行官（执达官）在同一机构办公，执行官（执达官）服从执行法官的命令和指挥。美国、俄罗斯、韩国等行使执行裁判权能的法官与行使执行实施权能的执行官不在同一机构办公，但是执行官还是要服从执行法官作出的命令或者裁定。在瑞典，对于执行机构实施的执行行为，当事人可以向法院提起诉讼，所有争议最终由法院裁断。

（二）我国民事执行权配置的现状及存在的问题

1. 法院外分和法院内分模式的争议

关于我国究竟应当如何配置民事执行权的问题，目前形成了两种基本对立的观点，即法院外分和法院内分。

持民事执行权的行政权说的学者，认为应当将民事执行权配置给法院之外的行政机关。也就是要把当前由法院行使的民事执行权分到法院之外的行政机关。由于以“审执分离”为基本方向，且主张将民事执行权配置在人民法院之外，这种民事执行权的配置方式被称为“法院外分模式”。主张民事执行权法院外分的学者，在民事执行权的具体行使主体问题上，又有不同的意见。第一种意见主张，将民事执行权配置给公安机关，“合理的制度安排应当是，法院只管判决，而把执行判决的工作交由作为行政机关的公安局去完成”[①]。第二种意见认为，应当将民事执行权配置给司法行政机关，由司法行政机关统一行使民事执行权和刑事执行权。[②] 第三种意见认为，应当将民事执行、刑事执行和行政执行统一起来，仿造铁路、中央银行系统，参考海关、反贪局等机构，设中央一级的执行总署和跨地区的执行厅和执行分厅。[③] 第四种意见主张，将民事执行权配置给行政部门，但没有指明具体由哪个行政部门行使民事执行权，“基于执行权的行政权性质，将执行权归位于行政部门，才符合宪法原则，才符合现代国家治理原理，且与政府作为行政权

① 贺卫方：《司法的理念与制度》，中国政法大学出版社1998年版，第264页。

② 孙宏艳：《审判权与执行权分离的模式选择》，载《法制日报》2014年12月10日，第10版。

③ 汤维建：《论执行体制的改革》，载中国民商法律网，http://www.civillaw.com.cn/Article，最后访问日期：2015年7月19日。

主体拥有的资源相匹配。政府远超司法资源，执行责任归于政府行政部门后，政府可以动用一切资源保证判决执行”[①]。

持民事执行权的司法权说或者双重属性说的学者，主张将民事执行权配置给人民法院，但对人民法院行使民事执行权的机构进行严格区分。也就是在人民法院已经实行“审执分立”的基础上，实现民事执行权中的裁判权能和实施权能的分离。由于同样以“审执分离”为基本方向，且主张将民事执行权配置给人民法院，这种民事执行权的配置方式被称为“法院内分模式”或者“深化内分模式”。有学者明确指出，“由行政机关行使民事执行权会严重损害执行效率”，将民事执行权交给行政机关“会带来巨大的制度变革的成本，结果必然是得不偿失”。[②] “民事执行权属于司法权，应由法院来行使；民事执行权和审判权的分离，应当在人民法院内进行分离。”[③] 笔者也认为，民事执行权不能配置给法院之外的其他机关，因为“执行机构脱离法院违反民事执行的基本规律”。[④]

从总体上来看，我国理论界多数学者主张民事执行权的配置应当坚持法院内分模式。

2. 法院外分模式的不足

（1）法院外分模式对克服执行乱、解决执行腐败问题的作用有限。主张法院外分模式的主要理由之一是“现行执行制度缺乏分权和制衡”，“执行机构内设于法院，法院自审自执、裁断性的权力与实施性的强制权力合一”，不仅易于产生权力寻租现象，而

---

① 徐卉：《论审判权和执行权的分离》，载《中国社会科学报》2016年12月14日。

② 肖建国主编：《民事执行法》，中国人民大学出版社2014年版，第25页。

③ 肖建国：《民事执行权和审判权应在法院内实行分离》，载《人民法院报》2014年11月26日，第5版。

④ 谭秋桂：《执行机构脱离法院违反民事执行基本规律》，载《人民法院报》2014年12月3日，第5版。

且导致执行救济难以有效，在缺乏外部监督的情况下，执行乱和执行腐败的问题无法得到解决。[①] 笔者认为，这一理由存在难以自圆其说的地方。首先，任何拥有权力的人都想把权力用到极致。即使将民事执行权从法院分离出去，也难免产生权力滥用和权力寻租的问题。通过外分就能确保民事执行工作的廉洁性，由行政机关行使民事执行权就可防止权力滥用和权力寻租，这种想法未免过于天真。其次，根据外分模式的设想，执行实施权外分后，执行救济裁判权仍留在法院。笔者认为，在执行裁判权的行使主体没有变更、执行救济制度没有变化的情况下，很难想象执行救济裁判的公正性会因执行实施权外分而突然提高。外分模式主张者似乎存在下列假设：当执行实施权与执行裁判权均为法院行使时，执行裁判权是执行实施权的“帮凶”；当两者分别由不同机关行使，尤其是执行实施权由行政机关行使时，执行裁判权就会成为执行实施权的“死敌”。这种假设显然没有任何依据，也不符合实际情况。最后，法院外分模式的支持者将权力制约与权力监督混为一谈，将执行救济与执行监督混为一谈。以此混乱逻辑为基础构建的民事执行体制和机制，显然很难达到预期的效果。此外，除了上级法院的内部监督外，现行的执行监督机制还包括人民检察院的法律监督。将执行实施权配置给行政机关，并不会增加监督的方式，也很难突然提高监督的效果。那种认为将民事执行权法院外分有利于强化执行监督、确保执行公正的想法，没有任何根据。总之，认为执行实施权外分更利于克服执行乱、解决执行腐败问题，纯属偏见与误会，既没有逻辑基础，也没有实践基础。

（2）法院外分模式改革成本高且必然降低民事执行效率。将民事执行实施权分离到法院之外的行政机关，一方面，不可避免地要进行人、财、物等的重新调配，改革成本必然相当高；若要新设

---

① 徐卉：《论审判权和执行权的分离》，载《中国社会科学报》2016 年 12 月 14 日。

行使民事执行权的行政机关，改革成本将更高且不符合我国精简政府机构的基本方向。另一方面，民事执行实施权外分之后，执行实施权和执行裁判权分别由行政机关和司法机关行使，案件执行和裁判的效率将必然降低。举例来说，按照外分模式的思路，当事人对消极执行行为不服的，必须向法院提出异议甚至提起行政诉讼；法院为了审查执行行为是否违反法律规定，就必须赴行政机关调取执行案卷。在这种情况下，当事人就不得不在行使执行裁判权的法院与行使执行实施权的行政机关之间来回奔波，案件也不得不在法院和行政机关反复进出，执行效率必然会严重降低。有学者甚至预言：由行政机关实施强制执行措施，“对于被执行人或利害关系人而言，这些措施都属于行政诉讼法上的具体行政行为，该当纳入法院司法审查的视野，而且适用两审终审制度。如果按一个民事执行案件可能提起 5 个行政诉讼计算（保守估计），那么我国每年 200 多万件民事执行案件会带来至少 1000 万件行政诉讼案件，那么各级法院行政庭至少还要添加数十倍的人事编制”①。尽管最终是否会因执行实施权外分而导致行政诉讼案件“爆炸”目前还不得而知，但是这种担心并不完全是多余的。

（3）法院外分模式必然加重当事人负担，造成执行难。执行实施权外分，执行案件将会在行政机关和法院之间“旅行”，造成当事人的不便，案件执行所耗时间也必然增加，周期必然加长，甚至可能遭遇行政机关和法院“相互推诿”，加上地方保护主义的干扰，当事人可能感觉民事执行更加困难。换言之，执行实施权外分不但会加重当事人的负担，而且可能会造成更为严重的执行难问题。如果产生了这样的结果，显然与改革的初衷完全背道而驰。

（4）法院外分模式可能带来大量的法律冲突，造成秩序混乱。法院外分模式的基本观念是将民事执行实施权外分给行政机关。按

---

① 肖建国：《民事执行权和审判权应在法院内实行分离》，载《人民法院报》2014 年 11 月 26 日，第 5 版。

照这种思路，民事执行程序可能带来一系列依现行法律制度无法解决的问题。其中，最为困难的是执行裁判事项与执行实施事项的协调问题。其包括执行实施程序如何启动，责任财产如何认定，保全措施与执行的关系如何处理，执行实施程序与执行救济程序如何衔接，执行行为的物权变动效力如何体现，等等。若民事执行机关无权处理这些事项，民事执行程序显然无法顺利推进；若为了顺利推进民事执行程序而赋予民事执行机关处理这些事项的权力，又会与现行法律规范形成强烈的冲突。在民事执行权外分模式下，无论怎样做，民事执行机关都可能陷入两难境地。因此，除非有全新而完善的制度设计，否则，民事执行权外分模式极易带来民事执行秩序的严重混乱。

（5）支持法院外分模式的学者和实践者对域外民事执行权配置情况存在误解。在我国理论界和实务界，人们对于域外民事执行权的配置方式存在许多误解。最为常见的就是认为域外的民事执行工作基本与法院无关，有人甚至认为英美法系国家的民事执行权就是由行政机关行使的。这也是我国部分学者和实践者支持法院外分模式的重要理由。造成这种误解的原因主要有两个方面：一是将民事执行权片面化，将民事执行权等同于执行实施权，忽视民事执行权的复杂性和整体性。二是将英美法系国家专司执法事务的人员（如美国的 marshal、sheriff）与行政官员完全等同起来。事实上，美国负责民事执行实施的基本力量是司法警察，其身份与治安警察明显不同。那种认为外国民事执行工作基本与法院无关的观点，是不符合实际情况的。

3. 我国现行法院内分改革试点方案存在的问题

2015 年 2 月至 10 月，最高人民法院先后批准深圳市中级人民法院、广西壮族自治区高级人民法院、广东省高级人民法院、浙江省高级人民法院、唐山市中级人民法院、上海市高级人民法院、江苏省高级人民法院提交的《审执分离体制改革试点方案》。除此之外，成都市中级人民法院、北京市高级人民法院、河北省高级人民法院等都在开展民事审执分离体制改革试点工作。这些试点的方案均为“法院内分模式”，只是“审执分离”的具体结果有所不同而已。经过对相关试点方案的解读和分析，笔者认为，试点的民事执行权法院内分改革从总体上来看符合民事执行的基本规律，应当代表我国民事执行权配置的未来方向。但在具体细节上，仍存在一些值得研究的问题。

（1）“审执分离”扩大成为“裁执分离”。目前，各个试点方案所谓的“审执分离”，已经扩大成为“裁执分离”——民事执行权中的裁判权能与实施权能的分离。但从实践操作来看，民事执行中的裁判性事项和实施性事项是很难截然分开的，裁判性事项与实施性事项之间存在十分明显的交叉与重叠现象。例如，涉及执行当事人提出的执行申请、抗辩、异议及其实施的和解、以物抵债等自治行为的合法性问题，案件执行标的的确定问题，执行财产的权属关系以及应当执行的范围问题等，主要是判断事项；而查封、扣押、冻结、拍卖、变卖等事项则主要是实施事项。与此同时，在查封、扣押、冻结、拍卖、变卖等事项的实施过程中，又交叉着是否超标的查封、扣押与冻结，拍卖是否合法与有效，无法拍卖的财产如何处理等一系列需要判断的事项。显然，在民事执行中，要实现完全的“裁执分离”其实是不现实的，强行分开可能并不利于民事执行权的运行。

（2）执行裁判和执行实施割裂的问题比较突出。在将“审执分离”扩大理解为“裁执分离”的基础上，现有的各方案均有将执行裁判权能和执行实施权能割裂开来的趋势——执行局只行使民事执行实施权能，对执行异议和复议申请、执行当事人变更追加以及执行异议之诉等事项的裁判权能由执行局之外的执行裁判庭或者民事审判庭行使。行使执行裁判权能和执行实施权能的机构过于独立，其结果必然是执行裁判权能和执行实施权能难以有效沟通，造成执行裁判和执行实施的割裂，既会损害民事执行效率，也会对民事执行公正带来不利影响。

（3）与民事执行效益优先价值目标的冲突比较严重。由于执行实施权能与执行裁判权能相割裂，现行审执分离体制改革试点方案都存在比较严重的损害民事执行的效益优先价值目标的问题。首先，执行实施机构和执行裁判机构完全相分离，与民事执行权的整体性相冲突，结果是案件和执行当事人在执行实施机构和执行裁判机构之间来回穿梭，执行效率明显降低。其次，执行实施机构和执行裁判机构完全相分离，与民事执行权的权能协调性相冲突，结果是执行实施机构与执行裁判机构之间冲突不断而加大执行成本、产生执行错误，势必严重破坏民事执行的效益优先价值目标。最后，执行实施机构与执行裁判机构完全相分离，降低了两者相互制约的效果，难以防止执行错误的产生，必然降低民事执行的效益。

（三）我国合理配置民事执行权的建议

1. 将民事执行权完整地配置给人民法院或者设立独立的执行法院

如前所述，民事执行权具有复杂性和整体性。在配置民事执行权时，应当将其应有权能全部配置到位，而不能遗漏某些权能，否则就可能割裂民事执行权而破坏民事执行权配置的科学性。根据目前的认识和民事执行实践的需要，民事执行权的具体权能包括判断性权能和实施性权能两类，判断性权能又可分为执行裁判权能和执行命令权能两类。在讨论审执分离体制改革时，有人主张将民事执行权全部配置给司法行政机关或者公安机关，也就是将执行机构全部从法院系统中分离出去；[①] 还有人主张将执行实施权配置给司法行政机关或者公安机关，也就是将执行实施机构从法院系统中分离出去。[②] 笔者认为，将民事执行权或者执行实施权配置给人民法院之外的其他机关，既不符合民事执行的基本规律，也不利于我国民

① 王小刚：《审执分离不应“小步慢跑”》，载《人民法治》2015年第7期。

② 王娅：《司法改革背景下的审执分离研究——以深圳前海合作区人民法院试点为切入》，载《福建法学》2015年第4期。

事执行实践的发展，我国应当将民事执行权的应有权能全部配置给人民法院。

首先，将民事执行权完整地配置给人民法院是民事执行基本规律的要求。民事执行权具有整体性，无论是判断性的执行权能还是实施性的执行权能，都是民事执行权不可分割的部分。如果将其分开分别配置给不同的机关，如执行实施权能配置给法院以外的行政机关，执行裁判权能配置给人民法院，必将割裂民事执行权。其后果除了执行实施机关将更易受到行政权的干涉而使民事执行遭到更为严重的地方保护主义、部门保护主义的干扰，执行工作将更加困难之外，还包括执行案件不得不在行政机关和人民法院之间来回“奔波”，执行效率必将显著降低，与效益优先的价值目标背道而驰。此外，民事执行权具有复杂性，既有判断性权能又有实施性权能。目前，世界各国的民事执行判断性权能无一例外都由法官行使。如果我国将民事执行权完全配置给行政机关，就面临着由行政机关行使司法性判断权的尴尬，显然不符合民事执行的基本规律，其结果同样是使执行难和执行乱的问题更为突出。因此，将民事执行权完整地配置给人民法院是符合民事执行的基本规律的。

其次，将民事执行权完整地配置给人民法院有利于提高民事执行的权威性。有人认为，只有将民事执行权从人民法院中剥离出去，赋予执行机构独立侦办相应犯罪案件的“讯问、询问、搜查、查封、扣押、拘留、通缉、侦查等一切权能”，才能解决执行乏力的问题。[①] 笔者认为，执行乏力并非因民事执行权由人民法院行使而引起，而是由于我国司法权威不足、民事执行体制和机制不完善导致的；依拒执罪追究被执行人刑事责任，是维护裁判和民事执行权威性的重要方面，但不是提高裁判和执行权威性的根本途径。裁判和执行权威最终应当以公正为基础。就民事执行而言，只有完善

① 桑本谦：《为新一轮司法改革所忽略的执行问题》，载《财经网》2016年7月24日。

民事执行体制和机制，强化民事执行权的具体权能之间的相互制约，解决执行难、治理执行乱，即实现公正、高效执行，才能提高民事执行的权威性。仅仅依靠追究被执行人刑事责任提高民事执行的权威性，是一种治标不治本的方法，不但于事无补，还可能引发其他更多的副作用。将民事执行权完整地配置给人民法院，并通过完善机制，实现执行命令权能、执行实施权能和执行裁判权能的有效制约，就可提高民事执行的公正性和效率，最终提高民事执行的权威性。相反，如果不将民事执行权的全部权能配置给人民法院，而只是将部分权能配置给人民法院，势必割裂民事执行权，民事执行权的具体权能之间无法建立起有效的制约机制，民事执行的公正性和效率就没有保障，执行乱和执行难的问题就无法得以解决，民事执行的权威性必将失去基础。

最后，将民事执行权完整地配置给人民法院有利于提高民事执行的效益。只有具有足够的权力，才能确保民事执行的效率并发挥其应有功能，否则不但应有功能无法发挥，效率也会显著降低。没有效率，无法发挥应有功能，当然也就谈不上效益。高效益的民事执行是满足人民大众对民事执行工作的需求、解决从当事人角度看的执行难问题的重要保障。换言之，将民事执行权完整地配置给人民法院，是解决民事执行难的客观需要。

总之，从目前我国的现实情况来看，将民事执行权完整地配置给人民法院是最佳方案。它有利于确保和提高民事执行机关的独立性，有利于实现民事执行权的具体权能之间的相互制约，提高民事执行的公正性和权威性，有利于彻底解决执行难的问题。

当然，如果不考虑改革成本，可以设立独立的执行法院：将执行命令权能、执行实施权能和执行裁判权能完整地配置给新设立的执行法院系统。执行法院系统可以设三级：执行法院、执行上诉法院和最高执行法院。执行法院和执行上诉法院实行跨行政区划设立，最高执行法院可以单独设立，也可以作为最高人民法院的内设机构。一个执行法院管辖几个基层人民法院作为一审法院的民事、行政判决、裁定与刑事判决、裁定涉财产部分的执行案件，执行上诉法院管辖中级人民法院、高级人民法院、最高人民法院作为一审法院的民事、行政判决、裁定和刑事判决、裁定涉财产部分的执行案件，以及当事人、第三人不服执行法院作出的执行裁判而申请复议和提起上诉的案件，最高执行法院管辖不服执行上诉法院作出的执行裁判而申请异议和提起上诉的案件。在级别上，执行法院相当于中级人民法院，执行上诉法院相当于高级人民法院。执行法院配备执行法官和执行官两种身份的人员，执行法官行使执行命令权能和执行裁判权能，执行官行使执行实施权能。如果设立独立的执行法院系统，就可实现审判法院与执行法院的彻底分离，全面实现“审执分离”。设立独立的执行法院，使得改革成本比较高，可以作为我国民事执行权配置体制改革的长远目标。

2. 确保执行命令权能、执行实施权能和执行裁判权能的互相制约

一切权力都容易被滥用。分权和制约是预防权力被滥用的重要手段。配置民事执行权，同样必须采取权力制约的方法，确保民事执行权的规范运行。笔者主张将民事执行权的权能分为执行命令权能、执行实施权能和执行裁判权能，所以在配置民事执行权时，必须考虑这三种权能的分工分离，以实行相互制约。①

民事执行权能之间的制约首先体现为执行命令权能与执行实施权能的相互制约。此种制约一般应通过保持权能的适度分工分离来实现：执行实施的启动程序权掌握或者控制在行使执行命令权的人或者机构的手中，执行命令的实现权则掌握或者控制在行使执行实施权的人或者机构的手中。

实现执行裁判权能与执行实施权能的相互制约就要做到：执行实施权能对执行裁判权能具有服从性——执行裁判权能发生作用形

① 谭秋桂：《民事执行权配置、制约与监督的法律制度研究》，中国人民公安大学出版社 2012 年版，第 204-206 页。

成的结果，执行实施权能必须予以落实；执行裁判权能对于执行实施权能具有依赖性——执行裁判权能发生作用形成的结果，只有经过执行实施权的作用才能落实，执行裁判权能不得自行落实自己作用的结果。例如，执行实施行为违反法律规定的，行使执行裁判权能的人或者机构有权责令予以纠正，行使执行实施权能的人或者机构必须纠正；但行使执行裁判权能的人或者机构不得自己采取纠正措施。也就是说，执行裁判权能具有最终决断权，但没有落实权能；执行实施权能具有落实权，但没有最终决断权能。

实现执行裁判权能与执行命令权能的相互制约就要做到：对于执行命令权能的作用结果（发出的执行命令），当事人或者利害关系人可以声明不服而要求裁判，使之进入执行裁判权能的作用范围。对于执行裁判权能的作用结果（作出的裁判），执行命令权能必须服从。执行裁判权能具有的最终决断的效力，会促使行使执行命令权能的人或者机构审慎行使权力，从而确保执行命令权能的规范运行。也就是说，执行裁判权能对于执行命令权能的影响不只是事后救济或者纠正，更是通过纠正机制的预设使其控制效力前移至执行命令权发挥职能作用之同时。此外，执行裁判权能就执行命令有关事项所作的裁判最终要通过执行命令权能的作用才能实现，执行命令权反过来也制约着执行裁判权。

3. 确保执行命令权能、执行实施权能和执行裁判权能的有效沟通

民事执行权的配置除了要解决民事执行权与民事审判权的关系问题，还要解决民事执行权的具体权能之间的关系问题。在人民法院内部处理执行命令权能、执行实施权能和执行裁判权能，笔者认为应当遵守“分而不离”的原则，确保三种权能的有效沟通。

所谓民事执行权具体权能的“分而不离”，主要有两层意思。一方面，民事执行权的实施性权能和判断性权能“应当分立”，即分别由不同的人员、按照不同的规则行使。由于民事执行权的具体权能的属性不同，也为了实现民事执行权具体权能之间的相互制

约，执行命令权能、执行实施权能和执行裁判权能应当分别由人民法院执行机构的不同的人员行使，甚至可以在人民法院执行机构内部设立三类机构分别行使上述三种权能。同时，应当明确不能违背权能的运行和行使规则，从而确保提高执行的效益。另一方面，民事执行权的实施性权能和判断性权能“不能分离”。如前所述，审执分离不涉及民事执行权的具体权能的配置。在民事执行权整体配置给人民法院的基础上，民事执行权的具体权能应当统一由人民法院执行机构行使，这既是民事执行权整体性的要求，也是提高民事执行效益的要求。将判断性权能交由民事审判机构行使，必将割裂民事执行权，降低民事执行的效益，造成民事执行难问题。

目前，正在进行的绝大多数民事执行权法院内分模式改革试验方案都将判断性民事执行权能配置给民事审判机构或者专门设立的、独立于执行机构的执行审判机构，人民法院执行机构仅负责执行实施工作，事实上已经成为“执行实施工作局”，民事执行权的实施性权能和判断性权能被完全割裂。笔者认为，这种做法具有四个方面的风险：一是降低执行效益。判断性执行权能脱离执行机构之后，其与实施性执行权能的沟通与配合变得更为困难，执行争议的处理效率和准确性都可能降低，最终导致民事执行的整体效益降低，甚至形成新的执行难问题。二是执行工作被误解。试点单位的执行机构仅行使实施性执行权能，但其名称仍为执行局，这就容易使人误认为查封、扣押、冻结、拍卖、变卖等实施性执行工作就是民事执行工作的全部内容，裁判性执行工作与民事执行无关，一部分人因此认为执行机构完全可以脱离人民法院。三是为债务人规避执行留下空间。执行实施机构和执行裁判机构完全分开后，一部分债务人利用其间的空隙“合法地”拖延执行，甚至利用其他不法因素规避执行，严重损害民事执行的权威性。四是“一刀切”的做法难以被执行人员理解。执行实施工作警务化是法院内分模式改革的重要内容。一些试点单位采取现有执行人员全部“就地卧倒”转为司法警察的做法，也不被现有执行人员所理解，甚至有的人员产生抵触情绪，影响了改革的顺利推进。

面对实践中存在的问题，调整民事执行权具体权能配置的基本思路，贯彻“分而不离”的原则，确保民事执行权的各项具体权能的有效沟通，是确保民事执行权具体权能配置科学性的重要内容。

第三章　司法职权运行规律

第一节　司法职权运行规律概述

从国情出发，按照司法规律进行司法改革是我国多年司法改革总结出的宝贵经验。习近平总书记曾指出，形成科学合理的司法管理体制和规范高效的司法权力运行机制，有利于保障司法机关依法独立公正行使职权，充分发挥司法的权利救济、定分止争、制约公权、维护社会公平正义等基本功能，让人民群众在每一个司法案件中感受到公平正义。由此可见，对司法规律的研究是进一步深化司法改革的重要理论准备。如前所述，司法规律既包括司法职权在静态配置上的客观规律，也包括司法职权在动态运行上的客观规律。本章主要探讨司法职权的运行规律。

一、司法职权运行规律的概念

根据党的十八届四中全会《决定》的界定，广义的司法职权包括侦查权、检察权、审判权和执行权。司法职权的运行是指侦查权、检察权、审判权和执行权在诉讼活动中的行使和运用。各项司法职权由其自身特点决定，存在某种能够最大限度地实现司法公正的最佳行使方式，即司法职权运行的应然要求或内在规律。遵循、顺应这些规律，则司法职权就能发挥其应有的效能和作用；而违反、背离这些规律，则整个司法系统的运转就会出现故障或者偏离对司法公正的追求。因此，司法职权运行的规律就是符合诉讼原理且经实践证明行之有效的司法职权运行的应然要求。如何科学、合理、有效地行使侦查权、检察权、审判权和执行权是司法职权运行规律的研究内容。

侦查权和检察权的行使主要涉及刑事诉讼，而审判权和执行权的行使则不仅涉及刑事诉讼，也涉及民事诉讼和行政诉讼，故本章对审判权和执行权运行规律的探讨将包括三大诉讼，但刑事诉讼中审判权和执行权的运行仍为研究重点。

二、司法职权运行的共同规律

由于有着共同的诉讼目的和诉讼任务，诉讼活动中各项司法职权的运行须遵循某些共同的规律。

首先，各项司法职权的运行均应遵循司法公正原则。无论是侦查权、检察权、审判权，还是执行权，均应以保障司法公正为权力行使之底线，以实现实体公正和程序公正的统一为终极目标。不论是刑事诉讼、民事诉讼，还是行政诉讼，实现司法公正是所有诉讼活动的共同追求。司法公正包含实体公正和程序公正，二者既相辅相成，又各自有其独立价值。程序公正能够确保实体公正的实现，但不能单纯地追求实体公正而舍弃程序公正，因为后者并非仅有工具价值，还具有独立价值。当实体公正与程序公正的追求出现冲突时，为了整个司法制度的程序公正，有时甚至不得不牺牲个案的实体公正。以侦查权的运行为例，尽管尽可能地收集有罪证据是打击犯罪、实现实体公正的要求，但程序公正要求侦查权的行使必须遵守法定程序和规则，即使这些规则可能阻碍实体公正的实现。

其次，程序法制原则是各种司法职权运行的最为重要的共同规律。从某种意义上来讲，法治就是程序之治。程序法制原则包含立法和司法的双重要求。一方面，一个国家的诉讼法应当对各项司法职权的运行范围和界限、运行条件、运行顺序、运行方式方法、运行的原则和例外、运行的救济等加以细致、全面的规定。因为公正合理的程序不仅有助于实现实体公正，而且有助于增加司法的公信力和权威性。另一方面，司法职权是代表国家行使的公权力，在刑事诉讼过程中应当严格依照程序法的规定运作，这是程序法制原则对司法活动的要求。司法职权在实现惩罚犯罪工具价值的同时，还应注重发挥程序在规制国家公权力、保障公民私权利方面的独立价值。因此，不论是侦查权、检察权、审判权的运行，还是执行权的运行，都必须严格依照法定程序。

最后，司法职权的运行须遵循价值选择原则。任何一项司法职权的运行，本质上都是价值选择的结果。例如，在实体公正与程序公正之间进行的选择，在公正与效率两种价值之间进行的选择，或者在司法公正与稳定的社会关系之间进行的选择，等等。尽管公正相较于效率而言具有优先性，但是对于特定司法职权的运行而言，效率价值理应得到更多的强调，如侦查权的行使。

由于不同司法职权的行使主体自身性质的不同，权利主体在诉讼中承担的职能不同，权力运行的诉讼阶段各异，且每一诉讼阶段的具体任务又各有侧重，故不同的司法职权又有各自特有的运行规律。例如，侦查权的运行更强调效率，审判权的运行更强调公正，检察权的运行则兼顾公正、效率与权力制衡。本章既讨论各种司法职权共有的一般司法权运行规律，也探讨每种司法职权基于其内在特性而应遵循的特有司法权运行规律。

三、司法职权的交叉运行与相互制衡规律

尽管每种司法职权的运行都有其既定的轨道与场域，但是也不可避免地会与其他司法职权的运行产生交叉和碰撞。这就涉及不同司法职权之间的关系。例如，侦查权与检察权之间的关系，检察权与审判权之间的关系等。本章不仅要探讨司法职权各自运行的规律，也将探讨司法职权的交叉运行规律和相互制衡规律。由于民事诉讼和行政诉讼不涉及侦查权和检察权的运行，故司法职权的交叉运行与相互制衡，主要是刑事诉讼领域的问题。

（一）互相配合、互相制约的原则

我国《刑事诉讼法》关于侦查权、检察权和审判权之间关系

的规定主要体现在“分工负责、互相配合、互相制约”这一基本原则上。分工负责要求公安机关、检察院、法院分工明确，在各自的职权范围内行使权力，各尽其职，互不干涉、互不越权，是侦查权、检察权和审判权权力配置的基本要求。而互相配合、互相制约则是刑事诉讼中各项司法职权运行，特别是交叉运行时所要遵循的基本要求。

互相配合，要求公安、检察、法院三机关在分工负责、各司其职的基础上，通力合作，互相支持，协调一致，共同完成刑事诉讼惩罚犯罪、保护人民的任务。而不是互不通气、各行其是，互相推诿，互相拆台。[①] 互相配合的根源在于公、检、法三机关都是国家机关，其司法职权都来源于国家授权，权力的同质性与“血缘”上的亲近性使得公、检、法三机关天然就带有配合“基因”。需要强调的是，互相配合必须建立在分工明确的基础上，否则便不是配合关系，而是职权混同、互相取代的关系。因此，互相配合并不是无原则的配合，而是在遵守法律规定，保持各自独立性的基础上，共同完成刑事诉讼的任务，保障程序高效、顺畅地运行，即以独立为基础的工作程序上的衔接关系。[②]

互相制约是为了防止权力的滥用，在三机关之间形成约束和监督，规范侦查权、检察权和审判权的行使，防止、纠正其他机关在诉讼过程中发生的错误。遵循权力分离原则，互相制约是司法职权分立的体现。宪法法律赋予三机关不同的职能，目的就在于通过各职权之间的对抗，实现权力的制约与平衡。

（二）控辩审关系在实践中的异化

由于司法活动以实现公正为终极目标，而权力的行使又极易扩张和滥用，因此司法职权交叉运行应当遵循的主要还是相互制衡规

① 卞建林：《健全司法权分工配合制约机制的思考》，载《河南社会科学》2015年第1期。

② 韩大元、于文豪：《法院、检察院和公安机关的宪法关系》，载《法学研究》2011年第3期。

律。我国《宪法》和《刑事诉讼法》虽然要求公、检、法三机关在刑事诉讼活动中分工负责、互相配合、互相制约，然而，实践表现出来的更多是配合，而制约则远远不够。科学合理的刑事诉讼结构应当是审判中立、控辩平等对抗的等腰三角形结构，而实践中刑事诉讼结构却呈现出流水线形式，即公、检、法三家合一家，共同着力将诉讼程序向下推进。有人形象的比喻其为“侦查机关做饭、检察机关端饭、审判机关吃饭”，造成审查起诉阶段、审判阶段多是对侦查阶段结果的确认，庭审流于形式，无法对案件事实、证据严格把关，无法发挥审判的功能。由于法律并没有明确规定侦查、起诉、审判三阶段的位阶，且侦查机关最早接触案件，享有庞大侦查权来收集保全证据，导致诉讼重心前移，形成侦查中心主义。近几年披露的冤假错案反映出我国刑事诉讼内部结构存在问题，许多冤假错案在侦查源头上就产生错误，并且一路错到底，最终审判亮红灯，造成司法不公正，司法权威岌岌可危。

以审判为中心正是基于公、检、法三机关在立法和司法上运行的不足而提出的，是对三机关关系的完善和发展。① 能够矫正公、检、法三机关之间扭曲的关系，同时对优化三者之间“分工负责、互相配合、互相制约”的关系提出了更加明确的要求。实际上，互相制约从字面意思来看，“互相”可理解为“彼此对待”，体现了制约的双向性，即每个机关既是制约其他机关的主体，也是被制约的对象。但符合宪法原理的理解是，双向并非制约权能上的等量齐观，而应强调不同机关制约效力的不均等性，以避免制约效果的互相抵消。双向亦非三机关以数学上“排列组合”的方式建立直接的制约关系，而应强调制约的递进性，即检察院主导制约公安机关，法院主导制约检察院，法院主导三者的制约关系。② 换言之，

---

① 陈光中、步洋洋：《审判中心与相关诉讼制度改革初探》，载《政法论坛》2015 年第 2 期。

② 韩大元、于文豪：《法院、检察院和公安机关的宪法关系》，载《法学研究》2011 年第 3 期。

公、检、法三机关之间的关系“不应当是平行的，而应当是起伏的——侦查实施者对检察监督者呈伏势，而检察相对于决定起诉命运的审判呈伏势（否则无以确立审判的权威）”①。可见，法院是最终的制约主体，具有最高制约效力。因此，以审判为中心的原则是对互相制约原则的进一步明确化，是侦查权、检察权、审判权交叉运行时应当遵循的重要规律。

（三）司法职权的运行与以审判为中心原则

“以审判为中心”是调整侦查权、检察权、审判权的配置与运行的原则。它与我国《宪法》《刑事诉讼法》所规定的“分工负责、互相配合、互相制约”之间关系如何，是否冲突矛盾？这个问题需要从司法规律的层面上来正确地理解与适用。

1. “以审判为中心”并不是对“分工负责、互相配合、互相制约”的否定

以审判为中心与“分工负责、互相配合、互相制约”二者关系并不矛盾，是不同层面的内容，落脚点不一样。分工负责、互相配合、互相制约是将刑事诉讼进程分为不同的阶段，公、检、法三机关在职权范围内完成每个阶段的任务，推进刑事诉讼的发展，从而完成刑事诉讼的任务。此原则并未规定侦查、起诉、审判三阶段的地位层级，没有孰轻孰重之分。以审判为中心则强调的是审判在整个刑事诉讼阶段的中心和重心地位，与其相对立的是“以侦查为中心”，它所要解决的是诉讼重心前移导致庭审流于形式从而影响司法公正和权威实现的问题，而并未否定“分工负责、互相配合、互相制约”诉讼阶段论之意。如果没有侦查、起诉等其他诉讼阶段的存在，就不会有以审判为中心之说。以审判为中心之说必须建立在存在其他诉讼阶段的基础上，否则便没有意义。因此，以审判为中心不是颠覆“分工负责、互相配合、互相制约”，“中心

---

① 龙宗智：《评“检警一体化”兼论我国的检警关系》，载《法学研究》2000年第2期。

论”与“阶段论”是辩证的统一，二者并不矛盾。[1]

2.“以审判为中心”是对“分工负责、互相配合、互相制约”的补充和升华

分工负责，互相配合，互相制约是公、检、法三机关行使职权的原则。然而，在刑事司法实践中，公、检、法三机关之间过于配合，权力制衡不足，经常出现公、检、法三机关联合办案，搞“三长协调”，或检法机关提前介入，随时沟通。[2] 诉讼的重心发生前移，“侦查中心主义”盛行，形成“公安煮饭、检察端饭、法院吃饭”的流水线式结构和办案模式，导致法庭审判虚置化，起诉、审判阶段多是对侦查阶段结果的确认，“关多久判多久”现象比较普遍。就司法实践而言，“分工负责、互相配合、互相制约”原则在适用中存在许多问题，“以审判为中心”解决了“分工负责、互相配合、互相制约”原则适用中的误区和盲点，纠正了错误，指明了方向。

第一，“以审判为中心”明确了侦查、起诉、审判三者之间的地位。分工负责、互相配合、互相制约原则并未体现侦查、起诉、审判三阶段之间的位阶等级，流水线式的结构无法体现诉讼的重心何在。侦查权的过于庞大使侦查阶段在刑事诉讼中居于主导地位，起诉、审判都围绕侦查的结果运行，架空了起诉、审判。侦查机关认定有罪并移送审查起诉的案件，98%被检察机关提起公诉，其后又几乎100%的被法院判决有罪。[3] “以审判为中心”明确了公、检、法三机关之间的位阶，侦查、起诉都要围绕审判活动展开，参照适用审判阶段的证明标准完成侦查工作和起诉工作，接受审判活

---

① 樊崇义：《“以审判为中心”的概念、目标和实现路径》，载《人民法院报》2015年1月14日，第5版。

② 卞建林：《健全司法权分工配合制约机制的思考》，载《河南社会科学》2015年第1期。

③ 顾永忠：《“以审判为中心”是对“分工负责、互相配合、互相制约”的重大创新和发展》，载《人民法院报》2015年9月2日，第5版。

动的检验。

第二，“以审判为中心”对“互相配合”提出了新的要求。“以审判为中心”要求侦查、起诉服务于审判，审判活动的顺利进行离不开侦查机关、检察机关的大力配合和支持，主要体现为：侦查机关要依法收集证据，达到定罪量刑的标准；检察机关要严格把关审查起诉，确保起诉符合审判的标准；切实履行举证责任，充分发表公诉意见和辩论意见，保障证人出庭作证，贯彻直接言词原则。侦查机关、检察机关对审判机关的配合还体现为维护审判权的完整性，即只有法院才能对被告人判定有罪、科处刑罚，侦查机关、检察机关不能分割法院的裁判权。

第三，“以审判为中心”要求实现从“平行制约”向“递进制约”的转变。“互相制约”在刑事司法实践中通常被理解为公、检、法三机关之间“彼此”“平行”的制约关系，这种平行制约关系实际效果并不理想，而且与诉讼规律不相符。从司法规律上来说，公、检、法三机关之间的制约关系主要是一种“递进制约”关系，它们之间的职能关系不应当是平行的，而应当是起伏的。①也就是说，法院制约检察机关，检察机关制约公安机关，形成一种层层递进的制约关系。“以审判为中心”要求“后一阶段的诉讼活动要制约前一阶段的诉讼活动，侦查、起诉不符合审判的要求，达不到定罪的标准时，要服从审判机关的裁决”②。

遵从司法职权运行客观规律的司法制度无疑是理想的司法制度，但我国目前的司法权运行实践却不可否认地存在诸多与司法规律不相符，甚至背道而驰的情况。这些问题的解决亟须司法规律理论研究的指引。本章在探讨各种司法职权运行的一般与特殊规律后，还将进一步审视司法实践中各职权的运行情况，指出当前存在

---

① 樊崇义：《“以审判为中心”需正确理解“分工配合制约”原则》，载《检察日报》2015年9月16日，第3版。

② 顾永忠：《“以审判为中心”是对“分工负责、互相配合、互相制约”的重大创新和发展》，载《人民法院报》2015年9月2日，第5版。

的问题，并提出现实的完善对策。

第二节 侦查权运行规律

侦查权是刑事司法中国家权力的重要组成部分。它运行的良否是刑事诉讼程序能否顺利推进的关键。侦查权的合理运作可以协助法官明晰案件真相、缉获犯罪嫌疑人，从而维护社会正义与国家安全。但由于侦查权的运行往往与公民权利和自由息息相关，滥用侦查权也会导致对基本人权的严重侵犯，造成司法不公，影响司法公信力。因此，侦查权的运行是一把既能促进实质真实发现又会威胁到公民权利保障的“双刃剑”。

在我国的司法实践中，“侦查中心主义”长期占据主导地位。“重实体轻程序”的做法使得我国侦查权的运行常常缺少必要的制约，侦查权的运行方式也日趋陈旧，程序正义与实体正义均得不到有效的保证，侦查制度面临改革与完善，具体而言，就是要求侦查权的运行符合侦查权的运行规律。本章节旨在对侦查权的运行规律进行必要的理论探索，并在结合我国侦查权运行具体状况的基础上提出完善侦查权运行的若干建议，以期为侦查制度的改革提供进路。

一、侦查权运行规律的研究视角

尽管侦查权运行于刑事诉讼轨道之内的观点已殊无争议，但囿于研究视角之差异，学界对于侦查权运行的研究始终处于一种“双轨并行”的状态。一部分学者以方法论为视角对侦查权运行规律进行探讨，目的在于寻找能够最大限度地查明犯罪真相，收集犯罪证据，查获犯罪嫌疑人的方法和手段，侧重的是侦查权运行的有效性。这种研究可被称为“侦查学”或“刑事侦查学”。其研究内容包括侦查体制、侦查机制、侦查措施、侦查谋略以及各类案件的侦查方法。另一部分学者则以规范论作为研究的主要切入点，意图在于规范和限制上述活动，避免侦查权在运行中肆意扩张，充分保障公民的合法权利，强调的是侦查权运行的规范性。这种研究一般被归于诉讼法学的研究范畴。其研究内容包括侦查权、侦查程序、侦查构造以及侦查阶段犯罪嫌疑人的权利和保障。从当前的研究成果来看，两种视角下的侦查研究之间不仅没有学术上的交流或交锋，而且甚至不存在进行交流和交锋的共同话语。①

在现代社会，人们对权利、义务的关注远远超过对权力的关注。在西方国家，"权力并不像在东方社会那样，在民众面前具有'天然优势'"②。从这个角度来看，当前对侦查权运行进行的研究应当更倾向于后者，即侦查权运行的规范性研究。这种研究视角下的侦查权运行规律由于以刑事诉讼法的程序性特质为基础而多源生于刑事司法规律的整体范畴。然而，需要明确的是，侦查权作为一种权力个体也有自身内生性的特征。如果忽视权力规律间的个性差异，仅仅从司法规律的宏观视野上对侦查权的运行规律进行把握似乎只能发现浮现于侦查权运行表层上的司法职权运行规律的共性特征，很难认识到发源于侦查权内里的运行规律的独特性，走向侦查学研究的形而上。

事实上，尽管对司法权力层面的研究长期以来被划定为诉讼法学的研究范畴，但是对司法权力运行层面的研究，尤其是对运行规律层面的研究却应当是多角度的。就侦查权的运行规律来讲，无论是从方法论还是从诉讼法学的视角对其进行考量，其结果必然都是管中窥豹。正如伯尔曼所说，新的时代将是一个"综合的时代"，"无论在哪里，综合都是开启新型思维的钥匙，这种新的思维乃是我们正在进入的新时代的特色……非此即彼让位于亦此亦

① 郝宏奎：《侦查模式若干问题思考》，载郝宏奎主编：《侦查论坛》（第1卷），中国人民公安大学出版社2002年版，第25页。

② 周永坤：《规范权力——权力的法理研究》，法律出版社2006年版，第95页。

彼……”① 更加理性的做法应当是摒弃盲人摸象的僵化研究观，在尊重两种研究视角共存之现实必要性的基础上，比较、融合双重视角下的研究成果，形成对侦查权运行规律的体系化认识。

二、侦查权运行的一般规律

上文既然已经明确了侦查权运行规律的研究视角应当是综合性的，那么便不难得出侦查权运行规律的内涵也应当是综合性的结论。它的外延既应包含方法论层面上的侦查权运行规律，也应囊括诉讼法学层面上的侦查权运行规律。前者主要内生于侦查权运行的自身特质，追求的是效益和对社会公益的维护；而后者主要外源于刑事司法的普遍规律，追求的是公正与对个人权利的保障。两者是一种保障与约束的关系，方法论意义上的侦查权运行规律，可以称为侦查权运行的保障性规律，是对于侦查活动本质的现实描述，是侦查权运行实现侦查目的的要求。而诉讼法学意义上的侦查权运行规律，可以称为侦查权运行的约束性规律，是对侦查权活动的理性要求，是侦查权运行实现诉讼目的的需要。事实上，从宏观的角度来看，在两种相互冲突的规律之中交错前进正是侦查权运行之总体规律。

（一）侦查权运行的保障性规律

从方法论的研究视角来看，侦查是一种发掘案件事实真相的过程。因此，侦查权运行的主要目的在于发现实质真实，其总体的指导思想应当是充分运用国家授予的侦查职权，查明案件事实，维护国家稳定和人民群众生命财产安全。此种视角下的侦查权运行规律更多源发于侦查行为本身应对犯罪、维护社会稳定的专业性和技术独占性，而区别于其他司法职权的运行规律。

---

① ［美］伯尔曼：《法律与宗教》，梁治平译，三联书店出版社 1991 年版，第 134 页。

1. 侦查权的运行需要是一个探索性的活动而非判断性的活动

刑事诉讼是一个从未知到已知的认识过程。无论是侦查、公诉还是审判都是一种认识活动。这是理论界的共识。然而，与另外两种司法职权运行倾向于一种判断性的认识活动不同的是，侦查权的运行更类似于一种探索性的认识活动。它们之间的区别在于：其一，探索性的认识活动往往不具备明确的认识对象，而判断性的认识活动的认识对象则相对明确。刑事审判活动与公诉活动的认识对象是相对明确的，包括明确的犯罪嫌疑人、较为充足的证据等；而侦查活动的认识对象常常是模糊的，在立案初期，无论是犯罪嫌疑人还是证据都不甚明朗，甚至犯罪发生与否都是未知的。其二，探索性的认识活动需要更加多元的知识运用，而判断性认识活动的知识运用则相对单一。无论是刑事审判还是公诉活动一般只需要运用法律知识对案件事实进行认识和判断；而侦查活动除了需要运用法律知识外，还需要运用心理学、社会学、犯罪学等各方面的知识。其三，探索性的认识活动具有反复性和循环上升性，而判断性的认识活动一般是不可逆的。公诉活动与刑事审判活动是一种单向性的活动，一旦决定提起诉讼或者判决生效，诉讼就会继续进行，尤其是审判活动，必然要遵循禁止双重危险抑或一事不再理之原则；侦查活动则具有相对的随意性，一旦发现新的线索和证据，可以随时调整侦查计划和侦查方向。

侦查活动的这种探索性特质决定了侦查权不同于公诉权与审判权的独有属性。首先，侦查权的运行具有主动性。判断性的认识活动是一种被动性的活动，而探索性的认识活动无疑具有主动性。侦查权的运行是为了查明案件真相，收集犯罪证据，确定犯罪嫌疑人，要义在于发现。这就意味着侦查行为无论是在启动上还是在方式、方法的选择上都具有较强的自发性和能动性。其次，侦查权的运行具有扩张性。侦查权运行的主动性决定了其内在的不稳定性。一旦缺少必要的约束，侦查权的运行便可能为了达到破案之目的而脱离法治的轨道，肆意扩张。最后，侦查权的运行具有非终局性。

刑事诉讼的本质在于认识，而认识的目的在于判断。刑事诉讼的最终结果是对案情和证据作出一个判断。侦查权的运行作为一种探索性的认识活动自然无法像审判权运行那样具有终局性。

2. 侦查权运行需要是一个相对隐秘的活动而非完全公开的活动

司法公开一向是现代司法理念的普遍要求。在理论上，刑事司法职权的运行均应当遵循司法公开的原则。这主要基于三个方面的原因：第一，司法公开是获得公众司法认同的基本条件。转型时期社会价值多元化，要求司法必须保持与社会沟通，通过对话寻求价值共识。[①] 没有公开的司法就没有沟通的桥梁。第二，司法公开是公众监督司法权的必要前提。缺少公众监督的国家权力必然走向扩张与泛化，造成专制。没有司法公开便没有监督的渠道。第三，司法公开是进行法制宣传，实现依法治国的重要保障。法治的要求是守法，守法的前提是知法。司法公开可以为群众提供生动的法律教育，增强公民的法律意识。然而，侦查权运行基于自身的特殊性，是一种具有隐秘性的活动。这主要取决于三个方面：其一，侦查权的运行要防止情报外泄，以免影响侦查进展。公开侦查内容可能导致犯罪嫌疑人及其同伙串供、逃匿、毁灭隐藏证据等情况的发生，影响侦查程序的顺利进行。其二，侦查权的运行要防止法官预先决断，维护法官独立审判。公开侦查内容容易在群众及媒体中形成偏见，干扰法官对案件的决断。其三，侦查权的运行要保障犯罪嫌疑人、被害人及其亲友的隐私权和名誉权。一方面，根据无罪推定原则，犯罪嫌疑人在未经审判前不应被认定为有罪，因此一旦公开侦查内容势必会对其名誉和隐私造成不可恢复的损害。另一方面，被害人在犯罪过程中已经遭受了不小的身心伤害，公开侦查内容有可能会使伤害范围扩大，对被害人形成二次伤害。

司法公开的要求与侦查权运行隐秘性的特点决定了侦查权运行

---

① 吴英姿：《论司法认同：危机与重建》，载《中国法学》2016 年第 3 期。

在公开程度上有所保留的特质。具体而言，它包括两个方面的内容：其一是侦查内容的绝对不公开。对于侦查中所获得的关涉犯罪嫌疑人、被害人及其他利害关系人隐私和名誉的信息以及案件具体的侦查计划、侦查谋略和侦查方法，应当坚持不公开的原则。其二是侦查程序的相对公开。这种相对是指在公开对象上要区别对待。对于诉讼参与人，特别是犯罪嫌疑人、其家属及其律师，应当公开犯罪的罪名、侦查的基本进展、所采取的强制措施以及已获得的证据清单；对于社会公众（主要是新闻媒体），则应限制性的公开上述内容，一般仅公布涉及罪名和侦查的基本进展。

3. 侦查权的运行需要是一个效率优位的活动而非公正优位的活动

从司法普遍规律的层面上来看，效率是刑事诉讼价值的一个重要方面。正所谓“迟来的正义并非正义”。我国台湾地区学者许志雄指出：“诉讼法上，不问民事或刑事，有关迅速裁判之课题皆不容忽视。尤其是在刑事方面，裁判之迟速直接与人权保障攸关，更属瞩目。”[①] 田口守一教授认为：“作为犯罪嫌疑人、被告人，如果长期处于被侦查的地位，或者被审判的地位，一般来说是不利的。”[②] 一方面，这种不确定的状态不利于控辩双方及时摆脱诉累；另一方面，冗长的诉讼也会加重对无辜者的伤害。

鉴于侦查权职能的客观要求，相较于其他司法职权的运行，效率在侦查权运行中一般会被优先考虑。首先，高效侦查行为是控制犯罪的必然需要。迅速及时的侦查行为一方面能够抓住战机，及时缉获犯罪嫌疑人，防止犯罪嫌疑人继续作案或破坏、藏匿犯罪证据，保证证据品质，避免“证据品质会因时间一长而衰弱（尤其

① 许志雄：《迅速裁判之原则》，载我国台湾地区《法学丛刊》第121期。

② ［日］田口守一：《刑事诉讼法》（第5版），张凌、于秀峰译，中国政法大学出版社2010年版，第20页。

是证人的记忆力）”；[①] 另一方面有利于实现刑罚的威慑效果，吓阻潜在的犯罪行为人。“推迟刑罚尽管也给人以惩罚犯罪的结果，然而，它造成的印象不像是惩罚，倒像是在表演。”[②] 其次，高效的侦查行为是侦查效益的根本要求，迅速及时的侦查活动有利于减少侦查过程中的无效劳动。长时间的拖沓意味着每次被打断的侦查程序都需要通过侦查主体重新查阅、熟悉相关资料来恢复，这无疑会大幅度地拉低侦查效益。最后，犯罪形势的发展决定了效率在侦查权运行中的突出作用。当前刑事犯罪的暴力性、突发性、流动性和技术性越发突出；犯罪的空间加大、领域加宽、频率加快、机动性增强，其逃避打击的可能性增多，侦查破案难度加大。[③] 以效率作为优先选择，才能在权力运行过程中实现权力之目的。

（二）侦查权运行的约束性规律

从诉讼法学的视角来看，侦查是与公民基本权利息息相关的一种活动。侦查权的运行需要符合刑事司法的普遍规律，以保证其运行的正确方向。它的指导思想不仅包括维护社会秩序，还包括程序正义、限制公权力和保障人权。此种视角下的侦查权运行规律着重于对侦查程序的控制和制约，主要包括正当程序、以审判为中心、比例原则三个方面。

1. 侦查权的运行应当遵循正当程序

正当程序作为世界范围内得到普遍认可的一项宪法原则，发源于英国《自由大宪章》，健全于美国第五、第十四修正案，在第二次世界大战之后广泛体现于西方各国的宪法和刑事诉讼法之中。它追求的是司法形式意义上的正当性，也就是程序上的正义，其理想是达到这样一种状态：通过程序上的正当合法来保障案件结果的正

---

① ［德］克劳斯·洛克信：《德国刑事诉讼法》，吴丽琪译，我国台湾地区三民书局1998年版，第148页。

② ［意］贝卡利亚：《论犯罪与刑罚》，黄风译，中国大百科全书出版社1993年版，第56-57页。

③ 刘冬生：《构筑刑侦破案新体系》，载《中国刑事警察》1998年第6期。

义，即便是这种程序对结果正义的保障存在不确定性，至少这种程序上的努力也可以使这种结果被人接受。毕竟我们之所以能够忍受一种不正义，唯一的正当理由也是需要用它来避免另一种更大的不正义。[①] 正当程序所具有的法治建构、权力控制、人权保障的功能对于保障和完善司法职权的有效运行具有十分重大的作用。

具体到侦查权运行而言，正当程序包括四个方面的内容：其一，侦查程序的合法性。侦查权运行的程序性设计必须通过法律明确规定，且一经明确即对侦查权运行产生既定力与约束力。其二，侦查程序主体的平等性。正当程序要求当事人在侦查权运行过程中享有平等的地位与关系，包括赋予当事人平等的地位、平等的参与机会及平等的表现方式。其三，侦查程序的适度公开性。“正义要以人们看得见的方式实现。”正如前文所述，侦查活动的隐秘性特质并不全然否定侦查程序适度公开的合理性。其四，侦查程序意思自治性。正当的侦查程序应当尊重当事人在侦查程序中权利的自由处置权。一方面，无论是侦查人员还是司法人员在侦查权运行过程中应当享有依法独立行使职权之权力，不受任何外界因素干扰；另一方面，犯罪嫌疑人在侦查程序中对沉默权、辩护权、裁判程序选择权的处置应当得到充分的尊重，不得加以阻挠。

2. 侦查权的运行应当以审判为中心

“以审判为中心”的诉讼制度改革是党的十八届四中全会提出的重要改革举措，意在解决我国司法实践中长期存在的“以侦查为中心”的问题。虽然“以审判为中心”在近几年才成为司法研究领域的焦点，但放眼世界不难发现，一直以来，其都是各国刑事司法的普遍规律。其规律性的根源包括三点：一是审判权的“判断权”属性。诉讼本身是一个判断事实真相的过程。在侦、诉、审三种权力中，只有审判权是一种判断权。因此，司法职权的运行

① ［美］约翰·罗尔斯：《正义论》，何怀宏等译，中国社会科学出版社 1988 年版，第 2 页。

自然是以审判为中心的。二是诉讼构造的基本规律。公认的良性诉讼构造是一个审判居中裁判，控辩两造平等对抗的等腰三角形结构。在这种构造下，作为控诉一方的侦查权、公诉权及作为辩护一方的辩护权自然要围绕审判权来运行。三是司法的终局性。司法的终局性是司法自诞生以来就具备的基本属性，也是司法实现其社会功能的基础。它具体是指诉讼中任何程序性事实和实体性事实的认定，特别是涉及公民人身、财产、隐私等重大权利的事项必须由审判方作出。司法职权的运行自然也当以审判为中心。

侦查权作为司法职权的一种，其运行自然也应恪守以审判为中心的规律。那么，在侦查权运行中以审判为中心的规律的外在表现有哪些呢？笔者认为，应当有两个方面的内容：第一，侦查权的运行服务于审判权的运行。以审判为中心决定了侦查权、公诉权的运行都服务于审判权的运行。具体而言，侦查权的运行是在为公诉做准备，公诉权的运行是为审判做准备。侦查权是围绕促进审判权有效运行的目标来运行的。第二，侦查权的运行接受审判权的监督和制约。日本学者井户田侃认为，刑事诉讼构造存在于刑事诉讼的各个程序之中，是诉讼主体为达诉讼目的而以之为基础进行诉讼的诉讼法律关系。[①] 那么，在侦查程序中也应当存续着控、辩、裁的三方构造。这种三方构造也自然以等腰三角形结构为基本样态。在这种构造中，“以审判为中心”就是要发挥审判权作为裁判权对侦查权运行的制约和监督作用。

3. 侦查权的运行应当恪守比例原则

比例原则是域外刑事诉讼法的一项重要原则。它缘起于英国，发展于德国，并迅速为西方各国普遍接受。许多国家甚至将比例原则上升为一项宪法性的原则。它的正当性基点在于社会对犯罪的反

---

① ［日］井户田侃：《刑事程序构造论的展开》，有斐阁出版社 1982 年版，第 2 页。

应不是一种本能的、专断的、盲目的反应，而是一种理性的反应。[①]“犯罪的扬弃是报复，因为从概念说，报复是对侵害的侵害，又按定在说，犯罪具有在质和量上的一定范围，从而犯罪的否定，也是同样具有在质和量上的一定范围。”[②] 侦查行为作为一种对犯罪行为的否定，必须与其在质和量，即性质和程度上相适应。这种适应性主要体现在三个方面：其一，侦查权运行的适合性。每项侦查行为都必须基于特定的社会公益，并以实现特定的诉讼职能为目标。在侦查行为的启动上，必须是为了国家和社会公共利益，绝不能用来谋取私人利益。在侦查措施的选择上，必须是为了实现特定的诉讼职能，而不能肆意为之。其二，侦查权运行的相称性。侦查行为对公民权利的损害不得大于该手段所能保护的国家和社会公益。换言之，侦查行为的强制力度应当与犯罪的社会危害程度成正比。对于社会危害程度较高的重罪案件，应当适用强制力度较大的侦查措施；对于社会危害程度较低的轻罪案件，应当适用强制力度较低的侦查措施。其三，侦查权运行的必要性。在强制性侦查手段、技术侦查手段的适用上应当保持谦抑性。首先，对于可以不适用强制性、技术性侦查手段的案件，应尽量避免适用相应的侦查措施。其次，对于必须适用强制性、技术性侦查手段的案件，应尽量适用侵犯公民法益较小的侦查措施。最后，对于羁押性侦查措施的适用应当慎之又慎，作为穷尽其他侦查措施的最后选择。

三、我国侦查权运行存在的问题及完善

在我国，刑事诉讼的运行倾向于职权主义模式，侦查权严重泛化。侦查阶段在整个诉讼阶段中处于主导地位，侦查权的运行决定

---

① 万毅：《程序正义的重心——底线正义视野下的侦查程序》，中国检察出版社2006年版，第103页。

② ［德］黑格尔：《法哲学原理》，范扬、张企泰译，商务印书馆1996年版，第104页。

着刑事诉讼运行的最终方向。侦查权运行无论在体制、机制等各个方面都偏离了自身规律，亟须加以改革和完善。

（一）我国侦查权运行存在的问题

1. 公安机关一家独大，侦查权过度泛化

公安机关是国家治安保卫机关，是武装性质的行政执法机关。在刑事诉讼中，其既是主要的侦查机关，大部分刑事案件的侦查活动都由公安机关进行，也是刑罚的执行机关之一，担负着对判处管制、剥夺政治权利、宣告缓刑、假释、暂予监外执行罪犯的执行、监督和考察职责。

为使公安机关有效侦查犯罪，法律赋予其广泛的职权。一是决定和执行除逮捕以外刑事强制措施的权力，包括拘留、取保候审、监视居住和传唤；二是实行强制性侦查行为的权力，包括搜查、扣押、查封、冻结、人身检查、检查邮件、通缉等；三是实行技术性侦查措施的权力，包括监听、窃听等；四是为侦查犯罪或保障诉讼活动顺利进行的其他权力，如边境控制等。此种权力配置，使得原本就具有探索精神的侦查权能过于强大，逐步走向扩张和泛化。

2. 侦查方法落后，侦查效率低下

公安机关一家独大的局面赋予了侦查权相较于公诉权和审判权的优势地位，不仅使得犯罪嫌疑人的基本人权在侦查程序中难以得到保障，而且导致审判程序沦为形式，犯罪嫌疑人往往被有罪推定。更为严重的是，长期的强势地位助长了侦查机关的官僚风气，形成了其臃肿的机构设置和拖沓的办案习惯。侦查机关不但缺少开创侦查方法、提高侦查效率的意识和紧迫感，而且在传统的取证能力、取证方法上也达不到应有的水平。

尽管近年来公安部采取“金盾”工程等一系列举措，致力于提高公安机关的信息化水平，强化侦查部门信息化侦查的能力，确实取得了一定的效果，但是从国家的整体视角来看，地区之间、部门之间的差距仍然很大。一方面，除了江、浙、沪、粤外，诸多省份的侦查方法尚滞留于传统层面，侦查方法无论从技术的先进性上还是从理念的创新性上都有待提高。另一方面，检察院侦查部门与公安机关侦查部门之间，公安部门不同层级、不同警种之间，在侦查水平上依然存在不小的鸿沟。

3. 侦查程序过于闭塞

隐秘性是侦查权运行的一个基本特质。这也就意味着侦查程序并不会是一个开放性的程序。事实上，无论是从理论层面还是从实践层面上，侦查权在公开性上有所保留不但是应当的而且是必然的。但过于隐秘的侦查程序也会由于缺少监督和制约而产生专断的风险。我国的侦查程序便陷入了这样一种困境。一方面，侦查程序对犯罪嫌疑人及其关系人是封闭的。犯罪嫌疑人在侦查程序中的人身权利和诉讼权利受到了极大的限制，其家属、律师对案件的知情权、调查权均得不到有效的保障。从某种程度上而言，封闭的侦查程序极大地削弱了犯罪嫌疑人的诉讼主体地位；另一方面，侦查程序对其他司法职权也常常是封闭的。效率优位的价值追求已经使得侦查机关在侦查行为、强制措施的选择和决定上享有相当大的自由裁量权。检察机关作为公诉机关和侦查监督机关却依旧难以从公安机关方面及时有效地了解到最新的侦查进展和证据情况。这无论对于事实真相的查明，还是对于犯罪嫌疑人权益的保护，都是不利的。

（二）我国侦查权运行存在问题之成因分析

从宏观层面来看，当前我国侦查权运行存在的诸多问题之原因主要在于侦查权运行两大规律之间的冲突没有得到有效的调和。保障性规律主导了侦查权运行的发展进程，侦查权运行的约束性规律没有得到充分尊重。过分重视实然需要，忽视应然需要的结果必然是侦查权的膨胀和惰化，不但侦查权的运行会偏离约束性规律的轨道，而且与保障性规律也会渐行渐远。具体到微观层面而言，对侦查权运行外源性规律之背离表现为以下几个方面。

1. 侦查权的运行在体制上缺乏司法权的有效介入

侦查权运行的司法介入主要指的是司法权对侦查权运行的监督

和制约。比较中外的侦查权运行体制不难发现，与西方国家不同的是，在我国，司法权对侦查程序的介入是有限的。首先，这种有限表现在介入的范围上。在我国的刑事侦查阶段，除了批捕权被划归于同级或上级检察院外，侦查机关可以自行决定采取搜查、扣押、拘留、监视居住、取保候审等强制性侦查手段。侦查机关通过秘密侦查或技术侦查手段获取证据也完全不需要司法机关的审批手续，享有相当大的自由裁量权。其次，这种有限表现在介入的主体上。在我国，侦查权运行中的监督体制是一种内部自律与外部监督二元并存的模式。在外部监督中，检察机关是侦查程序唯一的监督主体。然而，一方面，检察权与侦查权同属公权力，二者有着天然的亲密性；另一方面，检察权与侦查权同属控诉权，二者有着相同的诉讼目的。这就决定了检察权作为监督主体能够发挥的作用是极其有限的。最后，这种有限表现在介入的力度上。司法权对侦查权运行的监督力度需要以相应的制裁措施作为基础。由于我国缺乏程序性制裁制度，对于侦查权运行过程中侵犯公民权利的行为，审判机关所能采取的救济手段往往只能是实体性诉讼。然而，一方面，我国《刑法》将刑讯逼供等侵犯公民权利的侦查行为构成犯罪的条件囿于“造成严重后果”之中，极大地缩减了罪名的适用范围；另一方面，我国相应的民事侵权法律后果的严苛程度也不足以达到能够有效制裁和杜绝此类侵权行为的目的。实体性诉讼这种救济手段在惩治侦查权违法运行方面常常显得束手无策。对于侦查权运行过程中侵犯公民权利所取得的证据，审判机关受制于“侦查中心主义”的影响也难以有效地予以排除。司法权介入的有限性意味着侦查权运行很难做到严格依照法律，而必然走向隐秘和专断。

2. 侦查权的运行在机制上缺乏公诉权的合理引导

如果对域外的法制经验进行梳理便不难发现，侦查权运行机制主要包括三种模式：一是公诉权与侦查权相互重合，即警察机关既负责侦查又负责起诉。二是公诉权引导侦查权的模式，即由检察机关主导侦查的进程，警察机关起辅助作用。三是公诉与侦查相分离的模式，即检察机关负责公诉，警察机关主导侦查，二者各司其职。我国《宪法》第140条以及《刑事诉讼法》第7条将侦查权、公诉权、审判权之间的关系界定为“分工负责，互相配合，互相制约”。侦查权与公诉权这种平等的地位意味着我国的侦查权运行机制属于第三种，警察机关主导着侦查权运行的进程。然而，这种缺乏引导的侦查模式有着许多无法回避的弊端：第一，侦查权运行产生的证据经不住庭审的考验。受选拔条件、培训深度的限制，我国的侦查人员在法律知识、证据意识方面存在一定的不足，一方面，导致了对证据的价值、证据之间的印证关系及证据链完备程度的认识偏差，侦查人员收集的证据在证明力度上无法满足定罪条件，另一方面，造成了滥用侦查措施、违法获取证据的行为，侦查人员提交的证据常常因不具备证据能力而被排除。第二，侦查权运行中常常存在违反法定程序的做法。由于长期处于不受约束的状态，兼之受“重实体轻程序”“重控制犯罪轻保障人权”的传统理念的影响，我国公安机关的侦查活动在规范性上是乏善可陈的。刑讯逼供屡禁不止，违法侦查时有发生，超期羁押普遍存在。侦查权运行的肆意性严重影响了我国的司法公正。第三，侦查权运行的效率低下。一方面，由于缺乏有效的提醒和指导，加之案多人少的压力，我国各级公安机关均存在侦查延迟的问题。大量的刑事案件被搁置，白白错过了侦破的最佳时机。另一方面，鉴于检察机关在刑事立案自由裁量权上的局限性和立案监督的有限性，我国公安机关在刑事立案上大都存在推诿扯皮的问题，消极被动思想泛滥。

3. 侦查权的运行在过程中缺乏辩护权的充分参与

在传统的纠问主义诉讼模式中，侦查机关是刑事诉讼的主体，犯罪嫌疑人是刑事诉讼的客体，侦查权的运行是一种主体对客体的单方行为，在侦查过程中，犯罪嫌疑人享有的抗辩权是十分有限的。“以审判为中心”要求强化司法权对侦查权运行的有效介入，旨在充分发挥审判权对侦查程序的监督和制约功能。需要明确的是，对审判权于侦查权的这种监督功能的认识不能脱离刑事诉讼构造这个整体概念。审判机关与侦查机关的这种关系并不是国家权力之间的简单分工，而应当是辩护权充分参与其中的理性的三方组合诉讼构造。可以说，没有辩护权的充分参与，司法权对侦查权运行的有效介入就没有办法实现，“以审判为中心”更是无从谈起。然而，在我国侦查权的运行过程中，犯罪嫌疑人的辩护权并没有得到有力的保障。这主要表现在三个方面：第一，法律援助的覆盖范围与作用是有很大局限性的。尽管2012年《刑事诉讼法》将指定辩护的范围由审判阶段拓展到了侦查和公诉阶段，但是鉴于立法及法律援助制度本身人力、物力、律师素质的有限性，制度落实在审判阶段中尚属勉强，更遑论侦查阶段与公诉阶段了。第二，律师在侦查阶段的权利受到了很大的限制。2012年《刑事诉讼法》虽然对侦查阶段律师的阅卷、会见、调查取证等权利进行了一定程度的扩展，但是一方面，改革的步幅依旧过小，诸如侦查讯问中的律师在场权、录音录像制度的普遍推行都处于试点阶段，没有在法律中加以明确；另一方面，相关解释、规则、规定关涉律师权利的内容存在漏洞与含混不清之处，在司法实践中权利的主张受到了很大的阻碍。第三，依旧没有确立犯罪嫌疑人在侦查程序中的沉默权。在《刑事诉讼法》中，“不得强迫自证其罪原则”与“如实作证的义务”的矛盾仍旧处于调和之中，犯罪嫌疑人的沉默权，至少明示的沉默权并没有得到我国法律政策的认可。

（三）我国侦查权运行的改革与完善

1. 确立司法审查与令状许可制度，健全程序性制裁体系，强化对侦查权运行的司法控制

在一个良性的体制内，侦查权的运行应当是符合自身的运行规律的。然而，我国司法权对侦查权运行介入的有限性使得侦查权的运行缺乏外部控制，长期处于一种紊乱的状态。因此，强化司法权对侦查权运行的控制应当成为促使我国侦查权运行回归司法规律的主要方法之一。镜鉴域外经验不难发现，世界范围内司法权规制侦查权运行的通行做法主要有两种：一种为以事前控制为主的司法令

状与司法审查制度，另一种为以事后救济为主的程序性制裁制度。

所谓司法审查与令状许可制度是指以司法机关对强制性侦查行为进行审查后颁布的司法令状作为侦查行为正当性的依据。[①] 此处的司法机关一般为法院。与中国实施检察权监督侦查权不同的是，国外普遍贯彻的是一种审判权监督侦查权的模式。这种模式的优势在于克服了监督者亦控亦审的角色冲突，做到了侦查构造上的控审分离，更加符合“以审判为中心”的基本规律。虽然法院尤其是中国法院也有角色限制，但由于它在控、辩、审三方组合的三角式诉讼构造中处于“居于其间，踞于其上”的中间和超越的位置，其角色限制相对较小。[②] 从这个角度来看，以审判权监督侦查权运行的司法审查与令状许可制度应当是我国侦查权运行体制发展的必然趋势。在过渡阶段，改革的力度可以是渐进式的。切入点应当放在两个方面：一是区分任意性侦查行为与强制性侦查行为，并按强制力之大小，对强制性侦查行为划分等级。二是对强制性侦查行为实行司法审查和令状许可制，可以采用法院司法审查与检察院“准司法审查”相结合的二元式审查模式。依据强制力等级，可先将强制力较高的涉及人身自由的侦查行为的审批权由侦查机关、检察机关划归法院，其他强制性侦查行为审查权限暂由侦查机关划归检察机关，待条件成熟后逐步移交法院。

所谓程序性制裁是指警察、检察官、法官违反法律程序所要承受的一种程序性法律后果。与那种通过追究办案人员的行政责任、民事责任甚至刑事责任来实施“实体性制裁”的措施不同，程序性制裁是通过宣告诉讼行为及由此产生的各类证据、措施、结论无效的方式来追究程序性违法者的法律责任的。[③] 它的逻辑起点在于

---

① 张可，陈刚：《审判中心视野下侦查程序的改革与完善》，载《河南社会科学》2016 年第 6 期。

② 龙宗智：《我国检察学研究的现状与前瞻》，载《国家检察官学院学报》2011 年第 1 期。

③ 陈瑞华：《程序性制裁的法理学分析》，载《中国法学》2005 年第 6 期。

通过“剥夺违法者违法所得利益”来实现对违法诉讼行为的惩治，优势在于有利于充分发挥程序法的独立价值，敦促司法职权运行严格遵守法律。目前，我国的司法实践中并非不存在程序性制裁的手段。事实上，非法证据排除规则、撤销原判发回重审都属于程序性制裁的范畴。但不容否认的是，我国尚未建立起完备的程序性制裁体系，尤其是缺乏诉讼行为无效的法律依据和实践做法，应当作为我国司法改革下一步的努力方向。在体系建构中有两个问题需要特别予以说明：其一，应当根据违法状况及危害后果的严重程度区分程序性制裁的力度。贸然对所有违法侦查行为宣告无效必然会产生放纵犯罪的危险。其二，对违法侦查行为的程序性制裁并不能代替对违法行为人的实体性制裁。即使拥有了完备的程序性制裁制度，也不能忽视对刑法、民事侵权法相关空白与疏漏的完善。

2. 推行检警一体化的侦查模式，探索公诉权对侦查权的合理引导

我国侦查权运行机制缺乏合理引导的现实状况不但使得侦查权以审判为中心依法运行难以为继，还导致其陷入消极被动、冗杂拖延的境地。这既与侦查权运行的外源性规律相矛盾，又与侦查权运行的内生性规律相背离。机制上的革新是势在必行的。公诉权引导侦查权运行是大陆法系国家和地区侦查制度的普遍模式。它的外在表现为检警一体化。检警一体化相对于检警分离的优越性在于：其一，检察机关作为公诉机关更加清楚庭审对于证据质量的要求，因此可以引导侦查机关有针对性、有规范性的收集和固定证据，既能够保证侦查的准确性、及时性和规范性，又能够保障证据的证据能力和证明力度，充分发挥审判的中心作用。其二，检察官作为司法机关的工作人员，一般有着丰富的法学知识和深厚的法律背景，对于法治及程序正义有着更加深刻的理解，因此在引导警察人员开展侦查活动的过程中会严格守法，更加注重正当程序的实现和对犯罪嫌疑人合法权利的保障。其三，警察机关与检察机关同属控诉机关，具有相同的诉讼追求。这种诉讼目的的一致性决定了检警一体

化相较于检警分离更具合理性。

虽然检警一体化是我国侦查权运行机制的发展方向，但是鉴于我国现行侦查制度存在时间较长，侦查人员、检察人员对新制度的适应需要一个过程，改革的步伐不宜过快过猛。当前，构建我国检警一体化模式的关键在于确立检察引导侦查制度。对于这种制度，应当明确三个方面的内容：首先，在引导的内容上，应当仅涉及侦查机关的取证活动，而不涉及其他。相较于引导其他侦查行为，检察机关对侦查取证的引导具有与生俱来的天赋。作为公诉机关，检察机关对于取证工作、证据制度均不陌生，并不需要通过过多的摸索来寻求指导侦查机关进行取证的方法。将引导的内容限定在取证工作上既可以让检察机关通过交流尽快地熟悉侦查业务，又不会犯下冒进的错误，带来混乱。其次，在引导的力度上，应当仅提供对于侦查工作的指导，而并非上令下从的领导。一方面，检警一体化强调的是检警机关内部沟通环节的顺畅，并非检察机关与警察机关组织体系的融合，一味强调检察机关对侦查机关的领导会产生检察引导侦查模式向公诉权与侦查权相互重合模式异化的危险。另一方面，当前我国检察机关也并不具备领导侦查机关的精力和能力，贸然领导会带来不良的后果。因此，检察官对于侦查人员的引导应当是一种指导，而非领导。最后，在引导的范围上，应当重点介入重大案件，而非事必躬亲。一方面，杀人、强奸、抢劫等重大案件的社会影响力高，侦查压力较大，容易发生错误，且在压力之下也极可能发生刑讯逼供、违规取证等违法侦查行为，须要检察机关的引导和监督；另一方面，在重大刑事案件中，侦查机关动用的侦查资源，采取的侦查手段都比较丰富，检察机关通过对侦查机关的引导，可以全方位的熟悉侦查工作的方式和方法，为将来推行彻底的检警一体化做准备。

3. 充分贯彻无罪推定原则，保障辩护权对侦查程序的有效参与

无罪推定原则是刑事诉讼的基本原则。贯彻无罪推定原则是侦

查权运行规律的内在需要。一方面，贯彻无罪推定原则是侦查权运行严格依照法律的必然要求。我国《刑事诉讼法》第 12 条明确规定："未经人民法院依法判决，对任何人都不得确定有罪。"因此，未经审判的犯罪嫌疑人理应在判决生效之前的侦查阶段被视为无罪。另一方面，无罪推定原则也是以审判为中心的题中之意。以审判为中心要求发挥审判权的判断权功能，对任何实体性及程序性事实的认定，都必须由审判机关进行裁决。因此，侦查机关作为侦查权运行的主体并不具备认定犯罪嫌疑人是否有罪的资格，而只能将其视为无罪。

贯彻无罪推定原则的关键是要保障辩护权对侦查程序的有效参与，具体做法应当包括三个方面的内容：其一，要推动法律援助制度，保障犯罪嫌疑人获得律师帮助的权利。我国当前的法律援助制度无论是在法律层面上还是在运行层面上都有待革新。一方面，在立法上，《刑事诉讼法》除规定侦查人员有义务告知犯罪嫌疑人有权委托辩护人之外，还应进一步明确侦查人员同样有义务告知犯罪嫌疑人享有获得法律援助的权利以及相应的途径和救济措施。另一方面，在制度运行上，应当探索法律援助制度由"政府主导"到"政府扶持"的转型路径，探索经费自筹、值班律师等运营方法，提高制度的"独立生存能力"。其二，要进一步拓展侦查阶段的律师权利，促进侦查阶段侦辩之间的地位平等。一方面，应当在立法上细化律师在侦查阶段的诸项权利，特别是要明确侦查讯问中的律师在场权；另一方面，还应当在侦查实践中逐步推进录音录像制度，特别是重大案件的同步录音录像制度。其三，要确立我国的沉默权制度，彰显侦查权运行中的程序正义。沉默权是犯罪嫌疑人辩护权的组成部分，是程序正义的重要体现。推行沉默权制度具体到侦查权的运行上即要明确侦查人员在第一次进行讯问或采取强制措施时的四项告知义务：（1）告知犯罪嫌疑人有权不作出任何陈述的义务；（2）告知犯罪嫌疑人陈述所产生法律后果的义务；（3）告知犯罪嫌疑人拥有委托律师获得法律帮助的权利的义务；（4）告知犯罪嫌疑人享有政府法律援助权利的义务。

第三节　检察权运行规律

检察权作为检察官或检察机关享有权力的总称，是国家的一项重要权力。[①] 检察权的运行是检察活动的动态反映，涉及检察机关的职能和作用，关系检察机关和检察官在国家法治建设中应有作用的发挥。党的十八大以来，党中央对司法体制改革高度重视，紧紧围绕建设中国特色社会主义法治体系、建设社会主义法治国家，紧紧围绕维护社会公平正义，抓紧落实有关改革举措，取得了重要进展。习总书记多次强调，完善司法制度、深化司法体制改革，要遵循司法活动的客观规律，体现权责统一、权力制约、公开公正、尊重程序的要求。[②] 我国的检察机关是国家司法制度的重要组成部分，其享有的检察权与审判权一样同属司法性质的国家权力。检察权的司法属性决定了检察权的运行必然受司法规律的制约。正确认识检察权的运行规律对于保障检察权依法、公正、高效、权威地行使具有重要的理论和实践意义。

一、检察权运行的一般规律

一项法律制度要产生实效和良好的社会效果，扎实而系统的必要性与可行性基础理论不可或缺，我国的检察制度也必然遵循这个制度逻辑。[③] 要落实党的十八届四中全会精神，检察改革必须立足我国国情，同时遵循司法规律，而首要前提就是必须厘清检察权运

---

① 张智辉、杨诚主编：《检察官作用与准则比较研究》，中国检察出版社 2001 年版，第 1 页。

② 《习近平：以提高司法公信力为根本尺度　坚定不移深化司法体制改革》，载新华网，http：//news. xinhuanet. com/politics/2015－03/25/c_ 1114763477. htm，最后访问时间：2016 年 10 月 19 日。

③ 韩成军：《中国检察权配置问题研究》，中国检察出版社 2012 年版，第 1 页。

行的一般规律。检察规律属于社会规律的范畴，检察规律的基本内容与检察制度的属性紧密相关，特定的检察制度必然赋予该制度特有的价值追求，而这些特定的检察价值目标需要与其相适应的检察运行准则，这些为特定检察价值目标所要求的运行准则，也就构成检察规律的基本内容。[①] 张文显教授在《关于司法规律的若干认识问题》一文中指出，司法规律分为根本规律和基本规律。审判权与检察权独立行使，是其最根本、最普遍的司法规律。权责统一、权力制约、公开公正、尊重程序、裁判终局是对司法基本规律的科学概括。[②] 周理松、蒋剑伟在《试论按司法规律优化配置检察权》一文中指出，以权制权、尺度统一、客观中立、依法独立是随着我国法制建设进程逐步产生和发展完善的司法权运行的基本规律，是指导我国现阶段司法权力合理配置和规范运行的原则要求。[③] 向泽选、谭庆之在《司法规律与检察改革》一文中指出：司法规律应当包括依附性、平等性、独立性、裁断性、正当程序性等内容。[④] 检察权不是一种单一的权力，包括了侦查权、批捕权、公诉权、监督权等多种权力，每种权力运行方式不尽相同，这决定了检察权的运行规律具有复合性。有鉴于检察权的权能多样，本书主要以检察权的两个主要职能——公诉权和法律监督权为视角展开对检察权运行规律的研究。通过对公诉权和法律监督权运行规律的研究，分析检察权的运行规律。

（一）检察一体

检察一体是检察官依法正确行使检察权必须遵循的基本原理，它反映了检察权运作的内在规律，已得到世界许多国家的确认和实

---

① 向泽选、曹苏明：《检察规律与司法启示》，载《华东政法大学学报》2010 年第 6 期。

② 张文显：《司法的实践理性》，法律出版社 2016 年版，第 95-98 页。

③ 周理松、蒋剑伟：《试论按司法规律优化配置检察权》，载《华中科技大学学报》（华中科技大学学报）2008 年第 6 期。

④ 向泽选、谭庆之：《司法规律与检察改革》，载《政法论坛》2009 年第 5 期。

践。所谓检察一体是指各级检察机关是一个不可分割的整体，每个检察机关的诉讼活动都是整个检察机关诉讼活动的有机组成部分，各个检察机关之间在刑事诉讼中要互相配合与协作。① 检察一体包括三项内容：（1）检察官在其上司的指挥监督下履行职务，在上司因故不能执行职务时，依法律规定的职务顺序代理上司职务；（2）检察长指挥检察官处理的事务，可以自行处理，也可以决定改由其他检察官处理（这在某些国家也受到限制）；（3）检察官之间可以互相代替职务，如某一检察官侦查的案件可由另一检察官继续进行侦查等。② 由于各国国情不同，检察一体在各国的具体表现有所不同，如在德国，检察机关是根据法院组织法设立的，总检察长是执行官，负责各州上诉法院。各区法院都设有检察院，由检察长领导。每一个检察官都只是检察机关长官的代理人，不得自行决定事项。长官负责行使案件对外转移权，或将某一案件根据需要转交给另一位检察官办理。③ 而日本的检察一体也有其特色，日本检察官被称为独任制的官厅，这是因为日本实行检察官一体化原则，行使检察权的不是检察厅，而是各个检察官。虽然检察权由检察官独立行使，但是通常要接受上级检察官的裁决。检察官在全国作为一个整体进行活动。④ 根据日本检察厅法的规定，上级检察官可以命令在检察官之间进行下列职务移转：（1）替换担任侦查的检察官；（2）命担任侦查的检察官以外的检察官进行处分；（3）命起诉检察官以外的检察官进行处分；（4）替换出庭公诉的检察官；（5）命出庭公诉的检察官以外的检察官提起上诉。但是，无论检

---

① 郝银钟：《刑事公诉权原理》，人民法院出版社 2004 年版，第 112 页。

② 谢鹏程：《论检察权的性质》，载《法学》2000 年第 2 期。

③ 宋英辉、孙长永、刘新奎等著：《外国刑事诉讼法》，法律出版社 2006 年版，第 383 页。

④ ［日］田口守一：《刑事诉讼法》（第 5 版），张凌、于秀峰译，中国政法大学出版社 2010 年版，第 126 页。

察官之间发生何种职务上的移转和承担，都不会影响案件的处理。①

（二）客观义务

检察官的客观义务是指检察官不仅应当履行追究犯罪的控诉职能，而且应当超越这一职能，代表国家维护法律的尊严与公正，成为国家法律的护卫者。② 检察官客观义务起源于19世纪中末叶的德国，并很快为大陆法系国家和英美法系国家所共同认可。德国《刑事诉讼法》第160条第2款规定："检察院不仅要侦查证明有罪的，而且还要侦查证明无罪的情况，并且负有提取有丧失之虞的证据。"林钰雄教授认为，检察官的职责不单单在于刑事被告之追诉，并且也在于"国家权力之双重控制"。检察官作为法律守护人，既要保证被告免于法官之擅断，也要保护其免于警察之恣意。③ 检察机关的客观义务主要包括两部分内容：第一，审前阶段，对于证据的客观全面收集和审查；第二，审判阶段，对于案件事实的客观判断，要求法院判决无罪，或者为被告利益提出上诉及再审请求。根据联合国《关于检察官作用的准则》第13条（a）要求检察官"不偏不倚地履行职能"，其中"不偏不倚"也就是中立的体现。④ 在查明事实和作出法律判断方面，检察官和法官怀有同样的目标，以实现法律公正和维护公共利益为宗旨。检察机关在审查案件和进行诉讼活动中，不应站在当事人的立场，而应保持客观中立的立场，这是案件能得到公正处理的重要前提。我国法律明确规定，检察机关是国家的法律监督机关，意味着检察机关的所有活动都必须围绕维护法律的尊严和公正，而做到这一切的前提就是

---

① 万毅、毛建平：《一体与独立：现代检察权的双重运行机制》，载《河北大学学报》2004年第29卷第2期。

② 陈光中：《论检察》，中国检察出版社2013年版，第81-82页。

③ 林钰雄：《刑事诉讼法》（上册），中国人民大学出版社2005年版，第102-103页。

④ 陈光中：《论检察》，中国检察出版社2013年版，第499页。

检察机关必须站在客观中立的立场。检察机关按照客观中立的要求，依法正确行使检察权，有助于提高检察机关的执法公信力，促进司法公正。

（三）检察独立

独立行使司法权是各国司法制度普遍承认和确立的基本要求。在我国，检察权与审判权同属司法权，检察机关客观上履行了一定的司法职能，因此，检察机关在行使检察权时应当具有一定的独立性。我国《宪法》第136条规定："人民检察院依照法律规定独立行使检察权，不受行政机关、社会团体和个人的干涉。"《人民检察院组织法》第4条和《刑事诉讼法》第5条也作了相同的规定，但是检察权的这种独立不同于审判权的独立，不是绝对独立，而是相对独立。在检察机关内部必须承认检察官的相对独立性，非因上下一体制而漠视检察官的主体地位。[①] 检察一体并不排斥检察官独立行使职权这一内部运行规则，检察官独立是检察机关依法独立行使检察权的内部独立和个体独立的体现，也是现代司法的一般原则。[②]

一方面，检察权的相对独立是指检察机关依照法律规定独立行使检察权，不受任何行政机关、社会团体和个人的干涉。在刑事诉讼中，检察权的独立也意味着检察权与侦查权、审判权分离。但是检察机关在行使职权时不能离开党的领导。在我国，检察机关是在党的领导下依法独立行使检察权的，党对检察机关的领导不是对具体案件的指导，而是政治思想和方针政策方面的领导，检察机关必须在执政党的领导下行使检察权，还要接受人大及其常委会的监督。

另一方面，检察权的独立性可以分为外在独立性和内在独立

① 王新环：《论检察权的独立性》，载《国家检察官学院学报》2003年第5期。

② 宋英辉、林琳：《司法改革中检察权内部运行机制思考》，载《北京联合大学学报》（人文社会科学版）2016年第1期。

性，外在独立性是指检察官办理案件时只服从法律，不应有任何其他外在约束，不受任何非检察权的干扰。例如，对于有具体被害人的案件，检察官进行公诉时要顾及被害人的私益，但检察官要始终依据法律，代表公益进行审裁，不能被被害人所左右。[①] 内在独立性主要是指办案检察官与检察长之间的关系，要求各级检察机关的检察官在办理具体案件时既要根据联合国《关于检察官作用的准则》第4条规定，各国应确保检察官得以在没有任何恐吓、阻障、侵扰，以及不正当干预或不合理地承担民事、刑事或其他责任的情况下履行其专业职责，又要依法接受检察长的指令制约。在我国现行检察制度中，检察权的独立行使主要是就检察机关集体独立而言，而非检察官独立。检察官的相对独立性主要表现在：（1）检察长有权对检察官行使指令权，但是检察长的指令不得违反法律规定。（2）检察官应当根据自己掌握的案件材料和对法律的理解对案件作出独立的判断，提出自己的书面意见，检察官在法庭上的表达自由不受检察长指令的限制，但是检察官的意见必须经检察长同意后才能成为检察院的决定。

（四）公益考量

公益是指社会公众所共同享有的权益、福利。法律利益涵盖公益和私益，当公益和私益发生冲突，法律所确定的利益冲突的平衡原则是公共安全（整体利益）高于权利保护（个别利益）。公益要求权力必须有利于公众的整体意志和大多数人的普遍期待。[②] 公益原则是检察机关活动的根本原则。有关国际法律文件也对检察机关的公益原则作出了规定，如《关于检察官作用的准则》规定，检察官在刑事诉讼（包括提起诉讼）中根据法律授权，在调查犯罪、监督调查的合法性、监督法院判决的执行和作为公众利益的代表行使其他职能中发挥积极作用。检察机关是公益的代表，代表社会行

---

① 王新环：《论检察权的独立性》，载《国家检察官学院学报》2003年第5期。

② 王新环：《公诉权原论》，中国人民公安大学出版社2006年版，第163页。

使追诉犯罪的公诉权力。检察官参加诉讼必须以公共利益为行为准则，不能片面地代表某一方尤其是被害人的利益。公诉活动遵循公共利益原则，是由检察机关的法律地位决定的，与检察机关的法律性质相适应。许多国家的检察机关都以公共利益作为是否对犯罪提起公诉的权衡标准。例如，在英国，检察机关虽然以女王的名义起诉，但检察机关代表的是公益而非君主的私益。《英国皇家检察官准则》详细列举了检察官在决定起诉时需要考虑的公共利益因素，该准则规定，“既然皇家检察官满意地相信证据本身能证明诉讼的合理性，那么，他必须考虑公众权益是否要求起诉”。例如，德国《刑事诉讼法》第 153 条规定：“程序处理轻罪的时候，如果行为人责任轻微，不存在追究责任的公众利益的，检察院可以不予以追究。”但是，强调维护公益并非忽视公民的个人权益，现代文明社会对于公共利益与个人利益的关系问题，一般都确立在不损害个人合法权益基础上维护公共利益的原则，反对为了公共利益牺牲公民个人合法权益。①

二、我国检察权运行存在的问题

党的十八届三中全会通过的《中共中央关于全面深化改革若干重大问题的决定》将“健全司法权力运行机制”作为司法改革的重要内容。由于对司法规律认识的不足和立法的不完善，司法实践中检察权在实际运作中存在诸多问题，导致检察权的行使不能根据司法活动的客观规律进行理性调整，从而严重制约我国检察权职能的充分发挥。

（一）检察监督职能薄弱

检察机关是我国唯一的法律监督机关，在维护司法公正、保障基本人权等方面发挥着重要的作用。据 2016 年 3 月《最高人民检察院工作报告》报告称，检察机关在 2015 年，对侦查机关不应当

① 张建伟：《公益原则与检察官的公正意识》，载《人民检察》1997 年第 2 期。

立案而立案的，督促撤案 10384 件次；监督纠正滥用强制措施、违法取证等侦查活动违法情形 31874 件次；对不构成犯罪或证据不足的，决定不批捕 131675 人、不起诉 25778 人。但是，由于各方面的因素，检察机关的监督工作依然面临着许多问题，其中法律规定不够明确，制度设计不够精细，监督措施不够到位，成为影响检察机关监督职能行使的重要原因。[①] 主要表现为以下几方面。

（1）检察机关在哪些方面可以监督、如何监督、可以采取哪些监督手段等方面规定得较为模糊，使得检察机关作为法律监督机关的规定在相当程度上被虚置。例如，仅规定对公安机关“应当立案而不立案”的行为进行刑事立案监督，对“不应当立案而立案”的积极立案行为的法律监督却未作明文规定。

（2）监督手段缺乏刚性，对实体问题和程序问题的监督未能同等对待。除抗诉外，检察机关主要是通过发书面通知、检察建议等手段纠正违法行为。在工作实践中，对于那些“情节较轻”的，只能进行口头纠正，违法监督效力不明显。对于被监督单位或个人不纠正违法或者拒不执行检察机关所作决定的，并没有明确的法律后果，这就造成了监督不力的现象。比如，2012 年《人民检察院刑事诉讼规则（试行）》第 566 条规定：“人民检察院发现公安机关侦查活动中的违法行为，对于情节较轻的，可以由检察人员以口头方式向侦查人员或者公安机关负责人提出纠正意见，并及时向本部门负责人汇报；必要的时候，由部门负责人提出。对于情节较重的违法情形，应当报请检察长批准后，向公安机关发出纠正违法通知书。构成犯罪的，移送有关部门依法追究刑事责任。”对于法院确有错误的裁判，检察机关通过行使抗诉权引起法院对案件的再审，实现对案件的监督；而对于法院出现审判程序违法的情况，检察机关只能通过向法院提出检察建议的方式进行监督，难以起到应有的监督效果。

---

① 卞建林：《论检察》，中国检察出版社 2013 年版，第 95 页。

（3）监督滞后。例如，检察机关对刑事判决、裁定变更执行的监督，只能在接到有关机关的决定或裁定书之后，才能对认为不正确的决定或者裁定提出书面意见，难以发挥应有的监督效果。如通过审查批准逮捕、指定居所监视居住的决定等是否合法来发现侦查机关对犯罪嫌疑人适用强制措施是否合法。审查逮捕、审查起诉作为侦查监督的主要方式因具有滞后性、事后性缺陷，并体现为追诉为本的倾向，导致侦查监督功能弱化，审查逮捕的逮捕率极高。

（4）民事行政检察监督职能偏弱。民事公诉和行政公诉制度尚不完善，民事行政检察工作仅侧重于对案件的抗诉，对公共利益、弱势群体利益保护不够，对审判人员枉法裁判的监督则较弱。虽然公益诉讼已得到立法认可，但范围也是极其有限的。

（三）检察机关客观义务的缺失

我国《刑事诉讼法》第6条规定："人民法院、人民检察院和公安机关进行刑事诉讼，必须依靠群众，必须以事实为依据，以法律为准绳……"第52条规定："审判人员、检察人员、侦查人员必须依照法定程序，收集能够证实犯罪嫌疑人、被告人有罪或者无罪，犯罪情节轻重的各种证据……"上述两个法条是学界公认的我国检察官客观义务的法律依据。然而，在实践中，客观义务要求则往往较难实现，这是因为"客观义务"本身蕴含了内在矛盾。这种内在矛盾，主要是指检察官在承担客观义务时的角色冲突。[①]当前我国检察实践中，检察机关普遍存在"重打击、轻保护"的观念，在行使检察权时，往往重视收集和展示犯罪嫌疑人、被告人有罪或罪重的证据，忽视犯罪嫌疑人、被告人无罪或罪轻证据的收集和展示。为达到加快诉讼进程，尽快把犯罪嫌疑人、被告人绳之于法的目标，检察机关往往忽略了其自身的客观义务，注重与公安机关、人民法院的配合，对侦查机关的侦查行为缺少制约，对于侦查卷宗奉行"拿来主义"，缺少认真审查，导致个别冤假错案一路

① 龙宗智：《中国法语境中的检察官客观义务》，载《法学研究》2009年第4期。

畅通进入审判程序。长期以来，我国检察机关一直将法院的无罪判决率列为考核检察机关及检察官个人的重要指标，且权重系数很高。因此，为追求有罪判决率规避无罪判决，检察机关一旦遭遇现有证据不足以认定犯罪的情形，本能地会选择以撤回起诉的方式结案。更有甚者，在证据不足的情况下，控审协商对被告人硬性作出疑罪从轻的判决。检察机关的这种做法违背了其客观中立的义务，具有严重的危害性。此种做法不仅有损被告人的合法权益，还会损害检察机关的公信力，最终损害的是司法公正。

（四）检察权程序观念淡化

长期以来，强调实体公正，重视对案件结局的最终公正处理一直是我国司法活动追求的目标，因而刑事司法实践中逐渐形成了以侦查为中心的指导观念。随着以审判为中心诉讼改革的深化，旧有观念指导下的检察权在行使过程中日益暴露出诸多问题，其中比较明显的问题有两点：第一，检察权缺少对侦查权程序的有效制约；第二，检察权自身的行使缺乏程序观念指引。

1. 检察权缺少对侦查权程序的有效制约

在我国的刑事诉讼活动中，侦查机关扮演着收集证据、证明犯罪事实的重要职能，在一味追求实体公正忽视程序公正的目标指引下，侦查机关成为实现实体正义最为依赖的机关。在侦查权、检察权与审判权的关系之中，俨然已经形成了侦查中心主义。检察权本应引导侦查权服务于公诉，司法实践中检察权却往往受制于侦查权，更遑论监督侦查权和制约侦查权。侦查机关冲在诉讼活动的前沿，案件发生后，首先是侦查机关获取证据、发现犯罪嫌疑人；在案件侦查终结以后，侦查机关所形成的证据资料成为检察机关提起公诉的重要依据，甚至成为决定实体判决结果最重要的依据。检察权的运行不可避免地受到侦查中心主义的影响，在诉讼活动中，检察机关失去了自身的独立性，成为侦查机关实现惩罚犯罪目标的帮手。随着以审判为中心诉讼改革的深化，庭审实质化的逐渐形成，法院在判决结果的自主性上将大大增强，判决的不确定性将随之增加。这意味着审判对公诉提出了更高的要求，检察机关必须肩负起公诉职责，形成过滤侦查的实质屏障，保证进入审判的案件质量。如果检察机关还是抱着以侦查为中心的观念，不能自觉、主动地发挥检察权的主动性和程序制约性，将很难在以审判为中心的司法改革中顺利地推进检察工作的发展。

2. 检察权自身的行使缺乏程序观念指引

在推进以审判为中心的诉讼制度改革中，检察机关暴露出来的另一问题则是，检察机关在诉讼活动过程中经常忽视了自身的权力属性，不当地将检察权作为实体处分权来行使。例如，根据我国《刑事诉讼法》第 177 条规定，人民检察院对于决定不起诉的案件……需要没收其违法所得的，人民检察院应当提出检察意见移送有关主管机关处理……检察机关对于该财物没有直接处理权，而个别地方的检察机关却自行将财物予以处理或没收。有的检察机关甚至听从地方行政长官的指令，插手经济纠纷，将纠纷中涉及的财物强行没收并上缴地方财政。此外，受“程序虚无主义”影响，检察权在行使过程中，“行政化”办案，违反法定诉讼程序办案的现象还较为突出，如违反案件受理程序对不应受理的案件受理，对应当受理的案件不及时答复；不及时解除有关强制措施造成犯罪嫌疑人被超期羁押；不及时告知诉讼参与人诉讼权利；不尊重甚至侵犯辩护人的正当辩护权利等。

三、我国检察权运行的健全

我国检察权的运行总体上体现出中国特色检察制度的特征，符合现代司法规律的要求，但仍有进一步完善的必要。

（一）完善和拓宽多层次监督渠道，加强检察机关的法律监督

孟德斯鸠指出：“一切有权力的人都容易滥用权力，这是一条万古不易的经验。有权力的人使用权力一直到遇有界限的地方才休止……从事物的性质来说，要防止滥用权力，就必须以权力约束权力。”检察机关是宪法定位的法律监督机关，“强化法律监督，维

护公平正义”是检察机关的工作主题。随着我国司法改革的深入推进，法律监督越来越成为检察权的工作重心。检察机关应在原有监督工作的基础上，不断完善监督手段，拓宽监督范围，构建多层次行之有效的立体法律监督网络。检察机关加强法律监督的主要目的就是通过规范国家专门机关的权力行使来保障诉讼过程中诉讼参与人的合法利益，因此，监督手段与监督范围的丰富也必须围绕规范权力和保障权利来进行。

1. 立案监督全面化

立案是刑事诉讼活动的开端程序，正确立案有利于保障公民的合法权益，及时发现和追究犯罪。错误立案或者延误立案都将影响诉讼活动的顺利进行，甚至损害诉讼权利人的合法权益。检察机关作为法律监督机关，应重视对立案环节的监督，将所有拥有刑事立案权的机关都纳入监督范围，对所有的刑事立案行为进行全面监督，不仅对积极立案行为进行监督，同对也要对消极立案行为进行监督，形成一个完整、严密的刑事立案监督体系。

2. 侦查监督措施具有针对性

侦查监督是检察机关对侦查机关侦查行为合法性进行的监督。根据我国刑事诉讼法的规定，我国的侦查机关呈现多元化，不仅公安机关、检察机关有侦查权，国家安全机关、军队保卫部门和监狱等都有侦查权。检察机关应针对不同侦查机关的特点采取有针对性的监督措施。公安机关是大多数案件的侦查机关，因此，侦查监督的重点是对公安机关侦查行为的监督。检察机关应不断完善对公安机关重大、疑难案件的提前介入制度，引导公安机关的侦查行为，夯实公安机关听取检察机关意见和建议的程序。不断完善检察机关对刑事拘留和公安派出所刑事执法活动监督机制。畅通检察机关与公安机关信息沟通渠道，构建大数据信息共享、实时监督平台。在加强公安机关侦查行为监督的同时，检察机关也不能忽视对其他侦查机关的监督，将其他侦查机关侦查行为统一纳入诉讼活动的监督范围，针对各个侦查机关自身特点的不同，采取有针对性的监督措施。比如，对国家安全机关侦办的案件，检察机关应注重案件的保密工作；对军队保卫部门侦查的案件，要注重与军队之间的协调，同时涉及军事秘密的也要注意采取相应保密措施。只要是刑事诉讼活动中采用的侦查行为，检察机关都有权进行监督，这既是保障人权、维护司法公正的需要，也是检察机关职责之所在。

3. 审判监督不断强化

以审判为中心诉讼制度改革的推进强化了审判工作在诉讼活动中的重心地位，但是这并不意味着审判监督的弱化，反而要求检察机关的审判监督工作要及时跟进，在原有审判监督工作的基础上，强化对审判的监督。比如，应进一步加强对法院二审书面审理案件、法院自行启动再审后改变原判决案件，即判处缓刑、免予刑事处罚案件的审判监督。建立和完善死刑复核法律监督机制。推进刑事申诉案件复查、不服人民法院生效刑事裁判申诉案件办理程序的审判监督，等等。以审判为中心要求法院的审判实现实质化，从而对法院的审判工作提出了更高的质量要求，如对证人出庭，证据的出示和质证、法庭的辩论等环节都提出了扎实的要求，这些相应地对审判监督工作也提出了要求，要求检察机关在审判环节切实履行监督义务，监督法院的审判工作是否符合法律规定的程序，判决的作出是否合乎法律的规定。要正确认识以审判为中心诉讼制度改革之下的检察机关的审判监督，强化检察机关的审判监督是实现以审判为中心的制度保障。

4. 公益诉讼制度逐步推进

民事、行政公诉权一直是我国检察职能的软肋，公共利益、弱势群体权益得不到有效保护的问题长期存在。2005 年 8 月 24 日最高人民检察院第十届检察委员会第 38 次会议讨论通过了最高人民检察院《关于进一步深化检察改革的三年实施意见》，明确将建立民事、行政公诉制度的探索作为这一时期的改革任务之一。2012 年修改的《民事诉讼法》第 55 条对公益诉讼作出了规定，“对污染环境、侵害众多消费者合法权益等损害社会公共利益的行为，有关机关、社会团体可以向人民法院提起诉讼。”2014 年 12 月 18 日最高人民法院审判委员会第 1636 次会议通过了《关于适用〈中华人民共和国民事诉讼法〉的解释》，进一步细化了公益诉讼的相关规定。2015 年 1 月 6 日，最高人民法院发布了《关于审理环境民事公益诉讼案件适用法律若干问题的解释》，该解释第 11 条规定，“检察机关、负有环境保护监督管理职责的部门及其他机关、社会组织、企业事业单位依据民事诉讼法第十五条的规定，可以通过提供法律咨询、提交书面意见、协助调查取证等方式支持社会组织依法提起环境民事公益诉讼。”2015 年 7 月 2 日，最高人民检察院召开新闻发布会，发布《检察机关提起公益诉讼改革试点方案》，选择北京、内蒙古、吉林、江苏、安徽、福建、山东、湖北、广东、贵州、云南、陕西、甘肃 13 个省、自治区、直辖市的检察院开展改革试点，试点期限为二年。2018 年 10 月 26 日新《人民检察院组织法》第 20 条正式将公益诉讼确立为人民检察院的一项基本职权。2019 年 1 月 3 日最高检的内设机构改革专门成立第八检察厅负责公益诉讼的相关工作。公益诉讼的逐步有序推进，意味着检察机关已经突破了传统的刑事诉讼领域，在民事、行政诉讼领域开始有所作为。检察机关在公益诉讼领域的试水适应了当前社会发展和社会公共利益的需要，但是目前公益诉讼覆盖面还比较窄，未来应该拓展检察机关参与公益诉讼的领域。检察机关还可以以当事人或者公共利益代表人的名义对婚姻家庭案件、破产案件、涉及政府或者公众利益的案件、涉税案件以及其他涉及弱势群体保护或者公共利益保护的案件提起诉讼，保护相关当事人的利益。①

（三）转变片面追诉观念，加强检察机关的客观义务

客观中立的司法规律具有普适价值，已经得到了联合国刑事司法准则的倡导。这一规律要求检察机关在诉讼活动的各个环节都应

① 陈光中等：《中国司法制度的基础理论问题研究》，经济科学出版社 2010 年版，第 213 页。

该践行这一规律的要求。检察机关不仅是犯罪的追诉者还是犯罪人合法权益的保护者，在诉讼活动中，既要依法履行其追诉犯罪的职能，还应履行其客观义务的角色，保证法律的公正实施。

在自侦案件中，检察机关应全面收集证据，保证合法取证和查明事实真相。在审查批捕和审查起诉环节，检察机关应保持中立，对侦查机关移送的全案证据进行分析鉴别，审查判断，看其是否真实可靠、是否全面充分。在审查过程中不仅要注意犯罪嫌疑人有罪和罪重证据的查明，还要注意犯罪嫌疑人无罪和罪轻证据的审查，居中审查是否对犯罪嫌疑人决定批捕、公诉；检察机关在审查中不仅要审查事实认定和法律适用，还应对侦查人员的侦查行为进行审查，当发现侦查中存在非法取证、刑讯逼供等违法情况，检察机关应主动进行调查核实，及时提出纠正违法的意见。当查证发现非法证据属实的，应当主动加以排除。构成犯罪的，应当依法追究刑事责任。对于采取强制措施不当的，要及时解除或变更。检察机关在审查批捕、审查起诉环节，不仅要审阅核查案卷材料，还应当讯问犯罪嫌疑人，听取辩护人、被害人及其诉讼代理人的意见。检察机关对各方诉讼参与人意见的听取不能只流于形式，而应该在诉讼中发挥实际效果。正因如此，刑事诉讼法规定，辩护人、被害人及其诉讼代理人提出的意见必须记录，书面的必须附卷。在审判环节，检察机关应既重视被告人的有罪证据，又不忽视无罪证据；既积极支持公诉，又理性对待辩方意见。对于错误的判决或裁定，无论是无罪判有罪还是有罪判无罪，都应当提出抗诉，监督法院纠正错误判决。目前，认罪认罚从宽制度正在试点推进中，检察机关更应该切实履行其客观义务，确保认罪认罚从宽制度公正执行。在审前阶段，检察机关应当及时告知犯罪嫌疑人享有的诉讼权利和认罪认罚可能导致的法律后果，就指控罪名及从宽处罚建议等事项听取犯罪嫌疑人及其辩护人或者值班律师的意见，确保犯罪嫌疑人自愿认罪认罚。

现有的法律已经对检察机关的客观义务作出了明确规定，目前要做的就是落实刑事诉讼法及其相关法律对检察机关客观义务的规定，一方面，要出台配套规定保障检察机关客观义务能够落实，如合理设定工作效能的指标体系，不应再将法院的“无罪判决率”列为检察机关和检察官个人绩效考核的指标，要将检察官客观义务的履行情况作为绩效考核的重要内容。指标体系应当根据客观实际情况产生，实事求是；保持考核体系的必要的弹性，根据案件的实际情况，各地的情况不同，不同时段的考核指标也在变化。另一方面，建立制约机制提供制度保障促使检察官自觉履行客观义务。建立制约机制，对于严重渎职的检察行为要进行惩戒，促使其认真履行检察职责。在我国现行法律体系下，检察官违反客观义务，情节较轻的，应当承担行政责任，情节严重构成枉法追诉、裁判罪的，则应承担刑事责任。此处客观义务的违反应限于故意或严重过失。对于因轻微过失违反客观义务，则无须承担行政责任和刑事责任，但应当承担职业伦理上的责任。

（四）落实正当程序观念，引导检察权有序运行

随着正当程序观念的发展，程序正当逐渐获得世界各国的普遍认可和尊重，成为司法活动的主要目标和价值追求。保障检察权运行的程序正当性主要应从两方面来实现：其一，完善检察权程序启动权，保障程序启动的实体效果。检察权的本质就是程序权，检察权行使的目的就是引起某种程序。因此，检察改革的目标就是保证检察权能够有效地启动有关程序，并且实现启动的目的。比如，陈满案就是检察机关成功地启动监督程序并且实现启动目的的一例案件。2016年2月1日，陈满故意杀人、放火申诉案经最高人民检察院提出无罪抗诉，最高人民法院指定的浙江省高级人民法院再审

后裁定撤销原判，被告人陈满被宣告无罪得以释放。[①] 据 2016 年《最高人民检察院工作报告》显示，党的十八大以来，有近 30 起得以纠正的冤错案件中，至少有 7 起是经检察机关提出再审建议或抗诉后，法院再审改判无罪的。这些案件的纠正虽然显示了检察机关的监督职能被激活，但还远远不够。因为检察机关对于这些被报道出来的案件大都是后知后觉，如果没有当事人亲友及相关媒体的不懈努力，检察机关很有可能根本无从知晓，更不用说办理这些案件了。然而，检察机关不同于诉讼活动中的其他机关，检察机关是宪法授权的法律监督机关，是诉讼活动中的纠错机关，同时它也是法定的程序启动机关。因此，检察机关不应该只是被动等待发现违法案件，而应主动切实履行职责，通过各种途径积极发现诉讼活动中的违法行为，从而行使程序启动权，促使违法行为被纠正。其二，以程序制约检察权，保证检察权的正当运行。检察机关应当增强程序观念，在行使检察权过程中，将程序与实体同等并重。在司法实践中，检察机关不仅应严格依照法定程序履行监督职责，确保诉讼活动中各专门机关和诉讼参与人诉讼行为的合法性，检察机关自身更应该严格遵守程序法依法行使检察权。在诉讼活动中，检察机关不仅应依法及时告知诉讼参与人所享有的诉讼权利，还应当为诉讼参与人行使诉讼权利提供必要的保障，防止侵犯诉讼参与人诉讼权利的行为发生。

---

① 1999 年 4 月，海南省高级人民法院二审裁定陈满因犯故意杀人罪、放火罪被判死缓。但陈满及其父母始终不服，坚持向相关政法机关申诉。2014 年 4 月，陈满委托代理律师向最高人民检察院提出申诉。最高人民检察院刑事申诉厅承办人查阅了陈满案的全部案卷材料，提审了陈满，复核了相关证据，并听取了原案相关侦查人员、检察人员的意见，认为原审裁判存在错误可能，于是在 2014 年 7 月决定立案复查。最高人民检察院检委会讨论认为，陈满案原审裁判事实不清、证据不足。2015 年 2 月，最高人民检察院将陈满案向最高人民法院提出抗诉，最高人民法院指定浙江高院再审，冤狱 23 年的陈满才获清白。参见《媒体：检察机关抗诉、再审建议或成冤案平反新常态》，载搜狐网，http：//mt. sohu. com/20160313/n440244745，shtml，最后访问时间：2017 年 1 月 4 日。

公正的程序是制度公正的重要内容。利益各方能够积极有效地参与到与其利益相关的程序之中并有充足机会阐述其立场与理由是其信赖并尊重程序结论的基本前提，也是程序正义原则的基本要求。① 现代诉讼的理念是：诉讼只有公开，才能实现公正。② 为了落实程序正当的要求，检察机关应该贯彻落实检务公开制度，依照有关法律规定向社会及时公布相关案件的处理事项。由于刑事诉讼法没有规定不起诉审查的公开程序，使得检察机关作出的不起诉决定经常难以使被不起诉人尤其是被害人接受。鉴于此，检察机关可以建立不起诉听证程序，听证程序由检察长指定一名非案件承办检察官主持，检察机关案件承办人、侦查机关案件承办人、被害人及其诉讼代理人、犯罪嫌疑人及其辩护人和其他有关诉讼参与人共同参加。在听证会上，各方参加人均可以陈述各自意见，出示相关证据，经过听证后，由检察长当场宣布听证结论。听证程序的确立有利于不起诉程序的公开和透明，保证不起诉权的正确行使。

第四节　审判权运行规律

审判权是司法权的核心，它实际上是一种判断权③，即由人民法院专门行使的，对诉讼各方的事实主张和法律主张依法进行判断，以维护社会秩序和法律价值的终局性权力。审判权的运行是整个司法工作的关键领域和核心，司法功能的发挥必须通过审判权的运行来实现，而审判权的运行是否遵循其固有规律，会直接影响裁判的法律效果、社会效果和政治效果，更是关系到司法公信力和司法权威性的高低。近些年出现的司法公信力不高，司法权威缺失等现象，从某种程度上反映出审判权尚未能完全依照其规运行，审判

---

① 卞建林：《论检察》，中国检察出版社 2013 年版，第 91 页。

② 邓思清：《检察权研究》，北京大学出版社 2007 年版，第 135 页。

③ 陈兴良：《独立而中立：刑事法治视野中的审判权》，载《华东政法大学学报》2007 年第 6 期。

权的运行出了问题，造成审判权运行的结果不尽如人意。因此，现阶段开展的司法改革，就是要遵循审判权运行规律，对“审判供给侧”进行改革。

一、审判权运行的一般规律

（一）法院独立与法官中立规律

法院独立与法官中立行使审判权是现代法治国家奉行的一项基本法律原则，也是为我国宪法所确认的原则。党的十八大报告明确指出：“要全面推进依法治国，进一步深化司法体制改革，坚持和完善中国特色社会主义司法制度，确保审判机关、检察机关依法独立公正行使审判权、检察权。”审判权的运行必须遵循审判权的独立行使这一规律，没有审判权的独立就没有公正的审判。审判权独立行使包含两个层次的要素：一是法院独立，二是法官中立。其中法院独立是审判权独立的表象规律，而法官中立则是审判权独立的本质规律。为保障审判权的独立运行特别是保证法官中立，大多数国家实行法院垂直管理制度、法官待遇保障制度，建立回避的信息对称制度，法官言论限制制度。通说认为，法院独立表现为外部独立与内部独立两个方面。外部独立源于资产阶级革命成果“三权分立”学说：审判权是和行政权、立法权相并列的权力，三权分立、制衡，才能保证行政权合法的活动边界，不侵害公民权利。我国宪法和刑事诉讼法、民事诉讼法、行政诉讼法规定的法院独立是指人民法院只依据宪法和法律的规定审理案件，不受行政机关和社会团体和个人的干涉。内部独立是指审判系统内部各子系统、要素之间运行的独立，具体包括各级法院之间的独立和法官个体的独立。各级法院之间独立行使审判权，下级法院不受上级法院影响，上级法院不得对下级法院的具体审判活动进行干涉。当然，因案件上诉启动二审程序、审判监督程序而被改判、变更不受此限制。为此，一是应当尽量减少个案请示、内审等违背审判权运行规律的实践做法；二是同一法院法官之间相互独立，不受其他法官包括担任法院领导职务的法官的干涉，法官享有按照自己对事实和法律的理解和把握，通过法律规定的审判组织形式作出裁决，不受其他法官的影响。为此，合议庭评议时应进行实质评议，合议发言顺序采取承办人、法官（人民陪审员）、审判长的次序进行，避免受到领导的影响。

法官中立是指“法官在三方组合的诉讼结构中，在发生争端的各方参与者之间保持一种超然的、无偏私的态度和地位，在刑事诉讼中，法官应对控、辩双方的主张、证据和意见给予同等的关注，为控辩双方创造同等的诉讼机遇，以保证控辩双方享有对等的诉讼权利”。[①] 中立不仅是对法官能力的要求，也是对法官道德品性的要求。有学者提出，“法官中立有两方面的内涵：无个人利益和无偏见。无个人利益要求法官不能与案件有任何利害关系，即是指法官与争议的案件无关联性。无偏见，即对无法律或政策的事先倾向、无对事实的事先倾向和无对一方当事人的事先倾向”。[②] 该观点与通说认为法官中立表现为主观上的中立和客观上的中立。无个人利益，即主观上的中立主要是通过回避制度实现的。法谚有云，“任何人不得做自己案件的法官”，指的就是回避制度。法官与案件当事人或者代理人、案件存在某种关系，而这种关系可能会影响到案件的公正审判，法官应当主动申请回避或者被申请回避。无偏见是指言行中立，它是以客观形式表现出来的。言行中立是指法官在案件判决作出前和判决作出后，不得发表有倾向性的言论。例如，案件正在审理当中，法官就作出倾向性评论，实为“先定后审”，使审判流于形式，也就丧失了法官审判的中立性。最高人民法院2010年发布的《法官行为规范》（以下简称《规范》）第40条规定：“在调解过程中与当事人接触，应当征询各方当事人的

---

① 黄文：《法官的中立问题探讨》，载《河北法学》2006年第5期。

② 常怡、肖瑶：《论法官中立——以民事诉讼为视角》，载《昆明理工大学学报》（社会科学版）2008年第5期。

调解意愿；根据案件的具体情况，可以分别与各方当事人做调解工作；在与一方当事人接触时，应当保持公平，避免他方当事人对法官的中立性产生合理怀疑。”该《规范》第84条明确规定：“接受新闻媒体与法院工作有关的采访，接受新闻媒体采访必须经组织安排或者批准；在接受采访时，不发表有损司法公正的言论，不对正在审理中的案件和有关当事人进行评论，不披露在工作中获得的国家秘密、商业秘密、个人隐私及其他非公开信息。”这些规定即体现出法官中立这一司法规律的要求。

法院独立与法官独立是现代法治国家诉讼规律的总结。只有审判独立，才能保持国家公权力之间相互制约、相互监督的均衡局面，保障权力不被滥用，保护公民权利不受不法侵害。法院独立与法官中立还有助于对当事人的实体利益和程序利益依法的平等保护，使当事人感受到审判权行使的公平正义，最终实现纠纷的及时化解和社会的秩序稳定。正确认识和把握法院独立与法官中立规律需要注意两个方面的问题：一是人民法院的审判活动不受行政机关、社会团体和个人的干涉。但人民法院的工作必须接受全国人民代表大会及其常务委员会、地方各级人民代表大会及其常务委员会以及人民检察院的监督，接受监督并不与法院独立与法官中立相冲突。二是法官独立意味着法官自主地、不偏不倚地作出决定，但并不排除管理和监督。针对法官的管理和监督必须要在司法责任制的框架下展开，通过建立健全权责统一的司法权力运行机制实现法官中立。“让审理者裁判，由裁判者负责”是对司法责任制的高度概括。就具体的审判活动而言，法院整体无法参与个案审判过程，也无法对裁判结论负责，法官个体才是行使权力与承担责任的主体。当前进行的司法责任制改革致力于打破过去审者不判、判者不审、权责不明、权责不一的情况，在法院内部实现职权与责任的清晰与明确。就司法责任制的内容而言，一方面需要强化法官行使审判权力的能力，保障法官对审判过程和裁判结论的主导能力；另一方面需要明确法官应当承担的责任，制约法官的偏倚与擅断。可以说，司法责任制通过保障与制约的双重机制综合作用，共同确保法官独立的实现。

（二）直接言词与庭审实质化规律

直接言词是司法审判所不可或缺的特性。为了使正义以“看得见”的方式实现，我国刑事审判方式改革的一个重要方面就是把“直接言词原则”运用于案件审理过程中。[①] 所谓直接言词，即裁判者必须亲自经历裁判的全过程，在法庭上直接审核证据、听取争议各方辩论，以此形成内心确信和判断。直接言词也被称为亲历性，即强调对案件事实和法律的判断，必须根据诉争各方的举证、质证、辩论对案件信息进行过滤、选择、取舍，综合运用归纳、分析、演绎等推理方法，才能形成内心确信的结论。因此，强调审判主体的亲历性、直接性，以此固化审判主体的审判行为，不得间接行使审判权。直接言词有两个最基本的要求：一是直接审理，二是以言词的方式进行审理。前者要求裁判者在裁判过程中必须亲自在场，接触那些距离原始事实最近的证据材料。后者则要求裁判者必须以口头方式进行裁判活动，听取控辩双方以口头方式提交的各类证据。直接审理的对立面是间接审理，口头审理的对立面则是书面审理。间接审理和书面审理走到极端，可以变成裁判者单方面实施的书面审查程序，控辩双方连出庭参与裁判活动的机会也会失去。这样一来，司法裁判的性质也就丧失殆尽，以至于“异化”为一种行政活动，因而成为完全违背审判权运行规律的做法。审判权运行的直接言词规律必然要求庭审实质化，避免庭审走过场。为此，要督促证人出庭作证，逐步减少书面证人证言进入庭审的数量。改变证人出庭率低的现状，落实直接言词原则和交叉讯问规则。确保关键证人、被害人、鉴定人出庭作证，以利于法官查明案件事实。当然，审判的直接言词、亲历性是相对整个诉讼过程而言的。在全

① 陈瑞华：《问题与主义之间——刑事诉讼基本问题研究》，中国人民大学出版社 2003 年版，第 22 页。

部诉讼过程中，必须有法官与诉讼参与人面对面的直接接触，但亲历性并不表明每个参与裁判的个人都必须亲历庭审过程。比如，法院对上诉案件通常采用书面审理形式，这也为大多数国家所采纳，上诉审法官并没有亲历庭审现场，但却并不影响其对案件作出裁判。随着现代信息技术的发展和证据规则的调整，如今审判人员对事实的认定主要依赖的是证据而不是庭审中的“察言观色”。在民商事案件中，当事人可以委托代理人出庭而本人不参加庭审。

（三）证据裁判与审判中心规律

证据裁判是审判权运行的基本规律，也是法治社会必须遵循的司法原则。“作为现代法治国家证据制度基石的证据裁判原则，是指诉讼中司法人员认定案件事实必须以证据为依据。”① 我国刑事诉讼法、民事诉讼法和行政诉讼法的相关规定都体现了证据裁判这一审判运行的基本规律。证据裁判规律，简言之，即没有证据，不得认定事实。在现代诉讼制度下，证据裁判规律至少应有三方面的含义：一是对事实问题的认定、对实体内容的裁判必须依靠证据，没有证据不得认定事实，不得对具体权利义务作出裁决。在诉讼证明中，事实问题的裁判应当依据证据，这是证据裁判的基本含义。我国《刑事诉讼法》第 53 条第 1 款规定：“对一切案件的判处都要重证据，重调查研究，不轻信口供。只有被告人供述，没有其他证据的，不能认定被告人有罪和处以刑罚；没有被告人供述，证据确实、充分的，可以认定被告人有罪和处以刑罚。”这一规定鲜明地体现了证据裁判原则的要求。二是裁判所依据的证据必须具有客观性、关联性和可采性。大陆法系与英美法系对此各有侧重：大陆法系要求证据具备证据能力和证明力，英美法系通常强调证据的关联性和可采性。“关联性规则是英美证据法上的基础性规则，但是英美法系对于关联性和可采性有着截然不同的两种立法模式。证据

① 陈光中、郑曦：《论刑事诉讼中的证据裁判原则——兼谈〈刑事诉讼法〉修改中的若干问题》，载《法学》2011 年第 9 期。

关联性是实质性和证明性的综合体，具有证明待证事实的倾向即具有关联性，法律不要求证据本身具有真实性。”[①] 证据必须具有客观性、关联性和合法性，否则，不应进入法律的评价范畴，对裁判结果而言也不具有任何实质意义。正是基于这一规则，大多数国家均规定对于刑讯逼供等非法手段取得的证据，应当予以排除。将非法取得的证据排除于诉讼程序之外，这也是证据裁判原则的应有之义。三是证据必须经过庭审调查程序查实，才能作为定案依据。“证据必须在法庭上出示，并经合法的质证、认证程序后方可作为裁判的依据。这是对法定证明程序的要求。”[②] 对证据的审查判断是整个诉讼活动的核心工作，作为作出裁判依据的证据必须在公开的法庭上出示，未经庭审质证的证据不得作为定案依据，这也是以审判为中心的诉讼改革提出的要求。从法律规定上看，我国《刑事诉讼法》第 61 条规定：“证人证言必须在法庭上经过公诉人、被害人和被告人、辩护人双方质证并且查实以后，才能作为定案的根据……”最高人民法院《关于适用〈中华人民共和国刑事诉讼法〉的解释》第 63 条进一步明确：“证据未经当庭出示、辨认、质证等法庭调查程序查证属实，不得作为定案的根据。”审判权运行以证据裁判为基础也符合认识规律的要求。“证据材料可能是真实的也可能是不真实的，证据材料不真实的原因多种多样，而且非常复杂，因此，办案人员应对证据的认定持慎重态度，认真核对每一个证据材料，只有在综合审查中注意每个证据的情况和特点，各个证据之间的联系及其同案件事实的联系，才能正确认定各个证据是否真实可靠。”[③] 张保生教授认为，“从司法权本质上是裁判权的

---

① 唐玉富：《英美证据法的关联性规则的解读与启示》，载《研究生法学》2010 年第 2 期。

② 卞建林：《论我国刑事证据制度的立法完善》，载《甘肃政法学院学报》2011 年第 6 期。

③ 卞建林：《论我国刑事证据制度的立法完善》，载《甘肃政法学院学报》2011 年第 6 期。

属性来看，司法改革无疑应该遵循证据裁判规律”。主张应将证据制度建设作为司法改革的首要任务，用证据规则来规制司法权力，要将司法权力关进证据制度的“笼子”，依据证据裁判原则更新司法理念。[①] 证据裁判与审判中心规律在今后的司法改革中确实应作为核心进行规制。

（四）程序正义与依法裁判规律

程序正义是现代法治社会的应有之义，也是确保依法裁判的前提。“程序正义是一种法律理念，即任何法律决定必须经过正当的程序，而这种程序的正当性体现为特定的主体根据法律规定和法律授权所作出的与程序有关的行为。”[②] 审判权的运行只有经过正当的顺序、程式和步骤，作出的裁判结果才可以减少或者免受主观因素的影响，避免裁判的任意性，有助于树立司法权威，增强审判的公信力。“实体法并不是万能的，它的效力是基于依照相应的程序法所作出的判决，而正当的程序是防止司法权滥用、维护司法公正的保障。程序正义能够使结果正当化，并吸收不满。”[③] 也就是说，程序的正当性为结果的公正性提供了看得见的基础，因而审判权运行的结果也更容易为当事人所认可。日本学者谷口安平提出：“审判结果是否正确并不以某种外在的客观的标准来加以衡量，而充实和重视程序本身以保证结果能够得到接受则是其共同的精神实质。”[④] 罗尔斯在其正义理论中也提出：“程序正义是实现正义的首要因素。第二要素是背景正义，这意味着当前整个情况背景要求正确应用程序。第三个因素也是最复杂的要素，是程序本身的公正，

---

① 张保生：《司法改革应遵循证据裁判规律》，载《法治与社会发展》2014 年第 6 期。

② 赵旭东：《程序正义概念与标准的再认识》，载《法律科学》2003 年第 6 期。

③ 田平安：《程序正义初论》，载《现代法学》1998 年第 2 期。

④ ［日］谷口安平：《程序的正义与诉讼》，王亚新、刘荣军译，中国政法大学出版社 1996 年版，第 5 页以下。

即正当的法律程序。而程序越公正越正当，所产生的结果越公正。”① 审判权运行中的程序正义与依法裁判规律的核心要义在于：一是严格遵守刑事诉讼法的规定。二是有效保障当事人和其他诉讼参与人，特别是犯罪嫌疑人、被告人的诉讼权利。三是审判程序公开、透明。四是控辩双方平等对抗，法庭居中裁判。五是讲求办案效率，严格依照法定期限审理。

（五）审判公开与接受监督规律

审判公开是我国宪法以及人民法院组织法、三大诉讼法规定的基本原则。审判公开，即法庭裁判的全过程一般应当向社会公众开放，允许公众在场旁听，允许新闻媒介采访和报道②。“审判公开原则是现代民主政治对审判的要求，其出发点是实现社会公众对司法的监督，满足公众的知情权。”③ 审判公开是审判活动接受监督的前提和条件，而审判公开的目的之一便是借助监督促进公正审判，制约监督审判权的正当行使。特别是媒体监督，由于其自身所特有的开放性与广泛性，为我国的监督体系注入了新的活力，在促进司法公正、遏制司法腐败方面发挥了积极作用。④ 通常认为，审判公开包括两大基本内容：整个法庭裁判过程的公开和法院裁判结论的公开。公开审判向来被视为司法公正的基本保障之一，甚至被各国宪法视为维护民主和法治的基本法律准则。法院公开审判不仅是对社会公众知情权的尊重，同时也可以让司法审判程序处于社会公众的监督之下，将程序公正与实体公正相结合，进而保证诉讼参与人的实体利益与程序利益，尤其对于刑事诉讼中被告人接受公正审判，获得公正判决大有裨益。同时，公开审判也有助于社会大众亲自体验审判的严肃性。

---

① ［美］罗尔斯：《政治自由主义》，万俊人译，译林出版社 2000 年版。

② 谭世贵：《论审判公开的障碍及其克服——以刑事审判为视角》，载《浙江工商大学学报》2009 年第 1 期。

③ 卞建林、李晶：《媒体监督与审判公开》，载《法制资讯》2008 年第 4 期。

④ 卞建林：《媒体监督与司法公正》，载《政法论坛》2000 年第 6 期。

（六）审判权行使被动与谦抑性规律

被动与谦抑在审判权运行中直接表现为“不告不理”、“不诉不理”。被动与谦抑作为调整诉审关系的一项基本原则，已成为当今世界各国的刑事诉讼立法所普遍确认，是由司法审判的被动性特征所决定的。审判权的被动性是指法官在法律实施过程中不主动介入案件，而是遵循不告不理的原则。[①] 审判权只能因当事人的请求方可行使，这是审判权被动性的本质含义。法院若主动地发动裁判程序，或者主动将某一事项纳入司法裁判的范围，只能使法院丧失中立裁判者的立场，实际帮助案件的原告或者被告与对方进行诉讼抗争。[②] 被动与谦抑规律在民事诉讼中表现得尤为突出：诉讼程序的启动、进行或终止均要体现当事人的意愿。起诉、反诉、撤诉、上诉、申诉等基本上都是由当事人自主决定的，即“没有原告就没有法官”。同理，审判权的运行要受诉讼范围的限定，即“诉审同一”，法官不得就当事人没有主张的事项进行审理和判决。

审判权运行的被动与谦抑规律在民事诉讼中是受诉权理论制约的。民事诉讼理论通说认为，诉权具有双重内涵，即程序意义上的诉权和实体意义上的诉权。其中程序意义上的诉权，是指原告向法院提起诉讼的权利和被告针对原告请求的事实和法律根据进行答辩的权利，通常称为起诉权和应诉权。实体意义上的诉权，是指原告通过法院向被告提出实体上请求的权利和被告通过人民法院反驳原告提出的实体请求的权利。[③] 近现代诉讼理念实行诉审分离，审判权的运行受“不告不理、诉审同一”原则的制约，因此，审判权运行对象可以用来框定法院审判权的运行范围。比如，日本学者提

---

① ［法］托克维尔：《论美国的民主》（上卷），董果良译，商务印书馆 1991 年版，第 110-111 页。

② ［德］拉德布鲁赫：《法学导论》，米健、朱林译，中国大百科全书出版社 1997 年版，第 121 页。

③ 汪建成、祁建建：《论诉权理论在刑事诉讼中的导入》，载《中国法学》2002 年第 6 期。

出："起诉书中明确记载的特定诉因，就是法院的审判对象，同时也是被告人防御的对象。"① 诉权的行使是审判权运行的启动性要素，这在民事、行政诉讼中表现得尤为突出——"无诉即无裁判"，"无原告即无法官"。"原告的诉讼请求决定了法院审查的深度和广度，并对法院的裁判、决定的形式和内容产生影响。"② 虽然刑事诉讼不同于民事诉讼，提起公诉的权力由国家公诉机关统一行使，同时赋予某些被害人提起刑事自诉的权力，但起诉仍然是案件进入审判程序的条件，也是审判权运行的前提。审判对象是在控、辩、审的诉讼结构中，通过三方的互动来框定的，其内涵体现为"没有起诉，就没有审判对象"、"审判对象集中展现于庭审，却规约着整个诉讼活动过程"。这些原理宣示了审判对象在诉讼构造中存在和发生作用的规律③。

（七）一事不再理与禁止双重危险规律

禁止双重危险原则源于罗马法一事不再理原则，目前已成为大陆法系和英美法系主要国家刑事诉讼的一项基本原则，也是联合国《公民权利和政治权利国际公约》所确立的国际刑事司法准则之一。这项原则主要强调了任何被告人均不得因为同一个犯罪事实而遭受到两次或两次以上的刑事处罚，其在刑事诉讼中表现为尊重与保障人权。在民事诉讼、仲裁领域，即禁止重复诉讼或重复仲裁。审判权的一事不再理与禁止双重危险规律，即审判权的终局性，是指审判权对于纠纷具有最终裁判权的特性，审判裁决具有既判力的效力。审判权的一事不再理与禁止双重危险规律主要体现在两个方面：一是体现在裁决效力的最高性。对于司法机关作出的裁决，其他任何机关、组织或个人均不得变更或撤销。二是体现在裁决效力的终局性。司法机关对一纠纷作出生效裁决后，不得再将这一纠纷

① ［日］田口守一：《刑事诉讼法》，刘迪、张凌、穆津译，法律出版社 2000 年版，第 165 页。

② 袁诚：《法官不应作超出诉讼请求的判决》，载《中国审判》2006 年第 2 期。

③ 谢进杰：《审判对象的运行规律》，载《法学研究》2004 年第 4 期。

纳入司法裁判的范围，即一事不再理。正如美国学者埃尔曼所说："具体的言行一旦成为程序上的过去，即使可以重新解释，但却不能推翻撤回。经过程序认定的事实关系和法律关系，都被一一贴上封条，成为无可动摇的真正的过去。"① 司法裁判一经作出，非依法不得变更或撤销，且不得就同一纷争再次行使诉权，只有这样才可以避免当事人之间的关系长期处于不稳定状态，从而避免社会秩序长期处于不安定状态。审判权的终局性对于树立司法权威，实现法治社会有着重要意义。

（八）集中审理与审判权统一规律

集中审理是与分割审理相对应的概念。我国台湾地区学者丘联恭亦认为："诉讼之本案理应尽可能使程序集中化，并以开一次言词辩论期日即可终结为理想，此即所谓集中审理（集中辩论）主义之要求。循此项原则所采行之审理方式系为达成短期间终结某一事件之目标，就该事件之辩论，或集中于一次言词辩论期日一举为之，或继续开数次言词辩论期日而不于期间上隔离，且于该数次期日之间不审理其他事件。在此种情形下，从法院继续审理某一事件观之，系于该事件经继续不断审理而终结以后始移向审理他一事件，故亦称其原则为继续审理主义。"② 由此可见，集中审理即要求同一个案件在尽量短的时间内一次性、集中审理，中间不得间断和拖延，待审理完结后才能审理另一个案件。我国在刑事诉讼法中并未将集中审理作为一项基本原则，但在审限规定方面体现了集中审理原则。刑事诉讼法从第一审程序、第二审程序和审判监督程序都对审限制度作了明确的规定。集中审理所要求的直接言词原则、法官中立原则、公开审判原则是与庭审中心主义一脉相承的，因而选择"集中审理"的道路成为审判流程再造、实现庭审中心的必

① 季卫东：《法治秩序的建构》，中国政法大学出版社1999年版，第18页。

② 转引自李祖军、贾欢：《论民事诉讼中的集中审理原则（一）》，载《昆明理工大学学报》（社科法学版）2008年第1期。

然选择。

由于审判权是国家判断权，因此审判权的统一行使是审判权的必然要求。统一行使的要求，大至区域之间的裁判尺度统一，小至法院内部不同审判组织之间的统一。其结果既表现为行使主体的特定性，又表现为类案裁判结果的稳定性。审判权的统一行使，既可以避免毫无边界行使裁判权导致的不安全，也能避免一味地限制裁量权可能遭遇的相应制度无法协同运作造成的理念与社会期待的极大反差。[①] 审判权统一性是由法律的同一性及国家的统一性所决定的，中央立法机关通过全国性法律，除法律有明确规定不能适用于特别地区之外，应当在全国范围内得到统一的贯彻执行，而保证其法律能在全国通行无阻地得到贯彻执行的最重要、最关键的机构就是分布在全国各地的司法机关。一个地区法院所作出的裁判不仅对本地区有约束力，而且对全国来讲同样具有约束力；而一个地区行政机关所作出的行政决定却只能在本辖区有效，超出辖区则不产生法定效力。

二、我国审判权运行存在的问题

（一）地方化严重，独立性不足

从属性来看，审判权属于国家统一权力体系的组成部分，本无归属中央抑或地方之别，但由于各级人民法院在人员编制、经费等审判资源的获得方面受制于同级地方党委和政府，造成司法权力地方化现象突出，进而形成所谓“地方司法保护主义”或“部门司法保护主义”。有学者提出：“司法权地方化表现为，设在地方的国家司法机关，在行使国家司法权力的过程中受地方党政权力机关的不当影响、干预乃至控制，不能独立、公正地行使其权力，以致司法公正难以实现，国家的法制统一不能得到保证。在一些情况严

① 肖建华：《审判权缺位和失范之检讨——中国民事诉讼发展路向的思考》，载《政法论坛》2005 年第 6 期。

重的地方，设在地方的国家法院实际上已沦为代表地方特殊利益的地方法院。”① 所谓审判权地方化，是指审判机关及其工作人员在行使审判权过程中受到当地党政机关或者地方利益团体的不当控制和干扰，导致审判机关及其工作人员不能保持其应有的独立和中立性，进而影响裁判结果的一种异化现象。审判权地方化直接破坏了国家法律适用标准的统一性，如法院在审理异地当事人起诉的经济纠纷案件的活动中，受地方经济利益驱动，偏袒本地区当事人；对异地当事人起诉的案件不立案或不及时立案；出于地方经济利益考虑争夺管辖权或者推诿管辖；对异地当事人申请执行的案件久拖不决；对以本地区行政机关为被告的行政诉讼案件有意偏袒当地行政机关。

改革提出，法院干部人事管理体制改革的目的是更好地实现党的领导和人大监督。“党的领导”，即地方党委的领导，地方党委负责对法院领导班子考评、法院领导干部任命、职级晋升等都与地方党委密不可分。而改革提出，要坚持以法官为中心、以服务审判工作为重心，建立分类科学、结构合理、分工明确、保障有力的法院人员管理制度。一是配合省以下法院人事统管改革，推动在省一级设立法官遴选委员会，从专业角度提出法官人选，由组织人事、纪检监察部门在政治素养、廉洁自律等方面考察把关，人大依照法律程序任免。二是推进法院人员分类管理制度改革，将法院人员分为法官、审判辅助人员和司法行政人员，实行分类管理。与之配套的，则是拓宽审判辅助人员的来源渠道，建立审判辅助人员的正常增补机制，减少法官事务性工作负担。三是建立法官员额制，对法官在编制限额内实行员额管理，确保法官主要集中在审判一线，高素质人才能够充实到审判一线。四是完善法官等级定期晋升机制，确保一线办案法官即使不担任领导职务，也可以正常晋升至较高的法官等级。五是完善法官选任制度，针对不同层级的法院，设置不

① 王旭：《论司法权的中央化》，载《战略与管理》2001 年第 5 期。

同的法官任职条件。初任法官首先到基层人民法院任职，上级法院法官原则上从下一级法院遴选产生。同时，为维护国家法制统一，优化司法资源配置，改革就建立与行政区划适当分离的司法管辖制度作出了安排：一是在管辖制度方面，通过提级管辖和指定管辖，确保行政案件、跨行政区划的民商事案件和环境保护案件得到公正审理；二是在法院管理方面，巩固铁路运输法院管理体制改革成果，将林业法院、农垦法院统一纳入国家司法管理体系，改革部门、企业管理法院的体制；三是在机构设置方面，建立上级法院在重大、疑难、复杂案件较多的地方派出巡回法庭工作机制；四是在法院设置方面，推动在知识产权案件较集中的地区设立知识产权法院。此外，“四五改革纲要”还就审判权力运行、人权司法保障、司法公开、四级法院职能定位、司法行政事务保障以及涉法涉诉信访等内容给予了规划，并制定了详细的改革措施。

（二）审判权运行行政化严重，违背其运行规律

审判权行政化是指法院在其内部构成和运作方面与行政机关在体制构成和运作方面有着基本相同的属性，是按照行政体制的机构和运作模式进行构建和运行从而使审判权的行使带有行政性。① 审判权的行政化主要表现在以下几个方面：

一是审判机关构成行政化。我国审判机关最初的构建和运行都是按照行政机关的模式进行的。虽然经过若干次“改革纲要”的改革，但法院至今仍然沿袭行政机关的相应行政级别，从基层法院到最高法院，法院及其领导的地位完全被行政化，基层法院是副处级、中级法院是副厅级、高级法院是副省级。在法院内部，无论是审判员还是书记员或是法警以及其他工作人员，也都被纳入到行政级别的管理之中，每一个人都有相应的行政级别，并且和政府公务员的行政级别完全一样，而且审判人员看重的更多的是行政级别，

① 马斌：《论审判权行政化对程序公正的影响》，载《呼伦贝尔学院学报》2009年第5期。

因为行政级别直接决定了法官的级别等级。

二是审判机关职能的行政化。法院是行使国家审判权的机关，其最主要的职能就是行使审判权，因而审判机关与行政机关在性质、职能、人员资质、权力属性及其运行规律等方面均有相当大的区别。然而现阶段我国法院除依法行使审判权外，其内部还承担着大量的行政管理职能，如后勤供应、财务管理、司法鉴定、司法警察管理等非审判职能，而这些职能大部分属司法行政范畴，而且这些行政管理权有日益膨胀的趋势，审判权与行政管理权本末倒置。

三是上下级法院关系行政化。法院之间独立，法院对自己审理的案件有独立判断并作出裁判的权力，上级法院不能对下级法院审理的具体案件发布命令和作出指示。同理，下级法院也不应当将自己审理的个案向上级法院汇报，或者向上级法院就个案进行请示。上级法院对下级法院的法律监督只是通过上诉制度来实现的，但由于行政化现象，使得法院的上下级审判权监督关系也被行政化。下级法院在审理案件参照行政机关的层层请示、层层汇报制度，向上级法院进行请示、汇报。目前下级法院向上级法院书面请示的范围仅限于法律适用的争议，但审判实践中经常遇到法律规定不明确，或者涉及较大的社会影响和政治问题以及事实关系比较复杂的问题也向上级法院请示，上级法院会通过“函”、“回复”、“批复”等方式提出意见、建议，下级法院得到回复后，通常会按照上级法院的回复意见处理。造成所谓的“一审终审”，破坏了正常的审级制度。而“函”、“回复”等本身就属于行政机关之间上对下的行政文件，这也反映出审判权行政化的倾向。

四是审判权运行过程行政化。审判权运行过程的行政化体现在裁判文书审批、签发。我国法院内部机构的设置及我国法院现行管理体制的状况，是人民法院的正、副院长组成院级行政领导层，主持法院的全面工作当然也包括审判工作。法院内部的审判业务庭设置正、副庭长负责本庭的审判业务，同时法院内部还设置审判委员会作为集体领导审判工作的组织机构。法院内部这种等级性的设置，决定了现行的案件审批、签发制度：即在作出裁决前，应报请院长或庭长审批，裁判文书由院长或庭长审核签发；涉及改判、发回重审等情形，需要由主管院领导审批、签发；遇有复杂、疑难案件，合议庭意见不一致时，必须经审判委员会讨论决定。这就造成了“审”与“判”的分离，即审者不判，判者不审，法官在审判中难以真正独立。

五是审判质效率数据考核行政化。司法统计、档案管理、法官和行政人员的人事管理及综合管理等是上级法院对下级法院的各项工作，包括审判工作和法院内部司法行政管理工作的考核内容，并以考核结果排名定次作为衡量或评价下级法院的工作成绩或下级法院院长工作能力的指数。但该指数逐渐背离了初衷，俨然成为各法院的“GDP 指标”竞赛，案件的审理天数、审结率、发改率、上诉申诉率、信访率成为法院行政领导们关注的焦点。为片面降低审理天数，要求刑事案件在刑事诉讼法所允许的最短时间内结案；为降低发改率，制定硬性的发改指标；为提高结案率，在年底前不立案；为降低案件发改率，与上级法院拉关系、力求将稍有问题的案件予以维持；为降低申诉、上诉、信访率，要求审判人员加强调解、服判工作，这些都作为考核体系的副产品出现。上述质效率数据考核行政化的做法，违背了审判权运行的客观规律，过分夸大了行政管理在法院系统内的地位及作用，淡化了审判工作的核心地位。

三、我国审判权运行的健全

审判权运行规律是人民法院在行使审判职能时，实现依法、公正、高效审判案件这一目的所必须遵守的客观法则，如果违背审判规律，审判职能就难以发挥其应有的作用，审判工作所追求的依法、公正、公平、高效的目的也将难以实现。现阶段开展的司法改革核心就是要改革现有审判运行机制中与审判权运行规律不相协调的内容。党的十八届三中全会提出改革司法管理体制，推动省以下地方法院、检察院的人财物统管，健全司法权力运行机制，改革审委会制度，完善主审法官、合议庭办案责任制，让审理者裁判由裁判者负责。这些改革举措，目的就是让审判权的运行回归到客观规律中去。审判权运行的健全，应从以下方面着手：

（一）审判权去地方化，保障法院独立与法官中立

落实法院省级统管制度，确保审判权不受地方行政权干预。2013 年党的十八届三中全会上通过的《关于全面深化改革若干重大问题的决定》（以下简称《决定》）指出："改革司法管理体制，推动省以下地方法院、检察院人财物统一管理，探索建立与行政区划适当分离的司法管辖制度，保证国家法律统一正确实施。"按照权威解读，省级统管只是第一步，最终要实现全国范围内的统一管理，确保司法权的中央事权。

（二）审判权去行政化，改革审判权运行机制

1. 完善合议庭工作机制

制定合议庭运行工作规程，明确合议庭作为审判组织的权力、责任及审判权运行规范，完善合议庭成员在阅卷、庭审、合议、文书制作等环节中的共同参与和制约监督机制。

2. 改革裁判文书签发机制

独任法官审理案件形成的裁判文书，由独任法官直接签署。合议庭审理案件形成的裁判文书由承办法官、合议庭其他成员、审判长依次签署。审判长作为承办法官的，由审判长最后签署。审判组织的法官依次签署完毕后，裁判文书即可印发。除审判委员会讨论决定的案件外，院长、副院长、庭长对其未直接参加审理案件的裁判文书不再进行审核签发，真正做到还审判权于合议庭、审判人员。

3. 完善人民陪审员制度

落实最高人民法院部署的人民陪审员"倍增计划"，拓展人民陪审员的选任渠道和范围，规范选任条件和方式，完善随机抽取机制，强化履职能力培训，健全退出的条件和程序。积极探索陪审方式的改革，针对人民陪审员法律知识欠缺的实际情况，逐步实行人

民陪审员不再审理法律适用问题，只参与审理事实认定问题。

4. 健全院庭长办案常态化机制

进入法官员额的院长、副院长、审判委员会专职委员、庭长、副庭长等院庭长应当办理案件，明确办案数量比例，鼓励承办疑难复杂案件和新类型案件。规范院庭长行使管理权、监督权的职责和方式，限定院庭长审批范围主要应集中于程序性事项，大幅减少院庭长管理和监督工作。

5. 完善审判委员会运行机制

完善审判委员会工作规则。修订现有审判委员会工作规则，规范回避、议事、署名、履职考评等程序，要求案件提交到审判委员会讨论决定的，审判委员会委员应当事先审阅合议庭提请讨论的材料，了解合议庭对法律适用问题的不同意见和理由，根据需要调阅庭审音频视频或者查阅案卷。审判委员会委员讨论案件时应当充分发表意见，按照法官等级由低到高确定表决顺序，主持人最后表决。审判委员会评议实行全程留痕，录音、录像，作出会议记录。建立审判委员会委员履职考评和内部公示机制和审判委员会决议事项的督办、回复和公示制度。

6. 完善专业委员会议的运行规则

《人民法院法》规定审委会可召开专业委员会会议，鉴于其专业性，理应在解决重大疑难复杂问题上发挥作用，因此独任法官、合议庭认为所审理的案件因重大、疑难、复杂而存在法律适用标准不统一的，可提交专业法官会议讨论。健全专业法官会议工作规则，制定专业法官会议工作规程，明确专业法官会议的组成人员、会议召集和主持、议事规则、会议记录等。探索邀请相关审判业务专家和专家学者参加专业法官会议。明确讨论意见效力，专业法官会议的讨论意见供合议庭评议时参考，采纳与否由独任法官、合议庭决定，讨论记录应当入卷备查。

(三) 落实以审判为中心的诉讼制度改革

实行案件繁简分流、认罪认罚从宽制度。目前，各类案件数量持续增长，案多人少的问题将会长期存在，繁简分流、认罪认罚从宽、落实刑事速裁必然是化解问题、提高质效的路径之一。为此，应注重充分发挥庭前会议功能，有效解决程序性争议；完善刑事案件速裁程序和认罪认罚从宽制度；积极总结试点经验，完善认罪认罚从宽制度的实施机制。适用速裁程序的案件，对开庭通知时间不作限制，开庭时可不进行法庭调查和法庭辩论，裁判文书可以简化，办案期限缩短。推进速裁程序面临的困难，主要是加强与公安机关、检察机关之间的有效衔接，从而构建速裁程序侦、诉、审、执的联动机制，形成工作合力。在公、检、法各自的诉讼环节，对符合条件的轻微刑事案件应当及时启动速裁程序，可以对侦查期限作出必要的限定，对于符合适用刑事速裁程序条件的案件，在移送审查起诉时，向检察院提出适用刑事速裁程序的书面建议，并充分听取犯罪嫌疑人、被害人及其法定代理人的意见。在起诉阶段，检察机关应当开辟速裁案件立案移送绿色通道，将速裁案件与普通案件分开起诉、集中起诉，建立受案快速分流制度，简化速裁案件办案审批流程，简化起诉书、量刑建议书、适用速裁程序建议书的制作。案件送交法院后，由立案庭当天集中立案，集中移送刑事审判业务部门，刑事审判业务部门当天集中送达起诉状、集中排庭、专人办理、集中审理、统一裁判尺度、集中宣判等，对被告人在押的案件运用远程视频方式开庭，节约提押时间，简化庭审环节，搭建轻微刑事案件快速办理的绿色通道，速裁程序的制度优势即可充分展现，这也是今后应当继续推进改革的内容。

2018 年新修订的《刑事诉讼法》中已经将认罪认罚从宽上升到立法。认罪认罚从宽制度是被告人的一项权利，是他们对所指控之罪的承认，认罪认罚是一种法律行为，可引起某种特定刑事诉讼程序的发生、改变或终结。认罪案件确认的目的之一就是让认罪案件适用相对简易、快捷的诉讼程序，从而提高刑事诉讼效率。从实体法意义上看，认罪认罚作为一个量刑情节，可以对被告人相应的免除、减轻、从轻处罚，也可以适用缓刑。未来应结合前期试点经验，通过司法解释对适用条件、从宽幅度、办理程序、证据标准、律师参与等作出具体的规定。

(四) 落实庭审实质化

庭审实质化，即“事实证据调查在法庭、定罪量刑辩论在法庭、裁判结果形成于法庭”。保证庭审在查明事实、认定证据、保护诉权、公正裁判中发挥决定性作用。现阶段，应充分利用现有制度来确保庭审实质化：

1. 利用好庭前会议制度

充分发挥庭前会议的基本功能，丰富庭前会议内容，使庭前会议真正成为在审判人员主持下，控辩双方整理争议焦点并沟通审判相关问题的庭前准备程序。庭前会议的目的之一就是将可能存在争议的回避、非法证据排除等程序性问题先行解决，避免因程序性事项重复开庭。正确认识庭前阅卷、庭外调查的关系，庭前阅卷是基础，庭审质证是核心，庭外调查是补充。

2. 强化关键证人、鉴定人以及侦查人员出庭作证

首先，明确证人、鉴定人等出庭作证的案件范围。对案件事实不清、被告人拒不认罪和证言出现反复等案件，对查明案件事实有着至关重要的证人、鉴定人、侦查人员等均应出庭作证。其次，完善强制证人出庭作证制度。将“人民法院认为有必要出庭的”予以细化，明确在哪些情形下，证人必须出庭作证。再次，完善证人保护与补偿制度。完善对证人的保护，明确证人出庭作证享有的权利，应尽的义务，以及选择出庭作证的方式等，细化证人应出庭作证而所花费的时间及精力成本。最后，细化证人出庭交叉询问规则。明确控辩双方发问顺序、发问次数、发问内容以及法庭对诱导性发问的处理及发问过程中的举证、不当发问的提出和处理等。

3. 重视律师的作用，确保控辩对等

以审判为中心的实施主体，不仅是法院，而是由法院、公安、检察、辩护律师形成的合力，这在刑事诉讼中尤为突出。2011 年年初，浙江省高院与司法行政机关在刑事诉讼法原有规定的基础

上，在全国率先推进扩大指定辩护范围，增加规定对因经济困难无力聘请律师、可能判处三年以上有期徒刑等七种为被告人指定辩护人的情形。该举措的目的在于增强庭审的对抗性，确保控辩对等。2016年至今，浙江三年以来辩护率均在95%以上，宁波市江北、北仑区等地甚至达到100%。今后应进一步完善法律援助制度，依法保障被告人的辩护权，健全依申请法律援助工作机制和办案机关通知辩护工作机制，依法保障辩护人在庭审中发问、质证、辩论辩护等权利，完善便利辩护人参与诉讼的工作机制。

（五）严格证据裁判，排除非法证据

随着2010年“两高三部”《关于办理刑事案件排除非法证据若干问题的规定》和2013年刑事诉讼法及其司法解释的相继颁布、实施，非法证据排除规则对于制约非法取证、保障人权起到了积极的作用。但在审判实践中也出现了适用排非规则取得公安、检察机关支持配合有限、审判实践对排非规则的充实、发展作用有限、排非规则对案件处理结果的影响有限等诸多问题。产生上述问题的原因既有案件处理的刚性要求所致，又有成文规则的模糊性使得法官面对证据排非裹足不前、现有理论对解决实践问题帮助有限等因素。解决上述问题，既有必要通过案例指导推动非法证据排除工作、在质证前完成证据的合法性认定，又应当督促公诉机关在一审期间提交证据的合法性材料，并从取证主体与因果关系两方面分阶段判断被告人的审前重复供述。[①] 我们认为，在今后的司法改革中，排除非法证据应注意的问题如下：（1）辩方申请排除非法证据或法庭启动证据收集合法性审查程序。（2）法庭灵活决定审查对被告人提出的非法证据排除的时间，庭前或者庭审中对证据的合法性进行调查，通常在庭前会议中解决非法证据排除问题。（3）关于审查结果的告知方式：一种是审查后当庭宣布某证据是

① 孙卫华、陈峰、陈靖：《审判阶段非法证据排除规则运行难点分析》，载《人民司法（应用）》2016年第7期。

否予以排除。对于一些明显违法的取证，或者公诉人已提供充分证据能够证明取证是合法的，或者被告人及其辩护人只提出取证违法但未提供相关线索或证据的，法庭可以当庭宣布审查的结果或不予审查的意见。另一种是审查后对某项证据的取得是否合法一时难以判断，需要结合其他证据的综合审查后才能作出判断，或者虽可以作出判断，但当庭宣告审查结果后可能会影响庭审的顺利进行，法庭可以宣布将结合本案其他证据审查后再对某项证据取得的合法性作出判断，或宣布合议庭将在庭审结束后结合全案证据及控辩双方的意见进行评议。但审查结论无论是否当庭作出，均应在裁判文书中载明。(4) 提供或播放同步录音录像为主，侦查人员出庭解释、说明为辅。与书面证明相比，同步录音录像更能说明问题。实践中，侦查机关或检察机关往往以涉及国家秘密、易引起争议的侦查策略等为由，不愿提供讯问的录音录像，或明确提出只允许法院人员查看，不能提供给被告人及其辩护人，而辩方则坚持要求提供，为解决这类问题，一般在庭前会议中播放相关录音录像。另外，侦查人员出庭说明情况，也是现阶段排除非法证据的手段之一。侦查人员出庭说明情况，通过控辩双方的询问后，法庭可以更加明了取证的经过，对证据的合法性审查判断也比书面审查更为直观。

(六) 落实阳光司法，提高当庭宣判率和二审开庭率

由于案多人少矛盾突出和原刑事诉讼法中“对事实清楚的(案件)，可以不开庭审理”的规定造成二审开庭率不高。特别是对“事实清楚”没有明确界定的，导致实践中难以把握不开庭审理的条件，有的本应开庭审理的案件没有开庭审理。据统计，2011年全国二审刑案开庭率为11%，浙江省在25%左右[①]。刑事诉讼法删除了“对事实清楚的，可以不开庭审理”这一规定，列举了四类案件必须开庭审理，同时明确，法院决定不开庭审理的，应当讯

① 余建华、孟焕良：《认真落实修改后刑诉法提高刑事审判水平》，载《人民法院报》2012年9月20日，第1版。

问被告人，听取其他当事人、辩护人、诉讼代理人的意见。实践中，当事人对一审认定的事实和证据提出异议，可能影响定罪量刑的上诉案件，应当组成合议庭开庭审理。刑事诉讼法实施后，浙江省高、中两级法院将本着探索积累经验、循序渐进的方针，从实际出发，对“提出异议”是否可以影响定罪量刑，是否应当二审开庭，实事求是作出研判，逐步推进。目前死刑案件和抗诉案件已实现全部开庭。浙江省刑事案件二审开庭率大幅度提高，目前宁波地区刑事二审开庭率已达70%左右。同时，为增强审判工作的透明度，确保公正廉洁执法，从实现法律效果与社会效果相统一的角度出发，应采取多项措施着力提高案件当庭宣判率，以节约司法资源，大大提高了办案效率。

（七）以诉权制约审判权

明确诉权对审判权的制约关系，以利于法官在行使审判权时真正做到中立、独立。注重诉权对审判权运行的制约作用，审判实践中应当注意的问题主要有：一是法官在庭审中应当对控辩双方的诉权给予平等的对待与尊重，保障控辩双方举证与质证、辩论机会平等。二是慎用调查核实证据的权力。法官实施调查取证行为，实际上是审判权侵犯诉权的表现，有违法官的中立性。当然，为查明事实、证据的真实情况，以及当事人确实无法调取的证据，法官可以庭外核实证据，对拟采信的证据应当再次经庭审质证、认证，切实做到以庭审为中心。三是规范庭审认证方式。庭审认证的内容应当限于证据是否适格，即有无证据能力，而不应当对证据的证明力进行确认，以充分尊重控辩双方的质证权。四是落实庭审直接言词、辩论原则，完善强制证人、鉴定人作证制度，以保障控辩双方在庭审中平等的质证权。五是审判范围以诉讼请求为限，不得“超判”，体现出审判权的谦抑性原则。诉讼请求（起诉内容）决定了法院的审理范围，除当事人的行为具有违法性、应当受国家干预外，法院一般只应在原告请求的范围内就具体请求的事项进行审理。在刑事诉讼中，法院不应当任意变更指控的罪名。如果确有必要变更，应当在庭审中引导控辩双方就拟变更的罪名进行辩论。同时应仅限于将重罪变为轻罪，对确实需将轻罪变为重罪，则应当由控诉机关变更指控，以体现审判权的中立性。

（八）落实法官员额制改革

1. 坚持公平公正，完善法官遴选制度

一是从审判实际出发，审慎确定员额法官遴选条件，严格审查报名资格条件，按照办案数量、文书上网、信息调研等内容，对审判绩效进行全面考核，并经笔试、面试、民主测评、公示等环节，确保遴选各环节公开、公平、公正。遴选标准既应考察政治标准，也应注重任职时间标准。要综合考虑法官任职年限、从事审判业务的时间，还要考察能力标准等。二是改革和完善法官遴选程序，建立符合法官职业特点的选任机制，改革现有法官的选拔机制，逐步推行上级人民法院法官从下级人民法院优秀法官中选任的制度。三是逐步扩大遴选范围。法官遴选范围除了法官、检察官外，2016年中共中央办公厅印发了《从律师和法学专家中公开选拔立法工作者、法官、检察官办法》，就从律师和法学专家中公开选拔立法工作者、法官、检察官提出了相应的原则、条件、程序和要求。建立从符合条件的律师、法学专家中招录立法工作者、法官、检察官制度有助于加强法治专门队伍一体化建设，是促进政法队伍正规化、专业化、职业化建设的重要举措。

2. 坚持立足实际，科学制订方案

在党中央、中央政法委和各级党委、政法委的领导和协调下，最高人民法院和各高级人民法院深入推进法官员额制改革，成立工作领导小组，研究制订改革工作方案，组织召开改革工作推进会，推动各级法院进一步明确目标责任，落实工作任务，细化实施步骤。地方各级法院认真贯彻落实关于员额制改革的文件精神，不断完善工作机制，确保改革顺利推进。宁波江北法院探索建立了“编队管理、协助办案、繁简分流、指标四六、责任共担”的1+1+2审判团队管理模式，充分发挥未入额法官协助办案的积极性，有效缓解过渡期内的人案矛盾。重庆高院研究制定了“1+4”改革试点方案，吉林、江苏等高院设计开发了员额法官选任工作软件，实现全省法院入额法官人选的信息查询、排序、数据传送、网上投票等功能，极大提高了遴选委员会的审议工作效率。审判权运行机制改革试点地区经过三年的改革探索，提出了相应的改革方案并形成了各自的运行模式，在最高人民法院大力倡导下，有些非试点法院也积极参与到这场改革之中并提出了独具特色的审判权运行模式。在这些不同方案的背后，由于审判团队管理模式的建立需要具体考量各个法院的案件数量、案件类型、人员结构、辖区人口等现实因素，因而基于各地法院实际情况的差异性相对较大，无论法院在改革中提出“1+N”的模式还是“1+N+N”的模式，虽不具备完全的可复制性与可推广性，但在某种程度上反映出确实是以审判权运行规律为指引开展的探索。

（九）落实和完善审判责任制

落实和完善审判责任制的基本思路是“确权、放权、明责”，优化审判资源配置，明确审判组织职责清单，完善案件质量评价机制，严格审判责任追究，建立健全以审判权为核心、以审判监督权和审判管理权为保障，权责明晰、权责统一、监督有序、制约有效的审判权运行机制。实现让审理者裁判、由裁判者负责，确保依法独立公正行使审判权。落实和完善审判责任制的基本原则，一是权责明晰，落实到位。坚持权力与责任相一致，建立明晰的权力清单和责任清单，将权力及责任落实到具体的审判组织及其成员。二是突出核心，三位一体。以审判权为核心，科学界定审判权和审判管理权、审判监督权的关系和边界，规范权力运行，强化权力制衡，确保审判权依法独立公正行使。三是遵循规律，确保实效。坚持问题导向，遵循司法规律，因地制宜，紧紧抓住影响司法公正、制约司法公信的突出问题和障碍，增强改革的针对性和实效性，努力让人民群众在每一个司法案件中感受到公平正义。

1. 规范审判权力行使。明确各类审判组织办案权限，理顺各

类审判组织之间关系，突出法官办案主体地位，建立符合司法规律的审判权力运行机制

明确审判职责清单。法官独任审理案件时，其行使的审判职责包括：(1) 主持或者指导法官助理做好庭前会议、庭前调解、证据交换等庭前准备工作及其他审判辅助工作；(2) 主持案件开庭、调解，依法作出裁判，制作裁判文书或者指导法官助理起草裁判文书，并直接签发裁判文书；(3) 依法决定案件审理中的程序性事项；(4) 依法行使其他审判权力。

合议庭审理案件时，承办法官行使的审判职责包括：(1) 主持或者指导法官助理做好庭前会议、庭前调解、证据交换等庭前准备工作及其他审判辅助工作；(2) 就当事人提出的管辖权异议及保全、司法鉴定、非法证据排除申请等提请合议庭评议；(3) 对当事人提交的证据进行全面审核，提出审查意见；(4) 拟定庭审提纲，制作阅卷笔录；(5) 自己担任审判长时，主持、指挥庭审活动；不担任审判长时，协助审判长开展庭审活动；(6) 参与案件评议，先行提出处理意见；自己担任审判长时，最后发表意见；(7) 根据合议庭评议意见制作裁判文书或者指导法官助理起草裁判文书；合议庭审理案件时，合议庭组成法官应当认真履行审判职责，共同参与阅卷、庭审、评议等审判活动，独立发表意见，复核并在裁判文书上签名。

审判长在合议庭审理案件时，除承担由合议庭成员共同承担的审判职责外，还应当行使审判职责包括：(1) 确定案件审理方案、庭审提纲、协调合议庭成员庭审分工以及指导做好其他必要的庭审准备工作；(2) 主持、指挥庭审活动；(3) 主持合议庭评议；(4) 依照有关规定和程序将合议庭处理意见分歧较大的案件提交专业法官会议讨论，或者按程序建议将案件提交审判委员会讨论决定；(5) 依法行使其他审判权力。

审判长作为案件承办人时，应当同时履行承办法官的职责。为配合法官员额制改革，应对法官助理的具体活动进行规定，即法官

助理在法官的指导下可以履行以下职责：（1）审查诉讼材料，协助法官组织庭前证据交换；（2）协助法官组织庭前调解，草拟调解文书；（3）受法官委托或者协助法官依法办理财产保全和证据保全措施等；（4）受法官指派，办理委托鉴定、评估等工作；（5）根据法官的要求，准备与案件审理相关的参考资料，研究案件涉及的相关法律问题；（6）在法官的指导下草拟裁判文书；（7）完成法官交办的其他审判辅助性工作。

2. 完善审判责任追究机制。合理界定审判责任，建立与责任主体相适应的责任追究机制

第一，科学界定审判责任，明确审判责任的范围。审判责任包括因行使审判权所负的审判责任和因行使审判监督权，审判管理权所负的管理、监督责任。法官应当对其履行审判职责的行为承担责任，在职责范围内对办案质量终身负责。合理界定违法审判责任，将其与一般性工作失误导致的案件瑕疵区分开。违法审判责任限于法官在审判工作中，故意违反法律法规，或者因重大过失导致裁判错误并造成严重后果两种情形。因工作失误导致案件瑕疵的，按有关业绩考评的规定执行。重大过失造成需要追究违法审判责任的严重后果，主要应当指以下情形：（1）直接导致当事人人身权利或者财产权利严重受损的；（2）造成恶劣社会影响，严重损害司法公信的；（3）严重侵害当事人主要诉讼权利的；（4）造成其他严重后果的。法官有违反职业道德准则和纪律规定，接受案件当事人及相关人员的请客送礼、与律师进行不正当交往等违纪违法行为，依照法律及有关纪律规定另行处理。负有监督管理职责的人员因故意或重大过失，怠于行使或者不当行使审判监督权和审判管理权，导致裁判错误并造成严重后果的，依法追究其监督管理责任。追究其监督管理责任的，依照干部管理有关规定和程序办理。明确违法审判责任的范围。违法审判、应当依法依纪追究相关人员的违法审判责任的情形主要包括：（1）审理案件时有贪污受贿、徇私舞弊、枉法裁判行为的；（2）违反规定私自办案或者制造虚假案件的；

(3) 涂改、隐匿、伪造、偷换和故意损毁证据材料的，或者因重大过失丢失、损毁证据材料并造成严重后果的；(4) 向合议庭、审判委员会汇报案情时隐瞒主要证据、重要情节和故意提供虚假材料的，或者因重大过失遗漏主要证据、重要情节导致裁判错误并造成严重后果的；(5) 制作诉讼文书时，故意违背合议庭评议结果、审判委员会决定，或者因重大过失导致裁判文书主文错误并造成严重后果的；(6) 违反法律规定，对不符合减刑、假释条件的罪犯裁定减刑、假释的，或者因重大过失对不符合减刑、假释条件的罪犯裁定减刑、假释并造成严重后果的；(7) 其他故意违背法定程序、证据规则和法律明确规定违法审判的，或因重大过失致使裁判结果错误并造成严重后果的。明确免责情形。案件按照审判监督程序提起再审后被改判的，并非追究审判责任的必要条件。具有下列情形的，应当作为免责情形：(1) 对法律、法规、规章、司法解释具体条文的理解和认识不一致，在专业认知范围内能够予以合理说明的；(2) 对案件基本事实的判断存在争议或者疑问，但根据证据规则能够予以合理说明的；(3) 当事人放弃或者部分放弃权利主张的；(4) 因当事人过错或者客观原因致使案件事实认定发生变化的；(5) 因出现新证据而改变裁判的；(6) 法律修订或者政策调整的；(7) 裁判所依据的其他法律文书被撤销或变更的；(8) 其他依法履行职责不应当承担责任的情形。

第二，建立与责任主体相适应的责任追究机制。按照权责统一原则，合理确定有关审判组织及其成员的审判责任。是独任制审理的案件，由独任法官对案件的事实认定和法律适用承担全部责任。合议庭审理的案件，合议庭成员对案件的事实认定和法律适用共同承担责任，但实行陪审方式改革后，人民陪审员只参与审理事实认定的除外。因违法审判而被追究责任时，根据合议庭成员是否存在违法审判行为、情节、合议庭成员发表意见的情况和过错程度合理确定各自责任；审判委员会讨论的案件，独任法官和合议庭对其汇报案件的事实负责，审判委员会委员对本人发表的意见及最终表决负责。

案件经审判委员会讨论的，构成违法审判责任追究情形时，根据审判委员会委员是否故意曲解法律发表意见的情况，合理确定委员责任。审判委员会改变合议庭意见导致裁判错误的，由持多数意见的委员共同承担责任，合议庭不承担责任。审判委员会维持合议庭意见导致裁判错误的，由合议庭和持多数意见的委员共同承担责任。

如果因合议庭汇报案件，故意隐瞒主要证据或者重要情节，或者故意提供虚假情况，导致审判委员会作出错误决定的，则合议庭成员应承担责任，审判委员会委员根据具体情况承担部分责任或者不承担责任。审判委员会讨论案件违反民主集中制原则，导致审判委员会决定错误的，主持人应当承担主要责任。审判辅助人员根据职责权限和分工承担与其职责相对应的责任。法官负有审核把关职责的，法官也应当承担相应责任。法官受领导干部干预导致裁判错误的，且法官不记录或者不如实记录，应当排除干预而没有排除的，承担违法审判责任。

3. 完善追究责任的程序

（1）程序的启动。需要追究违法审判责任的，一般由院长、审判监督部门或者审判管理部门提出初步意见，由院长委托审判监督部门审查或者提请审判委员会进行讨论。经审查初步认定具有违法审判责任追究情形的，法院监察部门应当启动责任追究程序。（2）责任调查。法院监察部门应当对法官是否存在违法审判行为进行调查，并采取必要、合理的保护措施。在调查过程中，当事法官享有知情、辩解和举证的权利，监察部门应当对当事法官的意见、辩解和举证如实记录，并在调查报告中对是否采纳作出说明。人民法院监察部门经调查后，认为应当追究法官违法审判责任的，应当报请院长决定，并报送省法官惩戒委员会审议。（3）责任审议。省级法院监察部门应当派员向法官惩戒委员会通报当事法官的违法审判事实及拟处理建议、依据，并就其违法审判行为和主观过错进行举证。被调查法官有权进行陈述、辩解、举证、申请复议、申诉。法官惩戒委员会根据查明的事实和法律法规作出无责、免责或给予惩戒处分的建议。法官履行法定职责的行为，非经法官惩戒委员会审议不受错案责任追究。（4）责任处理与落实。对应当追究违法审判责任的相关责任人，根据其应负责任依照《中华人民共和国法官法》等有关规定处理。

第五节　刑事执行权运行规律

党的十八届四中全会提出了“健全公安机关、检察机关、审判机关、司法行政机关各司其职，侦查权、检察权、审判权、执行权相互配合、相互制约的体制机制”，首次以党中央文件的形式明确了执行权作为与“侦查权、检察权、审判权”并列的第四种司法权力。执行权与审判权紧密相连，从诉讼流程来讲，是审判权的自然延伸。从职能作用来看，执行权要服务服从于审判权的中心地位，执行的具体内容由审判权预设，不能超出审判设定的种类和范围，裁判结果的实现依赖于执行权的正确有效运行。同时，执行权也有着不同于审判权等司法权的属性和特点，决定着其自身的运行方式和规律。

一、刑事执行权运行的一般规律

执行权的运行规律，指的是执行权在运行过程中的基本法则和价值取向。在执行权的运行中，公正与效率是两个最重要的价值目标，要坚持效率优先，兼顾公正；人权保障是刑事诉讼的任务和目标，是权力运行的正当性基础；监督制约是执行权良性运行的根本保障，是防范权力滥用的必要措施；人道主义与复归社会是执行权运行的根本目标和宗旨，反映了人类司法文明的进步；个别化原则是实现刑罚目的的重要措施，是执行权区别其他司法权力的重要特征。

（一）执行公正与效率

陈光中先生认为："在民主法治国家，司法规律首要的是以公正为灵魂。"[①] 如果刑事裁判得不到公正有效的执行，那么刑事裁判结果就会成为一纸空文。执行公正，既包括执行实体的公正，也包括执行程序的公正。实体上的公正，指执行的结果符合刑事实体法的要求，刑罚得到全面执行，同时也没有侵犯当事人和其他案外人的合法权益；程序上的公正，是程序正义原则在执行过程中的体现，"正义不仅应得到实现，而且要以人们看得见的方式加以实现"，程序公正是实现实体公正的基本保障。它有几项基本要求：执行程序的合法性、参与性、及时性和执行错误的可救济性。

效率，原本是经济学的概念，指在生产过程中，投入最小的成本，获得最大的产出。成本最小化、收益最大化是效率理念的两个必要的组成部分。执行效率，指执行过程中的司法投入和产出必须符合经济原则，以最少的人力、物力和财力，在最短的时间内实现刑罚的目的。如果执行程序设置过于烦琐，会增加执行的成本，同时也使现有的机构和人员无力承担。

（二）人权保障

美国著名法学家博登海默说过："我们不能把治理效率本身视为一个终极目的，而应当把实现保护人权的适当措施视为是开明进步的行政司法的一个基本条件。"[②] 随着国际人权斗争的广泛开展，如何保障囚犯应享有的权利引起国际社会的关注，有关囚犯的权利在国际公约中得到体现，如《公民权利和政治权利国际公约》第 6 条规定，"任何被判处死刑的人应当有权要求赦免或者减刑"。第 10 条规定，"对所有被剥夺自由的人，应当给予人道及尊重其固有的人格的待遇"。《禁止酷刑和其他残忍、不人道或有辱人格的待

---

① 陈光中：《关于司法规律的四点看法》，载《司法改革》2015 年第 2 期。

② ［美］E. 博登海默：《法理学：法律哲学与法律方法》，邓正来译，中国政法大学出版社 2004 年版，第 387 页。

遇或处罚公约》第 2 条、第 12—16 条，《保护所有遭受任何形式羁押或监禁人的原则》第 32 条均体现了要求建立监狱复审机制并进行司法审查的救济途径。[①] 罪犯虽然是犯了罪的人，但应享有基本的人权，包括未被法律剥夺的人身、财产等实体性权利，也包括知情权、参与权，对国家工作人员的违法失职行为的控告、检举和申诉权等程序性权利。

（三）监督制约

“权力在社会关系中代表着能动而易变的原则。在权力未受到控制时，可以将它比作自由流动、高涨的能量，而其结果往往具有破坏性。”[②] 执行权是一种强大的公权力，且有封闭性、强制性、易腐性、扩张性等特点，如不加以控制容易遭到滥用，侵犯罪犯的合法权益。所以，在其运行过程中，必须加强监督制约，使其保持在良性轨道中运行。对执行权运行的监督体系包括立法机关的监督、司法机关的监督、舆论监督和社会监督等。从世界范围看，主要发达国家对执行权的监督体现为法院的司法审查。在我国，对执行权的监督，主要体现在检察机关的法律监督。

（四）人道主义与复归社会

综观人类刑罚制度的发展历史，从报应刑到目的刑的理念变化，以及由肉刑到自由刑的执行方式转变，都反映了执行权的运行由野蛮到人道主义的过程，充分体现了人类司法文明的进步。第二次世界大战以来，随着人权理念的深入人心，在刑事政策领域比较有影响的新社会防卫论认为，“刑事司法的一切目的都在于使犯罪人回归社会，能够把犯罪者教育改造成为新人并复归社会是最高的

① 耿光明、武月冬：《论刑事执行权的法律监控》，载《中央政法管理干部学院学报》2001 年第 2 期。

② ［美］E. 博登海默：《法理学：法律哲学与法律方法》，邓正来译，中国政法大学出版社 2004 年版，第 374 页。

人道主义”。① 目前，这一理念已被世界上多数国家立法所认可，并成为刑事执行的指导原则。比如，法国《刑事诉讼法典》第 707 条第 2 款规定，“刑罚的执行，在尊重社会利益与受害人的权利的同时，有利于被判刑人回归或融入社会，有利于预防犯罪的再次发生”。② 再如，《俄罗斯联邦刑事执行法典》第一章第 1 条规定，“俄罗斯联邦刑事执行立法的宗旨是改造被判刑人和预防被判刑人和其他人实施新的犯罪”。③

（五）刑罚个别化

刑罚个别化的概念首先是由法国学者雷蒙·萨莱耶提出的，其理论基础是认为刑罚的根本目标之一是犯罪人复归社会。正如福柯所言，“在现代刑法历史中，个别化举足轻重”。个别化思想体现在审判环节中是对不同的犯罪人施加不同的惩罚，在执行环节则要求根据服刑人员改造的具体情况而适当调整刑罚的方式和强度，最为典型的是减刑、假释措施的采取。域外法治发达国家为了实现刑罚个别化，往往规定了完善的人格调查及人身危险性评估制度。

二、我国刑事执行权运行存在的问题

总体而言，当前在我国执行权运行中的问题，一是对执行权的制约不足，执行权呈现半司法化或准司法化，既有主动发动的行政权特征，又不接受司法审查。检察机关的监督只是提出建议权，而没有实体纠正权。刑事执行的纠错机制只停留在自我监督和自我约束上，刑罚执行行为取得了事实上终局性的司法权特征。④ 二是对

---

① ［法］雅克·博里康、朱琳编：《当代法国刑事政策研究及借鉴》，中国人民公安大学出版社 2011 年版，第 83、87 页。

② 张亚平：《法国刑事执行法》，法律出版社 2014 年版，第 6 页。

③ 《俄罗斯联邦刑事执行法典》，黄道秀译，中国政法大学出版社 2015 年版，第 3 页。

④ 耿光明、武月冬：《论刑事执行权的法律监控》，载《中央政法管理干部学院学报》2001 年第 2 期。

罪犯权利保障不力，罪犯只保留了没有具体严格程序保障的申诉权，对于执行机关职务行为的合法性无法提起行政复议和诉讼。这种权力与权力、权力与权利的失衡状态，在很大程度上影响了执行权的公正高效运行。

（一）交付执行

交付执行是启动刑罚执行的初始程序，其能否顺利运行直接关系到罪犯刑罚的顺利执行。随着刑事诉讼法的修改和相关司法解释的出台，我国已经初步构建了交付执行程序体系，交付执行制度不断完善。但由于受“重审判，轻执行”思想的影响，加之我国执行主体的多元化，部门利益的存在，造成当前交付执行还存在一些突出问题。

1. 看守所拒绝收押或延迟收押

具体表现为，对审前未羁押罪犯判实刑后收监执行难。主要原因是《看守所条例》和《刑事诉讼法》等关于不予收押和暂予监外执行条件的冲突。《看守所条例》对不予收押进行扩大解释，增加“急性传染病”一项，致使患有急性传染病的罪犯经法院鉴定不符合暂予监外执行条件而不暂予监外执行，看守所认为符合不予收押条件而不予收押。

2. 看守所延迟交付、不交付

法律规定，剩余刑期 3 个月以上的罪犯应送往监狱执行刑罚，实践中有的看守所从自身利益出发不愿意移送，主要原因一是从公安侦查工作需要出发，看守所被称为“刑事侦查线索库”，而一些罪犯在看守所长期羁押，可以帮助公安获取线索，破获案件。二是从经济利益角度出发，国家是按照羁押人头数给看守所拨付经费，留所服刑人员越多，看守所获得的经费就越多。

3. 监外执行交付不能

主要表现为，原在监狱服刑的罪犯被假释、暂予监外执行后，交付机关将罪犯交付给接受机关时出现的问题，尤其是对于一些严重疾病、生活不能自理的罪犯，监狱急于甩掉包袱，而基层执行机关视为“烫手山芋”不愿接收，同时罪犯家属也不愿意协助管理，致使罪犯被交付监外执行后处于“脱漏管”状态。

（二）死刑执行

从职权配置看，人民法院作为死刑执行的主体，既扮演“裁判员”，又扮演“运动员”，有损法院的中立地位。执行程序上的问题主要有：

1. 罪犯没有死刑执行方式的选择权

我国法律虽然规定了枪决和注射两种方式，但没有规定谁来行使决定权，法律的这种不明确给司法机关实际执行带来困难，实践中考虑到执行成本的问题，多数法院会选择枪决的方式。从地域上看，广东、江苏等沿海发达地区使用注射的方式较多，那些经济相对落后的地方仍然采用枪决的方式。[①] 这种不统一容易让罪犯及社会大众对死刑的公平性产生怀疑，影响执行的权威性。

2. 亲属会见权无法得到保障

我国相关司法解释明确规定了死刑犯有权会见其近亲属，近亲属也有权会见死刑犯。这种规定符合国际立法实践，体现了人道主义精神和司法理性的要求。然而，由于种种原因，亲属会见权还不能得以合理地实现。[②]

（三）减刑、假释

我国在减刑、假释程序运行上，采取的是“提请—审批”模式，呈现单向运行方式。

1. 启动程序没有体现罪犯的权利主体地位

减刑、假释曾经被认为是国家对罪犯服刑期间表现良好的奖赏和恩惠，在这种观念的支配下，罪犯成为减刑、假释的客体。随着人类文明的进步，“恩惠说”已被“权利说”取代，减刑、假释被

---

① 何承斌：《中国死刑执行程序的检讨与改进》，载《现代法学》2004年第4期。

② 宋英辉主编：《刑事诉讼法修改问题研究》，中国人民公安大学出版社2007年版，第515页。

视为罪犯享有的一项基本权利，鼓励罪犯对自我行为进行调控，实现教育矫正的目标。而我国减刑、假释采取强职权主义模式，监狱根据服刑人员的表现来决定是否提出减刑或假释的建议，而罪犯本人则无权申请，反映了在观念上减刑、假释仍被视为官方的奖励而非罪犯应当享有的权利。

2. 法庭审理的虚化

虽然法律规定对减刑、假释案件采取书面审理和开庭审理相结合的方式，但为降低诉讼成本，提高效率，我国减刑、假释案件除法律规定必须开庭审理外，多数采用书面化的审理方式。提请减刑、假释往往由监管机关或监狱管理部门分批报送减刑或假释申请材料，而非一案一报、一人一报，法院对报批的材料也往往是成批审核、依报核准，不与减刑或假释的当事人见面，这就造成“对监管机关的减刑、假释建议的审查流于形式，监管机关成为实质上的减刑、假释审核机关。”①

3. 检察机关的监督手段不利

在减刑、假释程序中，虽然检察机关是同步监督，发现减刑、假释建议不当或者裁定不当的，可以向监狱或法院提出纠正意见，但只是一种建议权，不是实体处分权。此外，法院审理减刑、假释案件，采用一审终审制，检察机关没有抗诉权。这种“柔性有余、刚性不足”的监督方式，严重影响了检察监督的力度和效果。

4. 被害人的地位和权利没有得到应有体现

减刑、假释是对原判刑罚的减轻，罪犯减刑、假释与否关乎对被害人所受伤害的平抚，会给被害人带来重大影响。这种利益相关性决定了人民法院在裁定减刑、假释时必须保障被害人的知情权、参与权，听取被害人的意见，保障程序公正。而我国在减刑、假释程序的程序设计中，从建议权到裁判权，再到救济权都没有被害人的参与，被害人完全被置于程序之外。

---

① 徐静村：《刑事执行法立法当议》，载《昆明理工大学学报》2010 年第 1 期。

（四）暂予监外执行

由于暂予监外执行，既改变了服刑场所，又可以计入刑期，且不需要经过法院审理程序，所以成为刑罚执行中腐败现象的重灾区。在实际执行过程中，脱漏管现象较为严重，有的外出经商，无法查找；有的病情痊愈，也不收监；有的甚至重新走上犯罪的道路。[①] 2014 年最高人民法院、最高人民检察院、公安部、司法部、国家卫生计生委联合发布了《暂予监外执行规定》，明确了监外执行的条件、交付程序、社会矫正机构的职责、收监执行以及检察机关同步监督等，在很大程度上堵塞了制度漏洞，严密了法网。目前仍存在的主要问题：一是暂予监外执行的决定权比较分散，分别由人民法院、省级监狱管理机关和市级以上公安机关批准，容易造成执法尺度不一；二是对罪犯的权利保障不充分，对于执行机关不批准监外执行的，没有设置必要的权利救济途径；三是没有规定相关文书送达被害人，剥夺了被害人的知情权，也不利于被害人对执行情况的监督。

（五）财产刑的执行

财产刑包括罚金刑和没收财产刑。我国法律关于财产刑的执行程序、执行措施、执行保障等没有具体明确规定。当前突出表现为执行难、监督难。

1. 对犯罪人的财产调查存在问题

司法人员往往只注重调查犯罪嫌疑人的涉案财产，对其个人及家庭的合法财产则容易忽视。有些犯罪人在罪行败露之前就将个人财产转移到他人的名下，或者家属在犯罪嫌疑人被抓获后转移、隐藏、变卖犯罪嫌疑人的财产，这使得审判人员在判决时，不清楚被告人的财产情况，造成执行上的困难甚至混乱。

---

① 于天敏：《刑罚执行程序研究》，西南政法大学 2012 年博士学位论文，第 103 页。

2. 执行监督不到位

法律规定，检察机关有权对所有刑罚的执行活动进行监督，但其传统工作还是集中在对监狱和看守所的执行监督上，对于财产刑的有效监督还停留在尝试阶段。

三、我国刑事执行权运行的健全

我国执行权运行的健全，首先要回归执行权的行政权本位，遵循权力的运行规律，结合我国实际情况，加强对权力的制约监督，强化对罪犯的权利保障，探索被害人的参与方式和程序，使得权力与权力、权力与权利、权利与权利形成动态平衡，确保执行权公正高效运行。

（一）建立健全相关制度，提高权力运行的公正性和效率

1. 建立财产刑的调查和保全制度

为保障人民法院对犯罪分子判处的罚金刑等财产刑能够有效执行，对有可能判处罚金刑等财产刑的，要先行对犯罪嫌疑人的财产采取一定的措施。（1）建立财产调查制度。侦查机关对可能判处财产刑的案件，在查明犯罪事实的同时，对犯罪嫌疑人的合法财产状况附带调查，记录在案，并开列清单交由犯罪嫌疑人或近亲属等利害关系人签字确认，移送检察机关审查起诉。这样可以提前对犯罪嫌疑人的财产状况进行摸底，增强了法院判决财产刑的可执行性，最大限度地减少空判。（2）完善财产保全制度。人民法院受理公诉案件后，如果发现被告人或其家属有转移、隐匿和变卖财产的情况发生或有可能性的，人民法院在查明情况后应及时采取财产保全措施，有效防止被告人财产的流失，为财产刑的有效执行提供有力保障。（3）建立没收财产执行的公告制度。为防止对不属于被告人的财产予以没收，侵犯他人的合法财产权，有必要设置如违法所得没收程序那样的公告程序，由人民法院在执行前以公告的形式向社会发布，并设立异议期间，利害关系人可以提出申请，人民法院审查决定是否予以执行。

2. 健全中止（暂缓）执行程序[①]

从域外国家的立法来看，很多国家都规定了刑罚中止执行程序，如德国法律规定因罪犯的自身原因（精神病、生命危险等），执行机构原因（监狱火灾、容纳力不足等）以及立即执行会给罪犯或其家庭带来严重的、超出刑罚目的的不利情况等多种情形下执行的中止[②]。丹麦法律规定了罪犯不到案服刑、脱逃等无法执行情况下的中止以及罪犯因工作、教育、家庭或者健康情况不适合立即执行而申请执行中止两种类型[③]。我国刑事诉讼法只规定了死刑的中止执行和暂予监外执行。其中，暂予监外执行制度，在适用情形方面与国外相似，但规定暂予监外执行的期间计入刑期令人费解，特殊情形下的监外执行不能实现刑罚的目的，也为权力寻租提供了空间。所以，有必要完善现有的中止执行程序，使之系统化、科学化：一是细化中止执行的分类，包括死刑的中止、监禁刑的中止、监外执行的中止和财产刑的中止等；二是扩大中止执行适用的情形，不仅包括严重疾病等情形的，还包括交付不能、罪犯脱逃等客观原因无法立即执行的情形；三是规定中止执行原因消失后的恢复执行，有执行期间的应继续计算，不折抵刑期。

3. 完善减刑制度

如前文所述，目前我国减刑制度存在相对封闭性和强职权性等特点，运行效率高但公正性、科学性不足，不仅容易引起腐败等问题，也不利于最大化发挥减刑制度在服刑人员改造中的作用。法国

---

① 刑罚中止执行，顾名思义，是指在执行刑罚过程中，因发生法律规定的特定阻却事由，需要暂停正在执行的刑罚。其价值体现在既坚持刑罚的强制性和原则性，又注重具体适用过程中的灵活性和人权保障。

② 《德国刑事诉讼法典》，宗玉琨译注，知识产权出版社 2013 年版，第 311-312 页。

③ 《丹麦刑法典与丹麦刑事执行法》，谢望原译，北京大学出版社 2005 年版，第 102-103 页。

的信用减刑制度可以为我们提供很好的借鉴和启示①。信用减刑是法国2004年3月9日规定的富有特色的减刑种类，原理在于推定犯罪人在刑罚执行期间表现良好，从而事前给予减刑，如果执行中没有不良表现，就按照执行之初确定的减刑后的日期释放，通常第一年减刑3个月，以后每年减刑2个月，也就是说，这种减刑是自动的。反之如发现有不良表现，直接撤回减刑。信用减刑的优点在于：一是犯罪人在入狱之初就知道减刑幅度和出狱时间，有利于其再社会化的努力，也可以有效减少监狱人口；二是减轻司法官及书记员的工作量，同时增加减刑操作的透明度，减少腐败的可能；三是评价基础更加科学，从以前的“良好表现”到现在的“不良表现”，判断标准更加简单，结论更加明确。②

（二）强化罪犯的人权保障，以权利制约权力

罪犯享有基本的人权，已成为国际社会的共识。当前，应重点保障罪犯的程序权利，来制约强大的执行公权力，防止权力被滥用。一是知情权和表达权。执行机关在作出可能对罪犯权利和义务产生重大影响的行为前，如对罪犯的奖惩，提请减刑、假释和监外执行等，都应告知罪犯，并且充分听取罪犯意见或辩护。二是参与权和自主权。比如，赋予罪犯在减刑、假释程序中的启动权，改变目前由执行机关“独占”的局面。据了解，我国有些地方已经对执行变更的启动程序进行改革，取得了不错的效果，如某省监狱管理局对罪犯减刑、假释启动程序时，实行“罪犯减刑、假释个人申报制度”，凡是具备减刑、假释条件的罪犯，在监狱研究提请减刑、假释之前，一律由本人填写《减刑（假释）个人申报表》，不提出申报的罪犯，本次减刑、假释视为放弃，不列入监狱研究的范

① 法国的减刑制度包括信用减刑、额外减刑及特别减刑，其中后两种减刑制度主要针对犯罪人表现出“重返社会的真挚努力”，如积极接受治疗、赔偿被害人损失等，以及检举揭发而阻止或避免有组织犯罪的“立功减刑”，与我国法律规定的“有悔改或立功表现”减刑条件基本相同。

② 张亚平：《法国刑事执行法》，法律出版社2014年版，第114-119页。

围。这种尝试，对于推进我国监禁刑执行变更程序的改革具有里程碑式的意义。三是救济权。“无救济即无权利。”罪犯对于监狱作出的考核、记功及减刑、假释决定不服的，有权提出申诉，对于监狱管理行为严重侵害合法权益的，有权提出控告。一方面充分保障罪犯的合法权益；另一方面发挥罪犯权利主体对监狱的监督制约作用，确保执行权得到正确行使。

（三）加强检察监督，以检察权制约执行权

目前世界上很多国家，尤其是法国、德国等大陆法系国家，检察机关既代表国家进行刑事追诉，也负责刑事执行，这种执行权是公诉权的延续。[①] 而在我国，检察机关与执行机关没有领导与被领导关系，行使的是法律监督权，处于公正客观的第三方地位。从运行中存在的问题来看，监督权的弱化是共性原因之一，所以完善检察监督方式，提高法律监督的效果，是确保执行权良性运行的重要保障。一是将监督时间点前移。改变目前主要通过“抄送”形式的事后监督方式，转变为参与性的事中监督。对于减刑、假释和暂予监外执行还应当采取事前审查，全程监督。二是改变监督方式。针对目前主要依靠书面形式审查材料来发现线索，无法及时了解情况的问题，赋予检察机关一定的介入权和调查权，规定监督对象有提供有关材料的义务，克服监督信息不对称的问题。三是增强监督的刚性约束。针对目前检察机关监督手段比较软弱，通常采取提出意见方式的问题，应赋予检察机关监督的决定性和强制性。四是增设监督的程序性法律后果。目前检察机关的“纠正违法通知书”没有强制约束力，是否采纳仍然取决于被监督单位是否接受，应规定纠正期限和相关后果，可借鉴法国的总检察长评估制度，赋予检察机关对与违法诉讼活动相关的责任人员的处罚建议权。

（四）适度扩大法院司法审查权，以审判权制约执行权

司法审查有限原则，指司法权不能过分干预行政权，司法审查

① 张亚平：《法国刑事执行法》，法律出版社2014年版，第50-51页。

存在一个范围限制。对于执行活动能否适用司法审查，存在一定的争议，立法采取了回避的态度。笔者认为，针对我国目前执行权权力过大，外部监督薄弱，权力无法得到有效制约的情况，需要适度扩大法院的司法审查权，将执行机关对罪犯的重大管理行为等纳入司法审查范围。一是从执行权本质看，应受到司法审查。执行权属于行政权，执行机关对罪犯的管理行为属于具体的行政行为。罪犯认为监狱的管理行为侵犯其合法权益，有权到法院提起行政诉讼。二是从保障人权出发，应赋予罪犯司法救济权利。监狱作为国家公权力的行使者，依靠国家强制力作为强大后盾，而罪犯作为被管理对象，失去人身自由，属于弱势群体。对于这种力量对比非常悬殊的管理与被管理关系，司法机关应当通过行政诉讼的方式介入进行监督审查，以制约行政权力的扩张，保护弱势群体，保障罪犯人权。三是我国行政诉讼法并没有将监狱管理行为排除在司法审查范围之外。有观点认为，监狱管理行为是刑事司法行为，属于法律规定不予受理的范围。笔者认为，这种观点值得商榷，因为监狱的管理行为与公安、安全部门依照刑事诉讼法授权实施的侦查行为和采取的强制措施不同，后者是广义的司法行为，而前者是纯粹的行政行为，应纳入审查范围。四是从域外国家的立法例看，目前世界多数国家都建立了囚犯复审机制和对监狱的司法审查制度。美国法院在 20 世纪 60 年代以前，对监狱实行“不得干预”的政策，认为管理监狱是监狱管理部门的事，与法院无关。20 世纪 70 年代以后，美国法院逐步改变了态度，作出了一系列保护罪犯权利的判决，但这种司法审查是有限度的，一般只有当监狱的管理行为对服刑人的权利义务产生重大影响时，司法干预才启动。丹麦制定有专门的《司法行政法》，规定被定罪人在收到最后行政处置决定通知后，有权就监狱等管理机构作出的纪律惩戒、没收款物以及拒绝假释、重新收监执行、暂缓执行等重大事项提交法院复查，且对于一审法院作出的裁定，当事人可以向高等法院提出上诉。[①]

（五）探索被害人在执行中的作用，最大化实现公平正义

在传统刑事诉讼模式下，被害人被视为控方工具。随着人们对被害人地位的反思，“被害人参与模式”新理论被提出，被害人作为利益相关方，在刑事诉讼程序包括执行程序的地位被日益重视，也逐渐被立法所认可。1990 年联合国大会通过的《联合国非监禁措施最低限度标准规则》（东京规则）规定，“会员国在执行本《规则》时应力求在罪犯的个人权利与受害者的权利和社会对于公共安全和预防犯罪的关注之间得到妥善的平衡”。[②] 美国《被害人权利与损害恢复法》规定，“审判后，负责官员应尽可能早地告知被害人：罪犯假释听证的日程；罪犯的脱逃、工作性假释、狱假和任何其他形式的释放被羁押罪犯的情况；罪犯在押期间的死亡。”[③] 在法国，自 1945 年以来，被害人在刑事程序中的地位日益重要，刑罚执行要充分保障被害人的权利。法律规定，“当刑罚执行法官或者刑罚执行法庭决定刑罚终了前的暂停关押或者终止关押的，要考虑该决定的结果……对被害人利益的影响”。[④] 是否努力赔偿被害人的损失，是决定减刑和假释时考虑的关键因素。

我国刑事诉讼法赋予了被害人的当事人地位，但是在执行程序中，被害人的地位和作用被完全忽略。为最大化实现公平正义，有必要探索被害人在执行程序中的作用。可借鉴域外国家的相关规定，赋予被害人以下基本权利：一是知情权。对于罪犯减刑、假释、暂予监外执行等变更执行信息，有权获得告知。二是参与权。

---

① 《丹麦刑法典与丹麦刑事执行法》，谢望原译，北京大学出版社 2005 年版，第 113–116 页。

② 卞建林、杨玉冠：《联合国刑事司法准则撮要》，中国政法大学出版社 2003 年版，第 252 页。

③ 吴啟铮：《刑事执行程序中的被害人参与模式探讨》，载《江苏行政学院学报》2016 年第 3 期。

④ 张亚平：《法国刑事执行法》，法律出版社 2014 年版，第 6 页。

被害人有权参与到执行机关作出的暂予监外执行决定，以及法院作出的减刑、假释审理过程中，并发表意见。三是救济权。被害人有权就其合法权利受到侵害的情况向司法机关提出申诉、控告等。

第六节 民事执行权运行规律

一、民事执行权运行的一般规律

（一）民事执行权运行的功能与作用

民事执行权的运行就是民事执行权在社会实践中发挥作用的过程，其直观表现就是民事执行的程序和过程。这个过程的结果包括功能和作用两个方面。

功能是指事物固有的性能与功用，它是由事物属性、内部要素及结构特点所形成的、直接指向事物本身目的的潜在能力。作用则是事物对人的行为或者社会生活的影响或者效应，它体现为外部影响，即对人和环境产生的效应或者变化。作为一种国家固有的权力，民事执行权的运行同样具有特定的功能与作用。分析民事执行权运行的功能与作用，并将其与人类对民事执行程序的功能和作用的需要联系起来，是构建民事执行制度的基础。

关于民事执行权运行即民事执行程序的功能，笔者认为包括目标导向、平衡整合、“作茧自缚”和效力宣示四个方面。[①] 至于民事执行权运行即民事执行程序的作用，一般认为是实现权利，即迫使债务人履行生效法律文书确定的义务，实现债权人的债权。笔者认为，除了实现权利的作用外，民事执行权运行还具有解决民事执行过程中形成的争议和维护法律权威两个方面的作用。

首先，民事执行权运行的首要作用是实现权利，即当债务人拒不履行生效法律文书确定的义务时，通过民事执行权的行使和运

① 谭秋桂：《民事执行原理研究》，中国法制出版社2001年版，第84-86页。

行，迫使其履行义务，从而实现债权人的权利，恢复正常的社会关系。其次，在实现权利的过程中，不可避免地会形成争议，如执行当事人、利害关系人对执行行为合法性与正当性、案外人对执行标的的正当性、执行当事人对责任财产认定的合理性等形成的不同看法。解决这些争议，是民事执行程序顺利进行的前提，也是确保公正执行的基础。对民事执行程序中形成的争议的解决，也成为民事执行权的作用范围。最后，在实现权利和解决争议的过程中，民事执行还产生了维护国家法律权威的作用。如果没有民事执行权的作用，债务人拒绝履行义务时生效法律文书确定的内容无法实现，那么法律就不可能有权威可言，国家法律制度将沦为一纸空文。

规范民事执行权的运行，必须以民事执行权运行应有的功能与作用为基础，也就是必须考虑民事执行权运行能够产生何种功能与作用。在当前的情况下，我们尤其应当重视民事执行权运行的解决执行过程中形成的争议和维护法律权威方面的作用。

（二）民事执行权运行的价值取向

探讨民事执行权运行的规律，必须明确民事执行权运行的价值取向，主要体现为公正与效率关系的取舍。由于权力的基本属性不同，民事执行权与民事审判权运行的价值取向应当有所不同。民事执行权的职能作用是迫使债务人履行义务、实现生效法律文书确定的内容。为了确保和实现民事审判的公正性，防止出现“迟来的正义”，民事执行的基本价值取向应当是效益，即“效率优先、兼顾公正”。说到底，民事执行强调以最小的执行成本取得最大的执行收益。[①] 为了实现这一价值目标，在民事执行权配置和运行过程中，就要优先确保民事执行的经济直接成本、经济错误成本、伦理错误成本的总额最小化，并确保民事执行的经济收益和伦理收益的最大化。

---

① 谭秋桂：《民事执行权配置、制约与监督的法律制度研究》，中国人民公安大学出版社 2012 年版，第 118-122 页。

降低民事执行的经济直接成本，最重要的是降低时间成本，尽量用最短的时间、以最高的效率实现生效法律文书确定的内容。降低经济错误成本，要求在采取民事执行措施时必须审慎，防止发生执行错误，摒弃简单粗暴的执行方式。但是，在效率与公正的关系上，执行命令权能、执行实施权能和执行裁判权能又各有不同的侧重点。

（三）民事执行权运行的基本模式

1. 执行命令权能运行的基本模式

执行命令权能运行的基本功能是对是否可以启动民事执行程序、执行官是否可以在特殊情况下实施执行的问题作出判断并发布许可命令。对于是否可以启动民事执行程序，必须在对生效法律文书是否具有执行力、执行的内容是否明确、启动执行程序的条件是否具备等内容进行审查的基础上作出裁断。对于特殊情况下的执行，主要是在休息时间是否可以进入住宅实施执行，同样需要在对必要性进行评估的基础上作出判断。因此，执行命令权能的运行必须以公正为基本价值取向，但是又不必听取各方当事人的意见，以提高效率。可以说，执行命令权能运行应当是公正与效率并重，其基本模式是书面审查和形式审查。

2. 执行实施权能运行的基本模式

执行实施权能运行的基本功能是采取强制性的执行措施迫使债务人履行义务，包括查询、查封、扣押、冻结、拍卖、变卖、交付等。由于几乎不涉及判断，最多只有形式审查，所以执行实施权能运行以效率优先作为价值取向，基本模式是单向、强制、根据表面证据作出即时判断、未经执行法官作出裁定不停止执行。

3. 执行裁判权能运行的基本模式

执行裁判权能运行的基本功能是对执行过程中形成的争议进行审理并作出裁断。执行裁判权能在性质上与民事审判权能较为接近，其运行的基本价值取向是公正优先、兼顾效率。因此，执行裁判权能运行的基本模式是执行法官居中，公平听取各方当事人的意见，然后认定事实、适用法律作出裁判。

二、我国民事执行权运行存在的问题

在我国的民事执行实践中，目前存在比较严重的执行难和执行乱问题，这些问题其实正是民事执行权运行存在的问题。

（一）民事执行力量配备不足，案多人少的矛盾相当突出

根据我国现行《人民法院组织法》、《民事诉讼法》等法律的规定，人民法院代表国家行使民事执行权，人民法院根据需要可以设立执行机构。我国民事执行权运行过程中存在的突出问题是民事执行力量配备不足，案多人少的矛盾相当突出。根据最高人民法院统计，人民法院受理的60%的民事案件的判决、调解书最终会进入民事执行程序，人民法院每年新收执行案件200多万件（2015年达到了400多万件）。但是，执行机构所占法院人数的比例不到15%，因此在人民法院内部执行案件案多人少的矛盾相当突出。

（二）民事执行权刚性不足，突破执行阻力比较困难

在民事执行中遭遇阻力是常见的现象。但是，在我国民事执行中，民事执行权的刚性不足，突破阻力比较困难，已经成为我国民事执行难的重要原因和表现形式之一。这些执行阻力一是暴力抗执现象严重——被执行人采取各种暴力手段抗拒执行，人民法院难有足够的应对办法。我国每年都会发生执行人员因暴力抗执而受伤的情况，而现行法律规定的应对暴力抗执行为的措施，无论从数量还是从制裁的力度来看，都不足以对潜在的暴力抗执人员产生威慑作用。二是体现为要求协助执行难——掌握民事执行所需要的人员、财产信息的机关，拒绝向人民法院提供相关信息，有义务协助人民法院采取执行措施的机关，拒绝协助采取执行措施。例如，人民法院在民事执行中需要调取被执行人的住房、户籍信息，往往难以得到公安机关的协助；人民法院决定对被执行人采取拘留措施时，个别地方的拘留所拒绝接受看管。三是体现为对公权机关执行难——当党政机关成为案件的被执行人时，人民法院的执行工作十分困

难，积案不断增多。四是体现为异地执行难——地方保护主义的干扰十分严重。当被执行人的财产在执行法院的辖区之外时，执行工作人员赴异地执行，总是困难重重，甚至执行人员自身的人身安全都没有保障。

（三）民事执行权运行效率低、结案率低、结案周期长

由于多种原因，我国目前民事执行不但结案率低，而且结案周期过长，以至于当事人普遍产生执行难的感受。尽管最高人民法院司法解释规定执行期限为6个月，《民事诉讼法》规定人民法院受理案件后6个月没有结案的，当事人可以向上一级人民法院申请执行，但是实践中6个月内结案的执行案件仍是少数，尤其是通过人民法院采取强制性的执行措施并在6个月内结案的案件数量少。

（四）执行裁判权能与执行实施权能的相互制约功能尚未充分发挥

从理论上看，民事执行权中的裁判权能与实施权能应当存在相互制约的关系，从而确保该两种权能的正常运行，预防执行乱的问题。但是，在实践中，该两种权能的相互制约作用并没有正常发挥。一方面，执行裁判权能和执行实施权能的划分不科学，体现为该两种权能有的掌握在同一人之手，有的尽管分别由不同的人行使，但因边界不清而不能形成有效的制衡作用。另一方面，受各种因素的影响，执行裁判权能在某些地方受到压制，无法正常发挥作用。最为明显的有些人民法院对执行当事人、利害关系人、案外人提起的执行异议采取不予受理、不予审查的办法，执行裁判权能与执行实施权能的相互制衡作用当然无法发挥。

（五）民事执行权滥用造成消极执行、选择性执行的问题比较严重

由于权力配置不合理，我国民事执行权滥用的情况还是比较严重。主要体现为消极执行、选择性执行，执行腐败的问题比较严重。人民法院消极执行、选择性执行已经成为人民群众形成执行难和执行乱的感受的重要原因。

（六）民事执行外部监督机制尚未发挥作用

作为一种公权力，对于民事执行权的监督必不可少。《民事诉讼法》第235条规定："人民检察院有权对民事执行活动实行法律监督。"但是，最高人民检察院规范的民事执行检察监督机制存在严重不科学之处，人民检察院对人民法院民事执行活动的法律监督作用并没有充分发挥。例如，根据最高人民检察院颁行的《民事诉讼监督规则（试行）》的规定，民事执行检察监督实行同级监督——由执行法院同级人民检察院进行监督。2016年12月19日最高人民法院、最高人民检察院联合发布的《关于民事执行活动法律监督若干问题的规定》第4条又重复了这一规定。但是，根据《民事诉讼法》第225条的规定，当事人、利害关系人认为执行行为违反法律规定提出异议后，对执行法院就其异议所作的裁定不服的，可以向上一级人民法院申请复议。如果当事人、利害关系人已经提出执行复议申请且上一级人民法院已经作出裁定，此时再由执行法院同级的人民检察院进行监督，执行法院纠正错误的可能性就极低了，民事执行检察监督的效果也就难以保证了。

三、确保民事执行权科学运行的建议

权力的科学运行，离不开机构的合理设置和人员的合理配备，同时还要建立有效的权力运行监督机制。

（一）民事执行机构的设置

笔者认为，在将民事执行权完整地配置给人民法院或者设立独立的执行法院的基础上，为了确保民事执行权的科学运行，应当在人民法院执行机构内部（如果设立独立的执行法院，则为执行法院内部，下同）再实行分权，具体方法是在执行机构内再分设不同的机构，分别行使一定的民事执行权，从而形成有效的权力制约与监督机制，同时有利于统一归口管理。根据民事执行权的构成理论，执行机构内部可以设立四个机构，即执行立案庭、执行裁判庭、执行实施处和综合事务处。其中，执行立案庭、执行裁判庭、综合事务处均配备执行法官和书记员；执行实施处配备执行官。在执行机构或者执行法院内部，各庭和处独立行使职权和履行职责，不存在相互隶属的关系。

1. 执行立案庭

执行立案庭的基本职能是行使执行命令权，审查执行申请，向执行实施人员发出开始执行的命令，向有关机关发出协助执行的命令，批准在夜间和节假日实施执行，受理执行异议、异议之诉及其他处理执行争议事项的申请，对执行程序中的非争议事项（包括执行担保的成立与生效事项，因执行和解引起的中止、恢复执行事项，执行当事人的变化事项，执行程序的暂缓、中止、终结事项，拍卖成交、以物抵债裁定事项，等等）作出处理结论。此外，与执行程序有关的来访、申诉的立案工作，也可交给执行立案庭处理。

之所以主张设立执行立案庭，从理论上看是为了与执行命令权的独立性相适应，从实践来看又是为了实现以下三个方面的目的：一是严把执行案件的入口关。在实践中，由于没有立案审查机制，一些缺乏执行力的生效法律文书或者不具备执行条件的案件进入到执行程序，造成了执行工作的困难。例如，一些案件的生效法律文书的主文内容不清楚，义务人应当履行的义务范围或者方式不明确。这类案件一旦进入执行程序，要么是执行人员根据自己的理解强制义务人履行义务，从而引起权利人和义务人双方的不满，要么是由执行人员与该生效法律文书的制作者进行沟通，从而增加执行人员的负担。设立执行立案庭后，通过对生效法律文书是否具备执行力进行初步审查，只允许符合条件的案件进入执行程序；不符合条件，可以补正的，待补正后进入执行程序，不能补正的，拒绝其进入执行程序。这样既可以防止审执交叉，又可以防止当事人将对裁判程序的不满带入执行程序，还可以防止执行人员滥用权力，通过增强执行程序的纯粹性确保执行程序的顺利进行。二是实现对执行实施权的制约。由执行立案庭向执行实施人员发出执行命令而开始，夜间和节假日执行必须经执行立案庭批准，实现了执行命令权对执行实施权的制约，有利于防止执行实施人员滥用权力。三是规范执行异议和异议之诉的启动程序，防止出现执行程序中的申请难、异议难和异议之诉立案难。

2. 执行裁判庭

执行裁判庭的基本职能是行使执行裁判权，对执行争议事项进行审理与裁判，具体包括：当事人异议、复议事项，第三人异议、第三人异议之诉事项，许可执行之诉事项，参与分配异议、参与分配异议之诉事项，等等。

不难看出，我们主张设置的执行裁判庭是对执行程序中所有争议进行审理和裁判的执行裁判机构，它既能对执行的程序性事项进行审理和裁判，也能够对执行中的实体性争议进行审理和裁判。其目的在于通过将涉及执行程序的所有争议都集中在执行机构内审理和解决，提高强制执行的效益，实现其最高的价值目标。有人可能担心执行机构因此权力过大，容易产生腐败的问题，导致执行乱。我们认为，首先，在执行机构内设立执行裁判机构裁判与执行程序相关的纠纷，与在人民法院内设立执行裁判机构裁判与执行程序相关的纠纷，所有可能影响公正裁判的因素基本一致，在公正性问题上，二者几乎没有什么差异。但是，在效益问题上，前者将明显高于后者。其次，我们设想的执行机构改革是一种全面的改革，是以执行法官与执行官完全分开为基础的，在执行机构内设执行裁判机构裁判与执行相关的纠纷，不会发生权力过度集中的问题。最后，认为设置在执行机构内的执行裁判机构的法官只能裁判程序性争议，与理论上认识的执行裁判权的权能不符，与《法官法》等的规定相冲突，也是造成执行法官权威性不强的重要原因。

3. 执行实施处

执行实施处的基本职能是采取执行措施，包括调查、查封、变价、交付、采取强制措施等。但是，在执行程序中需要通过裁定才能处理的事项，如拍卖成交裁定的作出，应当由执行裁判机构行使。执行实施处采取执行措施和强制措施，只需作出决定即可，不需要作出裁定。当事人对执行实施处的决定不服并依法提起异议和复议的，由本院执行裁判庭审查和裁判。

4. 综合事务处

综合事务处的基本职能是执行协调事项的处理、执行案件的数据统计、执行工作的调研与补充规范的制定等，如对下级人民法院执行工作的指导与监督，跨区域执行的协调，跨区域执行力量的调度，本辖区执行工作规范的制定，等等。

民事执行机构内设的四个机构相互之间应当体现权力制衡，形成有效的制约关系。执行机构的内设机构的工作关系可作以下具体安排。

（1）执行立案庭受理案件后，认为符合执行条件的，应当作出执行命令并将相关案卷材料交执行实施处，由执行实施处指定承办人员实施执行。

（2）执行实施过程中需要行使裁判权处理的非争议事项，由执行实施处移交执行立案庭审查和处理，执行立案庭审查处理完毕后，应当立即将相关材料和裁定书移送执行实施处。

（3）执行当事人、第三人提起执行异议和申请复议的，既可以直接将异议申请书或者复议申请书交执行实施人员，由执行实施人员通过执行实施处交执行立案庭，执行立案庭立案后交执行裁判庭审查和裁判，也可以直接将异议申请书或者复议申请书交执行立案庭，由执行立案庭立案后交执行裁判庭审查和裁判。

（4）执行当事人、第三人提起异议之诉的，应当将诉状提交执行立案庭，由执行立案庭进行审查，符合条件的予以立案并移交执行裁判庭审理和裁判；不符合条件的责令补正或者裁定驳回起诉。

（5）执行立案庭作出相关裁定、执行裁判庭作出裁判后，应当将相关案卷材料以及裁判文书移送执行实施处。

（6）在执行过程中形成需要与其他法院协调处理的事项的，

执行实施处应当将相关材料以及处理意见交综合事务处，由综合事务处办理相关协调事项。

(7) 执行当事人、第三人就执行案件提起申诉的，由执行立案庭受理材料，交执行裁判庭审查和处理。

民事执行权的双重属性使上下级执行机构之间关系有些复杂：依民事执行权的司法权属性，上下级执行机构之间应当为监督与被监督的关系；依民事执行权的行政权属性，上下级执行机构之间应当建立领导与被领导的关系。既要保持和保证行使司法性的民事执行权的层级独立性，又要体现和实现行政性民事执行权的层级服从性，上下级执行机构之间关系的构建需要综合考虑。

笔者建议，执行立案庭和执行裁判庭实行独立审判，上下级人民法院执行机构之间的执行立案庭和执行裁判庭实行层级独立制，相互之间系监督与被监督的关系。当事人对下级人民法院执行立案庭或者执行裁判庭所作的命令、裁判不服的，可以通过上诉或者申请复议的方式请求上一级人民法院执行立案庭或者执行裁判庭进行继续审理，并由后者作出终审的命令或者裁判。执行实施处和综合事务处实行层级节制，下级执行机构的执行实施处和综合事务处应当接受上级相应机构的领导，服从其指挥和调度。

(二) 民事执行人员的配备

执行机构行使的权力具有双重属性。笔者认为，我国可以借鉴国外的做法，在执行机构内部配备执行法官和执行官分别行使该两种不同性质的权力，同时配备书记员记录执行工作的过程。目前，我国执行机构人员配备最为重要的工作是明确执行法官和执行官两种不同人员的身份，并分别规范其任职条件、任免程序和职责范围。

1. 执行法官的身份与职能

从身份来看，执行法官就是法官，实践中多称审判员。执行法官在职责、义务和权利、任职资格与条件、任免程序、等级、培训与考核、奖励与惩戒等方面与审判法官完全一致，同样按照《法官法》的规定进行管理。

执行法官主要担负两个方面的职能：一是行使执行命令权；二是行使执行裁判权。执行命令职能主要包括三项：（1）负责审查和确认生效法律文书的执行力并发出执行命令；（2）向协助执行机关发出协助执行命令；（3）向执行实施人员发出在夜间和节假日执行的命令。执行裁判职能主要包括：（1）对程序性争议事项进行审理和裁判，即对当事人、第三人异议以及参与分配异议的争议事项的审理与裁判；（2）对实体争议事项的审理与裁判，即对义务人异议之诉、第三人异议之诉、许可执行之诉、参与分配异议之诉的审理与裁判；（3）对其他重大的执行事项的审查与裁判，如执行担保的成立与暂缓执行的期间的审查和裁判，对拒绝履行和解协议之后的恢复执行的审查和裁判，对变更或者追加执行当事人事项的审查和裁判，对执行中止、终结事项的审查和裁判，等等。

尽管执行命令权和执行裁判权均属司法性民事执行权，但它们系两种不同职能的权力。为了形成有效的权力制约机制，该两种权力应当分开行使，我们建议，执行命令权由执行立案庭法官行使，执行裁判权由执行裁判庭法官行使。

2. 执行官的身份与职能

笔者认为，我国执行机构人员配备改革必须进行的一项重要工作是对执行员队伍进行全面改革。

首先，改革执行员的称谓，重塑执行人员形象。目前，执行员的身份不明确，地位不高，严重影响了强制执行的权威性。笔者建议，吸收大陆法系国家的经验，将从事执行实施工作的人员称为执行官。

其次，重新规定执行官所属系列。现行法律规定，人民法院的执行员参照《法官法》的规定进行管理。显然与执行员承担的工作性质不相符。我们建议，将执行官并入司法警察系列，按照行政级别和体制对其进行管理。具体来说，将国家司法警察分为两个序列：一是保卫系列；二是执行官系列。保卫系列司法警察负责法院和法庭审理的安全保卫工作，其职能维持现状不变；执行官系列司法警察负责执行实施工作，对外不称警察，只称执行官。

最后，重新规定执行官的任用管理体制。执行官按照执行工作的特点和需要进行招录任用，按照行政级别进行管理，其职务可分为主任执行官、执行官和助理执行官等多个级别。执行官配备警服和必要的警具。采取执行实施行为时必须出示身份证件、穿着警服、携带警具，维护执行工作必要的威严。

执行官由执行实施处统一管理。但执行实施处的处长应当由具有法官资格的人员担任。

3. 执行法官与执行官的关系

执行法官和执行官各自履行自己的职责，互不干涉。从工作流程来看，当事人申请执行后，执行立案庭法官认为符合执行条件的，发出执行命令。申请人将执行命令交给执行实施处，执行实施处安排执行官开始执行工作。在执行过程中，需要协助执行或者在夜间、节假日等特殊时间开始执行的，执行官应当通过执行实施处向执行立案庭执行法官申请发出相关命令；发生需要裁判的非争议事项的，执行官应当通过执行实施处向执行裁判庭的执行法官请求作出指示或者裁判。当事人、第三人形成争议的，由执行官将争议事项通过执行实施处提交执行裁判庭审理和裁判。

同时，执行法官对执行官的行为具有监督权。当事人、第三人认为执行官的行为违反法律规定的，可以请求执行法官责令执行官改正。执行官对于执行法官的命令，必须服从。

（三）构建有效的执行检察监督机制

民事执行权作为一项国家公权力，完全有必要接受检察机关的法律监督。但是，我国现行的民事执行检察监督机制仍相当不完善。即使 2016 年 12 月 19 日最高人民法院和最高人民检察院联合发布《关于民事执行活动法律监督若干问题的规定》并自 2017 年 1 月 1 日起施行，但是相关机制仍不完善，这也是我国民事执行权运行不规范的重要原因。笔者认为，为了规范民事执行权的运行，应当从以下几个方面完善我国民事执行检察监督机制。

1. 民事执行检察监督的管辖与方式

笔者认为，必须改变由执行法院的同级人民检察院进行民事执行检察监督的规定，明确民事执行检察监督的机关为实施民事执行行为，作出民事执行裁定的人民法院的同级人民检察院。也就是说，当事人、利害关系人对执行行为提出异议，上级人民法院对该行为进行过审查或者作出裁定，当事人仍不服，或者人民检察院认为应当进行检察监督的，由最后进行审查或者作出裁定的人民法院的同级人民检察院进行监督。

目前，实践中民事执行检察监督的方式是检察建议。笔者认为，应当改为《民事执行检察监督意见书》，一方面体现诉讼监督的区别；另一方面强化民事执行检察监督的效果。[①]

2. 明确民事执行检察监督的时机

笔者认为，民事执行检察监督应当坚持事后监督与事中监督相结合。其中，事后监督适用于执行裁判行为和执行实施行为；事中监督（也称同步监督、现场监督）适用于执行实施行为。事中监督的范围主要包括：第一，容易形成争议且出错后果难以弥补的执行实施行为，如标的物评估、拍卖、变卖或者以物抵债行为，执行款物分配行为；第二，容易形成争议且相关证据难以固定的行为，如对行为执行行为；第三，人民法院认为确有必要邀请人民检察院派员参加的执行行为。

3. 规范民事执行检察监督的启动方式

笔者认为，民事执行检察监督可以有三种不同的启动方式：一是因当事人、利害关系人申请而启动；二是因人民法院邀请而启动；三是人民检察院依职权提起。其中，人民法院在一些特殊的执行活动中，如强制搬迁执行、执行拍卖等，可以主动邀请人民检察院进行监督；对于涉及国家利益或者社会公共利益的执行行为，人

---

① 谭秋桂：《民事执行检察监督机制分析》，载《人民检察》2008 年第 22 期。

民检察院应当依职权进行监督。

民事执行权的合理配置和科学运行，关系到债权人的债权能否高效实现，关系到我国法律的权威和尊严能否得到有效维护，关系到全面依法治国的目标能否顺利实现。笔者认为，只有遵循民事执行的基本规律，才能作出符合我国实际情况的制度安排，我国的审执分离体制改革才能取得预期的成效。

第四章 司法监督规律

党的十八大以来，以习近平同志为总书记的党中央高度重视对司法活动的监督。党的十八届三中全会明确提出，要优化司法职权配置，健全司法权力分工负责、互相配合、互相制约机制，加强和规范对司法活动的法律监督和社会监督。在中央政法工作会议上，习近平总书记又强调要通过完善的监督管理机制、有效的权力制衡机制、严肃的责任追究机制，加强对执法司法权的监督制约。加强对司法活动的监督，是司法领域践行执政为民宗旨、把权力关进制度笼子的必然要求。没有监督的权力必然会导致腐败。司法权是国家权力的重要组成部分，以国家强制力为保障，承担着判断是非曲直、解决矛盾纠纷、制裁违法犯罪、调节利益关系等重要职责，必须受到监督，以确保其依法正确运行。

第一节 司法监督制度概述

探寻事物的规律，必须先对事物本身进行细致的“解剖”。司法监督规律的分析与整合建立在对司法监督制度构成的梳理与归纳上。厘清和确定司法监督的概念、分类、理论基础等要素，是探寻司法监督规律的基础。

一、司法监督的概念及分类

（一）司法监督的概念

要明晰司法监督的概念，首先需要认识何为监督。“监督”，从语义上来看，是指从旁察看并加以管理；从功能上来看，是指对公共权力行使的检查和督促。从目的上来看，是指“降低治理成本，纠正治理偏差，促进社会合作，服务经济发展，抑制腐败行为，提高管理效能”①；从方式上来看，既有内部系统的分工制约，又有外部力量的参与控制。

具体到司法监督，它并非是将“司法”和“监督”两个概念的简单叠加。在具备一般意义上监督特性的同时，司法监督有着自身的特性。从监督客体来看，除了一般意义上的司法活动，在司法监督中，司法的概念得到了扩充。因为司法监督的目的在于依法约束司法权，防止司法权的扭曲和滥用，确保司法权力正确行使。有些直接关系到检察、审判活动的行为，虽然不属于司法活动本身，但仍然有可能对公平公正行使检察权、审判权构成威胁，也应该对其进行监督。从监督主体上来看，具体可以分为诉讼程序系统内外两个层面。司法监督的概念可以界定为：一切公权力主体、社会组织、公民等对涉及司法权行使的所有机关、工作人员的司法活动进行的约束和控制。

（二）司法监督的分类

从监督主体的角度划分，司法监督主要包括检察监督、审判监督、人大监督和舆论监督四种。

1. 检察监督

从监督内容上来看，主要包括刑事诉讼检察监督、民事诉讼检察监督、行政诉讼检察监督；从被监督者角度来看，检察监督主要包括以下四种：一是对刑事羁押的监督，二是对刑事侦查的监督，三是对审判活动的监督，四是对执行活动的监督。

对于刑事羁押和侦查的监督，党的十八届四中全会作出的《中共中央关于全面推进依法治国若干重大问题的决定》（以下简称《决定》）中提到：“完善对限制人身自由司法措施和侦查手段的司法监督，加强对刑讯逼供和非法取证的源头预防，健全冤假错

① 尤光付：《中外监督制度比较》，商务印书馆2003年版，第1页。

案有效防范、及时纠正机制。”“加强对司法活动的监督。完善检察机关行使监督权的法律制度，加强对刑事诉讼、民事诉讼、行政诉讼的法律监督。完善人民监督员制度，重点监督检察机关查办职务犯罪的立案、羁押、扣押冻结财物、起诉等环节的执法活动。”强调了新时期司法监督的重点、难点和着力点，尤其突出了检察监督在羁押、侦查活动中对于维护司法公正、避免冤假错案、保障人权方面的重要作用。

对于审判活动的监督，根据宪法的规定，人民检察院是我国的法律监督机关。对诉讼活动的合法性以及与之有关的法官职务行为进行监督，是检察机关的司法监督职能。具体来说，主要有以下四种途径：一是在刑事诉讼中对一审判决或者裁定提起抗诉；二是在刑事、民事或者行政诉讼中对已经生效的判决、裁定提出抗诉；三是人民检察院检察长列席人民法院审判委员会会议；四是人民检察院还肩负着公职案件的侦查及公诉权，对法官的职务犯罪行为进行侦查、提起公诉也是检察监督的方式。

对于执行活动的监督，主要包括刑事、民事、行政执行三部分。执行是保障权利能够充分实现的核心环节，而良好的执行制度必需有一个完善的执行监督体系予以保障，故而需要构筑执行机关内部监督和外部监督的防范体系，并形成事前监督、事中监督与事后监督相互结合的多层次、立体型监督体系。2014 年年末，经中央机构编制委员会办公室批复同意，最高人民检察院“监所检察厅”正式更名为“刑事执行检察厅”，这意味着过往的监所检察工作将“名正言顺”地向刑事执行检察工作转变和扩展。根据 2013 年实施的《人民检察院刑事诉讼规则（试行）》，刑事执行检察监督贯穿于整个刑事诉讼过程。[1] 2016 年 12 月 19 日，最高人民法院、最高人民检察院联合发布《关于民事执行活动法律监督若干

① 卞建林、谢澍：《刑事执行检察监督专题研究》，载《河南社会科学》2015 年第 7 期。

问题的规定》，对于民事执行的主体、条件、情形、程序等作出了详细规定。根据《规定》，检察院启动民事执行活动监督程序，以当事人申请为主，但对于损害国家利益或者社会公共利益的；执行人员在执行该案时有贪污受贿、徇私舞弊、枉法执行等违法行为，司法机关已经立案的；造成重大社会影响的；需要跟进监督的情形，检察院应当依职权进行监督。

2. 审判监督

审判监督是指对于确有错误的案件，当事人通过申诉或者向检察院申请提起抗诉的方式进行再审，重新启动诉讼程序。[①] 从广义上来说，审判监督还主要包括审级监督和审判管理监督。上级法院监督下级法院工作的主要途径就是审级监督，即通过对下级法院审理的案件进行维持、改判或发回重审的方式加以监督。可以说，审级监督是目前各国普遍设定的内部纠错程序和过滤机制，也是当事人可以利用的最直接的权利救济渠道。审判管理监督的实质就是以管理的手段实现对审判质量、效率和效果的监督控制。审判管理以审判活动或审判工作为对象，以审判指导、程序控制、质量监督、行为激励等为手段，以各级法院为管理主体，以保障审判权依法、独立公正、高效、廉洁行使为目标。

3. 人大监督

人大是国家权力机关，对法院、检察院的工作进行监督是人民主权的具体体现，也是我国宪法、各级人民代表大会常务委员会监督法的要求之一。具体来说，人大监督法院、检察院工作的形式主要有以下六个方面：一是审议并表决法院、检察院的年度工作报告，二是对法律法规实施情况组织执法检查，三是对最高人民法院、最高人民检察院作出的司法解释进行审查备案，四是对法院、检察院的工作提出质询，五是对特定问题组织调查并作出决议，六

---

① “司法公正与司法监督的关系”课题组：《司法监督制度研究》，法律出版社 2015 年版，第 32 页。

是对法官、检察官的遴选、撤职和罢免。

4. 舆论监督

舆论监督属于社会监督的范畴，司法领域的舆论监督，一般是指社会公众通过网络、新闻媒体等渠道对司法活动进行跟进与评价，通过民意表达形成舆论压力，促使司法机关调整不正当的司法行为的监督方式。法律源于习惯、风俗，法律所固有的局限性依赖于习惯、风俗的纠正。司法正义与普遍正义在一定程度上产生分裂，法律在变得无所不在和越来越重要的同时，也变得越来越技术化和疏离个人社会经验。① 因此，社会公众凭借其朴素的道德伦理观念对所认为的不公正司法活动进行批评，是有其必要性的。但也要看到，这种没有法治基础的民意表达即使合情理也并不一定合法理，其效用也十分有限。习近平总书记提出，“新闻媒体要加强对执法司法工作的监督，但对执法司法部门的正确行动，要予以支持，加强解疑释惑，进行理性引导，不要人云亦云，更不要在不明就里的情况下横挑鼻子竖挑眼”，这就是对舆论监督这把“双刃剑”效能最好的阐释。

二、司法监督的必要性

近年来，随着一系列冤假错案的纠正，如何保障司法公正、维护司法权威，有效防止冤假错案的发生，成为学界热议的话题。当前，诉讼程序设计围绕以审判为中心展开，侦、控、辩、审等关系的厘清必然涉及司法权力的重新分配。合理分配和规制司法权，需要内生性的体系建构，也需要外源性的机制依托。而司法监督就是兼具内生性和外源性的规制模式。

（一）司法监督是权力控制的必然要求

从权力本质的角度来看，权力是掌权者为达到某种目标，实现某种价值，取得某种利益的工具和手段。权力的这一本质属性决定

① 许传玺：《中国社会转型期的法律发展》，法律出版社 2004 年版，第 106 页。

了其特征：一是权力的社会性。权力现象只能存在于社会关系或者社会结构之中，权力总是从一定的社会物质结构与社会文化结构中产生，并在特定的社会结构的束缚中发挥效力。二是权力的强制性。权力的行使方式一般表现为权力主体依赖某种权力对象服从权力主体意志的活动。在权力的运行过程中，无论权力对象是否认可权力主体行使权力的行为，权力主体的行为总会利用占据的资源优势强制权力对象服从。三是权力的易扩张性。极具诱惑力的权力具有天生的侵犯性和腐蚀力，可以自行进行扩张。[①] 因此，权力是一把“双刃剑”，在为社会公众谋取利益的同时，也极易沦为当权者谋取私利的工具。

“一切有权力的人都容易滥用权力，这是一条万古不变的经验。有权力的人们使用权力一直到遇到有界限的时候为止。”[②] 因此，权力必须受到有效控制，这已经成为人类政治生活的铁律。一般来说，控制权力主要有四种途径：一是权力对权力的制约。通过把公共权力分解为若干权力，借助于一种权力牵制另一种权力，从而达到防止权力被滥用、异化的目的。虽然我国与西方国家三权分立政治体制不同，但并不意味着没有对其进行制约的权力，司法监督就是其中之一。二是权利对权力的制约。权利制约权力是现代宪政建设的重要内容，体现着作为社会化了的人的自主性和主体地位。目前，各国实现权利制约权力的具体路径就是通过宪法和法律赋予公民管理国家和社会事务的各项基本权利，权利所至就是权力的边界，以此来限制权力运行。三是责任对权力的控制。以责任制约权力，建立以责任制约为主的内向机制和以监督体系为主的外向机制相结合的权力制约机制。[③] 通过权力主体不当行使权力设定需

① “司法公正权威与监督的关系”课题组：《司法监督制度研究》，法律出版社2015年版，第7页。

② ［法］孟德斯鸠：《论法的精神》，张雁深译，商务印书馆1982年版，第154页。

③ 汪进元：《权力制约的理性思考与模式选择》，载《法学评论》1998年第1期。

要承担一定的不利后果或强制性义务，权利主体行使权力时保持一定审慎和克制态度来防止权力滥用。四是程序对权力的控制。程序关注的是形式合理性，具有稳定性、可预测性和抽象性等特点，正是程序的这些特点实现了程序对实质合理性问题的过滤和保障功能。

对于任何一项公权力，监督都必不可少。司法权作为一项公共权力，具有权力的一般属性，对其进行监督是现代权力控制的必然要求。同时，司法监督也是司法裁判获得社会认同，保障司法权顺利运行的需要。在国家政治权力中，司法权扮演制约公权力、保障私权利的公共角色，担负着裁判案件、定分止争的重任，其权力的来源和运行依据来自国家的法律规定与授权。因此，司法权虽然具有被动性、中立性等相异于其他权力的特性，但其仍然是一项公共权力，具有权力的一般属性。

首先，司法权以国家强制力为保障，具有社会资源的支配性，担负着对提交至法院的纠纷作出权威的、终极的、法律上评判的职能，权力行使的对象具有公众性和不特定性。其次，司法权以国家强制力为保障，人民法院作出的司法裁判如果不能得到自觉执行将以国家强制力为保障，人民法院作出的司法裁判如果不能得到自觉执行将以国家强制力为后盾，任何侵害司法正当运行的行为都将受到法律的否定性评价和制裁。最后，虽然司法权的运行主要源于严格的程序设计和保障，但法官在司法过程中仍有可能存在违背程序正义的要求，仍可能会成为利益“寻租”的工具，仍可能会背离制度设计的初衷。司法权的这一公共权力属性决定了必须对司法权进行监督控制。当然，对司法权的控制最为重要的是对程序的控制，无论是对权力的监督还是对权利的监督往往都需要统一于程序中，如果没有程序作平台，司法权的控制将无法有效实现。

（二）司法监督是促进司法公正、维护司法权威的有效途径

司法权并不具有天然的正当性，只有通过一定的制度设计，使国家权力机关和社会公众有权对司法权行使的合法性与正当性进行

制约和督促，并要求司法权对社会承担一定的责任，司法公正才可以被相信并得到保证。①

司法监督是司法获得公信的重要途径。人们之所以信赖司法，自愿选择将纠纷提交法院解决并自觉服从司法裁判的结果，正是基于对司法公正的合理预期。司法公正一旦受到怀疑，司法权威的价值根基也就会发生动摇。司法权威对于司法公正具有重要的保障作用，能帮助司法有效地抵御非法干涉，促使人民平和、理智地看待司法活动和裁判结果。司法权威缺失，将导致各种外在力量对司法权运行过程的侵入，从而最终损害司法的公正性。司法监督的目的在于促进司法公正，监督主体往往不会为了实现司法权威而启动监督，而司法公正需要依赖司法权威来保障。因此，司法监督要在追求司法公正的过程中维护司法权威，要通过促进司法公正来提升司法权威，防止司法不公动摇司法权威的价值根基；同时，也要避免以牺牲司法的制度性权威的方式来寻求司法公正，这样即便是在个别案件中获得了公正，但也可能会付出损害制度化公正基础的代价。

（三）司法的可问责性要求司法监督

司法的可问责性，是指在民主社会中，司法权、司法官和司法机构作为民主政治的组成部分而产生的责任及其追责制度。② 其探讨指向的是司法权是否需要对权力主体的人民承担责任。我国宪法规定，“中华人民共和国的一切权力属于人民”，“人民依照法律规定，通过各种途径和形式，管理国家事务，管理经济和文化事业，管理社会事务”。与立法权、行政权一样，司法权也来源于人民授权。“根据宪政的一般原理，代表机关监督行政机关和司法机关体现了民主政治的价值，即选民的代表机关具有较强的民意基础和政

① 范愉：《司法监督的功能及制度设计——检察院民事行政案件抗诉与人大个案监督的制度比较（下）》，载《中国司法》2004 年第 6 期。

② 谢小剑：《人大监督司法实施制度研究》，中国政法大学出版社 2014 年版，第 17 页。

治合法性”[①]，司法机关的权力获得，并不意味着权力完全脱离人民而不受任何约束的独立存在。授权的同时也蕴含着问责的存在。需要明确的是，司法的可问责性与司法的独立性并不是矛盾体。瑞典学者认为，法院也像其他人一样受制于法律，法官也会犯错，制裁那些没有恰当履行职责而削弱公众对司法体制的信心的法官是有必要的，法院独立原则不能阻止这些必要的监督措施。[②] 任何社会都不会允许绝对司法独立的存在。没有监督的权力必定产生腐败，没有监督的司法必定存在损害公平公正的可能性。

许多国家如美国，都是通过责任制来实现司法机关对人民的负责。可问责性理论在我国司法实践中最直接的体现就是问责机制。司法问责应当是指由特定的机关对造成冤假错案或者司法领域某些严重事件或案件发生的违法犯罪行为或失职行为进行调查和追究，并向社会公布处理结果的一项法律活动。[③] 在我国，实现人民对司法权、司法机关监督的主要形式是人大监督和舆论监督。

三、司法监督的逻辑遵循

司法监督的制度配置源于司法权的正当运行。对司法权特性及其运行规律的尊重和遵循是司法监督规律探索的前提。如果司法监督忽视了司法的特质，在监督过程中造成主客体颠倒，监督本身就无法满足自身的正当性、合法性要求。因此，从司法权的政治架构、司法权的本质属性以及司法权的特性和运行规律等不同角度，探讨司法的内在逻辑要求，从而明晰司法监督的逻辑遵循，是建立科学理性司法监督机制的基础。

（一）尊重司法的独立性地位

目前，世界民主法治国家在政治架构上无不要求司法权独立于

---

① 朱福惠：《全国人大调查权研究》，载《现代法学》2007 年第 5 期。

② Claes Eklundh：《瑞典议会监督专员对法院的监督》，刘小楠译，载《华东政法学院学报》2004 年第 1 期。

③ 谭世贵：《试论构建新的司法问责制度》，载《中国司法论坛》2014 年第 9 期。

其他公共权力，这是保护公民权利和自由的需要。我国也确立了人民法院独立行使审判权、人民检察院独立行使检察权的宪法原则。司法的这一内在制度，要求司法监督既要防止司法不公，又要防止监督自身对审判独立、检察独立的潜在威胁。

作为一种西方国家治理的工具，司法独立并不是随着国家的产生而产生的，而是人类社会从专制政体走向民主政体的历史演进和发展的结果。实践证明，公民权利的最大敌人来自公权力，公权力常常以聚合的、群体的力量，以公共利益的名义对私权利造成侵害，而在强大的公权力面前，公民往往无力对抗。因此现代政治文明要求，将公权力限定在法律规定的限度内，同时要求一种独立的力量对公权行为公正地作出法律上的评判，现代司法权承担起了这项重任。而在国家权力中，相对于立法权、行政权而言，司法权显得弱小，司法权只具有对提交至法院的纠纷作出裁判的权力，而不能支配更多的公共资源。为此，司法权需要借助其独立性地位来充实司法权相较于行政权的天然不足，这其实是一种政治上的权力配置。对此，孟德斯鸠在其《论法的精神》中早有论述："如果司法权不与立法权分离，自由也就不存在了。如果司法权与立法权合二为一，则将对公民的生命和自由实行专断的权力，因为法官就是立法者。如果司法权同行政权合二为一，法官便将握有压迫者的力量。"司法权以其特有的制度保障和权力运行方式，形成对其他政府权力的有效制约，这是司法依法独立公正行使的最为重要的政治意义，也为司法权公正行使创设了条件。司法的独立性表现为司法权力结构的独立性和司法职能行使的独立性两个方面。司法权力结构的独立性是指司法权作为国家权力体系中的一个组成部分，不从属于行政等权力系统。司法职能行使独立的核心是司法机关享有司法权，具有自己的管辖范围和职权，其他国家机关不能行使司法权，司法机关系统内部相互独立，各自依据法定程序进行司法活动。其他国家机关、社会团体和个人不得以任何方式干涉和影响司法机关的司法活动。①

当然，在任何国家司法的独立都具有相对性。其一，司法是政治的产物，司法是为了一定的政治目的而存在的，司法不可能完全脱离政治的影响。特别是随着现代社会的发展，司法权与其他权力在职能上的分工已经变得越来越模糊，司法在很大程度上承担着行政权力的公共治理功能。即使在发达的西方法治国家，总统也倾向于提名与自己政见保持一致的法官，通过这种方式来实现司法对自己的政治主张的支持。其二，从权利终极归属来看，一切权力来源于人民，国家的最终权力属于人民，公权力要服从和服务于公民权利。“公民的权利相对于国家来说要比他或她相对于其他公民的权利来说具有更大的价值。”司法依法独立公正行使是人民的特权，是为了保证人民权益的政治设计。也就是说，司法往往无法完全独立于人民的代议机构。

我国宪法也确定了审判独立、检察独立原则。《宪法》第126条规定，人民法院依照法律规定独立行使审判权，不受行政机关、社会团体和个人的干涉。人民检察院依照法律独立行使检察权。我国诉讼法及人民法院组织法、人民检察院组织法对此也作了相应规定。当然，我国的审判权、检察权独立原则与西方国家的司法独立是不同的。西方国家的司法独立是在权力分立的前提下的独立，我国的审判独立、检察独立是在党的统一领导下，人民代表大会统一行使国家权力的前提下的独立，是由人民法院独立行使审判权、人民检察院独立行使检察权的一种分工。这种独立不是宪治层面的独立，而是宪法关于司法的一种特殊制度的设计与安排，其目的是防止司法权在运行中受到不当干扰，保证法律得到正确的实施。

（二）符合司法权的本质属性

司法权作为一项国家作用于社会的方式和途径之一，之所以能

---

① “司法公正权威与监督的关系”课题组：《司法监督制度研究》，法律出版社2015年版，第12页。

独立于其他权利而存在，是因为其本质属性区别于立法权和行政权，这也是司法监督要区别于其他权力监督的根本所在。也就是说，司法监督需要尊重并服从于司法权本质属性的要求。

关于司法权的本质有多种学说，包括判断权说、权威说、裁判权说、救济权说等，这些学说都从不同角度对司法权的性质进行了揭示，有着各自的合理性。我们认为，最能体现司法权本质属性的是司法权的判断性，也就是说，司法权的本质是一种判断权。司法的目的在于解决业已发生的各种纠纷，这些纠纷既可能是个人之间的，也可能是国家与个人之间的，通过纠纷的解决实现公权力，保障私权利的职能作用。这一过程的实现，就是通过司法权对国家机关、社团法人或者公民等法律主体的行为作出法律上的评判。从微观上讲，司法权的运行实际上就是对当事人所主张的事实问题和法律问题依法进行孰是孰非的判断，并将该判断结论赋予强制执行力，从而实现定分止争价值的一个过程。正如汉密尔顿所说："司法部门既无军权，又无财权，不能支配社会的力量和财富，不能采取任何主动的行动。故可正确断言：司法部门既无强制，又无意志，而只有判断。"① 因此，司法权也被称为裁判权。从司法权的行使过程，我们可以更清楚地看到，判断对司法权具有重要意义。司法权行使过程中最重要的部分就是查明案件事实和选择恰当的法律适用于具体案件并由此作出裁判。这两个阶段都需要法官进行判断。一方面，法官作为中立的第三方介入纠纷中去，从对纠纷的一无所知到对纠纷事实的还原这一过程，需要其在证据与事实之间作出选择判断。另一方面，法官需要在浩如烟海的法律法规中寻找可以适用的规则。"法律是普遍的。应当根据法律来确定的案件是个别的。要把个别的现象归结为普遍的现象，就需要判断。判断是件棘手的事情，要执行法律就需要法官。如果法律可以自行运用，那

① ［美］汉密尔顿等：《联邦党人文集》，商务印书馆 1980 年版，第 391 页。

么法官也就是多余的了。”① 因此，在诉讼过程的不同阶段，不断充斥并发生着法官对真实与虚假、合法与非法、正确与错误的判断问题，也可以说，整个司法过程都依赖于判断。司法权的这种判断属性使其与立法权、行政权产生了本质的区别——虽然行政权在某种程度上也会涉及对事实的判断，但立法权的基本内容是制定规范，而不是个案裁判。诚如马克斯·韦伯所言：“只要司法尚未被视为一般规则适用于具体案件时，就不可能有立法与司法的界限。”

（三）契合司法权的运行特征

司法终究是一个动态的活动过程，其运行也迥异于其他公权力的运作。司法的运行特征与司法的独立性地位及其本质属性等共同构成了司法规律的基本内容。一般而言，司法权的运行特征主要可以归纳为中立性、被动性、程序性和终局性。司法监督不能违背司法的这些运行特性要求。

中立性是司法权的核心特征，是司法权法理存在的基础和灵魂，也是司法权不同于行政权、立法权的本质特征之一。司法权的中立性源于一项古老的自然正义法则，即要求作为纠纷的裁判者必须与纠纷自身或结果无任何利益纠葛，在纠纷处理中保持超然中立，才能公正作出裁决。美国法学家戈尔丁将司法的中立性概括为三项原则：一是任何人不能作为有关自己案件的法官；二是裁判者与案件无利害关系；三是冲突的解决者不应当有对一方当事人的好恶偏见。② 也就是说，法官不能裁判与自己利益有关的案件。中立是裁判机构存在的法律理由和价值核心，因为没有中立就没有成为解决纷争的机构或人员，也就不能有效地解决双方的纷争。作为现代社会最有权威、最具有裁决能力的法院，其中立性更为突出，更为重要。“没有中立，也就没有司法存在的必要性，而没有中立的

① 《马克思恩格斯全集》（第一卷），人民出版社 1995 年版，第 180 页。

② ［美］戈尔丁：《法律哲学》，齐海滨译，三联书店 1987 年版，第 240 页。

司法裁判职能的政治体制、法律体制是一个不符合现代政治文明发展方向的体制。”中立性要求法官在诉讼中必须保持中立，对控辩双方以及原、被告的主张和利益给予同等的关注，在诉讼中只能根据双方提供的证据去判断，同时也要求法官中立于社会，排除外界干扰，尊重事实和法律本身，作出公正的裁判。司法一旦偏离了中立性要求，司法公正也就不存在了。因此，司法监督必须要保障司法的中立性，要将法官在司法裁判中是否坚守了中立的立场作为主要监督内容。同时，这也要求监督者要站在中立的立场上，监督立场不中立也就可能影响法官的中立性，破坏诉讼结构的平衡。事实上，一些外部监督的设置往往不能保证监督主体能超越利益，也不能保证监督主体与案件毫无利害关系，因而监督很难做到完全中立。

从理论上讲，司法监督与司法权的独立性、判断性、自主性等属性之间存在一定的冲突。监督的目的在于通过外在的影响和压力防止司法权的滥用，如果监督的尺度和界限把握不好，很容易对司法权的内在品格造成伤害。因此，对于司法权来说，监督确实有必要，但更要恰如其分。从各国的司法制度设计来看，通行的做法就是尽可能地充分利用司法程序系统的自洽性而不是广泛借助程序外力量来实现司法权的正当运行，这是司法监督模式的理想选择，契合了司法的特性及其运行规律。

第二节　司法监督规律的整体呈现

2015 年 3 月 24 日习近平总书记在主持中共中央政治局第二十一次集体学习时强调，要坚持司法体制改革的正确政治方向，坚持以提高司法公信力为根本尺度。他还指出，完善司法制度、深化司法体制改革，要遵循司法活动的客观规律，体现权责统一、权力制约、公开公正、尊重程序的要求。习近平总书记还提出，要“坚持公正司法，努力让人民群众在每一个司法案件中都能感受到公平正义”，实际上，司法权是终局性的权力，社会中许多矛盾纠纷的是非对错，最终要由司法机关来作出定论。《关于领导干部干预司法活动、插手具体案件处理的记录、通报和责任追究规定》为领导干部干预司法划出“红线”，为司法机关排除干扰划出“隔离带”。这体现出的便是对“裁判终局”司法规律的遵循。由此，司法规律可以概括为“权责统一、权力制约、公开公正、尊重程序、裁判终局”五个要素。

司法监督的规律，集中体现在司法规律框架和监督规律特性的双层架构中。这种双层架构下的规律延展，是监督规律和司法规律的双向性、多维度糅合。通过本章第二节的梳理，我们对六种司法监督方式的特征与规律会有一个单元化了解，而无论哪一部分，都属于司法监督的一个分支，其规律都应以司法监督规律的面目呈现，而司法监督规律的呈现则是司法规律呈现的有力支撑。课题组从五大司法规律逆向出发，发现司法监督规律与司法规律的完美契合，实现了司法监督规律与司法规律的有机融合。

一、司法监督的首要前提：权责统一

（一）司法权威视角下的司法监督

一般而言，司法权威与司法监督之间的关系是间接的，司法权威不是司法监督的直接目的，但由于司法权威是司法公正的有效保障。因此，司法监督在促进司法公正的同时，也应尽可能地维护司法权威。同时，司法权威不仅需要制度性安排，更需要各个社会主体的刻意维护，特别是作为监督存在的外在力量，更应该尊重和维护司法权威。

1. 司法权威需要各社会主体的刻意维护

司法权威是司法的外在强制力以及人们内在服从的统一，但是司法权威不会自觉自动地生成，要赢得人们的内在敬仰与服从，必须具备一定的条件与基础。同时，由于司法权的被动性、消极性等特征，司法权威很容易受其他因素的影响或破坏，特别是由于司法必须面对纷繁复杂的几乎涉及一切社会利益和关系的矛盾与冲突：政治的、经济的、文化的、道德的、宗教的等。司法既要妥善协调各种利益关系，又要保持严格的程序中立以期达到最后的公正。“正是因为司法处于这样一个特殊的社会结构之点上，它在影响社会生活的同时，也为各种社会力量影响法律活动洞开了门扉。”因此，司法权威既需要司法主体的刻意维护，在行使中自觉遵守法律的规定，更需要其他社会主体的刻意维护，特别是作为监督力量存在的主体。首先，司法权威意味着司法的制度性保障机制的有效性。司法权威以司法公正为价值基础，而我们应当承认这样一个事实：公正的司法机关不一定是必然得到所有人尊重的机关，公正的司法活动不一定能得到所有人的认可。因此，只有将司法的公正性要求与司法的制度性保障有机结合起来，才能有司法的真正权威。这些制度性保障的落实，往往取决于各方社会主体间的配合。例如，需要国家权力机构及其他社会主体避免对司法的不当干预。其次，司法权威意味着司法裁判结果受到普遍的尊重，只要是在法官自由裁量权的正当幅度内，判决就应当得到维护，而不是随意质疑。最后，由于司法是维护社会正义的一种高成本的方式，其权威性弥足珍贵，由此更需要刻意维护。

2. 监督不当极易对司法权威构成威胁

作为监督力量而存在的司法监督，其对司法权的影响显而易见。其一，监督作为一种法定的制度设置，本身就具备了能够影响司法权的合法化地位，特别是诸如当事人监督的一些监督力量本身就构成了司法程序系统的重要组成部分。其二，一般而言，监督者往往具有高于被监督者的优势地位，监督者具有主动性，被监督者只能被动接受监督，监督者的意志会在一定程度上影响被监督者。因此，司法监督在影响司法权的同时，也会对司法权威产生影响，监督一旦背离监督客体要求，就极易造成对司法制度性权威的消解。具体而言，包括以下三个方面：一是监督容易形成以监督为名的干预。司法权威要求维护司法的相对独立性，只有司法机关依法独立行使审判权，才能保证公正的实现，才能树立司法权威，否则就会破坏法律体制内在的统一，从而危及司法权威。对于监督者而言，一旦超越其应有的界限，就会造成对司法依法独立公正行使的侵蚀。特别是作为监督权而存在的司法监督，具有天然的扩张性，极易对司法依法独立公正行使产生威胁，需要进行严格的限制。二是监督容易以公正为名，损害司法的终局性权威。司法的终局性权威是司法的制度性权威的重要体现，正如美国大法官杰夫逊所说，“我们不是因为正确才有了终局性，而是因为有了终局性才正确”。公正是司法监督的目的追求，而对司法实体公正的过度追求和关注容易导致案件的反复再审，从而损害司法的终局性权威。三是监督的非规范性也容易损害司法的制度性权威。当我们关注的焦点放置于监督对于促进或实现个案公正的作用上时，就会对司法监督中存在的一些问题表现出极大的宽容，或者往往会忽略一些非制度化、非规范性监督对司法造成的制度性危害。这也是我们当前司法监督所面临的问题之一，非制度化、非规范性的监督方式不仅为监督干预司法创造了便利，也为监督权的“寻租”提供了条件。

（二）司法监督要遵循规范有序的运行原则

司法程序系统需要依靠调整系统要素和机制来适应环境的变化，而来自环境变化的压力必须是稳定的、有限的，系统才能在保持自身稳定的同时通过自我调整适应环境。“当环境变化达到一定的阈值时，系统只有抛弃原有的结构方式或行为模式，从而被迫解体。”① 系统外监督既是环境的一部分，又对程序系统产生直接影响。因此，系统外监督的力量对司法程序的作用也必须限定在一定界值内，按照法定的程序规范、有序运行，没有节制就会超越边界渗入系统，没有秩序就会导致系统的无所适从。这就意味着系统外监督要以不干扰法官独立裁判为底线，其监督范围、监督介入时

① 傅郁林：《民事司法制度的功能与结构》，北京大学出版社 2006 年版，第 93 页。

间、监督方式、监督内容都应该按照法律的规定进行。任何非制度性、非规范性的监督行为都有可能导致监督的滥用以及对司法公正权威的消解和冲击。同时，监督的规范运行本身还应该包含对监督的公开性要求，公开可以避免监督权的“暗箱操作”，并且有助于实现监督的平等利用性和正当性。

（三）司法监督也需要对监督者的监督

责任是现代权力控制的一种重要方式，也就是通过在制度上设定权力主体要对权力行使后果承担义务，责任是依靠权力主体对权力的畏惧确保权力的正确行使，即畏惧权力的不当行使将会承担不利后果，从而确保权力主体审慎行使权力。为此，现代权力制约机制设计必须遵循权力与责任的平衡原则，在赋予权力主体一定权力的同时，也需要规定其相应的责任，权力的大小必须和责任的大小相对应，“任何无责任对应的法定权力，在规则上即具有剩余性和非理性，它所带来的只能是权力的放任”。[①] 从我国司法监督的设计来看，无论是审级监督、人大监督还是检察监督都体现着权力与责任的统一。法律不仅赋予了监督者广泛的监督权力，同时还规定了对监督者的监督，也规定了监督者不当行使权力会承担的相应责任。监督权力如何行使，是否正当行使在很大程度上有赖于这些机制的依托。对监督者的制约以及监督责任的规范，避免了监督权运行的随意性，监督者在行使监督权时，需充分考虑因滥用监督权而承担的不利责任。

2016 年 12 月 19 日，最高人民法院、最高人民检察院联合发布的《关于民事执行活动法律监督若干问题的规定》中明确指出，法院认为检察监督行为违反法律规定的，可以向检察院提出书面建议，检察院应当在三个月内书面回复处理情况；法院仍有异议的，还可以通过上一级法院再次提出。这充分体现了对监督者的监督。

① 刘海年：《以法治国与廉政建设》，中国法制出版社 1999 年版，第 290 页。

二、司法监督的制度支撑：权力制约

本章第一节在阐述司法监督的理论基础时就提到了权力控制与分权制约的理论。可以说，司法监督是权力制约规律的集中体现之一，具体如下：

（一）诉权制约

任何不受限制的权力都会走向极权，限制权力滥用的最好方式就是对权力的运行过程进行制约，即在权力的运行过程中设定一种与之相互制约的力量，一旦权力运行不符合其运行要求，这种相对的力量可以进行有效牵制。较之其他限制方式，这种限制具有同时、有效、成本低廉等优势。司法监督制度设计的首要功能在于实现对司法权运行过程的制约，保障司法权在其法定轨道内运行。

作为系统自洽性监督的核心途径，诉权制约体现了对司法权运行过程进行全程监督。在当事人监督制度的设计中，法官不能脱离当事人的诉请进行裁判，不能脱离当事人提请的证据进行事实认定，不能违背当事人的意愿进行调解等，法官一旦在行使权力过程中出现违背程序正当性要求的行为，当事人可以及时发现，并具有向法官提出异议并要求纠正的权利，因此，法官的权力在很大程度上都受到了当事人的制约。

当事人是诉讼的发起者、程序的主导者，其诉讼主体地位和诉讼目的决定了当事人是司法权运行的最直接、最有力的监督者。一是当事人的自利性是当事人监督的原始动力。按照理性人假设理论和自利原则，当事人最了解自己的需求，对自己所要达到的诉讼目的具有明确的认识，对于诉讼中的情况和变动作出的应对都是有意识的、理性的。这些理性选择的背后隐藏的是对自身利益最大化的追求。只要诉讼过程、裁判结果与自身利益直接相关，当事人就会特别予以关注。二是当事人的对抗性是当事人监督的逻辑基础。由于存在正反两方的当事人，因此不必担心当事人会过多地滥用其手中的权利。因为一旦一方当事人滥用其享有的权利，对方当事人一定会予以抵制和狙击；如果一方当事人试图通过不正当的方式接近甚至贿赂法官，那么无论是有失范行为的当事人还是法官都要接受来自另一方当事人的监督。因此，通过对当事人权利与法院权力以及当事人双方之间权利义务的合理分配，完全可以形成当事人诉讼权利与司法权互相监督制约的局面。三是当事人行使诉权是当事人监督的基本方式。在诉讼过程中，当事人通过程序启动权、程序处分权、程序参与权等程序性权利的行使，直接推动着诉讼进程，影响着诉讼结果。当事人的诉讼请求决定着法官的审理范围，当事人的举证权、辩论权影响着裁判的结果，当事人的申请回避权、上诉权决定着诉讼程序的中止或者延续。当事人诉权的充分、正当行使，可以抑制司法权的不当行使甚至滥用，不需要任何程序外的力量参与。

（二）检察监督权制约

检察监督权在行使过程中，以保障审判权的独立性和权威性为前提，坚持监督谦抑原则和监督法定原则，体现出检察监督权与审判权的分工制约。

第一，检察监督权与审判权的平等独立地位。依照宪法的规定，明晰检察监督权和审判权各自的功能定位，科学界定各自的职责任务，保障各自权力的依法独立行使，实现维护司法权威、促进社会公平正义的共同目标。

第二，检察监督的角色定位。侦查、控诉职能与法律监督职能的分离，体现在检察机关内部不同部门行使上述职能。

第三，检察机关与审判机关之间的协作关系。检察机关与审判机关严守各自的诉讼职能，分别独立行使控诉权与裁判权。仅在职能的衔接与诉讼构造的共同组成等方面做好工作协作，而且协作以恪守各自的职能为限度，彻底克服互相配合造成的检法不分、控审混同、角色混乱等弊端。

第四，双向制约，实现权力制衡。应当注意到，在检察权监督审判权的同时，审判权对检察权也存在一定程度上的制约，如此基本实现了二者的力量均衡。从长远来看，可以建立不起诉司法审查制度，加大对撤诉、追加及变更起诉、抗诉的司法审查与裁判制约的力度，限制公诉与抗诉权的滥用，防止对当事人权利的侵害，进一步实现二者的关系正当、力量均衡、运行顺畅。

三、司法监督的价值取向：公开公正

司法公正是多层次的，主要包含三个方面：第一，司法公正是实体公正和程序公正的统一。程序公正是指审判过程的公正，即人民法院审判案件必须严格遵守诉讼法的规定，注重诉讼过程的公开公平。实体公正是指审判结果的公正，即人民法院在认定事实、证据与适用法律方面都正确。其中，程序公正是实体公正的有力保障，实体公正是程序公正的目的追求，没有程序公正，即使实体公正得到实现也会因丧失正当性而备受质疑。第二，司法公正是个案公正与普遍公正的统一。个案公正是指在具体的个案中实现的司法公正，是人民感受到司法公正的直接途径。普遍公正与制度正义相关联，是指司法公正的实现是以法律正义的分配、配套的制度安排为背景，在程序上被严格遵循、事实被客观认定、法律被准确适用的情况下所达到的最低限度的正义。其中，个案公正是普遍公正的体现，普遍公正应以最大限度地实现个案公正为目标，持续的个案不公，必将导致对制度安排的怀疑。第三，司法公正还是应然性和实然性的统一。司法公正的应然性指的是公正的理想性，是理想意义上的司法公正。公正的实然性是公正的现实性，是现实司法所允许的公正，即应然司法在现实司法中的实际兑换状态，司法公正是在不断克服不公正的现实过程中逐渐走向更高一层的公正，最终实现应然与实然的统一。

公正是一个典型的社会伦理和价值判断问题，当人们立足于不同的情感、立场来解读时便有了不同的影像，可以说在每个人的心中都有一幅关于公正的理想图景。而司法公正的特点在于其与法律制度相关联，以既定的法律制度为基础，司法活动都要受制于法律规定，这就使得司法公正具有了一定的客观标准。立法是分配正义的活动，司法是实现矫正正义的过程，其目的在于修复已经遭到破坏的法律制度而达成的公正形态，是“法律之内的正义”。这种正义，只能是通过而不是绕开普遍正义来实现的，换句话说，司法公正的内在逻辑是借助于法律之内的正义来实现个案正义的，而不是通过背叛、抗拒法律的方式来实现法律之外的正义。

司法监督作用于司法权主要是通过制约司法权、引导司法权在正确轨道内运行，纠正司法权运行中产生的偏差等途径来实现的。但监督本身不是目的，是手段，最终是为了促进司法公正。因此，通过司法监督实现司法公正，需要尊重司法的制度理性，按照司法公正自身的逻辑和要求进行。

四、司法监督的内在要求：尊重程序

（一）司法监督以程序监督为基本形式

通常情况下，人们对司法公正的判断是通过两个方面来评判的，即司法过程的公正与最终结果的公正。事实上，人们更倾向于从裁判结果的公正性上来评判，而与制度正义直接相关的最为显著的特征是司法过程的公正，即程序公正。法治社会正是以程序正义为标志的社会形态，“正是程序决定了法治与恣意的人治之间的最主要区别”。司法过程由一系列存在法官自由裁量权空间的环节组成，无论是法律事实推定、法律关系判断还是法律适用的选择，无不充斥着法官个人的主观判断，司法权运行过程可以说是法官自由裁量权行使的过程。再加上司法权的独立性、专业性、判断性等特点，决定了外部力量对于司法核心权力的行使既无法企及也无从监督，否则就有干涉法官独立裁判之虞，也会导致司法秩序的混乱。程序公正为司法结果公正提供了保障和判断标准。程序的工具性价值在于限制司法权的滥用，保障法律适用中的操作规程公平——当然正当程序还有独立于实体公正的价值，公正的裁判结果依赖于法官在审判过程中对法律程序的严格遵循和双方当事人诉讼权利平等的充分保障，加上程序本身的过程性和公开性，使得司法结果是否公正从程序本身比较容易判断。因此，程序公正应当是司法监督的重点内容，也是防止司法权滥用，克服司法腐败的正确选择。分析一些众所周知的“错案”，往往都是因为程序违反了公正性要求，法官在司法裁判过程中受到了来自权力、人情、利益等外在因素的干预，如果这些问题能在诉讼程序中得到监督就能有效地避免错案的发生。

(二) 司法监督充分利用司法的程序性

司法具有典型的程序性特征，司法权一经启动即被置于程序构成的框架体系内，直至裁判结束，没有程序以外的司法权。“法官能够对纠纷进行判断是通过程序所提供的制度性空间进行的，程序展开的进程就是司法权的运行过程，离开了程序，司法权无法实现对纠纷的介入，司法权的功能作用只能处于观念形态而无法转化为现实形态。”因此，司法程序可称为“司法权运行的制度空间”。[①] 同时，司法权的其他各种特性均集中统一于程序运行之中，并在程序中得到充分展现和表达。因此，司法监督要充分利用司法的程序性特征。

第一，司法程序具有鲜明的规范性特征，在对司法权的控制上具有无可比拟的优势。一方面，程序可以有效避免决定的恣意。程序以其特有的方式，将司法权运行中的各要素、各环节都进行了固化，司法权只能按照法定授权及既定程序设计有序进行，在这个过程中没有什么力量可以阻止程序，或随意改变程序顺序，或违背程序规定运行。程序的这种“非人情化”特点构成了程序控权理论的基础：将一些人为的、外在的非理性因素进行过滤，保障了权力运行的平等性、一贯性和稳定性。也是基于对这种稳定性的信任，人们才可以轻易地预测参与司法程序中会获致何种结果，并由此理

① 宋冰主编：《程序、正义与现代化》，中国政法大学出版社 1998 年版，第 364 页。

性选择该以何种姿态参与到诉讼中。另一方面，程序公开增强了监督的有效性。程序最大的特点就是其具有公开性。司法程序的公开不仅包括对当事人的公开也包括对社会的公开。程序公开使司法权运行的过程成为可视可知的，通过民众的参与和监督，更容易及时发现和纠正判断中的错误，也可以有效避免司法权受到权力、人情、关系、利益等外在因素的影响。

第二，司法程序具有鲜明的交涉性和商谈性，构成了对司法权最有效的控制。与行政权力的支配性和强制性不同，司法权是一种判断权，其判断理性依赖于等腰三角形的诉讼构造和过程的交涉性，这构成了保障司法裁判理性的核心。一是司法权的启动和裁判范围需要当事人申请。司法权本身是一种消极的权力，在其整个运行过程中只能根据当事人的申请包括申请行为和申请内容进行裁判，而不能主动启动司法程序或擅自变更当事人的诉讼请求内容。二是司法裁判需要建立在交涉和商谈基础之上。司法程序的交涉过程既是当事人说服法官的过程——通过论辩说服法官对己方辩论观点和意见的认同及采纳，也是法官说服当事人的过程——通过对论辩的应答说服当事人接受裁判的结果。过程的交涉性同时也要求裁判者的亲历性，也就是说，裁判者必须始终在场，而不能随意更换，裁判者对所有提供的言词都必须当面听取其口头陈述，要听取控辩双方就其陈述所进行的质证和辩论。由此可见，司法裁判并不是法官恣意的结果，而是通过当事人理性交涉推演而成，裁判结果完全取决于当事人交涉的结果。因此，当事人也构成了对司法权最为重要的监督制约力量，司法权无法脱离当事人的诉讼行为进行。

第三，在司法权系统中，程序是司法权运行的载体。司法程序的依次展开为自洽性监督提供了运行空间，司法主体的诉讼行为以及在此基础上所形成的司法裁判都将受到程序运行的制约，这实质上是管理和决定的非人情化，其一切布置都是为了限制恣意、专断和裁量。[①] 一是程序法定为系统自洽性监督设定了依据，程序是法律制度预先设定的规则。在程序法律中，司法权的启动必须符合特定的条件，权力的行使应当遵循特定的方式，权力行使不当或者滥用要承担相应的法律责任。这些条件、方式、责任等都已经由法律明确规定，无论法官还是当事人都必须按照法律的有关规定来履行职责、行使权利，不能超越法律规定的界限。二是程序严密为系统自洽性监督创设了条件。就本级而言，一个案件从进入法院到裁判结果作出，要经历起诉、受理、开庭、合议、裁决等环节，也有当事人双方举证、质证以及法庭认证等活动，每个环节都要按照案件流程运转，每项活动都受程序规则的约束。从审级来看，当事人一旦对一审判决不满，可以通过启动上诉或者再审程序，实现对一审裁判的监督制约以及对裁判错误的救济；再不服的，还可以到法院申诉或者到检察院申请抗诉要求法院纠错。三是程序公开为系统自洽性监督提供了平台。诉讼进程、庭审过程、裁判结果甚至心证形成的过程等都被放置在“阳光下”接受考验。因此，可以说，与其他权力行使的程序相比，诉讼程序是最系统、最严格、最规范的，对司法权运行的监督制约最有力，也最能保证司法裁判的妥当性和程序的正当性。

五、司法监督的行权边界：裁判终局

由于检察监督权整体上仅具有启动程序的意义，效力上的非终局性也就成为必然。在我国，“法律并没有因为检察机关既是法律监督机关，又是公诉机关而赋予检察机关改变法院判决的权力。按照法律的规定，检察机关对于法院的判决只有提起抗诉的权力，既不能改变法院的判决，更不能指令法院改变其判决”。正是这一特征，划定了检察机关与其他执法机关的权力分界，超出这一界限，检察机关就不是法律监督机关而成为具有实体处分权的执法机关

① 季卫东：《法律程序的意义》，载《中国社会科学》1993年第1期。

了。司法监督的非终局性主要体现在以下几个方面：

（一）尊重司法的独立性

审判独立是司法权最核心的特征，没有审判的独立性，就没有现代司法制度，这也是法治社会对司法权的内在要求。审判权独立本身并不是目的，其最终目的是确保司法权抵御不当的外界干扰，实现司法公正。因此，审判独立是司法制度的内在逻辑，也是司法监督的正当性标准及其最低限度。也就是说，司法监督在促进司法公正的同时，不能损害审判的独立性，损害了审判独立性，司法监督则失去了正当性。

审判独立的实质要求是国家司法权行使的专属性和不可侵犯性，即国家的司法权只能由法院行使，法院在行使司法权的过程中不受外界单位和个人的干涉、影响和控制，由于司法权这种公权力的特性，审判独立往往无法从自身得到维系，对外在的侵蚀往往不具备抵抗能力，因此司法的独立性不仅需要制度上的配置，更需要外在环境的配合和维系。从理论上讲，司法监督对审判独立具有天然的侵犯性。"就人类天性而言，对某人的生活有控制权，等于对其意志有控制权。"① 汉密尔顿的这句话从某个侧面说明了独立意志的存在条件。也就是说，意志独立与外在控制具有天然的矛盾性。监督作为一种权力控制的方式，总是试图对运行中的权力施加某种外在的影响或压力，虽然这种影响或压力具有制度配置上的正当性以及公正价值上的指引性，但由于监督与司法权的这种监督与被监督的关系，司法权比较容易受到监督者的侵蚀。特别是作为公权力而存在的监督权，也具有控制性和膨胀性特征，更存在侵入司法权的可能和风险。这就要求，一方面，司法监督要尊重最低限度的审判独立，始终保持与司法权之间的间离状态，不超越应有的边界，保障司法在国家政治权利结构中的地位和权力运行方式上应具有的独立性；另一方面，在制度设计上，要为司法监督的行使设置

① 转引自刘智峰主编：《走向司法公正》，中国物资出版社1998年版，第112页。

一定的条件、范围、程序和界限，防止司法监督在实践中背离其设置初衷。

(二) 尊重司法的终局性

司法终局性是司法的应然特征，关系着法律的确定性以及法律控制功能的实现。“为了使法律的价值能够权威、准确地表达出来，只能赋予一个机构具有这种终局性地位，其他机构都必须受到它的审查和监督，而不具有维护法律的终局性地位。司法权则具有了制度性安排的独特地位。”① 司法权的终局性表现在两个方面：一是司法对于纠纷的解决具有最终的裁判权。司法不是解决纠纷唯一的途径，只有在其他解决纠纷的方式无能为力的时候，才会借助司法这一救济途径。司法权作为一种潜在的纠纷解决方式，是一种最终的裁判权，是以国家名义对争议所作的裁决，司法裁决的执行也将以国家强制力作后盾，让纠纷解决的结果处于一种确定的状态，社会才能有序地发展。二是裁决效力的终局性。司法机关作出裁决，其他任何机关、组织或个人均不得变更或撤销，已经发生法律效力的裁判，非经法定程序，不得再次审判。司法监督必须尊重司法的这种终局性特征，保持对生效裁判监督的克制性，避免依其主观偏好对案件反反复复进行监督，损害司法的终局性权威。“如果争议可被再次审理，则争议并未解决，如果案件可以再上诉，相通的争点在另一案件中仍可提出，则争议也仍未解决。倘若人们求助法律程序来解决争议，那么争议需在某一阶段上最终解决，否则求助法律程序就毫无意义。”② 因此，以损害司法的终局性权威为代价的司法监督，必然会导致对整个司法制度正当性的破坏。

(三) 保障法官、检察官判断的自主性

司法权的判断性说明，司法权是一种只可以接受监督而不接受

① 孙万胜：《司法权的法理之维》，法律出版社 2002 年版，第 32 页。

② ［美］贝勒斯：《法律的原则——一个规范的分析》，张文显等译，中国大百科全书出版社 1906 年版，第 37 页。

任何外在命令的权力。法学谚语有云："法官唯一的上司是法律。"也就是说，在司法的王国里，法官的义务就是遵从法律的意志行事，只服从于法律和法官内心的良知，这就要求法官在作出判断时要排除来自外在的压力和影响，保持思维自由和裁判自主。这是司法公正实现的前提。任何司法权以外的力量——无论是来自法院系统外部的，还是来自法院内部的行政管理——只可以监督司法权是否依照法定的程序和目标运行，而不能对司法权的运行过程发出号令，要求法官、检察官应该如何行使司法权，或者应该如何作出判断，或者以其他任何形式干扰法官的自主判断。"在法官作出判决的瞬间，被别的观点，或者别人和行使的外部权势或压力所控制或影响，法官就不复存在了。宣布决定的法官，其作出的决定哪怕是受到其他意志的微小影响，他也不是法官。"因此，一方面，司法监督要以保障法官、检察官的自主裁判为己任，通过监督防止外来力量对司法权的不当干涉，让法官、检察官成为法律的守护神；另一方面，司法监督还要在监督司法权正当运行的同时，恪守自身边界，以不干扰法官、检察官的独立自主判断为底线。司法监督一旦超越应有界限，既会侵蚀法官、检察官所专享的权力，也会异化以监督为名的命令或干预，不仅无助于司法公正的实现，还有可能成为影响司法公正的新要素。

（四）尊重法官、检察官判断的专业性

法官、检察官的判断不是感性的主观臆断，而是要受到法律规则的制约，是建立在案件的事实和适用的法律基础之上的判断。这种判断源自一系列的法治理念、法治思维、法律推理论证等法律方法和司法技巧的运用。也就是说，法官、检察官判断的过程是一项专业化的活动。首先，法官、检察官是预设的理性人。法官要在矛盾、纠纷和对立中作出评判，检察官要在诉与不诉中间作出选择，因此理性是对法官、检察官的最低要求，要求法官、检察官始终超然中立于纠纷，对纠纷要冷眼相看，保持心智清醒，在诸多可能中选择最佳决断。当然，这只是一种理想的制度预设。其次，法官、检察官是具有专业素养的职业群体。现代法治社会是建立在民主政治发展以及社会高度分工基础之上的。社会分工使得各种群体的职业化成为可能。法官、检察官的职业素养包括其对法律知识的掌握、法律精神和理念的形成、法律思维和法律方法的自如运用等。掌握这门技巧需要长期的职业训练和经验积累。最后，法官、检察官作出决断的过程是其理性与专业素养在程序中综合运用的过程。司法本身是一种实践理性，法官、检察官必须遵循程序的中立性、亲历性、交涉性等要求，目光流连于证据、事实、法律之间，运用特定的思维和技巧寻求最佳裁判。由此可见，司法裁判是在程序中推进的专业化活动的产物。司法裁判的这种专业性特征也说明，对于司法监督而言，只有同法官共同经历了诉讼推进的过程，并同法官、检察官一样遵循法律的思维方式和方法的监督主体，才能客观判断法官、检察官关于诉讼程序的选择是否合适，法律事实的认定是否正确，法律适用的选择是否合理，也就是说，同处于诉讼系统内的监督主体对于司法权的监督才更有说服力。司法权的这种专业性特征直接导致了外部监督主体面对具体案件裁判结果进行监督往往是无能为力的，或者是一种“外行”对“内行”的监督。

（五）尊重法官、检察官判断的权威性

一般来讲，任何人都可以就某项行为进行道义或法律上的评判，而法官、检察官判断的不同在于，其判断是一种基于法律的内涵准确权威表达的需要，具有唯一性和权威性。法官、检察官判断的权威性体现在两个方面：一是当事人要自觉履行判决所确定的义务；二是任何主体都不能替代法官作出判断，并且要尊重和自觉维护裁判的权威，司法监督也应如此。无可否认，法官、检察官判断是一种主观认识活动。依照马克思主义哲学原理，人的认识的本质是实践基础上主体对客体的能动性、创造性的反映，人的认识活动的能动性、创造性体现为一种自由，法官在审理案件中发挥主观能动性需要这种自由。因此，基于对规则漏洞的弥补以及根据千差万别的具体事实进行裁判，现有立法为法官、检察官发挥主观能动性留下了必然的余地，法官、检察官在案件的裁判中具有相当的自由裁量权，裁判也就具有了某种不确定性。这就要求，司法监督必须尊重法官、检察官所独享的自由裁量权，尊重法官、检察官权威的判断，只要裁判是在法官、检察官依循正当程序下，在其自由裁量权的正当幅度内作出，就应当得到尊重与维护，而不是随意质疑。司法监督主体不能以个人的主观感受为标准，对已经生效的司法裁判作出公正与否的评价，更不能以此为标准随意否决裁判的效力，或者以公正的名义代替法官、检察官作出更加权威的判断。

第三节　检察诉讼监督规律

我国《宪法》第 134 条规定："中华人民共和国人民检察院是国家的法律监督机关。"由此可知，人民检察院是国家的法律监督机关，行使的是国家法律监督权，检察监督是指人民检察院通过行使法律监督权对国家机关、国家工作人员和公民是否遵守法律实行专门监督的一项法律制度。检察诉讼监督主要表现为对国家机关的诉讼活动进行法律监督。检察诉讼监督权总体来看属于监督权的范畴。监督权与制衡权虽然最终目的都是防范权力的滥用并最终实现人权保障，但二者毕竟是两种性质不同的权力规范与限制模式。权力监督具有监察、督促之意，是在现有的权力之外引入另一种监督权，以此限制现有的权力并实现人权的保障。由此可见，权力监督具有权力之外和权力之上的特征①。权力制衡则与此不同，其是以权力分立为前提，是对过分集中的权力实施的适度分散，并通过地位平等的各种权力之间的纵横交错的互相牵制和约束来防止权力的滥用，它是旧有权力的分解和组合，而不像权力监督那样存在新型权力的加入。在检察诉讼监督中，检察权是在刑事、民事、行政诉讼活动之外，依据司法活动的自身运行规律和特征而发挥制度功

---

① 陈兴良：《何以止"腐"》，载《法学家茶座》2003 年第 5 辑。

能，它行使的是宪法、法律赋予的新型而独立的国家权力形态和国家权力机构，属于权力监督的范畴，其主要目的是通过立案权、侦查权、审判权及执行权之外的权力运作实现对刑事、民事、行政诉讼活动的监察和监督，终极目的是保障人权。由此来看，检察诉讼监督是国家立法机关赋予检察机关对各种诉讼活动实施法律监督的一种专门权力。

按照诉讼的性质不同，检察监督可分为刑事诉讼检察监督（《刑事诉讼法》第 8 条）、民事诉讼检察监督（《民事诉讼法》第 14 条）和行政诉讼检察监督（《行政诉讼法》第 11 条）三大类。检察监督的内容，因三大诉讼性质不同而呈现出较大的差异。其中，刑事诉讼检察监督的对象和内容最为广泛，而民事和行政诉讼检察监督的对象和内容具有一定的相似性。归纳而言，按照监督对象的不同，可进一步将检察监督分为以下四种：① 一是对刑事羁押监督，即在刑事诉讼过程中，检察机关对羁押方（看守所、公安机关）行使羁押权或者适用法律行为的合法性进行的法律监督。二是对刑事侦查监督，是指在刑事诉讼过程中，检察机关对侦查机关（公安、安全机关）行使立案权、侦查权或者适用法律行为的合法性进行的法律监督。三是对审判监督，是指在刑事、民事和行政诉讼过程中，检察机关对法院行使审判权或者适用法律行为的合法性，以检察建议或者抗诉等方式进行的法律监督。四是对执行监督，是指在刑事、民事和行政诉讼过程中，检察机关对法院行使刑事裁判执行权、民事和行政裁判执行权或者适用法律行为的合法性所进行的法律监督。

一、检察诉讼监督的一般规律

在司法实践中，每个诉讼环节出现的违法行为都会被归为司法

① 也有学者主张检察监督可分为五种，即还包括“对检察机关自身的监督”。参见杨迎泽、薛伟宏：《检察诉讼监督的概念、特点与种类》，载《中国刑事法杂志》2012 年第 7 期。

不公，但法院审判行为的合法性和公正性是司法公正的终极核心问题，因而成为检察监督的重点。检察监督是社会主义司法监督体系的一个重要组成部分，与党的监督、人大监督、舆论监督等相比，检察监督具有鲜明的特点和规律。

（一）检察监督的特征

一是国家性。检察机关行使的法律监督权是国家权力的一个有机构成部分，其权力是人民通过宪法、法律赋予的检察机关及其工作人员专门行使法律监督的权力，其行使权力的行为代表的是国家意志，而非地方政府、人民团体或政党的意志。

二是专门性。检察机关是专门行使国家法律监督权的国家机关，且其行使法律监督权的活动不受任何国家机关、社会团体和个人等非法因素的干涉。检察机关行使的法律监督权既不同于法律规范制定属性的立法权，也不同于法律规范实施属性的行政权和国家审判权，它的职权是专门行使法律监督职能。

三是规范性。检察机关行使法律监督权必须以事实为根据、以法律为准绳，法律监督的主体、对象、范围、程序、方式及效果等均由法律予以明确授权和规定。检察机关不能因为个案而恣意突破现有法律的授权而行使法外监督权，否则会受到司法机关及其工作人员的抵制和反对。

四是参与性。检察诉讼监督的参与性一方面意味着检察监督不能主导自己所监督的诉讼活动，检察监督对司法公正的保障是通过参与而不是通过取代而实现的；另一方面意味着检察监督不是干预性监督，而是程序性监督，检察机关一般不对违法或错误司法行为直接作出具有司法效力的纠正或判定。

五是强制性。检察机关的法律监督是严肃的执法活动，必然要产生相应的法律后果，而且检察监督的法律后果以国家强制力为保证。这一点将检察监督与舆论监督、社会团体及社会主体的社会监督区别开来。

司法权运行的一般规律及检察机关对司法监督的上述特征，共同决定了检察机关对各种诉讼活动的监督具有自己独特的内在规律。检察机关及其工作人员、主导各种诉讼活动的国家机关、各种角色的诉讼参与人，都应当予以深刻把握和遵循。

（二）检察诉讼监督的一般规律

1. 专门监督

检察机关的检察诉讼监督来源于宪法、法律的明确授权，以此区别于舆论监督、社会监督等非国家权力机关的监督。我国《宪法》第134条明确规定："中华人民共和国人民检察院是国家的法律监督机关。"《刑事诉讼法》、《民事诉讼法》、《行政诉讼法》、《人民检察院组织法》、《检察官法》、《立法法》等相关法律中都有人民检察院对诉讼活动实施法律监督的相关授权。例如，《刑事诉讼法》第8条规定："人民检察院依法对刑事诉讼实行监督。"《民事诉讼法》第14条规定："人民检察院有权对民事诉讼实行法律监督。"《行政诉讼法》第11条规定："人民检察院有权对行政诉讼实行法律监督。"检察机关对上述诉讼活动的监督属于典型的专门监督。有关专门监督的含义，国内有学者认为："我国将法律监督权单列为独立的国家权力，并规定人民检察院是国家的法律监督机关，其'专门'的含义不是特指法律监督权只能由人民检察院行使，而是特指检察机关的检察权就是法律监督权……检察机关的权力本质是针对法律实施的特定事项进行法律监督，在权力结构配置中的作用是在法律运行领域实施权力的监督与制约，实现各项权力的有效运转。"①

笔者赞同上述观点，检察诉讼监督之所以称为"专门"监督，是指检察机关所实施的诉讼监督职权是宪法和法律授予的法律监督。这一点把检察机关所实施的诉讼监督与公民、法人等社会主体和大众传媒对司法活动实施的监督区别开来。笔者认为，这里的专

① 王戬：《不同权力结构模式下的检察权研究》，法律出版社2011年版，第202页。

门法律监督应当包括如下含义：一是权力主体专门，这一权力只能由各级人民检察院依法行使；二是权力作用的对象专门，各级人民检察院有权依法对刑事诉讼、民事诉讼、行政诉讼中的诉讼行为及诉讼结果实施法律监督；三是各级检察机关及其工作人员行使诉讼监督的方式方法独特，即检察机关及其工作人员只能通过行使法律明确授予的提出检察建议、抗诉等方式来诉讼监督，不能随意超越法律授予之外的诉讼监督权能；四是检察诉讼监督的法律效果独特，司法权的检察监督一般不对被监督主体和对象作出具有实质权利义务意义的判断和裁决，但是检察监督一般都会对特定的司法行为产生直接或间接的影响。

2. 合法性监督

司法权的本质是判断权，司法权运行的基本价值取向是公正。党的十八大以后，执政党对司法公平正义非常关注。习近平总书记多次指出，“要努力让人民群众在每一个司法案件中都感受到公平正义，所有司法机关都要紧紧围绕这个目标来改进工作，重点解决影响司法公正和制约司法能力的深层次问题”。在成熟法治国家，司法权的公正权威运行更多的是依靠司法机关及其工作人员的自律和自治，一般不需要专门为司法公正权威设定一个法律保障装置。但是在法治信仰及法治文化阙如的当代中国，司法腐败、司法不公及司法侵扰的现象时有发生。在这个特殊的国度里，在宪法、法律上构造一个专门负责司法监督的检察机关，实行一定的法律监督不仅必要，而且正当可行。

然而，由于司法权的检察监督是我国宪法制度给司法权运行施加的一个外在防范“装置”，因此检察机关对各种诉讼活动的监督必须坚持合法性这一基本原则。具体来说，合法性原则主要包含如下寓意：一是对司法活动的法律监督权由人民检察院依法独立行使，其他任何机关、社会团体和个人都不得行使此项权力；二是人民检察院在行使职权的过程中必须严格依照法律规定办事，不得超越法律明确授予的诉讼监督职权，更不得随意滥用职权；三是检察诉讼监督的对象仅限于诉讼活动的合法性，一般不对司法机关及其工作人员依法应当享有的司法自由裁量权实施监督，以清晰界分检察权与司法权的各自作用范围，保证司法机关及其工作人员依法独立公正地行使自己的自由裁量权；四是检察监督的法律后果也要由法律明确规定，缺乏明确法律授权的检察监督对司法机关缺乏强制力和执行力，甚至有可能造成司法秩序的混乱。

3. 司法性监督

检察权属于何种性质的权力，历来有行政权、司法权、双重属性及法律监督权等多种学说，但大多数学者把检察权定位为法律监督权。在人民代表大会制度下，检察权是隶属各级人民代表大会之下的一个与审判权、行政权及军事权相平行的权力，具有明显的司法属性。第一，宪法界定了检察权适用法律的本质属性。① 第二，在具体法律授权方面，《人民检察院组织法》及三大诉讼法均授权或规定了人民检察院在刑事诉讼、民事诉讼及行政诉讼中的职权、地位和法律活动。从这些宪法、法律授权中可以清楚地发现，检察权在法律适用方面的权能，如《民事诉讼法》第 211 条规定："人民检察院提出抗诉的案件，接受抗诉的人民法院应当自收到抗诉书之日起三十日内作出再审的裁定。"原来是人民法院的生效裁判，但由于人民检察院的抗诉而导致其强制性地进入再审，人民法院撤销原来的生效裁判、中止原裁判的执行是生效裁判进入再审的必经程序。由此看来，人民检察院的司法监督实质性地废除了已生效的民事裁判，检察监督行为显然属于典型的司法行为。第三，在司法知识培养、训练及司法伦理规范方面，检察官与律师、法官一样，都要通过司法考试，并接受一定时期的严格法律适用技能培养和训练，共同接受司法伦理的规范和约束。

---

① 我国《宪法》第 134 条规定"中华人民共和国人民检察院是国家的法律监督机关"，第 136 条规定："人民检察院依照法律规定独立行使检察权，不受行政机关、社会团体和个人的干涉。"从宪法上界定了检察权适用法律的本质属性。

总之，检察机关在履行检察监督活动中，虽然其权力内容与国家审判权的具体内容有一定的区别，但其也具有事实初步认定、法律适用和合法性判断等属于司法权的本质特征。司法权的检察监督具有程序性、时效性、强制性等专门法律监督的法律实效和执行力。在这一点上，司法权的检察监督又明显区别于人大监督、政党监督及舆论监督等其他监督主体对司法权的监督。

4. 事后监督、事中监督

检察诉讼监督以"外部事后监督为主，内部事中监督为辅"。所谓"外部事后监督"，是指检察机关一般只对已经结束的诉讼活动或者已经产生法律效力的司法行为实施法律监督，原则上不得介入尚未产生法律效力的司法裁判或者尚未结束的司法行为。所谓"内部事中监督"，是指基于诉讼监督的必要性和合理延伸，检察机关有权介入已经启动诉讼程序但尚未终结或尚未产生法律效力的诉讼行为中。例如，检察机关对羁押方（看守所、公安机关）行使羁押权或者适用法律行为的合法性进行的法律监督；再如，检察机关对侦查机关（公安、安全机关）行使侦查权或者适用法律行为的合法性进行的法律监督等。

基于监督的必要和延伸，检察机关虽然可以适度介入诉讼活动中，但是检察监督不能随意侵扰其他司法机关及其工作人员依法独立行使司法权，更不能越俎代庖，代行公安机关、国家审判机关依法独立行使的侦查权、国家审判权、执行权等。以民事行政案件的抗诉为例，检察机关在提起抗诉以后，应当派员参加庭审，但是检察机关不能成为国家审判机关的"太上皇"，进而干预、左右或指挥国家审判权，特别是不能作出任何明确的裁定结果。事实上，检察机关的诉讼监督，无论是外部事后，还是内部事中，都是为了实现或保障当事人的公平审判权。所以，检察诉讼监督绝对不能侵犯其他司法机关及其工作人员依法独立行使司法活动的职权。这既是检察诉讼监督的基本规律之一，也是检察诉讼监督的底线逻辑。

在这一点上，检察权对诉讼活动的监督与审判权对行政权的监督具有相同的旨趣，它们都是对特定权力行使活动及其结果施加的具有外部约束力的评议、制约和强制。正如有学者所说，检察机关的监督虽然具有对内监督和对外监督双重内容，但监督的侧重点是对外监督，强调对其他被监督主体的制约性监督。这种外控性特征，在监督实现上主要通过检察机关各项诉讼职能在推进诉讼过程中完成。[①] 因此，检察诉讼监督也可以称为制约性监督。“制约性监督是指在监督的实现上，监督者与被监督者往往具有系统外的职能推进关系，其监督的实现依赖各种职能运转的制约完成。”[②]

检察诉讼监督的这一规律也不同于检察机关提起的民事行政公益诉讼。随着自由资本主义历史阶段向垄断资本主义阶段的转型，垄断、各种公害及私权遭受强势社会团体侵害的现象日益成为制约社会健康发展的重大问题。为了保障人权，国家需要对社会、经济等公共事务进行必要的主权干预成为社会各界的共识。作为对上述社会集体意识的回应，各国通过制定和修改法律，改变过去检察机关不准直接介入司法活动的“禁区”，纷纷赋予检察机关提起民事行政公益诉讼、参与或支持民事行政诉讼等职权。为深入推进十八届四中全会精神，加强对国家利益和社会公共利益的保护，第十二届全国人民代表大会常务委员会第十五次会议决定：授权最高人民检察院在生态环境和资源保护、国有资产保护、国有土地使用权出让、食品药品安全等领域开展提起公益诉讼试点。试点地区确定为北京、内蒙古、吉林、江苏、安徽、福建、山东、湖北、广东、贵州、云南、陕西、甘肃十三个省、自治区、直辖市。2015 年 7 月 2 日，最高人民检察院发布《检察机关提起公益诉讼改革试点方案》，规定了检察机关提起民事行政公益诉讼的目标与原则、主要内容、其他事项及工作要求。从总体上说，检察机关提起的公益诉讼仍然属于“诉”的范畴，不属于“诉讼监督”的范畴。检察机

① 王戬：《不同权力模式下的检察权研究》，法律出版社 2011 年版，第 210 页。

② 王戬：《不同权力模式下的检察权研究》，法律出版社 2011 年版，第 237 页。

关在民事行政公益诉讼中属于“公诉人”的角色，是诉讼活动的必要诉讼参与人；而检察机关行使各种诉讼监督职权则属于典型的“诉讼监督者”角色，不是诉讼活动的必要诉讼参与人。这是二者的本质区别。

5. 公益性原则

检察机关在现代社会被称为公共利益的代表。检察诉讼监督也应以公共利益原则作为其行使法律监督的基本原则，这同时也是检察诉讼监督的一般规律。公共利益的概念和内涵虽然难以准确界定，但它通常受特定共同体宪法理念、价值和原则的引领与指导，受特定时期社会公众领域公共舆论的左右。“由于现代的宪法思潮，对公益概念的认知，将逐渐由对不确定多数受益人的重视，转向对公益的质量之上，易言之，所谓最重要的社会利益，是以宪法的基本精神来决定，准此，即使对少数的受益人（如对公民中少数的社会弱者，予以特别的扶助行为）的扶助措施，亦可认为是合乎现代公益之概念。故，对于公益概念的了解，亦宜由量（受益者之数量）转向对质（公益的性质）的方向上。”① 当代社会人们普遍关注的环境污染、食品安全、国有资产流失、国家机关工作人员失职、渎职行为等都是关涉公共利益的事务。

公益原则要求检察机关在对各种诉讼活动实施法律监督中，首先，要把国家利益、社会公共利益作为启动和贯穿检察监督过程之始终；反对任何形式的地方利益、小团体利益及个人私利至上。例如，《民事诉讼法》第208条规定，调解书损害国家利益、社会公共利益的，人民检察院可以向同级人民法院提出检察建议，并报上级人民检察院备案；也可以提请上级人民检察院向同级人民法院提出抗诉。

其次，检察诉讼监督要平衡好公益原则与保护公民、法人及其

① 陈新民：《德国公法学基本理论》（上册），山东人民出版社2001年版，第204-205页。

他社会主体合法权益的关系。在法治框架下，检察机关依法履行对各种诉讼活动的法律监督是广义上的履行社会公共服务职能，是宏观的维护和保障当事人公平审判权的公共服务。检察机关依法对各种诉讼活动及诉讼行为实施法律监督的最终目的是维护广大人民群众的合法权益，但其是通过依法保障当事人的公平审判权的方式而实现的。

最后，检察权在对诉讼活动及诉讼行为实施监督的过程中，必须甄别真假"民意"和"理性"与"非理性"公共舆论之区别，防止被民众非理性的公共舆论和个别人恶意煽动与制造的"民意"所绑架。"民意"不同于国家利益和社会公共利益，"众意"更是如此。检察机关要甄别国家利益和社会公共利益，不能随意将特定群体或利害关系人的"民意"或"众益"划入国家利益和社会公共利益的范畴。这一点在实行社会主义市场经济体制的当代中国，更需引起各级检察机关的注意。2016 年 11 月 4 日，中共中央、国务院联合发布了《关于完善产权保护制度依法保护产权的意见》，该文件指出，要充分考虑非公有制经济特点，严格区分经济纠纷与经济犯罪的界限、企业正当融资与非法集资的界限、民营企业参与国有企业兼并重组中涉及的经济纠纷与恶意侵占国有资产的界限，准确把握经济违法行为入刑标准，准确认定经济纠纷和经济犯罪的性质，防范刑事执法介入经济纠纷，防止选择性司法。对于法律界限不明、罪与非罪不清的，司法机关应严格遵循罪刑法定、疑罪从无、严禁有罪推定的原则，防止把经济纠纷当作犯罪处理。严禁党政干部干预司法活动、介入司法纠纷、插手具体案件的处理。对民营企业在生产、经营、融资活动中的经济行为，除法律、行政法规明确禁止外，不以违法犯罪对待。对涉及犯罪的民营企业投资人，在当事人服刑期间依法保障其行使财产权利等民事权利。

6. 监督效力的程序性

检察机关行使诉讼监督的法律效力主要是程序性权力，即检察监督只是以一种权力制约另一种权力，而不是替代另一种权力给予实际处置；检察权只是一种必然引起一定程序的权力；检察权只是一种通过诉讼职能而实现的权力，而不是一种超然的权力①。尽管检察诉讼监督权能够或可能导致公安机关、国家审判机关启动或实质改变原来的诉讼结果，但这仅为检察诉讼监督的一种方式，它不会像国家审判权一样对当事人的实体权利产生实质性的影响，毕竟产生终局法律效力的依然是国家审判机关作出的生效裁判。如果人民法院认为检察机关的抗诉或检察建议没有事实根据和法律依据，仍然可以根据自己对案件事实和法律的理解作出相应的裁决。事实上，检察机关的抗诉案件在人民法院强制再审之后，确有一部分案件被人民法院裁定维持原判，可见，检察机关的诉讼监督并非都能对当事人的诉讼实体权利产生实质性影响，但是检察机关对各种诉讼活动及诉讼行为的法律监督一定会对当事人的程序性诉讼权利产生直接影响。正如有学者所说，“互相制约是公检法三机关关系的核心。正确把握这一原则将有助于从根本上协调三者的关系”②。要确保侦查权、审判权、执行权、检察权行使过程中具有规范性和公正性，防止权力的滥用并最终实现人权保障，权力的制约必不可少。而且，这种制约是“相互”制约，也就是说，是双向制约关系，而不是单向制约。笔者认为，一方面，检察机关享有对侦查机关、审判机关、执行机关的诉讼监督职权；另一方面，检察机关又没有对各种诉讼活动及诉讼行为的实体处分权，其实体处分权还要由侦查机关、审判机关及执行机关行使，这就是我国宪法规定的相互制约关系在检察诉讼监督中的具体落实。

7. 监督的谦抑性

检察机关在对司法权实施法律监督时，并非对所有诉讼活动和诉讼行为实施全方位的监督。在检察诉讼监督中，一定要坚持谦抑

---

① 邓思清：《检察权研究》，北京大学出版社 2007 年版，第 74 页。

② 韩大元：《检察机关性质的宪法文本分析》，载《国家检察官学院学报》2005 年第 3 期。

性原则，即既要“有所为”，又要“有所不为”；在“有所为”中，也要坚持理性、客观、审慎等平和司法的崇高境界。“平和司法观即指司法以主持、维护、实现公平正义为根本，以理性、客观、审慎、平静为要义。平和司法是一种司法心态，更是一种司法境界。”①

检察诉讼监督之所以要确立谦抑性原则，有学者认为主要有三个原因：一是在理论上，任何国家权力都有被滥用和进行自我扩张的属性；二是法律监督权是一项中国特有的国家权力，其带有集中性、统一性等属性，中国的检察权具有其他国家的检察权所无法比拟的权威性；三是在实践中，检察机关的抗诉权、检察建议权表现出一定程度的主观性，特别是在刑事诉讼的抗诉实际中。② 笔者赞同上述观点。强调检察诉讼监督中的谦抑性原则有两点值得关注：一是强调检察诉讼监督中的谦抑性原则符合分权原则。“即使在行政职能具有和司法职能一样性质的地方，法院的法律地位和程序也可以不同于行政机关。例如，法官通常是‘独立的’，即他们只从属于法律而不从属于上级司法或行政机关的命令（指示）。”③ 在中国，检察权具有与审判权同样的独立性与司法属性。《宪法》第136条明确规定，人民检察院依照法律规定独立行使检察权，不受行政机关、社会团体和个人的干涉。国家审判权与检察权属于完全不同的两种权力，二者在行动力、执行力和强制力等方面存在极大不同。一般情况下，检察机关要充分尊重司法机关的自由裁量权，不要随意僭越司法机关的职权范围。新修订的《民事诉讼法》第209条规定，人民检察院只有在如下三种情况下才能申请检察建议或抗诉：人民法院驳回再审申请的；人民法院逾期未对再审申请作

① 孙谦：《平和：现代司法的人文境界》，载《中国社会科学报》2012年9月14日。

② 孙谦：《中国的检察改革》，载《法学研究》2003年第6期。

③ ［奥］凯尔森：《法与国家的一般理论》，中国大百科全书出版社1996年版，第305页。

出裁定的；再审判决、裁定有明显错误的。这就大大限制了人民检察院过去随意申请抗诉或检察建议的做法。二是在一定程度上回应了我国长期出现的“谁来监督监督者”的质疑。在人民代表大会制度下，监督原则是我国的一个宪法原则。它与权力分立制衡原则存在根本的不同。“分权原则又称分权制衡原则，是指把国家权力分为几个不同的部分，分别由不同的国家机关独立行使，这些国家机关在行使权力的过程中，保持一种互相牵制和互相平衡的关系。”① 而在人民代表大会制度下，检察机关、审判机关均应对人民代表大会负责，检察机关作为一个新生权力组织，检察权作为一种新生权力形态，它既不隶属立法权、行政权和审判权中的任何一项权力，又与上述三个权力相互作用，以便立法权、行政权和审判权之间达到某种平衡和协调。在我国整个权力架构中，检察机关也要接受同级党委的领导监督、人大监督、纪检监察部门等权力部门的监督。谦抑性原则应当成为检察机关的一个自律原则贯彻始终。

二、我国当下检察诉讼监督存在的主要问题

（一）侦查监督存在的问题

作为对刑事侦查活动合法性的法律监督，在我国，这一权力是由检察机关来行使的。新《刑事诉讼法》第 8 条规定：“人民检察院依法对刑事诉讼实行法律监督。”这是检察机关对刑事诉讼法律监督权最全面的规定，也意味着检察机关有权对整个刑事诉讼过程行使法律监督权。《刑事诉讼法》第 100 条规定：“人民检察院在审查批准逮捕工作中，如果发现公安机关的侦查活动有违法情况，应当通知公安机关予以纠正，公安机关应当将纠正情况通知人民检察院。”该条款是检察机关行使侦查监督权的直接依据。2012 年 10 月通过的《人民检察院刑事诉讼规则（试行）》第十四章具体规定了检察机关刑事诉讼法律监督的内容和程序。其中，第 552 条规

① 周叶中主编：《宪法》，高等教育出版社 2000 年版，第 103 页。

定："人民检察院依法对公安机关的立案活动实行监督。"第564条规定："人民检察院依法对公安机关的侦查活动是否合法实行监督。"第565条规定了检察机关对侦查活动实施法律监督的主要内容。

目前，国内理论界对侦查监督的具体内容尚存一定争议。归纳起来主要有以下观点：第一，广义说。该说认为，对于侦查监督的对象范围，应从广义的角度理解，即侦查监督不仅应包括对违法侦查活动的监督与对立案活动的监督，还应包括在审查逮捕和审查起诉工作中对于侦查机关认定事实和适用法律的监督。这样理解不仅符合我国侦查监督工作的实际运行情况，也有利于促使监督主体强化监督意识，将侦查机关的整个诉讼行为都纳入监督的视野。第二，狭义说。该说将侦查监督的范围限定于侦查机关实施的违法行为，检察机关侦查监督的目的在于纠正侦查机关的违法侦查活动。① 与广义说相比，狭义说将立案监督、审查批捕中的监督排除在侦查监督涵盖的范围以外，监督范围明显狭窄。

笔者认为，广义说范围过大，侦查监督权不应包括审查起诉权。审查起诉是提起公诉的前提，是公诉权的必要组成部分，如果将审查起诉权从公诉权中剥离，则提起公诉权将不复完整。"公诉权应当包括以下内容：提起公诉权、支持公诉权、公诉变更权、不起诉权、辩诉交易权、量刑建议权、抗诉权等七项权利。"② 反过来说，狭义说范围过小。该说将侦查监督的范围限定于侦查活动监督，将侦查程序的启动标志——立案程序，以及检察机关在侦查阶段一项重要的职能——审查批准逮捕排除在外。立案程序作为侦查程序的必要步骤自不必多言，对多数刑事案件而言，逮捕作为侦查机关所要采取的必要强制措施，是刑事诉讼的必经程序，也是检察

① 左卫民、赵开年：《侦查监督制度的考察与反思——一种基于实证的研究》，载《现代法学》2006年第6期。

② 邓思清：《检察权研究》，北京大学出版社2007年版，第256页。

机关行使侦查监督权的必要手段。因此，狭义说不符合现行法律规定和司法实际。笔者赞同将侦查监督理解为对侦查程序的正当性、活动效果的合法性进行的监督，包括立案监督、侦查活动监督和审查批捕。最高人民检察院侦查监督厅的主要职责有三项：立案监督、侦查活动监督和审查批捕。由此可见，检察机关侦查监督部门在实务中也是把立案监督、侦查活动监督、审查逮捕作为自己主要的工作任务。

目前，我国尚有个别学者对检察机关侦查监督权的合理性提出质疑。笔者认为，由检察机关行使侦查监督权，无论从理论还是从司法实际，均有其不可比拟的合理性。所谓警检一体化和取消检察机关批准逮捕权的观点，均不适合中国法治环境。

第一，警检一体化违背人民代表大会制度的宪政体制，也不适合我国现行司法体制和司法实际需要。“侦检一体化”是法国、德国等大陆法系国家的规定，如法国采取“检察领导侦查”的做法，检察官有权亲自侦查或者指挥司法警察进行侦查，司法警察只有初步侦查的权力，一旦检察官亲临现场，司法警官立即丧失权力，而由检察官本人继续侦查。同时，法国的预审法官负有正式侦查的权力，当预审法官亲临现场时，检察官和司法警官都将失去权力，由预审法官继续执行司法警官的行动。预审法官可以命令司法警官继续侦查，并将侦查文件移送检察官。① 在德国，检察部门的性质既不被认为是行政机关，也不被认为是司法机关，其性质介于二者之间。检察官的主要职责之一是领导侦查，检察官有权指挥和利用警察的力量进行侦查，并有权采取拘留、搜查、扣押等各种强制措施，德国法律明确规定刑事警察是检察官的助手。②

大陆法系国家“侦检一体化”模式是长期历史传统的遗留。尽管该模式有一定的积极意义，如提高侦查的效率，但该模式近年

① 王以真：《外国刑事诉讼法学》，北京大学出版社 1994 年版，第 278 页。

② 王以真：《外国刑事诉讼法学》，北京大学出版社 1994 年版，第 336 页。

来却饱受争议，普遍认为“侦检一体化”弊大于利。“就各国的情况看，检警关系在两个方面存在突出问题。一是检察对警察的控制不够有力，造成刑事侦查不能按照检控的要求实施，甚至双方‘扯皮’，损害了检控能力。二是法律与实践脱节。在规定检主警辅侦查模式的司法体系中，法律与实践脱节，检察机关难以承担主要侦查任务，而实际担当‘一线侦查’主要责任的司法警察有时因其在法律上的辅助性而感到办案权能不足。”① 实际上，即使在实行侦检一体化的国家里，大量的侦查工作仍由警察完成，检察官仅仅是法律名义上的“指挥者”，这一点从外国学者的论述中可以得到证实。“在犯罪的调查与指控中，要求检察官指挥警察的活动。这种‘监督’与‘负责’是比较灵活的。法律并没有要求检察官亲自到警察局对证人或者嫌疑人进行讯问。警察保留了先行逮捕并拘留嫌疑人，尔后报告检察官的权力……实际上，对证人以及嫌疑人的讯问是侦查的一部分，法律要求检察官予以‘指挥’。尽管他们也意识到了自己监督工作有缺陷，但多数检察官并不离开自己的办公室。法律文本上的确规定了检察官与预审法官可以亲自从事很多侦查活动，但多种原因导致人们并不指望这变成现实。”② 在我国，检察机关是宪法明文规定的法律监督机关，在刑事诉讼中对侦查机关、审判机关诉讼行为的合法性行使法律监督权，假如实行警检一体化，则检察机关法律监督的地位将失去继续存在的依据，也将导致包括宪法在内的一系列法律面临修改。“如果警检一体，不仅动摇审查逮捕权，而且势必动摇对法院审判活动的法律监督职能，使检察机关的法律监督性质发生改变，成为单纯的公诉机关。这样，巩固和发展中国特色社会主义检察制度就成为一句空话，显然不符合中央确定的‘中国特色社会主义司法制度自我完

① 龙宗智：《评“检警一体化”——兼论我国的检警关系》，载《法学研究》2000 年第 2 期。

② 杰奎琳·霍奇森：《警察、检察官与预审法官：法国司法监督的理论与实践》，载《中国刑事法杂志》2010 年第 2 期。

善和发展’的改革原则。”①

第二，“将批捕权交给法官”的观点难以找到其生存的司法土壤。由法官签发逮捕令的做法实际上是英美法系司法审查机制的表现。英、美等国大多确立了较为完善的针对侦查程序的司法审查机制。在英国，一般而言，除了那些法律允许的“无证逮捕”或“无证搜查”的情况以外，警察对任何公民实施的逮捕或者对任何公民实施的搜查和扣押行为，都必须事先向治安法官提出申请，并负责说明理由。只有在获得了法官的许可并持有法官颁发的令状后，警察才能实施逮捕或搜查行为。② 在美国，出于保护公民人身权利、财产权利的考虑，逮捕、搜查的条件受到严格限制，无论实施逮捕还是搜查行为，均须由治安法官根据侦查人员提交的经宣誓的提请签发令状申请书，经审查确认存在合理根据而签发逮捕令或搜查令，然后交由侦查人员执行，非经正当程序所取得的证据将被视为非法证据而予以排除。

英美国家的司法审查机制并不适用于中国的刑事诉讼程序。原因在于：第一，中国不存在治安法官制度。在实行司法审查机制的国家里，法官职能是分开的，为避免法官形成预断导致先入为主，法律一般规定负责司法审查的法官不得参与本案的审判工作。例如，荷兰《刑事诉讼法》第 21 条规定，预审法官或代理预审法官如果负责调查过案件，就不能参加合议庭的审判，否则审判无效。这样，既可以保障羁押等措施不被滥用，又可以防止法官因介入侦查而对案件先入为主，影响公正审理。③ 在我国，法院是法定的审判机关，法官唯一的职责是从事审判，而并不具备司法审查功能。第二，无论将批捕权交由哪个机关行使，该机关必须在诉讼过程中居于中立地位，如此才能从容地行使权力。国外之所以实行司法审

① 万春：《侦查监督制度改革若干问题》，载《河南社会科学》2010 年第 2 期。
② 陈瑞华：《比较刑事诉讼法》，中国人民大学出版社 2010 年版，第 267 页。
③ 万春：《侦查监督制度改革若干问题》，载《河南社会科学》2010 年第 2 期。

查机制，源自法官真正的独立地位。在我国，检察机关行使批捕权是执行法律赋予的法律监督职责，乃是站在客观的立场上对是否符合逮捕条件进行审查，同样具有中立的地位。第三，从司法审查机制的本意来看，其实质目标在于保障被告人的合法权利，这与我国检察机关的侦查监督职能不谋而合。检察机关通过审查批捕，主要任务是审查侦查机关的侦查程序是否合法，以及根据现有证据、事实审查提请批准逮捕的决定是否合理，体现了检察机关法律监督的属性。综上，我国由检察机关行使批捕权的做法并不违反一般的司法规律，相反，是符合我国司法实际的选择。

当然，尽管由检察机关行使侦查监督权有其合理性和法律依据，现行侦查监督权在行使中确实存在一定的问题和缺陷。笔者认为，现行立法对侦查监督权的规定并不十分完善，检察机关的法律监督职能在侦查监督方面尚未得到有效发挥，仍然有相当的完善空间。为了进一步加强检察机关对侦查监督的实效，最高人民检察院以发布司法解释的方式，试图强化检察机关的侦查监督权，保障犯罪嫌疑人在刑事侦查阶段的合法权益。最高人民检察院会同公安部、国家安全部制定的《关于刑事立案监督有关问题的规定（试行）》、《关于侦查活动监督有关问题的规定（试行）》、《关于人民检察院对搜查、扣押、冻结等侦查措施进行法律监督的规定（试行）》和《关于审查逮捕阶段讯问犯罪嫌疑人的规定（试行）》四项改革规定已于2010年10月1日开始实施。四项改革规定旨在通过强化侦查监督，防止侦查权滥用，保障诉讼当事人和其他人的合法权益，提高刑事司法活动的公正性，提升司法机关的公信力。

（二）审判监督存在的问题

1. 权威司法地位的缺失导致司法裁决的公信力备受质疑

近年来，我国司法的权威地位逐渐弱化乃至处于缺失状态，这已经是社会公众的普遍感知。突出体现在以下几个方面：一是司法机关的独立审判地位受到侵蚀。二是司法裁判的终局性难以实现。

根据最高人民法院发布的“司法统计公报”的统计显示，1998 年至 2012 年全国法院处理的申诉信访案件共计约 1148.8 万件，最终进入再审程序的约 89.4 万件，二审生效裁判的再审率约 10.6%。三是司法与民间矛盾尖锐。1998 年至 2012 年平均法院每审结 1 个二审案件，相应就有 1.4 人次的申诉信访。司法矛盾尖锐的问题不仅反映在申诉信访方面，还有杀害法官等其他更为极端的表现。[①]总之，司法权威地位的缺失，导致司法裁判的社会公信力明显偏低。

2. 个别案件的司法不公导致司法裁判的权威性广受质疑

人民群众对于司法不公正的负面印象，要么有直接的体验，要么受间接传闻的影响，个别典型案件经媒体传播后，显然加剧了人民群众对司法裁判总体公正性程度的疑虑。特别是在刑事诉讼领域中，近年来冤假错案多发，造成了极坏的社会影响。例如，湖北省京山县的佘祥林因涉嫌于 1994 年年初杀害妻子张在玉，于 1998 年被荆门市中级人民法院判处有期徒刑 15 年。2005 年 3 月，佘妻张在玉突然回家，使饱受 11 年牢狱之苦的佘祥林“杀妻”案成为铁定冤案。这一爆炸性新闻瞬间吸引了国内 100 余家媒体、200 余名记者齐聚案发地湖北京山县，[②] 平面、立体，音频、视频媒体和互联网站上的相关信息铺天盖地，佘祥林“杀妻”冤案也因此被评为 2005 年中国十大影响性诉讼之首。类似于佘祥林案的冤假错案，还有云南杜培武案（1999 年因涉嫌杀人被判处死刑缓期执行，2000 年被认定为冤案）、河南赵作海案（2002 年因涉嫌杀人被判处死刑缓期执行，2010 年被认定为冤案）、内蒙古呼格吉勒图案

---

① 例如，2010 年 6 月 1 日湖南永州发生了一起当事人朱某闯进法院枪杀三名法官的惨案，原因只是朱某不满该院法官的一些不当言行；更令人诧异的是，惨案发生后有群众还将朱某视为“英雄”，在法院门口集会，要求严惩司法腐败。参见朱文强：《湖南永州法院枪击案真相》，载《小康》2010 年第 7 期。

② 陈春龙编著：《冤假错案与国家赔偿——佘祥林案的法理思考》，中国检察出版社 2007 年版，前言第 1 页。

（1998年因涉嫌故意杀人、流氓罪被判处死刑，2014年被认定为冤案，但已执行死刑）、聂树斌案（2016年12月聂树斌案才得以纠正，但事实上杀人真凶早已落网）等，这类案件经媒体报道后对社会公众的心理产生了强烈冲击，使社会公众普遍对法院裁判的公正性抱怀疑态度，进而对司法裁判的权威性产生质疑。

3. 司法公正与公信力的缺失呼唤更多、更强有力的司法监督

当司法不公从个案演变成普遍，当司法权威和公信力日渐弱化之际，社会各界普遍呼吁加强对司法监督的力度。例如，有学者呼吁，为了保障司法公正，应当构建包括人大监督、检察监督、人民陪审员等在内的多元司法监督制度体系。[①] 更多的人将目光集中在检察监督方面，认为我国的检察监督制度仍然存在不足之处，如立案、侦查和批捕监督软弱无力，难以落到实处；刑事诉讼监督有弱化的趋势，法院裁量权过大；民事行政诉讼检察监督缺乏保障，操作起来举步维艰等。因此，检察实务界、法学界纷纷呼吁加强对司法的检察监督。[②] 全国人大通过制定《各级人民代表大会常务委员会监督法》（2006）、修订《刑事诉讼法》（2012、2018）、修订《民事诉讼法》（2007、2012、2017）、修订《行政诉讼法》（2014、2017）、修订《立法法》（2015）等立法活动，对社会上要求加强司法监督的呼吁进行了一定回应。与此同时，截至2012年年底，全国31个省、自治区、直辖市人大常委会均出台了决议、决定，以加强检察机关的法律监督工作。[③]

---

① 万宁：《检察监督、人大监督与司法公正的构建：从"彭水诗案"说开》，载《华中师范大学研究生学报》2008年第1期。

② 杨立新：《民事行政诉讼检察监督与司法公正》，载《法学研究》2000年第4期；陈桂明：《民事检察监督之存废、定位与方式》，载《法学家》2006年第4期；江伟、常廷彬：《论检察机关对民事执行活动的法律监督》，载《中南大学学报（社会科学版）》2007年第5期；汤维建：《着眼六个方面强化民行检察监督》，载《人民检察》2010年第3期，等等。

③ 王新友：《建议全国人大立法加强法律监督》，载《检察日报》2013年3月14日，第10版。

4. 多元、过度及滥用的司法监督进一步损害了司法公正权威

司法不公和司法公信力较低的社会现实呼吁加强监督，但多元、过度及滥用的司法监督反过来可能妨害司法审判的独立性，会进一步损害本就十分脆弱的司法公正权威。例如，人大对司法的监督，在实践中人大除了听取法院院长的工作报告外，还可以进行个案监督。[①] 问题是，大部分人大代表并非法律专业人士，很容易出现“外行”监督和指导“内行”的现象；同时，不少人大代表的企业家、经营者身份，也容易在涉及自身利益的案件中通过个案监督的方式干预司法、徇私舞弊。再如，部分党的领导干部对司法机关的领导和监督，在实践中往往逾越政治、组织领导的界限，以监督为名干预司法审判的独立性。

（三）执行监督存在的问题

受各种因素的制约和影响，我国刑事执行检察制度仍然存在配置不科学、监管不到位、功效不明显等突出问题。具体来说，我国现行刑事执行检察权配置主要存在如下几个方面的问题。

1. 立法不完善

一是现行立法过于分散，难以做到有法可依。现行刑事执行检察监督的法律法规和司法解释涉及刑罚执行和执行监督的主要有《刑事诉讼法》、《人民检察院刑事诉讼规则（试行）》（以下简称《规则》）、《监狱法》、《人民检察院组织法》和《看守所条例》等。其中一些条款又存在交叉、重合及冲突现象。二是现行立法过于原则，可操作性不强。现行法律法规对刑罚执行监督的内容、范

---

① 个案监督的做法缘于20世纪80年代，当时司法腐败形势严峻，舆论监督疲软，司法公正被质疑，全国人大和一些地方人大开展了个案监督的尝试，后来一些地方人大还出台了个案监督的地方法规。例如，《辽宁省地方各级人大常委会监督司法工作的暂行规定》（1987年11月）、《安徽省各级人大常委会监督司法机关具体案件的若干规定》（1997年11月）、《江苏省各级人民代表大会常务委员会对司法机关个案监督的规定》（1999年1月）、《廊坊市人大常委会实施个案监督暂行办法》（1999年9月）、《江西省人民代表大会常务委员会关于个案监督的若干规定》（2000年4月）、《高密市人民代表大会常务委员会个案监督办法》（2004年12月）等。

围、手段、保障机制的规定过于原则，不够明确，导致刑罚执行监督出现“派而不驻”、“驻而不管”、“管而无效”等问题。三是监督依据层级较低，降低了权威性。目前，刑罚执行监督权真正依据和具有可操作性的是检察机关自己制定的规定和办法，但这些规定和办法均由检察机关自行制定，权威性和效力层级较低。

2. 强制性措施不到位

一是派出检察院和派驻检察室与监所部门之间的关系难以协调。刑罚执行监督部门的派驻性质决定了其“寄人篱下”的地位，要么碍于情面睁一只眼闭一只眼，要么久而久之被监所部门“同化”而丧失独立性，监督效果不佳。二是尽管最高人民检察院《关于刑罚执行监督工作若干问题的规定》规定了联席会议制度，即“建立工作联系制度。定期与监管单位召开联席会议，通报情况，研究解决突出问题，搞好协调配合”，但对联席会议讨论案件的性质、涉及保密事项的范围、会议举行的程序、机制等均无明确的规定，加之受“公检法本是一家”惯性思维的影响，联席会议的严肃性和法律效力大打折扣。三是由于缺乏强制性措施，监督的效力受到影响。《刑事诉讼法》赋予检察院对执行机关执行刑罚的活动是否合法实行监督的权力，如果发现有违法的情况，应当通知执行机关纠正，但这仅仅是建议权而非处分权，采纳与否决定权并不在检察院手里。最高人民检察院《关于加强和改进监所检察工作的决定》规定：“……检察机关发现刑罚执行机关对不符合减刑、假释、暂予监外执行情形的罪犯违法提请、呈报减刑、假释、暂予监外执行的，应当及时提出纠正意见；发现罪犯符合减刑、假释、暂予监外执行情形，刑罚执行机关未提请、呈报减刑、假释、暂予监外执行的，应当及时提出检察建议。”但是纠正意见、检察建议等检察监督措施并不具有法定约束力和强制力。

3. 刑罚执行主体多元化

我国刑罚执行主体具有多元化、分散化的特征，享有刑罚执行权的机关有多个。根据《刑事诉讼法》的规定，不同的刑罚种类由不同的机关执行，具体而言，死刑、罚金、没收财产刑由法院执行；[①]死刑缓期二年执行、无期徒刑、有期徒刑由监狱执行，其中刑期在三个月以下的由看守所代为执行；拘役、剥夺政治权利由公安机关执行；管制、暂予监外执行、缓刑、假释由社区矫正机构负责执行。[②]执行主体的多元化无疑给检察机关的监督带来了不少困难和不便，人数本就非常有限的刑罚执行监督部门更加捉襟见肘，更容易导致监督缺位的后果。实践中出现的被监督对象脱管、漏管等问题，大多与此有关。同时，分散的执行体制也容易导致监督标准和尺度的不统一，降低了检察监督的权威性。

4. 监督方式不合理

长期以来，我国刑罚执行监督的方式依然以事后监督为主。《刑事诉讼法》第267条规定："决定或者批准暂予监外执行的机关应当将暂予监外执行决定抄送人民检察院。人民检察院认为暂予监外执行不当的，应当自接到通知之日起一个月以内将书面意见送交决定或者批准暂予监外执行的机关，决定或者批准暂予监外执行的机关接到人民检察院的书面意见后，应当立即对该决定进行重新核查。"再如，《监狱提请减刑假释工作程序规定》（2003年）第11条规定："监狱提请减刑假释评审委员会经评审后，应当将拟提请减刑、假释的罪犯名单以及减刑、假释意见在监狱内公示……公示期限为7个工作日。公示期内，如有警察或者罪犯对公示内容提出异议，监狱提请减刑假释评审委员会应当进行复核，并告知复核结果。"第15条规定："监狱在向人民法院提请减刑、假释的同

① 在实践中，法院这种集审判权和执行权于一身的做法一直受到诟病，被认为与法院消极裁判者的身份不符，违反了司法规律，不利于贯彻权力制约原则。参见张兆松：《重构刑罚执行监督机制设想》，载《检察日报》2006年11月3日，第6版。

② 《刑法修正案（八）》首次规定社区矫正制度，将社区矫正作为法定的刑罚执行方式。2012年修改的《刑事诉讼法》对社区矫正予以确认，第258条规定："对被判处管制、宣告缓刑、假释或者暂予监外执行的罪犯，依法实行社区矫正，由社区矫正机构负责执行。"

时，应当将提请减刑、假释的建议，书面通报派出人民检察院或者派驻检察室。”从上述条款可以看出，一是检察人员无权参与减刑假释评审委员会的会议和发表意见。二是在公示期内也不允许检察人员对公示内容提出异议（有权提出异议的仅限于警察和罪犯）。三是检察机关无权介入减刑假释的审批程序，减刑假释的建议通过后，监狱在向人民法院提请减刑假释的同时才向检察机关通报。可见，刑罚执行监督“事后监督”的弊端非常明显，这也是实践中其难以发挥应有功效的重要原因之一。

5. 监督范围不清

从现行法律规定来看，刑罚执行监督的范围并不十分明确，或者说刑罚执行监督权的行使仍然存在“真空地带”。在《刑法》规定的刑罚种类中，管制、剥夺政治权利的监督并没有纳入检察院监督的范围，在缓刑、交付执行、执行变更、中止执行、保外就医等方面，检察监督也仍显不足。即使暂予监外执行、减刑假释，检察院也只限于对作出决定的过程是否合法进行监督，而对于在各种考验期内执行机关的行为如何监督，检察机关则往往无从入手。可见，当前我国刑罚执行监督权行使的范围尚存在诸多空白领域，检察监督并没有覆盖整个执行程序。

6. 监督权限过小

刑罚执行检察权的行使必须依靠有效的监督手段作为保障，否则监督权无从谈起。但是长期以来，刑罚执行检察部门的权力和手段与其他司法机关相比极为有限，更与检察机关专门法律监督机关的地位不相匹配，监督手段的单一性严重制约了检察机关的职能发挥。在执行程序中，真正拥有处分权、变更权、裁定权的是审判机关或执行机关，刑罚执行监督部门只能发表建议权。刑罚执行检察部门即使发现问题，现行法律也没有赋予其充分的调查取证的权力。

除了刑事执行监督存在上述问题以外，民事行政执行监督也存在一定的问题。一是虽然新的《民事诉讼法》第 235 条明确授权人民检察院对民事执行活动实施法律监督，但由于民事执行活动非常复杂，既有典型司法裁判属性的执行行为，也有纯粹行政属性的查封、扣押等执行行为，检察机关如何对人民法院的民事执行行为实施法律监督往往缺乏经验和突破口，普遍感到无所适从。二是虽然《民事诉讼法》赋予检察机关对民事执行活动实施法律监督，但是除了法官涉嫌职务犯罪以外，《民事诉讼法》、《人民检察院组织法》并未赋予检察机关调查取证等附属性权力，缺乏这些手段性强制权力的支持，就不能从根本上保证检察机关行使民事执行活动的监督。三是《行政诉讼法》第 10 条规定检察机关有权对行政诉讼实施法律监督，但《行政诉讼法》并未明确赋予检察机关对行政执行行为实施法律监督。

三、我国检察诉讼监督制度的完善

（一）侦查检察监督的完善

尽管理论界对侦查监督的具体含义存在争议，但刑事立案监督、侦查活动监督及审查逮捕构成了侦查监督的三项主要职责。我们必须承认，立法对侦查监督权的规定并不完善，侦查监督权行使中仍然存在诸多亟待完善的地方。为适应当前司法实践的需要，应当从强化立案监督和侦查活动监督、完善审查批捕程序等方面进一步优化配置侦查监督权。

1. 刑事立案监督

刑事诉讼立案监督具体规定在《刑事诉讼法》第 113 条[①]。显然，《刑事诉讼法》关于立案监督的法律规定过于笼统，可操作性不强，从而导致立案监督不到位。例如，有关立案监督的内容及监

---

① 《刑事诉讼法》第 113 条规定：“人民检察院认为公安机关对应当立案侦查的案件而不立案侦查的，或者被害人认为公安机关对应当立案侦查的案件而不立案侦查，向人民检察院提出的，人民检察院应当要求公安机关说明不立案的理由。人民检察院认为公安机关不立案理由不能成立的，应当通知公安机关立案，公安机关接到通知后应当立案。”

督程序均不完善；再如，只规定了对应当立案而不立案的监督，而对不应当立案而立案的监督则缺乏明确规定。为了及时发现侦查机关在立案方面的违法活动，把好刑事诉讼的启动关口，必须强化检察院的立案监督。2012 年 10 月 16 日通过的《人民检察院刑事诉讼规则（试行）》（以下简称《规则》）对立案监督作了进一步的明确和细化，这些规定对指导检察机关行使立案监督权指明了方向。

（1）强化立案监督的理念。将立案监督提升到与侦查活动监督、审查批捕同等重要的位置，增加对法院自诉案件的监督。因为立案是刑事诉讼的启动程序（包括当立不立和违法立案，撤案是立案程序的必要组成部分），事关侦查程序的合法性和犯罪嫌疑人的权利保障，必须充分予以重视。

（2）完善立案监督的范围。除了将对法院自诉案件立案监督、检察院自侦案件立案监督纳入检察机关立案监督的常态以外，检察机关还将不应当立案而立案的情形纳入检察监督的范围。为此，《规则》第 555 条第 2 款规定："有证据证明公安机关可能存在违法动用刑事手段插手民事、经济纠纷，或者利用立案实施报复陷害、敲诈勒索以及谋取其他非法利益等违法立案情形，尚未提请批准逮捕或者移送审查起诉的，经检察长批准，应当要求公安机关书面说明立案理由。"

（3）健全立案监督的手段。《规则》进一步健全了立案监督的手段，包括调查核实案卷，询问办案人员，要求公安机关说明不立案的理由等。《规则》第 556 条规定："人民检察院进行调查核实，可以询问办案人员和有关当事人，查阅、复制公安机关刑事受案、立案、破案等登记表册和立案、不立案、撤销案件、治安处罚、劳动教养等相关法律文书及案卷材料。"《规则》第 557 条规定："人民检察院要求公安机关说明不立案或者立案理由，应当制作要求说明不立案理由通知书或者要求说明立案理由通知书，及时送达公安机关，并且告知公安机关在收到要求说明不立案理由通知书或者要求说明立案理由通知书后七日以内，书面说明不立案或者立案的情况、依据和理由，连同有关证据材料回复人民检察院。”《规则》第558条规定：“公安机关说明不立案或者立案的理由后，人民检察院侦查监督部门应当进行审查，认为公安机关不立案或者立案理由不能成立的，经检察长或者检察委员会讨论决定，应当通知公安机关立案或者撤销案件。”

（4）明确立案监督的法律后果。立案监督存在的最大问题是监督的法律后果。立案监督之所以缺乏制约力的根本原因就在于侦查监督缺乏必要的法律效果作保障。为此，《规则》强化了立案监督的法律后果。《规则》第559条规定：“人民检察院通知公安机关立案或者撤销案件，应当制作通知立案书或者通知撤销案件书，说明依据和理由，连同证据材料送达公安机关，并且告知公安机关应当在收到通知立案书后十五日以内立案，对通知撤销案件书没有异议的应当立即撤销案件，并将立案决定书或者撤销案件决定书及时送达人民检察院。”《规则》第560条规定：“人民检察院通知公安机关立案或者撤销案件的，应当依法对执行情况进行监督。公安机关在收到通知立案书或者通知撤销案件书后超过十五日不予立案或者既不提出复议、复核也不撤销案件的，人民检察院应当发出纠正违法通知书予以纠正。公安机关仍不纠正的，报上一级人民检察院协商同级公安机关处理。公安机关立案后三个月以内未侦查终结的，人民检察院可以向公安机关发出立案监督案件催办函，要求公安机关及时向人民检察院反馈侦查工作进展情况。”

（5）赋予检察机关直接立案权。根据《刑事诉讼法》第19条的规定，检察机关直接立案侦查的案件除在对诉讼活动实行法律监督中发现的司法工作人员利用职权实施的非法拘禁、刑讯逼供、非法搜查等侵犯公民权利，损害司法公正的犯罪以外，对公安机关管辖的国家机关工作人员利用职权实施的重大犯罪案件，如需要由人民检察院直接受理的，经省级以上人民检察院决定也可由人民检察院直接进行侦查。可见，现行法律对检察机关的直接立案权作了预留性规定，是对检察机关直接立案权的扩充性规定，这一规定符合检察机关法律监督机关的地位。为此，《规则》第561条规定："对于由公安机关管辖的国家机关工作人员利用职权实施的重大犯罪案件，人民检察院通知公安机关立案，公安机关不予立案的，经省级以上人民检察院决定，人民检察院可以直接立案侦查。"

2. 侦查活动监督

侦查活动监督是对侦查机关侦查行为的合法性、强制措施的正当性、侦查羁押期限的遵守情况等所进行的监督，是检察机关法律监督的重要内容。大量的司法实践证明，犯罪嫌疑人的合法权利遭受侵犯乃至最终形成冤假错案的重要原因，大多源于侦查程序中存在的违法行为，侦查活动监督的重要性不言而喻①。鉴于侦查活动监督弱化和缺失的现状，《规则》对侦查监督作了进一步的完善，初步构建起侦查活动监督的框架。

（1）适度扩大侦查监督的范围。将侦查活动中所采取的强制措施和强制性措施均纳入检察机关侦查监督的视野。一是规定各种除逮捕之外其他强制性侦查措施的适用，均需在侦查机关采取强制措施后向检察机关备案，由检察机关审查；二是检察机关建立当事人控告申诉制度，犯罪嫌疑人及其委托律师如果认为侦查活动存在违法性，有权向检察机关提出请求要求予以审查确认，检察机关有权要求侦查机关说明情况，并有权调阅相关案卷材料。

（2）构建检察引导侦查机制。建立健全检察引导侦查的工作机制，改变监督滞后的状况。实践中，有些地方的检察机关和公安

---

① 从笔者统计的近年发生的刑事司法错案来看（包括杜培武案、赵作海案、佘祥林案等十余起刑事错案），侦查行为均存在违法之处。几乎所有案件的犯罪嫌疑人都声称受到刑讯逼供。司法错误的根源在侦查阶段实际上往往就已经铸成，这些错误随着刑事诉讼程序的发展继续演化、积累，加之受办案人员惯性思维的影响，错误因素难以得到纠正，最终被发现时损失已经难以挽回。司法错案对司法体制和司法权威所产生的负面影响是致命的，而且几乎成为一种规律——每当国家的法治建设取得些许进展，一起骇人听闻的刑事错案却往往将刚刚取得的成就归于乌有。

机关协作，试行提前介入制度，该制度对强化法律监督、提高侦查取证的效率、避免侦查程序违法均不无裨益。当务之急是在提前介入制度的基础上完善检察引导侦查机制，明确提前介入的时机和案件类型，并对检察机关引导侦查的方式、方法作出规定。实践证明，检察引导侦查是强化侦查监督的有效途径，“检察引导侦查能够避免事后监督、被动监督的弊端，使检察机关把侦查的全过程纳入视野，能够改变检察机关对侦查活动法律监督的滞后性和被动性，有效弥补当前检察机关对侦查活动事前监督、全程动态监督的空白，及时预防和纠正侦查活动中的违法行为，进一步保障犯罪嫌疑人及有关公民的合法权益”①。

（3）强化检察建议的法律效力。现行检察机关发出的检察建议，包括口头的和书面的各种纠正违法通知，实际上只具有程序上的意义，其实体上的法律效力并不明确，从而导致检察建议有时没有得到应有的重视，影响了法律监督的权威性。立法应对检察建议的效力、内容、条件、程序等作出明确规定，并规定有关机关没有合理理由拒不执行的，应当承担相应的法律责任。

3. 审查批准逮捕

审查批准逮捕是目前检察机关侦查监督最有效的手段，该制度对保证侦查程序的合法性，及时发现和纠正侦查活动中出现的违法行为，保障犯罪嫌疑人合法权益，强化检察机关法律监督地位均具有重要意义。为此，检察机关还应当在如下几个方面做好侦查监督工作：

（1）明确审查批准逮捕的条件。目前，我国最高检察机关已经将“捕诉合一”作为机构改革的一项重要内容并予以明确。为了避免因为审查主体缺失而可能引发的审查逮捕与侦查、审查起诉职能的混同，很有必要强调逮捕必要性的审查条件，进而彰显逮捕职能的独立品格。而在具体的审查标准上，有必要吸收论者提出的

① 刘妍：《侦查监督机制的构建》，载《中国刑事法杂志》2009 年第 5 期。

社会危害性条件与逮捕之不可替代性条件的双层逻辑结构。[①] 前者即我国《刑事诉讼法》第 81 条列举的五种社会危险性可能发生的情形。最高人民检察院、公安部于 2015 年 10 月 9 日发布了《关于逮捕社会危险性条件若干问题的规定（试行）》，其中已经对上述五种社会危害性的具体审查标准作出了解释。后者即采取取保候审等非羁押措施不能有效防止上述社会危险性的发生。基于羁押例外的原则，只有在逮捕不可替代的情况下，才可以适用逮捕。对社会危害性条件与逮捕不可代替性条件应当递进审查，且不可或缺。

（2）完善逮捕变更以及逮捕后的监督措施。实践中，侦查机关随意变更逮捕措施，以及强制措施变更后法律监督缺失的情况比较常见。针对这种情况，立法上应对此作出明确规定，即侦查机关变更强制措施必须征得原作出批捕决定机关的同意。同时还要对不批准逮捕的后续情况进行跟踪监督，以防止超期羁押等现象的出现。为解决这个问题，《刑事诉讼法》规定了羁押必要性审查制度，即犯罪嫌疑人、被告人被逮捕后，检察机关仍有义务对羁押的必要性进行审查。《刑事诉讼法》第 95 条规定："犯罪嫌疑人、被告人被逮捕后，人民检察院仍应当对羁押的必要性进行审查。对不需要继续羁押的，应当建议予以释放或者变更强制措施。有关机关应当在十日以内将处理情况通知人民检察院。"为保证羁押必要性审查的效果，《规则》进一步规定了羁押必要性审查的部门和方式。

（3）明确审查批准逮捕的司法属性。现行审查批捕存在的主要问题之一是诉讼性质的缺失，表现为审查批捕程序往往成为检察机关的"独角戏"，缺乏诉讼参与人的必要参与，使得该程序的公开性、正当性不足，与正当法律程序理念尚有差距。为了增强审查批准逮捕的司法属性，检察机关在作出批准逮捕或者不批准逮捕决定时，应适当吸收犯罪嫌疑人及其委托律师、被害方参与，听取其

---

① 史立梅：《逮捕必要性条件的法释义学分析》，载《法学杂志》2019 年第 3 期。

意见或申诉，并可当面听取侦查机关对提请批准逮捕的情况说明，从而更好地保护各方当事人的诉讼权利。①

（二）审判检察监督的完善

1. 检察监督的法治化

2013 年 11 月，党中央在《关于全面深化改革若干重大问题的决定》中提出，要“深化司法体制改革，加快建设公正高效权威的社会主义司法制度”。2014 年 10 月，党中央在《关于全面推进依法治国若干重大问题的决定》中进一步提出，要不断“完善确保依法独立行使审判权和检察权的制度”。总之，坚持检察监督的法治化，以检察监督保障司法公正权威，已成为我国当前和今后一个时期法治发展的重大战略部署。

司法公正与司法权威具有正相关关系，司法越公正，就越有权威；反之，司法权威越高，也越容易保障司法公正。从人民司法的宗旨来看，判断司法是否公正和司法是否权威的根本标志就在于人民群众是否能在每个案件中感受到了公平正义，换言之，人民群众在每个案件中的公平审判权是否得到了充分保障。所谓公平审判权，又称为公正审判权，是指“公民在审判过程中享有法院对案件进行公正的审理和裁判的权利”。② 司法公正与公平审判权是一个问题的两个方面，只不过司法公正是从司法机关的理念追求的角度出发，而公平审判权是从公民权利保障的角度言说的。从性质上说，公平审判权不仅是一国公民享有的一项重要诉讼权利，同时也是一项重要的基本人权或宪法性权利。③ 当公民的公平审判权受到侵害时，就有必要设置一个特殊的救济程序，这就是司法监督（或审判监督）。司法监督从狭义上看，是指诉讼程序内的审判监督程序，特别是检察诉讼监督；从广义上看，还包括诉讼程序外的

① 韩成军：《检察权基本理论研究综述》，载《河南社会科学》2010 年第 2 期。

② 朱立恒：《公正审判权研究》，中国人民公安大学出版社 2007 年版，第 28 页。

③ 孙谦：《走中国特色社会主义法治道路》，载《中国刑事法杂志》2013 年第 3 期。

监督，如人大监督、政党监督、舆论监督等。问题的关键是，所有的诉讼监督都必须依法进行，恪守法治原则，检察机关对审判活动的监督都要有明确的法律依据，严格遵循“法无明确授权不可为”的公法原则；进一步来说，所有的诉讼监督立法也必须理性化、正当化，确保有关监督的法律规范本身是“良善之法”。

2. 检察监督的理性化

司法权威的实现不仅源于司法公正和审判的独立性，而且也有赖于理性化的检察监督。检察机关通过行使宪法赋予的法律监督权，可以去除妨碍司法公正、影响司法权威的各种消极因素。这种意义上的检察监督，是一种配合性、保障性检察监督理念的外化形式。这突出体现在以下几个方面：（1）审判人员的腐败和滥用职权是实现司法公正权威的最大绊脚石，也是一系列冤假错案铸成的重要原因。为了遏制司法腐败和司法权滥用的行为，我国建立了一系列的法官惩戒纪律和法律制裁机制。2014年6月中共中央通过的《关于司法体制改革试点若干问题的框架意见》提出，“明确法官、检察官办案的权力和责任，对所办案件终身负责，严格错案责任追究，形成权责明晰、权责统一、管理有序的司法权力运行机制。”一旦发现审判人员有违法情形，检察机关应当按照职责范围主动介入、依法查处，绝不姑息。（2）党政领导干部利用权力干预司法，是矮化司法权、损伤司法权威的重要原因。党中央在《关于全面推进依法治国若干重大问题的决定》中提出，要“建立领导干部干预司法活动、插手具体案件处理的记录、通报和责任追究制度，建立健全司法人员履行法定职责保护机制”。这一改革思路，与本书倡导的配合性、保障性检察监督理念不谋而合，检察机关对于非法干预审判独立的违法行为应敢于监督。（3）部分当事人、其他社会成员和新闻媒体通过造谣、信访、冲击哄闹法庭等形式扰乱审判秩序，试图动摇审判机关依法独立审判的决心。检察机关对于这类违法行为，发现构成犯罪的，应当依法主动地介入案件，消除干扰司法人员正常办案的不当因素，防止以“媒体审判”

和形成“群体事件”的方式要挟法院。

3. 检察监督的限定化

对司法公正的追求或者对公民公平审判权的保障，构成了司法监督的合理性基础。对审判权进行检察监督的合理性基础在于保障公民的公平审判权，其限度也在于此。为此，需要在实体和程序方面对检察监督设置一定的限制。实体方面的限制包括：（1）检察机关对于实体问题的监督，仅以涉及法制统一和公共利益为限；（2）对于法院自由裁量范围内的实体法适用问题，检察机关不宜进行检察监督，以免成为“法官之上的法官”，干预法官独立审判。程序方面的限制包括：（1）检察机关对生效裁判的抗诉监督，原则上应依当事人申请进行，且当事人申请检察监督应以穷尽其他诉讼程序为前提。检察机关以国家法律监督权介入诉讼程序，只适合充当最后的救济手段；否则，检察机关动辄积极介入，极容易变成一方当事人对付另一方的“帮手”，破坏当事人双方武器平等的诉讼原则，从而影响当事人的公平审判权。（2）检察机关对生效裁判抗诉监督的理由，应当限于前述的“恢复司法裁判公信力”的目的，应当以程序性理由为主。（3）检察机关对于司法的监督，不应仅仅局限于事后的抗诉监督，还应当强化对司法程序合法性的监督，以保障公民程序上的公平审判权。令人鼓舞的是，全国人大2012年对《刑事诉讼法》、《民事诉讼法》，2014年对《行政诉讼法》和2015年对《立法法》的修改已经从总体上贯彻了前述思想，对依申请抗诉机制的确立、对检察监督理由的调整、对审判违法行为的监督等就是例证。今后，应当在保障公平审判权理念的指导下，进一步完善检察机关的诉讼参与机制、参与诉讼后的取证和质证机制、民事行政诉讼中的上诉机制等，以理性观念为指引进一步强化检察监督的理论和制度。

（三）进一步完善执行检察监督的建议

科学、合理的刑罚执行检察权配置是刑罚执行监督权有效行使的基础和保障。要实现刑罚执行监督权的优化配置，必须针对上述刑罚执行检察权配置和运行中出现的各类问题，提出有针对性的对策。笔者认为，当前优化刑罚执行检察权配置的当务之急就是做好以下几个方面的工作。

1. 更新刑罚执行检察理念

刑事诉讼的基本理念，应当是惩罚犯罪与保障人权并重、实体公正与程序公正相互协调，正是在此意义上，西方学者把刑事诉讼法看作保护犯罪人权利的“大宪章”。在我国，个别司法人员秉承的那种重打击轻保护、重实体轻程序的观念必须加以改正。按照现代刑法理论，刑罚的目的不在于惩罚而在于预防（包括特殊预防和一般预防），刑罚执行的目的在于通过教育，将罪犯改造为不再重蹈犯罪覆辙的新人。基于上述考虑，刑罚执行检察的理念必须加以更新，刑罚执行监督应当视人权保障为圭臬，把保护被监管人的合法权利放在第一位。刑罚执行监督的对象是刑罚执行机关的执法过程是否合法，刑罚执行监督人员应致力于发现刑罚执行机关是否存在侵害被监管人合法权益的行为并依法启动纠正程序。唯有如此，刑罚执行监督工作才能符合现代司法理念的要求。

2. 扩大刑罚执行检察监督的范围

刑罚执行检察监督的范围应当覆盖整个执行程序，刑罚执行监督的视域应当包括所有刑罚种类，在监督范围上不留“死角”。除了传统的对徒刑执行监督以外，对财产刑、资格刑执行的监督也应纳入监督的范围，包括缓刑、监外执行的考验期、交付执行、变更执行、社区矫正执行、强制医疗执行等都应予以充分有效的监督，将刑罚执行监督权覆盖整个刑事执行阶段，以保证国家刑罚权的依法正确行使。

3. 完善刑罚执行监督的举措

要改变刑罚执行监督过去事后监督的方式，从立法上赋予刑罚执行监督部门同步检察权能，即由过去单纯的事后监督转变为事前监督、事中监督与事后监督并存，特别关注事前及事中监督。为此，一方面，要通过立法赋予刑罚执行监督部门参与执行事项审议、决策的程序（特别是监外执行、减刑假释的审批过程），并可就有关事项参与表决。另一方面，实行刑罚执行监督部门与监管部门微机、监控联网，真正实现同步监督。如此既可以对被监管人员形成有效保护，又可以增强监管人员的责任心和法治意识。

4. 赋予刑罚执行监督部门调查权

在刑罚执行监督部门不享有必要的调查权的情况下，刑罚执行监督的效果难以保证。有学者认为，检察机关对检察权所涉及范围内的事项进行调查，以便了解事实真相，是行使检察权的先决条件。法律赋予检察机关的调查权，使其成为检察权的一个基本构成要素。① 从世界各国检察制度的发展趋势来看，大多赋予检察机关以广泛的调查权，某些大陆法系国家甚至保留“检察领导侦查”的司法体制，如《法国刑事诉讼法典》第 68 条规定：“共和国检察官亲临现场，即告停止司法警察警官对案件的管辖权力。在此场合，共和国检察官完成本章规定的司法警察的所有行为。共和国检察官亦可指令司法警察警官继续进行办案活动。”我国有必要赋予人民检察院对特定事项的一般调查权，在对执行程序进行监督时，在刑罚执行监督的范围内，刑罚执行监督部门有权采取必要的调查手段，有关单位和个人必须予以配合。

5. 明确刑罚执行监督的法律效力

为保证刑罚执行监督的效力，必须明确刑罚执行监督的法律后果，唯有如此，才能使刑罚执行监督真正落到实处。特别是要通过立法明确检察机关在启动纠错、救济程序上的法律效力，以法律的形式规定有关单位必须在法定时间内对检察机关提出的检察建议和司法意见予以改正，并将改进措施反馈给检察机关。例如，执行机关有异议可向检察机关提出复议，如无正当理由拒不执行的，检察机关有权启动责任追究程序，追究当事人的法律责任并可建议有关

① 张智辉：《论检察机关的调查权》，载《国家检察官学院学报》2006 年第 1 期。

机关更换办案人员。

6. 改进刑罚执行监督工作机制

监督部门与执行部门的目标是一致的，都是为了保障国家刑罚权的实现。2018 年 10 月 26 日第十三届全国人民代表大会常务委员会第六次会议修改了《人民检察院组织法》，修改后的《人民检察院组织法》第 17 条第 1 款规定："人民检察院根据检察工作需要，可以在监狱、看守所等场所设立检察室，行使派出它的人民检察院的部分职权，也可以对上述场所进行巡回检察。"由此，立法上明确了检察机关可以对监狱、看守所等场所实行派驻检察和巡回检察，尤其是关于巡回检察的规定，这是检察方式的重大变革，也是检察理念的一次革新，对于提升检察监督工作整体实效，推动新时代检察工作创新发展具有重要意义。长期以来，我国对监管场所一直实行以派驻为主的检察监督方式，尽管在对监管场所刑罚执行和监管改造活动等的同步监督和日常监督方面发挥了良好的作用，但也存在人员相对固化、散化等问题。巡回检察的优势在于可提高监督敏感度，从而有效避免检察人员因熟生腐、因熟生懒等问题。此外，巡回检察的机动性和灵活性强，能够及时发现和纠正实践中出现的违法问题，并且更加注重对被监管人合法权益保障的监督，监督监狱、看守所等对被监管人的教育改造，促其成为守法公民。在未来的改革方向上，应当注重巡回检察与派驻检察相结合。注重二者的不同优势，将巡回检察的灵活监督、机动监督与派驻检察的日常监督、同步监督有机结合起来。在技术手段上，可以探索智能化、信息化的办案手段，切实发挥巡回检察机动性与灵活性的优势，进一步提高巡回检察的效率。在未来执行监督的主体结构上，应注重明确巡回检察人员与派驻检察人员的职权与责任，确保二者分工明确，权责清晰，并在工作中相互配合，确实提高监督质效。

除了做好刑事执行监督以外，检察机关还应当在民事行政执行监督方面做好如下几个方面的完善工作：一是各级检察机关要积极适应新《民事诉讼法》第 235 条授权对民事执行活动实施法律监督的新职能，熟悉典型司法裁判属性的执行行为、纯粹行政属性的查封、扣押等执行行为的不同特点，尽快掌握民事执行检察监督的本领，提升检察监督的水平和能力。二是要在新《民事诉讼法》赋予检察机关对民事执行活动实施法律监督的基础上，通过修改《人民检察院组织法》赋予检察机关行使调查取证等附属性强制权力，以便从根本上保证检察机关行使民事执行活动监督的效能。三是通过修改《人民检察院组织法》，赋予检察机关对拒不履行行政诉讼生效裁判的行政机关实施法律监督，包括但不限于提出检察建议的权力。

第五章 司法管理规律

第一节 司法管理规律概述

一、司法管理的概念与分类

管理是人们通过自觉的协调和控制人及组织的行为，以期使其所从事的工作（活动）和谐、持续高效运转的社会活动（行为）。[①] 无论是企业经营，还是公共事务，管理在组织运营、社会治理、权力运行等方面都具有重要的作用。管理是一切组织正常发挥作用的前提，是保证组织有效运行必不可少的手段。科学的管理机制和管理方法，可以使组织的整体功能大于组织因素单项功能的总和，使组织以最少的资源投入来取得最佳的预期效果。

司法是享有司法权的国家机关依法处理争议与纠纷的活动和过程，对司法机关行使这一权力的行为及其运行过程也需要进行科学有效的管理。“审判活动虽有其特殊性，但这种特殊性只决定了管理模式和方法的特殊性，并不意味着审判活动无需管理。”[②] 司法管理就是为保证司法机关各项工作有效运行和司法权独立、规范行使而制定的各项工作机制和工作方法。司法管理包括法院管理和检察院管理两个方面。[③] 司法管理可以按照不同标准做不同分类。

① 吴琼、戴武堂主编：《管理学》，武汉大学出版社 2016 年版，第 2-3 页。

② 江必新：《审判管理与审判规律抉微》，载《法学杂志》2011 年第 5 期。

③ 本章仅探讨法院和检察院的司法管理。

按管理内容的不同，可以把司法管理分为对司法工作人员的管理、对司法业务的管理和对其他行政事务的管理。对司法工作人员的管理又可以分为对法院人员的管理和对检察人员的管理。其中，对法院人员的管理分为对法官的管理、对审判辅助人员的管理和对司法行政人员的管理；对检察人员的管理分为对检察官的管理、对检察官辅助人员的管理和对司法行政人员的管理。对司法业务的管理可以分为对审判业务的管理和对检察业务的管理。还可以根据业务类型的不同，对审判业务和检察业务作更加精细化的分类管理。对其他行政事务的管理则主要是指后勤服务、基础建设、文化宣传等方面的管理。

按管理方法的不同，可以把司法管理分为过程管理和结果管理。过程管理更多的是对司法业务的管理，重在对司法权运行和办案过程进行即时的、同步的管理与控制，实现司法过程的公开透明。在我国，法院和检察院开展的案件流程管理就是加强对司法权运行和案件办理过程进行监控与管理的一种过程管理。结果管理则是在案件办结后对办案质量和效果进行的一种量化考评，既可实现对司法业务的质量评查，也可实现对司法人员的绩效管理。在我国，法院和检察院开展的司法业务考评就是一种结果管理。

二、探讨司法管理规律的意义

公正、高效、权威是中国特色社会主义司法制度的根本目标，司法管理也要服务于实现司法的公正、高效、权威这一目标。具体而言，司法管理的目标在于实现对司法机关、司法权运行和司法活动的科学化、规范化管理，保证司法机关不受外部干扰而依法独立行使职权，司法机关内部各职能部门能够有条不紊地良好运作，保证司法权在法治框架下得到公正、高效和协调有序地运行，保证司法工作的质量和效果，保证司法解决纠纷的终局性和权威性，使每一起案件都能得到公正及时地处理。我国长期以来没有建立起符合司法自身规律的科学有效的司法管理体制机制，司法按照行政管理方式进行管理，体制机制上存在诸多问题，造成司法权力运行不畅，司法机关在实践中受到非司法力量影响与干预的现象时有发生，削弱了司法公正权威。司法管理在保证司法权依法独立行使和有效运行方面具有重要意义。建立健全符合司法规律和管理科学双重要求的司法管理体制与工作机制，势在必行。

（一）司法去地方化之需

司法的地方化问题是法院、检察院的人财物等受制于地方机关，导致司法权行使不可避免地受到地方影响或干预，本应独立运作的司法机关变为附属于地方的司法机关。司法地方化打破了国家法律法规在全国的统一实施，检察院不能独立行使检察权，法院无法实现独立行使审判权，严重损害了国家法制统一和司法公正权威。去地方化旨在区分司法机关的中央事权和地方事权，实现法院和检察院在人财物上的集中配置与统一管理，使其脱离于地方党政机关的掌管，保证司法运行的客观性和独立性。

党的十八届三中全会《决定》提出，“改革司法管理体制，推动省以下地方法院、检察院人财物统一管理，探索建立与行政区划适当分离的司法管辖制度，保证国家法律统一正确实施。建立符合职业特点的司法人员管理制度，健全法官、检察官、人民警察统一招录、有序交流、逐级遴选机制，完善司法人员分类管理制度，健全法官、检察官、人民警察职业保障制度。”党的十八届四中全会《决定》提出“改革司法机关人财物管理体制，探索实行法院、检察院司法行政事务管理权和审判权、检察权相分离。”省级以下司法机关人财物的统管，可以减少地方权力对司法的束缚，降低行政权力对司法的干预，使司法工作得以正常有序运行，确保司法的中立与公正。

（二）司法去行政化之需

司法的行政化问题则是司法机关内部运用行政化的方式管理、

运作司法而导致的司法内部不独立问题。[1] 去行政化是消除法院、检察院对司法业务的审批制和行政化管理，构建符合司法权运行特点的业务处理流程。“法院不可避免地要面临一系列内部行政事务，因此，法院行政管理制度的设置具有其自身的合法性。但是法院的行政管理制度可能侵入、侵蚀审判制度，造成正式审判制度的变形。重要的不是排斥这种行政管理事务，而是要随着社会分工的发展，注意将法院的行政管理职能同法院的司法职能逐步分离开来。”[2] 检察院也是一样。

党的十八届四中全会《决定》中指出：“建立领导干部干预司法活动、插手具体案件处理的记录、通报和责任追究制度。任何党政机关和领导干部都不得让司法机关做违反法定职责、有碍司法公正的事情，任何司法机关都不得执行党政机关和领导干部违法干预司法活动的要求。”“司法机关内部人员不得违反规定干预其他人员正在办理的案件，建立司法机关内部人员过问案件的记录制度和责任追究制度。”2015 年中共中央办公厅、国务院办公厅印发《领导干部干预司法活动、插手具体案件处理的记录、通报和责任追究规定》、中央政法委印发《司法机关内部人员过问案件的记录和责任追究规定》，对司法去行政化和杜绝领导干部干预司法作了详细而全面的规定。

（三）提高司法运行效率之需

公正是司法的生命线，司法管理当然要致力于实现司法公正。同时，在保证司法公正的前提下，司法管理也要尽可能地提高司法的效率。因此，效率价值也是对司法进行科学管理的目标追求。对司法人员管理方法不科学、不合理，就会给办案人员开展司法业务造成一定障碍，降低办案人员的工作积极性和工作热情，起不到管

---

① 陈卫东：《司法“去地方化”：司法体制改革的逻辑、挑战及其应对》，载《环球法律评论》2014 年第 1 期。

② 苏力：《论法院的审判职能与行政管理》，载《中外法学》1999 年第 5 期。

理本身应当具有的作用。对司法业务的管理方法不科学、机制运行不畅，就会延缓案件的办理进度，影响案件的办理质量和实际效果。实际上，科学的司法管理体制机制就像开展司法活动的“润滑剂”一样，能够实现司法业务既好又快地办理，保证司法公正，提高司法效率。

近年来，我国进行的司法改革包括司法管理方面的改革，以建立符合管理科学和司法规律双重要求又体现中国特色的司法管理体制机制，更好地服务于司法工作和保障司法权有效运行。早在2002年党的十六大报告中就提出，“改革司法机关的工作机制和人财物管理体制，逐步实现司法审判和检察同司法行政事务相分离”。2014年党的十八届四中全会《决定》提出，“必须完善司法管理体制和司法权力运行机制，规范司法行为，加强对司法活动的监督，努力让人民群众在每一个司法案件中感受到公平正义”。此外，2015年中央深改组《关于贯彻落实党的十八届四中全会决定进一步深化司法体制和社会体制改革的实施方案》、2015年最高人民法院《关于全面深化人民法院改革的意见——人民法院第四个五年改革纲要（2014—2018）》、2015年最高人民检察院《关于深化检察改革的意见（2013—2017年工作规划）》、2019年最高人民检察院《2018—2022年检察改革工作规划》、2019年最高人民法院《关于深化人民法院司法体制综合配套改革的意见——人民法院第五个五年改革纲要（2019—2023）》等文件，对法院、检察院的管理体制改革作了宏观规划和全面部署，对于建立既具有中国特色又符合管理规律和司法规律的司法管理体制具有重要的指导作用。这些都是探讨中国特色司法管理规律时必不可少的参考资料。

三、司法管理规律的一般要求

司法有其规律性的内质，相应地，对司法的管理也需要遵守某些一般性的要求，既要符合行政管理的要求，也要体现司法规律的特点。因此，司法管理规律应当是一个涵盖管理科学和司法规律的体系。其中，司法规律既有一般性普遍性的司法规律，也有中国特色社会主义司法制度的特有规律。由于法院、检察院在司法活动中履行职责和权力运行方式有所不同，因此在工作机制、管理方法等方面也要有所差异。总体而言，司法管理应当满足以下一般要求。

第一，尊重司法规律，突出司法特性。司法管理也是一种管理，首先需要遵循管理科学上那些普遍适用于各种管理活动的基础性要求。但是，不同于上命下从的一般性行政管理，科学的司法管理要求在管理方法、过程等方面必须突出司法的独立性、被动性、终局性等基本属性并符合中国特色社会主义司法制度的要求，满足司法规律的一般要求和中国本土特色的条件，在维护法律统一正确实施、定分止争、保证司法公正和保障人权的前提下，对司法权运行和司法机关的各项活动进行有效管理，实现司法管理的价值目标。因此，不能单纯地从管理角度泛泛去谈司法管理的目标、方法、程序等，而应当立足于司法、突出司法特性，以司法规律为基础，深入探讨和挖掘司法管理的规律性要素。

第二，服务和保障司法运行。管理本身不是目的，不能为了管理而管理，管理是为了实现管理者目标的手段和方法。司法管理也是如此。司法管理的目的是围绕司法权运行这一根本活动展开的，旨在保证司法权依法独立运行，法律得到统一正确实施，确保办案质量和司法公正，调动司法人员的工作热情，提高司法效率。“在任何情况下，审判管理都不得损害确保公正司法最低限度的独立性，这是一个底线。开展审判管理，要始终坚持服务审判的理念，把服务寓于管理之中，在加强监督制约的同时，着力于服务审判工作，为审判权的依法、有序运行创造有利的条件，提供必要的保障，既要通过管理规范法官的司法行为，又要在管理中尊重法官的权利，关注法官在审判工作中遇到的问题和困难，充分调动法官的工作积极性和主观能动性，提高司法效能。”[①] 可见，司法管理不是为司法运行设置各种条条框框，从而限制或阻碍司法权有效运行，而是要能够保障司法机关抵御外来干扰，通过科学的管理为司法权规范有效运行提供“润滑油”和“助推器”。

第三，规范和监督司法运行。司法管理在服务和保障司法权运行的同时，还要规范和监督司法运行，防止司法人员滥用权力、侵犯人权等现象的发生。“对审判进行管理不等于干预司法，而是对司法权滥用、专断和恣意的防范。换言之，其指向是审判中的越轨行为，而不是审判本身。”[②] 这就要求对司法权的行使进行过程管理与结果管理。通过案件流程管理、法院庭审直播、网上查询案件进程[③]等方式，实现对审判业务和检察业务的过程管理与动态监控。通过对法院、检察院办理司法业务或者案件质量的评估等方法，实现对审判业务和检察业务的结果管理和效果审查。

本章以司法人员管理和司法业务管理为基本框架，围绕当前司法管理体制改革中的若干重要问题，对法院和检察院的人员管理规律与业务管理规律作了全面深入地研究。其中，司法人员管理主要包括对司法人员的分类管理、行为规范与惩戒、职业保障三个部分，分类管理侧重从司法人员配置与任职资格的角度、行为规范与惩戒侧重从规范司法人员行为和落实司法责任制的角度、职业保障侧重从保证司法人员在薪酬和身份稳定性的角度，来探析司法人员管理方面的基本规律。司法业务管理主要包括案件流程管理和案件质量管理两项内容，案件流程管理突出对司法机关办理案件的诉讼过程进行规范与管理，案件质量管理突出对司法机关办理案件的结果进行质量和效果方面的考评，主要是通过对司法业务的考评加以实现。

---

① 江必新：《审判管理与审判规律抉微》，载《法学杂志》2011 年第 5 期。

② 江必新：《审判管理与审判规律抉微》，载《法学杂志》2011 年第 5 期。

③ 最高人民法院和最高人民检察院分别开通了“中国审判流程信息公开网”、“人民检察院案件信息公开网”，便于随时从网上查询案件进度和相关信息。

第二节　司法人员管理

一、司法人员分类管理

（一）概念与原则

1. 司法人员分类管理的概念

科学界定司法人员分类管理，首先要明确司法人员的概念。长期以来，司法人员是一个较为笼统的概念。广义的理解是指在司法机关工作的人员，狭义的理解则是从事与司法相关工作的人员。由于概念笼统，范围不清，司法实践中此称谓不仅包括法律所明确的法官、检察官，还包括行政人员、技术人员、后勤管理人员、书记员等。甚至包括在法院和检察院工作的较大数量的聘用人员。从标准意义上讲，我国司法人员是指在法院和检察院工作的具有中央政法专项编制从事与审判、检察职能密切相关工作的人员。

司法人员分类管理，其内涵就是要按照具有中国特色、符合司法工作规律、体现司法工作人员职业特点的要求，建立分类科学、结构合理、职责明晰、管理规范的人员管理制度。司法人员分类管理，旨在使模糊的概念清晰化，对从事司法以及与司法相关工作的各类人员的边界和职责进行明确，对各类人员的管理模式进行规范，以使各类人员各归其类，各司其职，各尽其才。

2. 司法人员分类管理的原则

司法人员分类管理应当遵循一定的原则，才能做到科学分类，比例适当，权责清晰，运转顺畅。

首先，原则性与灵活性有机统一原则。我国是一个疆域辽阔的中央集权的社会主义国家，一方面中央集权要求法治的统一，另一方面又必须考虑到各地、各级复杂的司法环境差异。例如，在员额比例的确定上，既要有原则性的总体控制，又要兼顾各省、各层级司法机关的具体情况确定。在法官和检察官选任的标准上，既要有严格的基本标准，又要考虑到当前经济社会发展欠发达地区法律人才的具体情况。

其次，当前与长远相统一原则。党的十八大以来启动的新一轮的司法改革，着重强调了司法人员的分类管理，各地在试点过程中采取措施积极推进。由于改革是在摸索中前行，当前必然面临着许多具体问题有待解决。例如，员额制的施行使法官和检察官占司法人员的比例大幅下降，而司法辅助人员短期内又不能充分配备，必然造成法官和检察官工作量的大幅增加。再如，法官和检察官实行员额制所配套的保障措施，因为经济受社会发展因素的制约，落实起来还有诸多困难。但这些问题在改革过程中都是暂时的，从中国法治建设的长远目标来看，人员分类管理是建设高素质专业化司法人员队伍的必由之路。由于受各种现实因素的影响，人员分类管理是逐步完善的过程，不能因为当前问题的存在就自降“入额”标准，或者放松员额比例限制，要注目于长远，立足于全面推进依法治国，妥善解决当前存在的各种问题。

最后，借鉴域外经验与结合中国实际相统一原则。无论是英美法系国家还是大陆法系国家，在司法人员管理方面都已经形成了较为成熟的体系。其中有益的经验我们应当学习。但同时要看到，我国的法治进程是一个长期的过程，盲目照搬照抄他国的管理体系，会出现不符合国情和司法实际的“水土不服”问题。因此，在借鉴的同时要注意摒弃与我国政治体制、经济社会发展与法治建设所处阶段不相适应的内容。

（二）司法人员分类管理的主要问题

1. 司法人员分类管理改革中的主要问题

党的十八届三中全会提出：“建立符合职业特点的司法人员管理制度，健全法官、检察官、人民警察统一招录、有序交流、逐级遴选机制，完善司法人员分类管理制度，健全法官、检察官、人民警察职业保障制度。”党的十八届四中全会作出《关于全面推进依法治国若干重大问题的决定》，强调要“明确各类司法人员工作职责、工作流程、工作标准，实行办案质量终身负责制和错案责任倒查问责制，确保案件处理经得起法律和历史检验”。司法人员分类管理真正作为一个影响法治国家建设进程的重大问题被提上了改革的日程。之后，相继出台了《关于司法体制改革试点若干问题的框架意见》、《人民法院工作人员分类管理制度改革意见》、《人民检察院工作人员分类管理制度改革意见》等一系列司法人员分类管理的框架性文件，明确提出了实行司法人员分类管理制度，建立了法官和检察官的员额制，对法官和检察官在编制限额内进行员额管理。2017 年修订的《法官法》《检察官法》中亦指出法官与检察官的等级管理由国家另行规定。

在未来的改革中还有以下问题需要重视：

（1）司法人员的分类需要进一步细化和明确。从目前来看，司法人员的分类大多分为三大类：司法官（法官和检察官）、司法辅助人员和司法行政人员。但是，概括性的分类主要区分了司法官与非司法官，而对司法官以外的其他司法人员分类并未进行细致研究。司法辅助人员与司法行政人员的分类边界并不清晰。司法辅助人员包括人员种类复杂，应当进一步细化分类、科学分类，明确权责。美国联邦法院的司法辅助人员分类很细，历史上一共有 15 种，大致分为两类：专业事务辅助人员（law staff）和行政事务辅助人员（administrative staff）。专业事务辅助人员主要包括法官助理（law clerk）和公职律师（staff attorney）。行政事务辅助人员分为四类：书记官、审前服务官、缓刑事务官、图书管理员。[①] 美国联邦法院的司法辅助人员分类是职位分类，分类细且并不纠缠于专业事务和行政事务的区分，在这一点上更符合实际。因此，相比较而言，我国虽然人员分类管理大框架是明确的，但具体到实际工作中，如何真正实现科学分类、细化分类，还需要打破思维定式，深

① 王禄生：《法院人员分类管理体制与机制转型研究》，载《比较法研究》2016 年第 1 期。

入研究探索。

（2）司法人员的员额比例问题。司法人员员额比例，是各类司法人员占总核定编制人数的比例。它不仅是法官和检察官的比例（也就是本轮司法改革所说的“员额内”法官、“员额内”检察官的比例），还包括司法辅助人员的比例和司法行政人员的比例。法官和检察官的员额比例是员额制改革的重中之重。虽然中央在改革的框架方案中确定了总体比例要求，但各地在实践中掌握并不一致，如上海将司法官的比例控制在33%，而更多的试点省份控制在39%之下。由于员额比例的确定并未给出让人信服的理由和依据，39%的司法官员额比例的原则性设定也遭到了有关学者的批评。[①]

法官和检察官员额比例设定所参考的要素较多，很难整齐划一规定，因此要把握灵活性与原则性的统一。2018年修订的《人民法院组织法》和《人民检察院组织法》都对员额制采用“总量控制动态管理”的方式。员额比例的设定，既要体现出法官和检察官的少数化、精英化，又要考虑现实情况，保证办案需要。从横向上看，这个比例的设定，需要参考本地区的案件数量、经济社会发展的总体情况（人口、辖区面积和位置、经济发展水平等）来确定。就我国现阶段而言，一般是经济发达地区人口多，案件数量大，东中西部差异很大，员额比例应有较大不同。从纵向上看，还需要考虑不同层级的司法机关所承担的业务量。全国四级司法机关，约80%的案件在各中级法院（市州检察院）和基层法院、检察院，越向上案件数量越少。因此，四级司法机关员额比例总体上

① 陈永生、白冰：《法官、检察官员额制改革的限度》，载《比较法研究》2016年第2期。

应当呈现出金字塔的形状。① 考虑到这些因素，员额比例设定就需要一定的灵活性。然而，灵活性是建立在原则性之上的。无论从全国的角度还是从各省的角度来看，需要原则性地设定一个法官和检察官员额比例的上限，解决长期以来法官和检察官数量过于庞大的问题。只有将原则性和灵活性有机统一起来，才能既实现法官和检察官的职业化与精英化，又解决案多人少的现实问题。

员额比例的基数是员额计算的基础。长期以来，各级法院和检察院的人员构成比较复杂，有中央政法专项编制人员、事业编制人员、地方编制人员、聘用制人员，等等。以不同的编制为基数计算，算出的员额数是不同的。结合历史与现实的因素考虑，以中央政法专项编制数为基数计算比例是适当的。而将其他编制数与中央政法专项编制数一并作为基数，将造成法官和检察官的员额数虚涨。

（3）法官和检察官的选任标准有待统一。法官和检察官的选任标准，是司法官群体实现职业化、专业化的决定性因素。在《法官法》和《检察官法》实施之前，我国法官和检察官并没有选任标准，结果造成法官和检察官群体的“大众化”与专业素质低下。随着社会的进步，我们越来越认识到严格把握司法官的选任标准对于建设现代法治国家的重要意义。

世界上许多国家都把法官和检察官作为特殊的职业群体，实行有别于其他国家公务人员的严格准入管理标准。在大陆法系国家，如德国、日本、法国、韩国等，普遍实行国家司法考试和司法官职

---

① 2013年3月1日，中央组织部和最高人民检察院联合下发《关于印发〈人民检察院工作人员分类管理制度改革意见〉的通知》明确规定：最高人民检察院、省级、地市级、县级人民检察院的检察官和检察辅助人员两类人员在人民检察院的中央政法专项编制中所占员额比例分别为70%、75%、80%、85%左右，司法行政人员所占员额比例分别为30%、25%、20%、15%左右。从这里可以看到员额比例的这种金字塔形状的排列。在北京、吉林等地的改革方案中，也可以看到省一级司法机关的员额比例都要低于下级院。

业研修制度。要想成为一名检察官或法官，首先要取得大学法律专业毕业的学历，然后经过严格的国家司法考试选拔进入国家司法官学院接受职业培训。培训见习期满后，再根据检察官、法官缺额情况和本人意愿正式任命为检察官或法官。① 在美国，要成为联邦法院法官，首先要在美国大学的法学院毕业并获得 JD 学位，同时通过律师资格考试，并从事律师工作若干年，才有资格被遴选为法官。②

我国现行《法官法》和《检察官法》对法官与检察官的任职条件都作了明确规定。③ 但是，由于任职条件要求低、标准不明，造成法官和检察官的入口过宽，受到来自各方的批判。在改革试点

---

① 童建明、王利民：《检察官管理体制改革探究》，载孙谦、郑成良主编：《司法改革报告——中国的检察院、法院改革》，法律出版社 2004 年版，第 179 页。

② 王琦：《国外法官遴选制度的考察与借鉴——以美、英、德、法、日五国法官遴选制度为中心》，载《法学论坛》2010 年第 5 期。

③ 《法官法》第 9 条：担任法官必须具备下列条件：

（一）具有中华人民共和国国籍；

（二）年满二十三岁；

（三）拥护中华人民共和国宪法；

（四）有良好的政治、业务素质和良好的品行；

（五）身体健康；

（六）高等院校法律专业本科毕业或者高等院校非法律专业本科毕业具有法律专业知识，从事法律工作满二年，其中担任高级人民法院、最高人民法院法官，应当从事法律工作满三年；获得法律专业硕士学位、博士学位或者非法律专业硕士学位、博士学位具有法律专业知识，从事法律工作满一年，其中担任高级人民法院、最高人民法院法官，应当从事法律工作满二年。

本法施行前的审判人员不具备前款第六项规定的条件的，应当接受培训，具体办法由最高人民法院制定。

适用第一款第六项规定的学历条件确有困难的地方，经最高人民法院审核确定，在一定期限内，可以将担任法官的学历条件放宽为高等院校法律专业专科毕业。

第 10 条：下列人员不得担任法官：

（一）曾因犯罪受过刑事处罚的；

（二）曾被开除公职的。

《检察官法》第 10 条、第 11 条也对检察官的任职条件作出相同的规定。

过程中，虽然各地都按照本地的方案对司法官进行了“遴选”，但只是侧重从现有司法官中选拔“员额制”司法官，并未从长远来考虑法官和检察官的选任标准，也并未充分考虑到标准要素的复杂性和模糊性，以及各种渠道选任标准的差异性。

(4) 司法官选任程序有待完善。公正严谨的选任程序是法官和检察官整体素质的保障。从域外国家的情况来看，法官的选任模式千差万别，大致可以分为五种选任模式，即行政首长选任制、立法机关选任制、首席大法官选任制、司法委员会选任制和公民选任制。还有的采取“混搭模式”，如美国的联邦法官就是“总统提名+参议院司法委员会听证+参议院批准+总统任命”模式。[①] 我国长期以来按照党管干部的原则，法官和检察官一般由党委（党组）提名，由人大按照法律程序任命。行政模式的选任程序受到了广泛的批判，急需改革。

为了增强法官和检察官选任的法律专业性，本轮司法改革的一个重大突破就是在省一级设立法官、检察官遴选委员会。由专门的专业委员会来对法官和检察官的选任把关，是司法文明的一大进步。但在具体操作中，仍然存在诸多问题，如遴选委员会是否是常设机构？组成人员怎样设计才能科学合理，既体现出法律专业性质又有广泛的代表性？怎样才能使遴选委员会真正发挥作用，而不是流于形式的“橡皮图章”？遴选委员会与法院和检察院的党组、省人大在工作机制方面是何关系？这些问题，决定着法官和检察官的遴选程序是行政属性还是司法属性。遴选委员会的设置，决定着其法律地位及所作决定的法律约束力。遴选委员会的工作机制需要进一步细化完善，用严谨的程序来保障法官和检察官选任的公平、公开和公正。

(5) 司法人员分类日常管理需要规范。以分类管理为前提，

① 何帆：《法官遴选委员会的五个关键词》，载《人民法院报》2014 年 6 月 27 日，第 5 版。

科学规范各类人员的选任和录用、培训、晋升、交流、考评、惩戒等规范长效工作机制，实现人员管理的精细化、司法化，是现代司法人力资源管理的重要内容。纳入员额的法官和检察官，按照《法官法》和《检察官法》规定实行单独职务序列，单独进行管理。司法辅助人员和司法行政人员也应依各自的工作特点分别建立相应的管理制度。虽然法院探索过法官助理改革和书记员聘用制改革，但都以失败告终。原因是多方面的，最主要的原因是人力资源管理是一项系统工程，单项的改革没有系统性支撑必然会失败。

在改革过渡期内，法官和检察官的管理处于双轨制状态，管理模式上虽有变化，单独职务序列开始推行，但是在很多方面还残留着行政管理的遗痕。在管理上还是以“政法队伍”、“政法干警”的老思维方式为主，欠缺法官、检察官的主体地位思维，管理上混同化现象依然很严重。例如，对法官、检察官的晋升，还进行着行政级别和行政领导岗位的竞职；在年终考评时并不区分司法官与非司法官，在考核方法上仍然以简单的所谓的民主投票进行，等等。

在内部管理的架构上，存在行政人员管理司法人员的现象。政治部（干部人事管理部门）负责法官和检察官的选任、晋升、交流等事务，行政事务管理部门负责法官和检察官的后勤管理。审判（案件）管理部门负责案件流程以及质量管理和监督。一方面，人员分类管理改革强调司法运行的“去行政化”；另一方面，现实中却又强化了行政人员对司法人员的管理。不解决这个问题，司法人员将受制于行政管理而失去应有的独立性。

（三）完善司法人员分类管理的建议

1. 完善法官和检察官选任的标准与程序

完善法官和检察官选任的标准与程序，对于提升司法官队伍的整体素质起着决定性的作用。“员额制”改革是对过去的一个修正，是从已经具备法官和检察官资格的人员中再遴选法官与检察官。这在将来应当成为历史。在“员额”比例之内，按照严格的标准和严谨的程序选任、遴选法官和检察官，从长远来看是司法官管理的一个常态。

法官和检察官的选任标准虽然具有模糊性、差异性，但同时具有共通性。这些标准的要素可以大致分为“条件与资格要素”和“评价要素”。年龄、学历、国籍等需要简单考察就能确定的要素，属于“条件与资格要素”，而政治素质、业务素质、品行等需要严格缜密的考察才能确定，属于“评价要素”。对于“评价要素”应当研究细化确定。中共中央办公厅印发的《从律师和法学专家中公开选拔立法工作者、法官、检察官办法》对参加公开选拔的律师和法学专家应当具备的任职条件作了明确规定。对于律师，主要从从事律师的年限、在律师行业中的声誉、主要业绩和能力等方面考察。对于法学专家，选任条件中不仅规定了职称、从事教学或科研的年限，更主要的是强调要有突出研究能力和优秀研究成果，其中具有法律实务工作经验的优先。[①] 这是对选任标准中的评价要素进行细化的有益探索。

应充分考虑到员额比例对于法官、检察官选任标准的影响。因为员额比例的差异性和掌握的灵活性，各省之间以及各省省内各地区之间法官和检察官选任标准的掌握会产生较大差异。一般的规律是，员额的比例越低，检察官的选任门槛越高，选任标准就越高；反之亦然。

在法官和检察官的选任程序上，最关键要充分发挥遴选委员会的作用。首先，遴选委员会在组成上应当处理好专业性与代表广泛性。在这方面，域外国家的做法也千差万别。例如，仅在德国联邦

---

① 2016年10月26日，中共中央办公厅印发《从律师和法学专家中公开选拔立法工作者、法官、检察官办法》，第7条规定：参加公开选拔的法学专家应当具备公务员法、法官法、检察官法规定的任职条件，并符合以下要求：（一）拥护党的领导，忠于宪法法律；（二）具有坚定的社会主义法治信仰、优良的师德和学术品行，公道正派；（三）自觉贯彻中国特色社会主义法治理论，善于理论联系实际；（四）具有讲师及以上职称，从事教学或者科研五年以上，有突出研究能力和优秀研究成果，具有法律实务工作经验的优先。

与各州情况就相去甚远，联邦司法遴选委员会注重吸收立法、行政部门代表，没有法官、律师代表，注重政治多元；而各州司法遴选委员会则包括法官、律师代表，注重专业多元。在美国密苏里州设立了由专业人士组成的法官遴选委员会，更侧重从专业和业绩角度进行把关，这一做法又称“密苏里方案”，被视为美国州法官选任制度的改革方向。①

从我国目前各试点省份的情况来看，一般都由党委组织部门及人大、政法单位的领导任专门委员，同时选取若干法学界的专家任专业委员，也是从政治多元和专业多元方向进行了尝试。但是，各类组成人员在其中占多大比例合适，组成人员如何产生，具体的工作机制如何设计，都是影响遴选的重大问题。

其次，要妥善处理遴选委员会与党委（党组）、人大的关系。这三者的关系，决定着遴选委员的法律地位，也决定着遴选程序的司法属性。目前来看，遴选委员会审查只是党委（党组）决定的前置程序，也就是党委（党组）决定的咨询性机构。从逻辑上讲，如果党组提出的名单只是建议或提名，遴选委员会审查后作出相应决定并提交相应级别人大任命，遴选委员会就成为真正的遴选主体之一。否则，遴选委员会有可能沦为新的形式主义。

最后，要明确遴选委员会的机构设置。遴选委员会的设置大致有三种方式，一是目前改革中的状态，由政法委主导设置和管理；二是设置在人大之下成为一个非常设的委员会；三是独立设置。从法律基本逻辑上分析，我国宪法规定司法官由人大产生并对人大负责。而政法委是党委内部负责协调政法工作的专门委员会。因此，应当改变由政法委设置和管理法官检察官遴选委员会的格局，将遴选委员会置于省级人大之下作为省级人大司法委员会的一个非常设机构更为合理。省级法院和检察院党组织提出拟选任的法官、检察

① 何帆：《法官遴选委员会的五个关键词》，载《人民法院报》2014年6月27日，第5版。

官，遴选委员会经审议后，将符合条件的提交相应级别的人大履行任免程序。这样，遴选委员会具有应有的法律地位，也能充分发挥作用。同时，也解决了人大在任命法官、检察官时缺少专业性和实质性审查而沦落为“橡皮图章”的问题。

2. 细化司法辅助人员的分类管理，充分发挥司法辅助人员的作用

司法辅助人员要根据各自的岗位职责要求分类进行招录。在招录的条件上，也应有不同。例如，对法官助理和检察官助理的要求，要明显高于书记员，一般应招录大学本科法律专业毕业生，因为他们工作专业性很强且一定年限后会参加法官或检察官的选任，一般还应当要求通过国家司法考试，具备司法职业资格。① 而书记员是大学专科毕业生即可，对于所学专业、是否通过国家司法考试等条件不必强制要求，而且还可以实行聘用制录用和管理。司法技术人员也应细分种类招录，如法医鉴定类、痕迹鉴定类、司法会计鉴定类等。同时，还应当针对司法辅助人员的组成特点，对各类司法辅助人员也实行单独职务序列，以保证各类人员管理规范有序。

对法官（检察官）助理和书记员进行单独职务序列管理，确定合理的等级和晋升制度，是法官、检察官单独职务序列的必要支撑。要突出司法辅助人员的职业特殊性。人员分类管理后，司法辅助工作的服务与支撑作用必定会越发重要，专业化、职业化的法官助理、检察官助理以及书记员将日益凸显区别于一般公务员的职位要求和职业特点。尤其法官助理和检察官助理，是法官和检察官的

① 2015 年 6 月 5 日，中央深化改革领导小组第十三次会议审议通过了《关于招录人民法院法官助理、人民检察院检察官助理的意见》，明确要建立从政法专业毕业生中招录法官助理、检察官助理的规范机制。这对推进人民法院、人民检察院队伍正规化、专业化、职业化建设，提高司法队伍整体职业素质和专业水平具有重要意义。意见指出，要根据司法队伍的职业特点、职位性质、管理需要，遵循司法规律，建立符合审判、检察人员职业特点的招录机制，贯彻公开、平等、竞争、择优原则，坚持德才兼备、以德为先的标准，对艰苦边远地区实行政策倾斜，确保新录用的审判、检察人员具有良好的政治和专业素质。

重要后备力量，要通过单独职务序列管理，建立公平有序的晋升通道，保证法官和检察官的选拔来源稳定可靠。

实行对书记员的单独序列管理。要建立书记员单独职务序列，需要充分考虑到这些现实问题，有针对性地提出方案，如建立起独立的职务等级、晋升、薪酬、补贴等制度，让其产生职业荣誉感和工作获得感。

司法技术人员、司法警察、执行员等类别辅助人员，都应当按照各自的职业特点，设定科学的职务级别，在各自的职务序列中分别进行管理。

3. 实行司法管理与行政管理的“双轨制”

司法人员的分类管理，最终将形成司法管理与行政管理的分离。党的十六大就提出，“改革司法机关的工作机制和人财物管理体制，逐步实现司法审判和检察同司法行政事务相分离”。党的十八届四中全会《关于全面推进依法治国若干重大问题的决定》再次明确指出，要“改革司法机关人财物管理体制，探索实行法院、检察院司法行政事务管理权和审判权、检察权相分离”。“相分离”，并不是要去除“司法行政事务管理”，而是要二者合理并存。事实上，不论设计怎样的法院（检察院）管理体制，都无法完全清除其中的行政化因素。①

对此，可以考虑建立双轨管理结构，协调司法管理与行政管理的二元矛盾。一是建立扁平化的司法业务管理结构。主要是指各司法办案组织以员额制法官和检察官为核心，配备一定数量的助理人员和书记员，形成小型的司法团队。各团队之间平等、独立，在业务方面行使相同的权力，互不干扰。二是确立司法行政的科层制管理体系。主要对司法辅助人员、司法行政人员的培训、晋升、交流、调动、考核等进行管理，形成一套上令下达、标准统一的内部

① 乔生彪：《法院管理体制之症结及改革》，载孙谦、郑成良主编：《司法改革报告——中国的检察院、法院改革》，法律出版社2004年版，第269页。

行政管理体系。[1]

法官和检察官应当建立自治管理模式，而不是由行政人员来管理。行政人员管理法官和检察官是司法权运行行政化的重要表现。充分发挥遴选委员会和考评委员会的作用，实现法官和检察官选任、考核、晋级与交流的规范化。突出法官和检察官的独立法律地位，司法行政人员则应当定位于辅助和服务法官、检察官的司法业务。

二、司法人员惩戒制度

（一）概念与特点

司法人员惩戒制度，是指对滥用司法权、违反职业操守和行为规范的司法人员进行责任追究，以示警戒的制度。对这一概念，做两点界定。一是此处的司法人员仅指法官、检察官。按照司法人员分类管理，广义的司法人员包括法官和检察官、司法辅助人员、司法行政人员。各类人员性质不同、管理方式不同，相应的惩戒制度也有所差别。本部分只探讨对法官、检察官的惩戒。二是在管理视角下谈惩戒问题，主要包括组织处理和纪律处分。[2]

我国有关法官、检察官惩戒制度的规定散见于《公务员法》、《法官法》、《检察官法》等法律，以及最高人民法院《关于严格执行〈中华人民共和国法官法〉有关惩戒制度的若干规定》、《人民法院监察工作条例》、《人民法院工作人员处分条例》、《人民法院

---

① 王禄生：《法院人员分类管理体制与机制转型研究》，载《比较法研究》2016年第1期。

② 从广义上来看，对法官、检察官的惩戒包括四个层次：一是组织惩戒，即由法院、检察院组织人事部门给予的停职、延期晋升、免职、责令辞职、辞退等组织处理，对于情节轻微的，还可以采取责令检查、诫勉谈话、通报批评等方式；二是纪律惩戒，即由法院、检察院纪检监察部门给予的警告、记过、记大过、降级、撤职、开除等纪律处分；三是免除法律职务，即提请人民代表大会常务委员会决定免除法官、检察官职务；四是追究刑事责任，即将涉嫌犯罪的法官、检察官移送司法机关处理。

审判人员违法审判责任追究办法（试行）》，最高人民检察院《人民检察院监察工作条例》、《检察人员纪律处分条例》、《检察人员执法过错责任追究条例》等司法文件。

党的十八届三中全会《决定》提出“完善主审法官、合议庭办案责任制”，四中全会《决定》提出“完善主审法官、合议庭、主任检察官、主办侦查员办案责任制，落实谁办案谁负责”，“实行办案质量终身负责制和错案责任倒查问责制”。2015 年 9 月，最高人民法院发布《关于完善人民法院司法责任制的若干意见》（以下简称最高法院《司法责任制意见》），最高人民检察院发布《关于完善人民检察院司法责任制的若干意见》（以下简称最高检察院《司法责任制意见》）。两个文件都明确规定，法官、检察官应当对其履职行为承担责任，在职责范围内对办案质量终身负责。2016 年 10 月 12 日，最高人民法院、最高人民检察院联合印发《关于建立法官、检察官惩戒制度的意见（试行）》（以下简称最高法院、最高检察院《惩戒意见》），就建立法官、检察官惩戒制度提出明确要求。

比较我国和其他国家司法人员惩戒制度，虽然各国在社会制度、经济水平、法律传统、司法制度等方面不尽相同，对司法人员的惩戒也各有特点，但都遵循一些带有规律性的基本要求，主要包括以下方面。

一是以明确法官、检察官独立的办案主体地位为前提。只有让审理者裁判，才能由裁判者负责，这是权责统一原则的基本逻辑。法官只有做到独立审判，才能够对自己行使的审判权的活动承担责任。① 最高法院《司法责任制意见》提出：“完善人民法院的司法责任制，必须以严格的审判责任制为核心，以科学的审判权力运行机制为前提，以明晰的审判组织权限和审判人员职责为基础，以有效的审判管理和监督制度为保障，让审理者裁判、由裁判者负责，

① 王利明：《司法改革研究》（修订版），法律出版社 2001 年版，第 234 页。

确保人民法院依法独立公正行使审判权。”最高检察院《司法责任制意见》提出：“健全司法办案组织，科学界定内部司法办案权限，完善司法办案责任体系，构建公正高效的检察权运行机制和公平合理的司法责任认定、追究机制，做到谁办案谁负责、谁决定谁负责。”只有明确法官、检察官的职责和权限，明确法官、检察官独立的办案主体地位，才有追究法官、检察官司法责任的合理根据。

二是惩戒的根本目的在于保证法院、检察院依法独立行使司法权，确保司法公正。设立惩戒制度的目的不是影响法官、检察官的独立判断权，而是要促使法官、检察官合法、公正地行使职权，确保办案质量和司法公正。在遵守行为规范的基础上，法官、检察官有独立思考、判断案件和行使司法权的自由，而不必担心因此而受到惩戒。诚如日本学者对该国宪法第 78 条关于法官惩戒机制立法目的的评述所言，“本条的目的在于尽量不使惩戒处分不适当地侵犯法官的身份保障，保障对司法独立不产生坏影响”。[①] 可见，对违反职业操守，有不当行为的司法人员予以惩戒，在根本上还是为了保证法官、检察官队伍的纯洁性，保证法院、检察院依法独立行使司法权，确保案件处理经得起法律和历史检验，让人民群众在每个司法案件中感受到公平正义。

三是惩戒主体应具有权威性、专业性和独立性。由哪个机构来行使惩戒权对惩戒制度能否运行良好具有决定性作用。一般来说，在设定惩戒主体时，需要考虑三个方面的因素：其一，权威性。惩戒主体是否具有公信力，其作出的决定能否被社会公众和被惩戒的司法人员所信服。其二，专业性。司法活动是一种高度专业性的活动，司法人员的行为是否符合规范，需要专业上予以考量。其三，独立性。惩戒主体和惩戒对象之间不应存在隶属关系，或者其他可

① ［日］宫泽俊义著、芦部信喜补订：《日本国宪法精解》，董璠舆译，中国民主法制出版社 1990 年版，第 547 页。

能影响公正作出处理决定的利益关系。

四是惩戒事由不仅包括职务内的不当行为，还包括职务外的不当行为。法官、检察官是司法正义的代表，其一言一行都影响着社会公众对司法的信任。“法官被认为是正义、公平和礼节的集中体现……如果法官不尊重自己，法院的尊严就可能被损害；如果法官堕落，司法的信任将被糟蹋。为维护法院的尊严，经常要用比其他人略高的标准要求法官。尽管社会可能容忍其他职业的粗鲁和不诚实，但法官却要因为这种行为而受到处罚。”① 因此，任何与法官、检察官身份不相称而导致社会公众对其中立、公正的形象产生合理怀疑的行为，都应当纳入惩戒的范围。对法官、检察官职务内和职务外的不当行为都予以惩戒，是各国通行的做法。② 在我国，最高法院《法官行为规范》和最高检察院《检察官职业行为基本规范（试行）》既有对司法人员职务行为的规定，也有对法官、检察官的职务外行为的要求。③

五是错案责任追究应当坚持过错责任原则。司法活动是由人主导的对已经发生的案件进行事后回溯的一种认知活动，受制于客观条件、时间、认识能力等主客观因素的影响，严格来讲，错案的发生具有不可避免性。但是，也不能因为错案发生的必然性，就排除

---

① ［美］爱伦·豪切斯泰勒·斯黛丽、南希·弗兰克：《美国刑事法院诉讼程序》，陈卫东、徐美君译，中国人民大学出版社 2002 年版，第 194 页。

② 美国律师协会制定的《司法行为守则》对法官不当行为确立了五项准则：（1）法官应坚持司法操守和独立性；（2）法官在从事各种行为时应避免不正当行为或不正当表现；（3）法官应公正和勤奋地履行司法官义务；（4）法官应努力减少其司法外的行为与司法义务履行之间相互冲突的风险；（5）法官或司法官候选人不得从事不适当的政治活动。参见于秀艳等编译：《美国法官制度与法官组织标准》，人民法院出版社 2008 年版，第 265-286 页。

③ 涵盖社会交往，发表言论，参加座谈、研讨，参加各类社团组织或者联谊活动，从事教学、写作、科研，接受新闻媒体与法院工作有关的采访，本人或者家人、亲友与他人发生矛盾、纠纷时的处理，出入社交场所注意事项，因私出国（境）探亲、旅游等方面。

对司法人员的错案责任追究。从世界范围来看，错案发生后对司法人员的责任追究，通常都贯彻了过错责任原则，要求必须是司法人员对于错案的发生确有过错，且过错和错案结果之间具有因果关系。换句话说，无过错则不承担错案责任，过错和错案结果之间没有因果关系，也不应追究司法人员的责任。我国也贯彻了这一原则。根据最高法院、最高检察院《惩戒意见》的规定，错案责任的承担必须同时符合两个要件：其一，在客观方面，案件错误且造成严重后果；其二，在主观方面，法官、检察官存在故意或者重大过失的过错。两个方面缺一不可。

（二）我国司法人员惩戒存在的问题

我国的法官、检察官惩戒制度在理论层面饱受争议，在司法实践中运行效果也不理想，主要存在以下问题：

一是惩戒主体的权威性、专业性、独立性有所欠缺。我国对法官、检察官的惩戒一般由被惩戒的法官、检察官所在的法院、检察院进行，具体由该法院、检察院的组织人事部门和监察部门执行。

法律职业的自治性特点使得司法惩戒程序成为司法职业群体维护其自身纯洁性和同质性的自治手段。[①] 因此，由法院、检察院作为法官和检察官的惩戒主体，具有合理性和可行性。但是，由法官、检察官所在的法院、检察院自行负责惩戒事宜，尤其由非业务性的组织人事部门、监察部门来判断权力行使、办案规范等专业问题，在权威性、专业性以及独立性上均有缺陷。

从其他国家来看，通常也是由司法机关自行决定惩戒事宜，但需由上级司法机关作为惩戒主体。例如，《日本宪法》第 78 条明确规定，法官违反职责上的义务时，对其进行惩戒处分的机关不是行政机关，而是由司法机关自行处理。具体来说，地方法院、家庭法院及简易法院法官与其地位有关的案件，包括违反职务上的义务

---

① 全亮：《域外法官惩戒制度基本架构比较》，载《社会科学家》2013 年第 11 期。

而应当受到惩戒处分的案件，一律由高等法院管辖。而高等法院、最高法院的法官惩戒案件，均由最高法院管辖。①

二是错案责任追究在实际运行中忽视了对主观过错的要求。对于什么是错案，学者们提出了客观说、主观说、主客观统一说和三重标准说等多种观点，但由于错案问题本身的复杂性和错案存在形式的多样性，学界对于这一问题并未达成一致。② 也有学者认为错案的概念并不科学，“错案的命题隐含着一个为大众自觉或不自觉接受的先在的大前提，即一个案件只能有唯一正确的判决。而事实上，法官在面对复杂、疑难的案件时，唯一正确的判决结论是不存在的”。③ 因此，有学者主张彻底废除错案追究制。④ 应该说，客观事实的不可重现性、法律适用的复杂性，以及人认识的有限性，决定了对错案的判断是一项艰难的任务。因此，上述观点从表面来看具有一定的合理性。但是，以此否认错案的存在，却又会陷入“公说公有理，婆说婆有理”的逻辑陷阱。即使以一般社会公众的认知来看，错案的存在也是一项无法否认的客观事实。而且，大陆法系国家，如德、法两国，也普遍对因主观故意或者重大过失导致错案的法官予以惩戒。⑤ 所谓错案，从广义上来说，既包括在认定事实方面有错误的案件，也包括在适用法律方面有错误的案件；既包括适用实体法有错误的案件，也包括适用程序法有错误的案件；既包括审判环节的错判或错放，也包括侦查、逮捕、起诉等环节处理决定的错误；既包括将有罪认定为无罪、无罪认定为有罪的错

① 怀效锋主编：《司法惩戒与保障》，法律出版社2006年版，第172页。

② 詹建红：《刑事错案救济机制的西方经验及其借鉴——以两大法系主要国家为参照》，载《法学评论》2015年第2期。

③ 李卫红、李莹莹：《法院错案追究制度的困境分析与重构》，载《河南公安高等专科学校学报》2007年第5期。

④ 贺日开、贺岩：《错案追究制实际运行状况探析》，载《政法论坛》2004年第1期。

⑤ 蒋银华：《法官惩戒制度的司法评价——兼论我国法官惩戒制度的完善》，载《政治与法律》2015年第3期。

误，也包括罪名、罪数或者量刑畸轻畸重的错误。而如何界定错案，一般来说，应当以后一诉讼程序改变了前一诉讼程序的决定作为判断标准。但是，因为新证据的出现或者因为法律作出修改而导致决定被改变的，不应当认定为错案。另外，必须强调，不能仅仅因为发生错案，就追究法官、检察官的错案责任。如前所述，根据最高人民法院、最高人民检察院《关于建立法官、检察官惩戒制度的意见》（以下简称《惩戒意见》）的规定，错案责任的承担要求法官、检察官在主观方面必须存在故意或者重大过失。总体上看，《惩戒意见》中关于错案责任的规定符合我国的文化传统和法律传统，也符合社会公众对于追究错案责任的朴素愿望。但是在司法实践中，这项制度却被广为诟病，这在相当程度上是因为一些地方的法院、检察院在实际执行中走了样。根据湖北省孝感市中级人民法院的一名法官对 25 个省（市）65 个不同层级法院的错案追究办法进行的分析可知，“以主观故意或过失作为错案责任前提的法院有 51 个，占 78.46%；以主观故意或重大过失作为错案责任前提的法院有 2 个，占 3.08%；不论是否存在主观过错都应承担错案责任的法院有 12 个，占 18.46”。① 也就是说，与《惩戒意见》中的规定相一致的，仅占 3.08%。另外，实践中一些不合理的考评项目的设置，也对法官、检察官依法行使职权起到了错误的导向作用。

三是在惩戒对象的确定上存在模糊性，责任追究难以落实。在我国，由于审判委员会、检察委员会的存在，而且，审判委员会、检察委员会又是法院、检察院的最高办案组织，因此在确定惩戒对象的问题上较为困难，关键在于要科学界定法官、检察官与审判委员会、检察委员会的权责划分。而检察机关由于在职权行使方面有一定的行政色彩，在行使部分职权时需要检察长的批准甚至部门领

① 胡云秋：《道路通向“行为”——我国法官惩戒制度的转向与回归》，载《尊重司法规律与刑事法律适用研究（上）——全国法院第 27 届学术讨论会获奖论文集》。

导的批准，检察官的责任承担问题更为复杂。按照最高人民法院《关于完善人民法院司法责任制的若干意见》的规定，独任制审理的案件，由独任法官承担责任；合议庭审理的案件，由合议庭成员共同承担责任。审判委员会讨论案件时，合议庭对其汇报的事实负责，审判委员会委员对其本人发表的意见及最终表决负责。按照最高人民检察院《关于完善人民检察院司法责任制的若干意见》的规定，独任检察官承办并作出决定的案件，由独任检察官承担责任。检察官办案组承办的案件，由其负责人和其他检察官共同承担责任。办案组负责人对职权范围内决定的事项承担责任，其他检察官对自己的行为承担责任。属于检察长（副检察长）或检察委员会决定的事项，检察官对事实和证据负责，检察长（副检察长）或检察委员会对决定事项负责。如果只是看上述规定本身，还是较为科学合理的。但在司法实践中，“经过审判委员会讨论决定的案件，由于是集中讨论、民主决策下所形成的结论，在法不责众的情理之下很可能成为‘无主之债’而无法追责”。[①] “因而面对稍有疑难的案件，法官往往产生举棋不定的困惑，或是主动‘求教’于上级法院的权威指示，或是主动‘求助’于审判委员会的集体决策，或是主动‘求救’于院长、庭长等行政高层的业务指导……不仅侵蚀了法官的中立性，损害了法官的裁判权，而且与正在进行的司法体制改革‘让审理者裁判’精神相抵牾，背离了以错案追究制促进司法公正的初衷。”[②]

四是在惩戒程序的设计上忽视了对惩戒对象权利的保障。《联合国关于检察官作用的准则》第21条规定：“对检察官违纪行为的处理应以法律或法律条例为依据。对检察官涉嫌已超乎专业标准幅度的方式行使的控告应按照适当的程序迅速而公平地加以处理。

① 胡云秋：《道路通向“行为”——我国法官惩戒制度的转向与回归》，载《尊重司法规律与刑事法律适用研究（上）——全国法院第27届学术讨论会获奖论文集》。

② 胡云秋：《道路通向“行为”——我国法官惩戒制度的转向与回归》，载《尊重司法规律与刑事法律适用研究（上）——全国法院第27届学术讨论会获奖论文集》。

检察官应有权利获得公正的聆讯。这项决定应经过独立审查。”第22条规定：“针对检察官的纪律处分程序应保证客观评价和决定。纪律处分程序均应根据法律规定，职业行为准则和其他已确立的标准及专业道德规范并根据本《准则》加以处理。”国外的惩戒程序大多采用审判方式或者听证方式，“日本最高法院、高等法院和德国纪律法院处理惩戒案件，完全是适用普通审判程序；美国的惩戒委员会和法国的司法官高等委员会在处理惩戒问题时主要都是通过两造对抗、居中裁判的听证会方式进行。”① 对于我国的惩戒程序，有观点认为，“这些程序在性质上是行政性的，更侧重于查清事实而忽视权利保障，特别是决定者的独立性和中立性、程序中的平等性和对抗性都相对较弱甚至基本没有。同时，这些程序比起正规的司法程序则显得粗陋、不够完备。”② 按照《人民法院监察工作条例》的规定，人民法院监察部门在查办违纪案件时，应当组成案件调查组和审理组，分别进行案件调查和案件审理。监察部门对违纪案件调查时，应当全面收集证据，听取被调查人的陈述和辩解。对于可能给予纪律处分的案件，调查组结束调查后应当交由审理组审理。审理案件采取听证或者书面审理的方式进行。书面审理案件，应当询问被调查人、听取其陈述和辩解，必要时，也可以与证人核对证言。《检察人员执法过错责任追究条例》规定了监察部门统一管理线索、监察部门和检察长指定的部门实施责任调查、检察长办公会确认过错责任的机制。而《人民检察院监察工作条例》虽然出现了“审理”的字样，但实际程序与法院对案件的审理相去甚远。

（三）完善建议

针对上述存在的问题，提出如下完善建议：

① 全亮：《域外法官惩戒制度基本架构比较》，载《社会科学家》2013年第11期。

② 蒋惠岭：《论法官惩戒程序之司法性》，载《法律适用》2003年第9期。

第一，进一步突出法官、检察官的主体地位。按照“谁办案谁负责，谁决定谁负责”的要求，进一步明确法官、检察官的职责权限，使法官、检察官既成为司法办案的主体，也成为司法责任的主体。与此相适应，在法院、检察院的内部管理机制上，应当推进管理的扁平化，进一步减少内部审批层级；在审判委员会、检察委员会的运行机制上，应当确保审委会、检委会只研究讨论具有普遍指导意义的重大、疑难、复杂案件，防止法官、检察官随意将案件提交审委会、检委会以规避责任。

第二，进一步提升惩戒主体的权威性。“法治发达国家的法官惩戒组织多是法律位阶较高的机构，如最高法院、国会以及依据宪法直接设立的委员会。惩戒权力由法定机关统一行使，避免了监督的无序性，保证了法官惩戒权的高度一致性和权威性。这显示出各国对法官惩戒事宜的慎重，兹事体大，同时表明法官的地位和权益在惩戒中也得到了尊重和保护。”① 我国因幅员辽阔，各地情况差异较大，由中央机关统一行使惩戒权暂时不具有现实可行性。但是，在省级设立法官、检察官惩戒委员会的改革背景下，是否也可以适当提高惩戒机构的层级，由省级人民法院、人民检察院对辖区内的法官、检察官统一行使惩戒权，值得进行研究和探讨。

第三，进一步加强惩戒主体的专业性和独立性。在这方面，引入法官、检察官惩戒委员会，对惩戒程序中涉及的专业问题进行审查，是较为合理也较为可行的方案。按照《关于建立法官、检察官惩戒制度的意见（试行）》的规定，法官、检察官惩戒工作由人民法院、人民检察院与法官、检察官惩戒委员会分工负责。其中，人民法院、人民检察院负责对法官、检察官涉嫌违反审判、检察职责行为进行调查核实，并根据法官、检察官惩戒委员会的意见作出处理决定；惩戒委员会根据人民法院、人民检察院的调查情

---

① 全亮：《域外法官惩戒制度基本架构比较》，载《社会科学家》2013 年第 11 期。

况，审查认定法官、检察官是否违反审判、检察职责，提出构成故意违反职责、存在重大过失、存在一般过失或者没有违反职责的意见。

第四，在追究错案责任时强调主观过错要件。为了防止错案责任制影响法官、检察官正常行使审判权、检察权，在实际运行过程中应当强调，追究法官、检察官的错案责任必须以其存在故意或者重大过失为前提，没有过失或者仅有轻微过失的，不得追究责任。同时，要按照“主观过错与客观行为相一致”的原则，对地方上的一些不合理规定进行清理，并对相关考评项目进行科学设置。另外，需要指出的是，如果发现法官、检察官存在职务外不当行为，如参加营利性社团组织、接受吃请、对正在审理中的案件进行评论等，在追究责任时一般不考虑其是否存在主观过错。

第五，应当充分保障惩戒对象的权利。在我国现行的人事管理模式和监察体制下，对法官、检察官的惩戒适用完全的审判程序，显然不具有可行性。但是，对现行惩戒程序进行一定程度的改造，如全面实行听证程序，则不失为一个可选项。只有给赋予被惩戒的法官、检察官以充分的举证、陈词、质疑、抗辩、申诉等权利，才能保证惩戒程序的公正性，并使得惩戒决定被自觉地执行和遵守。

三、司法人员职业保障

（一）司法人员职业保障的概念与特点

1. 司法人员职业保障的概念

司法人员职业保障是指国家为了保证司法人员能够独立行使司法权而建立的有关经济保障、身份保障和履职保障等一系列保障制度的总和。[①] 其中，经济保障也称待遇保障，是指保障司法人员能够得到充足的经济收入和良好的待遇；身份保障主要涉及法官的罢

① 谭世贵等：《中国司法体制改革研究》，中国人民公安大学出版社 2013 年版，第 327 页。

免，是指保障司法人员的身份或职位不被随意更换和撤销；履职保障包含两方面的内容，是指保障司法人员依法独立行使职权与其职业安全。建立完善司法人员职业保障制度，有利于保障司法机关依法独立行使职权，更有利于防止司法人员滥用职权，从而吸引社会中优秀的人才进入司法人员队伍中，为我国司法公正的实现提供切实的保障。

当前，随着《法官法》、《检察官法》、《关于司法体制改革试点若干问题的框架意见》、《关于完善人民法院司法责任制的若干意见》、《关于完善人民检察院司法责任制的若干意见》、《司法机关内部人员过问案件的记录和责任追究规定》等相关法律文件的颁行，我国已经初步建立起司法人员职业保障制度体系，但规定较为分散与笼统，需要在遵循司法活动规律的基础上进一步完善。

2. 司法人员职业保障的特点

（1）保障性。司法人员职业保障最主要也最突出的特点就体现在保障性上。相比于其他职业的保障，司法人员的职业保障具有特殊的意义，主要源于司法的特殊职能，即对社会纠纷、矛盾的解决。社会纠纷、矛盾往往复杂、尖锐、难以处理，因此来自社会各方面的压力都会集中于司法人员。为了保证司法人员能够抵御这些压力维护司法公正，有必要对其进行充分而有效的保障。司法是社会公平正义的最后一道防线。因此，加强司法人员的职业保障，其意义就是加强对公正司法的保障，是加强对社会公平正义最后一道防线的保障。保障性主要体现在两个方面。第一，司法职业保障由政府全额提供，不接受任何社会组织和个人的捐赠与资助。第二，保障体系的制度设计、价值发挥均要以保障司法公正与科学发展为基本点。①

（2）主体特定性。建设一个法治国家不但需要有健全的法律

---

① 徐汉明、李满旺、刘大举等：《中国检务保障理论与应用研究》，知识产权出版社2013年版，第5页。

规范，更需要有高素质的司法主体才能赋予其真实的生命力。司法人员作为司法活动的主体，对司法公正的发挥起着决定性作用。正是由于司法的特殊性，司法人员的职业保障也是一般公务员职业保障所无法代替的。与一般公务员相比，司法人员的专业素养要求更高、处理的事务更复杂、承担的风险与压力更大，都决定了司法人员的工作性质与普通公务员有着本质上的区别，因此，对待司法人员的职业保障，应当从主体的特殊性作为立足点，与其他职业保障体系予以区分，才能有利于司法人员的职业保障满足现实需求。

（3）内容多样性。履职保障的保障性特征必然要求保障内容的全面性。司法活动是一个相对复杂的过程，为了保证司法活动的正常运行，应当对司法人员在各个方面予以保障，任何有利于保障司法人员依法履职的做法都可以纳入保障的内容中来，因而保障的内容呈现多样性的特征。具体内容包括经济、身份和职业安全方面等，每个方面又有着不同手段，如经济保障包括工资和福利待遇，身份保障包括任期、惩戒和司法行为豁免制度，职业安全包括职业安全培训、法律手段的保护等。保障内容的广泛性、手段的多样性是当今司法人员履职保障的重要特征之一。

（4）发展性。司法保障的内容是随着时间的演进而不断发展变化的。经济基础决定上层建筑，司法人员履职保障的内容和手段与特定时期的经济水平息息相关，随着经济的发展，国家对于司法人员保障可投入的资源越多，司法保障就会越完善，另外，司法保障还受政治、文化、法律制度等众多因素的影响，因而在不同的发展时期，因为国情的不同，司法保障的具体内容和程度呈现出不同的特点，但是总体趋势是发展的。从长远来看，随着人类文明的不断发展，法治文明的不断进步，司法保障也呈现出不断向前发展的特点。

（二）我国存在的问题

1. 经济保障存在的问题

（1）全面的省级统管面临阻力。我国正在探寻由国家统一划拨司法经费的管理体制。党的十八届三中全会决定提出要改革司法管理体制，推动省以下地方法院、检察院人财物统一管理。随后，中央全面深化改革领导小组审议通过了《关于司法体制改革试点若干问题的框架意见》，进一步明确了推动省以下地方法院、检察院人财物的统一管理。自2014年以来，我国先后在18个省、区、市启动两批改革试点，在全国范围内全面推进司法改革试点的进程逐步加快。从试点地区的情况来看，全面的省级统管在短时间内难以实现。第一，省以下存在两级法院和检察院系统，法院和检察院的数量较多，不同法院和检察院所在地的经济发展水平也存在差异，在实现全面的省级统管之前必须解决经费划拨采用何种标准以及如何处理区域间发展不平衡的问题。第二，如果由各省高级人民法院与各省级财政部门负责各个法院人员任命与财政经费管理，将会使其工作量较之以往增加几十倍。就法院系统而言，全国3496个地方法院，法官人数近20万①，管理对象众多，审查人员任用所要求的准确把关、划拨经费所要求的因地制宜很难做到。

（2）工资待遇较低且难以落实。虽然我国《法官法》和《检察官法》规定了法官与检察官的工资由国家特殊规定，但一直以来，法官和检察官的工资仍然与一般公务员相同，工资待遇较低。法官、检察官的津贴也很少，平均下来只有二三百元②。较低的工资待遇，严重影响了司法人员的工作积极性，也容易导致司法不公和司法腐败，从而阻碍了我国司法人员的职业化进程。2015年人力资源和社会保障部、财政部出台了《法官、检察官工资制度改革试点方案》，明确了法官、检察官、司法辅助人员、司法行政人

① 左卫民：《省统管法院人财物：剖析与前瞻》，载《法学评论》2016年第3期。

② 2007年7月31日，国家财政部、人事部联合发出《关于落实法官审判津贴的通知》，决定从当年7月1日起对各级法院在职法官实行法院审判津贴。法官审判津贴按法官等级执行相应的津贴标准，纳入工资统发范围，按月发放。

员工资水平分别高于当地其他公务员一定比例的相关政策，对于法检内部实行三类人员、两种待遇，并对津贴和加班补贴制度予以保留。这一规定对检察官和法官的待遇给予了政策层面上的保障，但遗憾的是，该项改革政策至今尚未进一步推进和落实。当前，法官、检察官职级待遇与选任的高要求、工作高强度落差较大，尤其是我国基层司法系统承担全国绝大部分案件的审理，任务艰巨繁重，但职级低待遇差，发展空间有限，司法人员流失现象突出。因此，有别于一般公务员的工资制度应当尽快在实践层面上予以落实，从而解决司法人员的一般生活保障，避免其压力和责任与日俱增，而待遇低的尴尬局面。工资待遇改革在实践中不落实，司法人员基本生活得不到根本保障，将直接影响法官、检察官的工作积极性和司法工作效率的提高。

2. 身份保障存在的问题

（1）任职期限短。司法行为是一个极具专业性的活动，对于司法人员来讲，其工作的时间越长，积累的经验越多，对其工作越有利。培养一名优秀的司法人员尤其是优秀的法官需要投入较多的司法资源，过早退休或者调离司法岗位都是对司法资源的浪费。

对于我国法官的任职期限，宪法中仅规定了最高人民法院的院长每届任期五年，可连任两届，其他各级人民法院的法官任期没有法律规定。从理论上来讲，法官的最长任职期限是从成为法官到退休之前的时间，我国法官的退休年龄适用公务员法中男 60 周岁，女 55 周岁的退休年龄规定，尽管党的十八届三中全会提出了“研究制定渐进式延迟退休年龄政策”，但与发达国家相比，我国法官的退休年龄仍较早。并且，在实践中，法官的任职往往达不到最长的任期，提前退休现象比较普遍，因升职或其他原因调离审判岗位的法官不在少数，竞争上岗和末位淘汰制也使法官的职务相当不稳定。优秀法官的培养需要较长的周期，有经验的法官更易给民众以信任，法官的任职期限短是对司法资源的浪费。

(2) 惩戒具有随意性（详见本章前述“司法人员惩戒制度”部分）。惩戒制度是司法人员管理的重要手段，不仅可以有效地预防司法腐败，而且也为追究责任提供了实体和程序依据。[①] 但不合理的惩戒制度是对司法人员身份保障的重大威胁。如果不对惩戒制度进行规制，司法人员的身份可能会受到不合理的侵犯甚至剥夺。惩戒法定是身份保障的重要特征，其基本要求就是对于司法人员的惩戒依照法律的规定进行，具体而言就是惩戒的主体、事由和程序法定。

但是由于我国法律规定过于原则，导致对法官和检察官的惩戒具有随意性。第一，法定事由宽泛且抽象，实践中难以把握。《法官法》和《检察官法》中规定的事由本身就已经非常宽泛，其中的开放性条款更使惩戒事由的随意性较大。而且这些事由没有具体明确的解释，实践中存在执行机关超出法律随意解释的情形。第二，缺乏具体的程序。《法官法》和《检察官法》均只规定了任免和处分依照宪法与法律规定的权限和程序办理，但没有法律规定具体的程序，实践中惩戒的程序也不透明。第三，法院内部作出的决策很难保证公正。在决策程序不透明的情况下法院监察部门作出的处分容易受到领导的干预，私人决策客观公正性难以保证。

(3) 缺乏司法豁免。司法责任豁免是指法官在司法审判过程中依法实施的行为、发表的言论和判决的结果，享有不受指控或法律追究的权利。[②] 司法行为豁免起源于西方，是为了解决司法实践中出现的法官被不正当解除职务的现象而产生的，并逐渐被世界各国所接受，成为保障法官身份的重要措施和身份保障的重要规律的体现。

反观我国，错案追究制度在我国由来已久，其目的是对司法人

① 谭世贵等：《中国法官制度研究》，法律出版社 2009 年版，第 535 页。
② 谭世贵等：《中国法官制度研究》，法律出版社 2009 年版，第 565 页。

员进行监督制约，但是由于何为错案没有明确的界定，标准并不统一，多数地方性法规基本上是从实体判决上对错案进行认定，导致实践当中法官因审理的案件被发回或改判而被扣发奖金、影响晋升、调离岗位的情形非常普遍①，追究责任的畸轻畸重也没有统一的标准。我国不仅没有司法行为豁免制度，因职务行为受到追究的情形却比较普遍。党的十八届三中、四中全会明确提出，实行办案质量终身负责制和错案责任倒查问责制之后这一情形有所改观。《关于完善人民法院司法责任制的若干意见》、《关于完善人民检察院司法责任制的若干意见》、《保护司法工作人员依法履行法定职责规定》在国家层面规定了司法责任制适用的情形以及不得作为错案追究责任的情形，明确规定非因故意违反法律、法规或者有重大过失导致错案并造成严重后果的，不承担错案责任，这一规定可以弥补错案标准缺失的空白，并赋予了法官一定程度的司法豁免权。

3. 履职保障存在的问题

（1）司法人员独立行使职权受多方干预。保障司法人员履行职责，首先应当保障司法人员能够依法独立行使职权。根据《刑事诉讼法》第 5 条规定："人民法院依照法律规定独立行使审判权，人民检察院依照法律规定独立行使检察权，不受行政机关、社会团体和个人的干涉。"这一原则包含两个方面的内容，一为检察独立，二为审判独立。由于检察院上下级系领导关系，法院上下级系监督关系，在实践中，法院受到内外部干预的情形更为突出。审判独立的核心是法官在进行司法裁判过程中，只服从法律的要求和良心的命令，客观对待证据、事实，而不受来自法院内部和外部的干预与控制。为了确保法官独立行使司法裁判权，必须建立必要的制度保障机制。②

① 谭世贵等：《中国法官制度研究》，法律出版社 2009 年版，第 581 页。

② 陈光中：《刑事诉讼法》，北京大学出版社 2016 年版，第 99 页。

但法官独立行使职权在我国的落实仍存在许多问题，法官在审理案件时仍会受到多方干预，主要体现在以下三个方面：一为审判委员会，虽在一定程度上提高了案件质量和司法公信力，增强了司法权威，但也在很大程度上影响了审判独立，不利于司法责任的确定和追究。全国各地的法院虽采取了多种改革措施，如北京知识产权法院在 2015 年首先尝试通过审判委员会直接公开开庭审理案件、明确审委会审理案件范围来解决审判委员会审理案件时无法亲历的难题，但总体成效并不显著。二为个案请示批复制度，虽在我国无法律明文规定，但在实践中由来已久，并已固化为法院的一种办案方式和审判惯例。2005 年《人民法院第二个五年改革纲要》提出对于请示的做法进行改革，通过诉讼化改造逐步取消个案请示制度，但 2009 年《人民法院第三个五年改革纲要》则改变了取消个案请示的态度，仅要求对下级人民法院向上级人民法院请示报告制度进行规范。个案请示批复制度干扰了独立审判，强化了司法行政化，架空了审级设置，当事人无从参与，具有“暗箱操作”的特征。三为领导干部插手具体案件，为解决这一问题，党的十八届四中全会提出要建立领导干部干预司法活动、插手具体案件处理的记录、通报和责任追究制度，随后又出台《领导干部干预司法活动、插手具体案件处理的记录、通报和责任追究规定》、《司法机关内部人员过问案件的记录和责任追究规定》等相关文件，明确规定对干预司法活动和插手具体案件处理的相关责任人予以追究，实践效果有待进一步观察。

（2）职业安全保障问题。职业安全保障问题在我国并未受到应有的重视，司法人员的人身安全情况依然堪忧。2016 年，北京市昌平区回龙观法庭的马彩云法官遇袭事件，是当前我国司法人员职业安全缺乏保障的最直接体现。虽然《法官法》和《检察官法》规定了法官和检察官人身、财产与住所安全受法律保护，2016 年发布的最高人民法院《关于完善人民法院司法责任制的若干意见》也再一次强调了法官的职业安全问题，但这些规定过于原则，不具有可操作性，对如何落实职业安全保障还需要具体的规定。实践中，严重扰乱法庭秩序的行为可以依据《刑法》第309条给予刑事处罚，但也只是事后保障措施。除此之外，没有其他事前的具体措施对司法人员的安全进行保护，司法人员受伤害事件时有发生。

（三）完善建议

1. 经济保障

（1）经费统一划拨，完善省级统管模式。司法经费划拨体系的完备与否是薪酬保障的基础。一般来说，国外不少国家的司法经费都是由国家预算统一支付。以日本为例，日本的司法经费由国家预算支付，实行“二重预算制度”，即每年日本最高法院在法官会议商议后，将下一年度的全国法院系统经费预算书送交内阁。如果内阁和最高法院就经费预算书的内容无法达成一致，经费被内阁削减时，最高法院可就减额的部分再请求国会增加经费。内阁减少法院系统经费时，必须将最高法院提出经费预算详细地附在其所作的国家预算后作为备注，供国会审议。如果国会采用了最高法院提出的预算额，内阁必须写明费用来源。日本通过这样一种程序运作，有效保障了法院经费不被内阁减额，即使被减额，也有权要求国会对减额部分再审议。

据统计，日本法院系统每年预算总额的80%以上用来付全国法官的工资。给司法人员较高的薪资待遇，有助于其解决生活保障问题，有效防止司法腐败和不公，从而进一步实现了公平正义。日本近3年来法院系统经费预算（图1至图3）和法官工资支付情况（表1和表2），如下图所示。

2017年预算概要

（单位：百万日元）

	预算数	与上一年相比
预算总额	322.221	6.921
<主要经费>		
（1）民事案件经费	3.182	▲470
（2）刑事案件经费	4.523	209
（3）家庭案件经费	6.463	72
（4）裁判所设施的完备	18.463	3.858

经费的具体构成

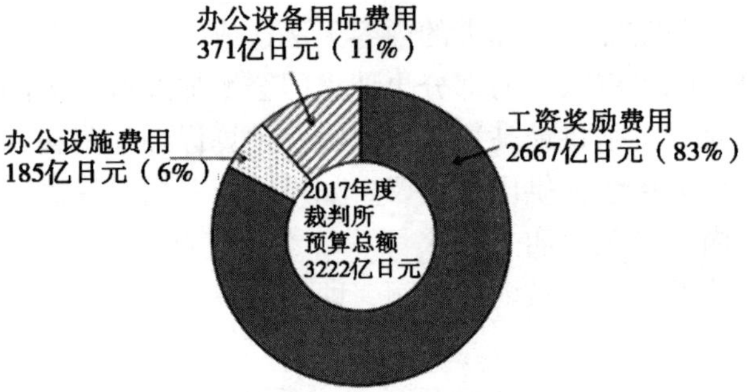

注：上述数据经四舍五入而得

图1　2017 年日本法院系统预算示意图

2016年预算概要

（单位：百万日元）

	预算数	与上一年相比
预算总额	315.300	2.203
<主要经费>		
（1）民事案件经费	3.652	▲322
（2）刑事案件经费	4.314	▲95
（3）家庭案件经费	6.391	▲182
（4）裁判所设施的完备	14.605	565

经费的具体构成

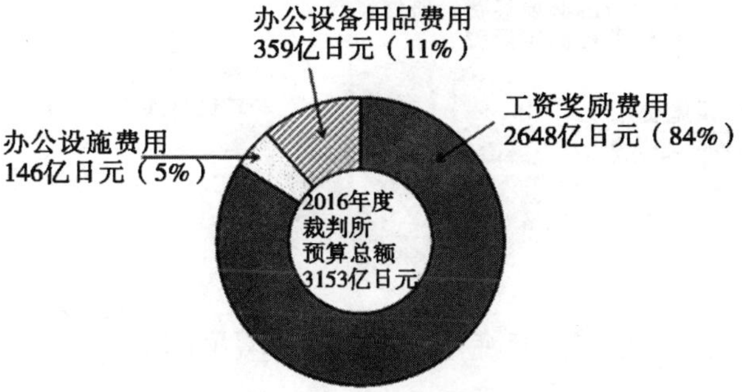

注：上述数据经四舍五入而得

图2　2016 年日本法院系统预算示意图

2015年预算概要

（单位：百万日元）

	预算数	与上一年相比
预算总额	317.708	6.650
<主要经费>		
（1）民事案件经费	4.113	▲275
（2）刑事案件经费	4.494	▲222
（3）家庭案件经费	7.082	360
（4）裁判所设施的完备	17.516	3.477

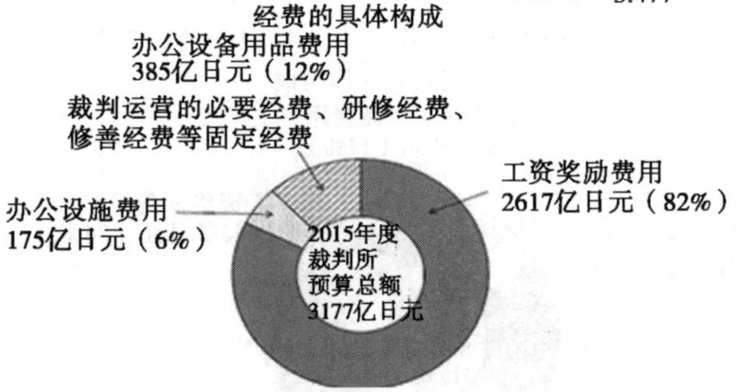

图3　2015年日本法院系统预算示意图

表 1　日本法院各级法官的月工资

注：按现在（2016 年 11 月 15 日）的人民币和日元的汇率换算，日本法院各级法官的月工资为 14360 元到 129682 元不等。

表 2　日本简易裁判所各级法官的月工资

注：按现在（2016 年 11 月 15 日）的人民币和日元的汇率换算，日本简易裁判所各级法官的月工资为 14360 元到 52758 元不等。

具体到我国，基于前文所述，无论是省级法、检系统还是省级财政管理部门，目前并不具备全面统管的能力，由其全权负责地方法、检人员任用及财政经费短期内难以实现。从试点情况来看，“省统管在事实上是一种妥协式的有限统管”[①]。因此，笔者认为，我们不必急于进行事权、财权的全面交接，退而求其次建立完善的有限统管可操作性更强，随着省级管理主体逐渐具备统管的能力再逐步向全面统管过渡。在经费划拨方面，建议推广广东模式，总的精神是坚持统分结合，除基本工资等由省统管外，地方津补贴由地方财政负担；以购买社会化服务组建的政府雇员支出也由地方财政统筹[②]。这样分流的方法能够在省级财政统管的基础上保证各地经济发展的区域化、差异性，同时也能保证一定的灵活性。对于试点地区反馈良好的模式和经验应当给予肯定，并向全国进行推广，完善相关机制，建立起一套完整的有限统管模式，使法、检系统人、财、物能够尽快得到有效的管理。

（2）保障工资与福利落到实处。优渥的福利待遇是薪酬保障的重要组成部分。以我国台湾地区为例，司法人员的社会地位、经济待遇、职位保障等均较为优越。以检察官为例，首先，我国台湾地区检察官的薪俸优待，非法定原因不得降级、减俸。台湾检察官的薪俸远高于同级公务员。其次，我国台湾地区还建立了退休优遇制度。为体恤高龄检察官，鼓励检察官届龄自愿退休，在自愿退休时，除退休金外，并另加退养金。而且，司法官经公立医院证明身体衰弱，不能胜任职务者，可以依有关资遣之规定资遣，检察官被资遣的应当按照公务员给予一定资遣费。[③] 我国台湾地区对司法官提供了充分的福利待遇保障体系，使得司法官可以在职期间将自己

① 左卫民：《省统管法院人财物：剖析与前瞻》，载《法学评论》2016 年第 3 期。

② 薛冰妮、尚黎阳：《广东司改全面铺开，3000 法官面临分流》，载《南方都市报》2015 年 12 月 1 日，第 A8 版。

③ 万毅：《台湾地区检察官任职终身待遇优渥》，载《检察日报》2015 年 12 月 15 日，第 3 版。

的全部精力放在处理案件上，同时也能保证有效遏制司法腐败。

基于前述，笔者认为，在司法改革的攻坚期，应当完善、落实法检人员定期增资制度。确保司法人员的工资随着工龄、职务升迁、物价上涨等因素及时得到合理调整，而且还要确保司法人员在退休之后，工资待遇保持不变，并得到一定的优遇和照顾，同时应该合理确定绩效考核奖金在工资收入中的权重，建立与办案质量、数量直接挂钩的绩效考核奖金分配办法。[①] 落实司法人员的福利待遇，包括奖金、津贴以及加班补贴等都要定期发放，不得以任何理由拖延和克扣。随着服务年限的增长和职级的升降提高幅度与力度，保证留住现有的和争取吸引更多的优秀法律人才，为我国的法治事业夯实人才基础。

2. 身份保障

（1）延长司法官任期。综观世界各国，一般而言，发达国家均对于司法人员规定了较长的任职期限。例如，美国联邦系统法官任期实行终身制，法官年满 65 周岁，任法官 15 年或年满 70 周岁，任法官 10 年可以退休，退休以法官自愿为前提。[②] 州法院系统一般实行任期制，大多数州的任期是 6 至 8 年。德国法官也实行终身制，但强制退休。最高裁判所法官 68 周岁，其他法官 65 周岁必须退休。日本的法官实行任期制，最高法院法官任职后，每 10 年交付国民审查一次，通过者可以继续任职；下级法院法官任期为 10 年可以连任。最高裁判所法官和简易裁判所法官年满 70 周岁退休，其余法官年满 65 周岁退休。[③] 多数国家的检察官都是任期制，美国的联邦总检察长、联邦地方检察官的任期一般与总统的任期相

① 孟建柱 2016 年 7 月 18 日在全国司法体制改革推进会上题为《坚定不移推动司法责任制改革全面开展》的讲话，载 http：//www. qstheory. cn/zhuanqu/bkjx/2016－10/20/c_ 1119757783. htm，最后访问时间：2016 年 11 月 13 日。

② 谭世贵等：《中国法官制度研究》，法律出版社 2009 年版，第 592 页以下。

③ 谭世贵等：《中国法官制度研究》，法律出版社 2009 年版，第 594 页。

同，但在日本无论是一级检察官还是二级检察官均为终身制。① 为了维护法官的任职稳定，各国都承认法官的不可更换原则，即“只要法官一经任命，就不得随意更换、免职、转职，只有依法定条件和程序，才能予以弹劾、撤职、调离或令其提前退休”。② 检察官也是如此。

我国应当在法律中明确司法人员的任期制度，防止司法人员的身份被随意更换、免职、转职，保证其职务稳定。法官的任期时间应当结合我国的自身特点进行区别对待。第一，对于在各级人民法院行政岗位担任领导的法官，可以按照当前最高人民法院院长的任期来确定，每届任期 5 年，可以连任两届。第二，对于业务型法官，应当规定较长的任职期限，适当延长法官的退休年龄，将司法人员的退休年龄与公务员区别开来。在退休年龄以前只要不因法定事由被免职，就应当任职到退休，且不得随意调离，调离应当征得当事人的同意。同样作为司法人员，检察官可以适用与法官相同的模式。

（2）完善法定的惩戒程序。从世界各国的规定来看，绝大多数国家在法律中规定了惩戒程序。在美国，法官仅在犯叛国罪、贪污受贿罪和其他重罪的情况下才可被弹劾罢免，并且弹劾程序相当严格，需要参议院和众议院的共同通过才行。③ 美国的联邦和各州法院系统都设置有第三方机构——惩戒委员会等类似组织来约束法官的行为。一般由该组织调查对法官的投诉并决定是否正式提出指控，进入指控程序后由依法组成的合议庭进行审理并作出决定。④ 在德国，虽然联邦法官在职务内或职务外只要有行为损害了司法公正和权威就可能被弹劾，但是弹劾法官的行为从未发生过。对于一

---

① 陈业宏、唐鸣：《中外司法制度比较》，商务印书馆 2000 年版，第 138 页。
② 孙伟良：《我国法官权利保障研究》，吉林大学 2012 年博士学位论文。
③ 孙伟良：《我国法官权利保障研究》，吉林大学 2012 年博士学位论文。
④ 谭世贵等：《中国法官制度研究》，法律出版社 2009 年版，第 539 页以下。

般的纪律处分，主要由其主管部门、任职单位的上司以及纪律法院行使。法官在职务内或职务外有损对其公正、独立性之信赖的行为都是惩戒事由。[①] 纪律惩戒一般要经过预审、纪律处分令、正式纪律处分程序的启动、调查与辩论、最后陈述和判决等过程。除美国和德国外，加拿大、澳大利亚、法国等很多国家均设立了第三方机构以处理法官的不法行为，并规定了较为严格的法定程序。

惩戒程序的法定化应当从三个方面加以完善，即惩戒主体、惩戒事由和惩戒程序。《关于建立法官、检察官惩戒制度的意见（试行）》中对于惩戒的法定化作出了部分规定。第一，惩戒主体引入第三方——惩戒委员会。规定在省（自治区、直辖市）一级设立法官、检察官惩戒委员会。法官、检察官惩戒工作由人民法院、人民检察院与法官、检察官惩戒委员会分工负责。第二，惩戒程序方面，人民法院/人民检察院负责对举报的投诉和审理以及调查核实，并在查明事实的基础上提请人民法院/人民检察院惩戒委员会进行审议；人民法院/人民检察院惩戒委员会负责审议，审议过程中由人民法院/人民检察院提出事实和证据并负责举证，当事法官/人民检察官可以进行陈述、举证和辩解，人民法院/人民检察院惩戒委员会经过审议提出审查意见；人民法院/人民检察院应当依照有关规定作出惩戒决定。这一规定与过去相比有了较大进步，但是我国的惩戒程序仍应当在两个方面予以完善。其一，要进一步细化免职和惩戒的事由，保证执行主体在执行过程中有法可依，减少自由裁量的空间，防止司法人员随时陷入被追究责任的风险，影响其依法行使职责。另外，惩戒只能是因为触犯了国家法律、违反职业道德和职业纪律[②]，不符合此原则的惩戒事由应当去除。其二，完善人大罢免法官、检察官的程序，人大对法官和检察官罢免的职权

---

① 蒋银华：《法官惩戒制度的司法评价——兼论我国法官惩戒制度的完善》，载《政治与法律》2015年第3期。

② 高丽蓉、姜昕：《检察官身份保障制度之完善》，载《人民检察》2011年第6期。

在当前应当予以保留但工作程序应当改善，明确人大对违法人员举报的受理权、调查权和罢免权，确保人大的职权能够真正发挥作用。① 其三，明确救济程序。《法官法》和《检察官法》中均规定了法官和检察官申诉与控告的权利，《关于建立法官、检察官惩戒制度的意见（试行）》也规定了申诉，但是申诉缺乏具体的程序，应当明确申诉控告人的权利和义务以及申诉控告的具体程序，包括提出、审查和决定程序，申诉审查的过程应当公开，并且保证当事人的参与。当事人对申诉结果不服的，应当允许其寻求司法救济。

（3）构建司法豁免制度。法官豁免的思想为世界众多国家所接受。在英国，法官在司法过程中所说的任何言论、所做的任何事情都享有完全的豁免权，但仅限于对其在职权范围内的行为不承担民事责任；在美国，联邦最高法院早在 1872 年就确立了法官的司法豁免制度。在民事领域，法官从事审判活动时享有绝对的豁免权，只要未在明显缺乏管辖权的情况下行事，即使采取的行为错误、恶意作出或者超越权限，也应免予承担民事责任。在刑事领域，除非证明法官的行为是恶意或者腐败行为，法官享有有限的责任豁免。② 检察官同样享有豁免权，除非证明其行为是恶意或者腐败行为，提起公诉，出庭诉讼，发表或者从证人处引出虚假、贬损性语言等享有绝对的豁免权；对调查行为、管理行为等享有有限豁免权。③ 德国也采相对豁免主义，不承认刑事上的豁免，只承认法官享有民事豁免权，民事审判中法官只有在基于主观错误的情况才承担责任。大陆法系国家也严格限制法官因职务行为承担责任，如德国、法国等国家，都规定法官在行使司法权的过程中实施的司法行为和发表的言论享有司法豁免权。

司法豁免的基本精神强调司法人员不因职务行为受到追究，目

① 谭世贵等：《中国法官制度研究》，法律出版社 2009 年版，第 561 页。

② 谭世贵等：《中国法官制度研究》，法律出版社 2009 年版，第 573 页以下。

③ 蒋鹏飞：《浅析美国检察官的豁免权》，载《中国检察官》2014 年第 1 期。

的是保障司法人员不因害怕追究责任而影响其依法行使职权，从而保障其独立行使职权。其并不意味着在任何情况下都不追究责任。从发达国家的规定来看，没有任何一个国家规定了完全的司法行为豁免，各国在有故意和重大过失的情况下均要追责。我国的错案追究制强调只有在故意和重大过失的情况下追责，非因故意违反法律、法规或者有重大过失导致错案并造成严重后果的，不承担错案责任，这与司法豁免的精神基本一致。错案追究制和司法行为豁免两者在事实上是从一正一反两个方面保障了法官不因其职务行为而受到责任追究，因而两者并不矛盾。

但是，即使在我国的错案追究制与司法豁免的精神相一致的情况下，仍需要建立司法行为豁免制度。首先，错案追究制这一规定是从追责的角度出发的，重点并不在司法责任豁免，在实践中追责和豁免的天平很容易向追责一方倾斜。其次，从规定的内容来看，故意和重大过失的范围没有衡量标准仍然需要进一步解释，同时缺乏对追责程序的详细规定，豁免的权利范围也十分有限，司法人员的豁免权并没有得到有效保障。最后，以结案率、上诉率和改判率为考核标准也在一定程度上增加了司法人员被随意追究责任的风险，这一方面并没有涵盖在错案追究制当中。

应当在《法官法》和《检察官法》中规定司法豁免制度，明确豁免仅限于其职务行为的豁免，豁免的范围包括民事责任、刑事责任和行政责任，确保司法人员不能因为其职务行为承担侵权责任和受到内部的行政处分，也不能因为其依法履职受到刑事追究。但是对于其故意或重大过失的行为应当依法追究其责任，不得豁免。这一制度和错案追究制度一并存在可以保证更好地维持纠错和豁免这一天平的平衡，从而减少法官身份受到侵犯的风险。

3. 履职保障

（1）保障司法人员依法独立行使职权。一般而言，法官依法独立审判是世界上普遍认同的司法原则，大多数国家在宪法或法律中确立了该原则。德国《基本法》第 97 条第 1 款规定：“法官应独立行使职权，并只服从法律。”在德国，在法官的审判活动中不允许向法官下达任何指令，法官除其法官职责外不能从事任何执行权和立法权的活动。[①] 法官不受行政机构的领导和管理，法官的培养、选拔、奖励都由法院系统中的制度来决定。[②] 法官依法独立行使职权，排除了其他机关的干预。

因此保障法官独立行使职权可以从以下几个方面入手：第一，推进审判委员会改革，通过明确审委会审理的案件范围以及审委会需公开开庭审理案件等举措，使得审委会成员能够真正参与庭审，不能使其成为法院干预法官独立行使职权的“工具”；第二，在坚持党对司法的领导下，减少法院的行政化色彩，使得法官在履行职责时不受上级领导的干预和影响，同时也应建立科学合理的法官考评机制，对其业务能力和办案质量等履职状况进行考评，使其在独立履行职责的同时受到监督；第三，严格贯彻落实领导干部及司法机关内部人员违法干预司法活动责任追究制度，依法追究相关责任人员行政与刑事责任；第四，完善法官豁免权制度，确保司法人员不能因其依法履职行为受到行使追究和内部行政处分，将个案请示批复制度纳入程序轨道。

（2）保障司法人员的职业安全。司法工作人员职业的特殊性使其在独立履行职责时往往面临人身危险，职业安全保障制度的构建对于保障司法人员依法履职十分必要。美国法官人身安全保障制度经过几十年的不断改进，已经比较成熟，对我国职业安全保障制度的构建具有重要借鉴意义，主要包括以下几个方面的内容：[③] 第一，司法保护，蔑视法庭秩序罪、影响或伤害公职人员等专有的罪名的设立，以及部分罪名对法官与公职人员的区分，都显示出对法官安全保护的重视。法律还设立了通过威胁或伤害其家庭成员影

① 谭世贵等：《中国法官制度研究》，法律出版社 2009 年版，第 211 页。

② 梁薇：《西方法官制度对我国法官制度的启示》，载《昆明大学学报》2006 年第 1 期。

③ 涂龙科：《美国法官人身安全保护制度之借鉴》，载《法学》2016 年第 4 期。

响、妨碍或报复联邦公职人员罪，将法官的家庭成员也列入保护范围。此外，法律也尽可能扩大了在刑法上保护法官的空间范围，如携带枪支和危险武器进入联邦法院机构建筑罪这一罪名将法院机构建筑的空间范围延伸至法院的走廊。第二，行政保护，即设立专门的法警局为美国的法官及法院提供安全保护，负责日常安保工作以及对法官人身安全威胁的评估。另外，法律对法官的个人敏感信息设定了隔离条款，即在法官的驾照或身份证中，以法院地址代替法官的实际家庭住址。如果有人蓄意将其个人敏感信息公开，该行为人将会受到处罚。第三，人身保险。美国为法官购买人身保险，费用由政府承担。如果法官在其任职期间、领取退休金期间因其职责行为被杀害，则其亲属可以领取经济补偿。

完善的司法人员职业安全保障制度应当包含以下四个方面：第一，在司法人员入职之前，就防范意识、防范方法、自我防卫训练等方面对其进行专门培训，使其在入职后面对危险时能够自我防范。第二，对司法人员给予行政手段保护，包括隔离司法人员个人敏感信息，如公安机关在对司法人员颁发身份证、驾照等证件时，可以根据情况隐藏其家庭住址等个人信息；评估人身威胁，当人身威胁达到一定程度后采取保护措施；提供日常安保，防止意外情形对司法人员的安全产生损害等。第三，对司法人员给予刑法手段保护。《刑法》中“扰乱法庭秩序罪”仅对涉及危害法庭秩序的行为予以刑事制裁，司法人员及其近亲属在法庭外因其职务行为受到侵害的情形没有受到刑法的特别保护，在当前的刑罚体系中对于此种行为可以在故意杀人和故意伤害的罪名下加重处罚，在刑法修改时可以设定独立的罪名为司法人员提供特别保护。第四，对司法人员给予经济上的保障。建议为司法人员购买人身保险，区别于工伤保险。将司法人员在工作时间外因职务行为受蓄意报复的情况纳入保险，如果司法人员遭到行为人的蓄意报复，人身保险可以对其及家庭成员提供经济补偿。

第三节 司法业务管理

一、案件流程管理

（一）案件流程管理的概念与特点

1. 案件流程管理的概念

案件流程管理有广义和狭义之分。从广义上讲，案件流程管理是司法机关对案件办理流程进行管理的所有活动的总称。广义上的案件流程管理包含三个方面的内容：（1）对案件办理流程的规范、优化和改造。例如，检察机关为促进司法公开、化解社会矛盾，对部分存在争议的不起诉、申诉等案件增设公开审查流程。法院为提高庭审效率，对回避、出庭证人名单、非法证据排除等程序性问题通过庭前会议了解有关情况、听取意见。（2）办理案件中的横向制约和纵向审批、监督、指导。例如，检察机关审查逮捕、审查起诉等办案流程之间存在相互制约，检察官对于不属于自身决定权限的案件事项须报检察长审批，对职务犯罪嫌疑人拟作不起诉决定须报上一级检察院启动人民监督员监督程序等。法院则存在院长、庭长、审判委员会以及上级法院对案件的监督指导。在这些过程中，既有对案件实体问题的裁决，也包含对案件流程的管理。（3）专门的案件管理机构对案件集中归口管理和全程跟踪监控的活动。狭义上的案件流程管理仅指第三个方面。本节重点研究的是狭义上的案件流程管理，即司法机关为规范司法行为、促进司法公正、提高司法效率，通过专门的案件管理机构，以案件流程为核心，根据案件办理过程中的不同环节和阶段，对案件进行集中归口管理和全程跟踪监控的一系列活动的总称。

2. 案件流程管理的沿革

案件流程管理是司法领域对流程管理理论的借鉴和发展。流程管理理论是“一种以规范化的构造端到端的卓越业务流程为中心，以持续的提高组织业务绩效为目的的系统化方法”。[①] 流程管理作为一种管理体系，其要义在于从流程的层面切入，强调以终端需求为导向，打破原有的部门界限和职能界限，将由不同部门完成的工作活动作为一个整体交给流程所有者负责，从而构造出一个完整的端到端的流程，形成了一套“认识流程、构建流程、执行流程、测量与控制流程、持续改进流程”的体系，并在此基础上，开始一个“再认识流程”的新的循环。

将源于企业管理和公共管理的流程管理理论引入司法机关有其必然性。从法治架构的宏观层面来讲，立法为司法活动提供了法律依据，包括行为标准和司法活动程序。但是，立法不可能为司法活动提供动态的资源配置。[②] 在立法与具体的司法活动之间，还需要另一种机制来保证司法活动的顺利、规范、高效运行，并实现更好的质量和效率。这就为流程管理理论引入司法案件的管理活动提供了契机。从司法办案的具体层面来讲，司法机关办理案件要严格依据法律规定的诉讼程序，从案件受理立案到办理终结要经历一系列复杂而规范的流程，也需要能够进行科学的流程管理。通过构建规范、科学、合理的业务流程，对办案各环节进行约束、监督、指导、协调，从而输出合格的司法产品，满足社会公众对司法公正和效率的需求。

在我国，司法案件流程管理包括法院的案件流程管理和检察机关的案件流程管理。梳理其发展过程，可以得出以下两点结论。

第一，法院、检察院的案件流程管理都经历了从分散到集中的过程，宗旨是加强内部管理监督，促进司法规范化，保障司法公正和效率。法院传统的案件流程管理工作分散在各个部门，审判业务庭同时负责案件审理和流程管理，导致案件流程缺乏必要的公开和

---

① 黄艾舟、梅绍祖：《超越 BPR——流程管理的管理思想研究》，载《科学学与科学技术管理》2002 年 12 期。

② 江必新：《域外案件管理改革的借鉴与启示》，载《比较法研究》2013 年第 4 期。

监督，当事人诉讼权利难以得到充分保障，审判和管理的效率、公信力受到质疑和影响。为改变这种局面，法院先是通过立审分离的审判管理模式，由立案庭对立案审查、文书送达、庭前准备、排期开庭、审限跟踪、结案归档等程序性工作，实施全面统一的流程管理。① 后在各级法院成立专门的审判管理办公室，专司案件在法院审判阶段的一系列管理工作，立案庭则回归审查受理案件、进行诉前调解或诉调对接工作、诉前保全等基本职能。② 检察机关传统的案件流程管理，也是采用各业务部门自我管理、条线分割的模式，呈现出重办案结果轻过程控制和程序公正、各部门分工有余协调不够、部门与检察长和上级检察院信息不对称等弊端。③ 为改变这种案件分散管理模式，各地检察机关先后设立案件管理办公室，逐步建立了统一受案、全程管理、动态监督、案后评查、综合考评的办案管理新机制。④

第二，案件流程管理作为案件管理的一部分，是相对于案件质量管理而言的。案件管理从整体上可分为案件流程管理和案件质量管理，其他管理或者是二者的保障手段，或者是对二者的结果运用。案件流程管理侧重于对案件办理程序和环节进行的事前、事中管理，基本不涉及案件实体方面；案件质量管理则侧重于对案件办理结果的事后管理，因此也可以称为案件结果管理，包括案件实体和程序两个方面。例如，最高人民法院将审判管理的基本职能概括为案件信息管理、案件质量评估、案件质量评查、审判流程管理、

① 参见最高人民法院于1999年9月下发的《全国法院立案工作座谈会纪要》。

② 参见最高人民法院于2011年1月下发的《关于加强人民法院审判管理工作的若干意见》，2014年6月下发的《关于新时期进一步加强人民法院审判管理工作的若干意见》。

③ 王晋：《以刑事诉讼规则为指导推进案件管理工作》，载《国家检察官学院学报》2013年第1期。

④ 案件管理办公室的职能参见最高人民检察院于2012年5月下发的《案件管理暂行办法》，2012年11月修订的《人民检察院刑事诉讼规则》，2016年8月下发的《人民检察院案件流程监控工作规定（试行）》。

审判运行态势分析、审判绩效考核、审判委员会事务管理七个方面，其中案件质量评估、案件质量评查属于案件质量管理，案件信息管理、审判委员会事务管理属于保障手段，审判运行态势分析、审判绩效考核则是对案件流程管理和案件质量管理的结果运用。检察机关一般也将案件管理分为案件流程管理和案件质量管理。①

3. 案件流程管理的特点

案件流程管理既要符合流程管理的一般规律，也要受司法独立性、程序性、亲历性、判断性等规律的制约。二者共同决定了案件流程管理的规律和特点，即集中性、程序性、能动性、系统化和信息化。

（1）集中性。案件流程管理的集中性源于管理学中的集约化理论和司法办案的分权制衡思想。集约化管理是内涵式发展的基本方式，它是以提高经济质效为目标，不断地整合各类生产要素和内设机构，优化工艺流程，从而取得可持续竞争优势的系统化过程。② 集约化理论为案件集中管理提供了理论依据，其要求整合传统管理模式下分散的管理体系和资源，优化管理机制和方式，实现管理效益的最大化。分权制衡思想是指将权力按其性质和作用划分为不同部分，实行各部分之间的相互制约、相互平衡。正是在这一思想的指导下，司法机关改革以往案件办理与案件管理不分的管理模式，设立了专门的案件管理机构对案件办理的全流程实施统一监督管理，从而将具有准行政权性质的流程管理权与具有司法权性质的实体办案权适当分离，通过管理机构独立于办案机构的中立性和超脱性，促进诉讼程序公正、高效地运行。

（2）程序性。案件流程管理的程序性源于流程管理中的过程

① 参见最高人民检察院 2012 年 5 月下发的《案件管理暂行办法》，2012 年 10 月下发的《关于进一步加强未成年人刑事检察工作的决定》等文件。

② 尹吉、杨永霞、毛建忠：《案件集约化管理的基本理论——以现代管理学为视角》，载王晋主编：《检察机关案件管理工作理论与实务》，法律出版社 2003 年版，第 3 页。

控制理论和司法办案的程序正义原则。在生产管理过程中，“过程控制”是根据预先的产品质量标准，对产品生产过程进行监测，将监测结果与计划目标相比较，分析其产生的原因并加以处理，使之按预定的目标进行，并趋近或达到预定标准状态的活动过程。过程控制可以使管理者通过预先设定的质量标准，对生产过程进行跟踪监督和对有关要素进行重点控制，最大限度地减少不合格结果的出现。[①] 司法办案过程是一个前后衔接、有序进行的工作过程，可以借鉴上述理论对办案流程进行过程控制。通过将司法机关的业务流程中具有一定原则性和抽象性的法律法规、工作规范加以细化，把每个执法过程分为若干程序，明确其流程走向，再把每个程序细化为数个环节，并对每个环节的负责人、工作内容、完成时限逐一明确和固化，成为案件流程管理的一整套程序体系，使司法办案的流程步骤分明、过程清晰、环环相扣。[②] 与此同时，案件流程管理必须维护司法办案活动的程序正义。一方面，案件流程管理的内容是案件程序性、事务性事项，对于涉及事实证据认定、法律政策适用等判断性问题，应当由办案人员独立作出决定或依权限报告审批；另一方面，案件流程管理必须依法进行，不得干扰办案活动的正常程序，也应当避免在诉讼程序之外增加影响当事人权利的额外程序。

（3）能动性。案件流程管理的能动性主要是针对案件流程管理的功能或职能而言的，是指在遵循固有程序的同时，还要根据案件管理中各个流程的特性，在不违反法律规定的前提下作出多样的选择，有目的、有计划地识别重塑诉讼流程，调整监控重点，优化流程服务，促进案件良性流转。案件流程从属于诉讼程序，又区别于诉讼程序。诉讼程序具有法定性，而实现法定程序的流程则具有

---

① 任萍等：《案件管理的基本理论与机制构建》，载王晋主编：《检察机关案件管理工作理论与实务》，法律出版社 2003 年版，第 41-42 页。

② 张创新、卓黎黎：《基于流程再造理论的检察业务流程管理模式创新》，载《理论与改革》2013 年第 5 期。

可选择、可伸展的能动性。案件流程管理从分散走向集中，出发点是解决传统管理模式下司法不规范、信息封闭、监督缺位的弊端。对流程予以控制和监督，实现“全程管理、动态监督”，是案件流程管理的应有之义。但无论是最高人民法院对审判管理“规范、保障、促进、服务”的功能定位，还是最高人民检察院对案件管理“服务、管理、监督、参谋”的功能定位，均不限于流程控制和监督，案件流程管理在保障、促进、服务、参谋等方面还存在较大的能动空间。

（4）系统化。管理学中的系统化理论，是指以系统的观念和方法，立足整体，统筹全局地认识管理客体，以求满意结果的管理思想。[①] 司法组织体系和办案流程体系是一个复杂的系统。就组织体系而言，案件的流程管理不是某一个业务部门、某一个司法机关、某一层级的司法机关或者某一司法系统封闭管理就可以实现的。司法案件从受理到结案，需要经过一个或者多个司法机关的若干程序处理。就流程体系而言，案件流程管理是一个由案件进出口、节点控制、流程监督、统计分析等构成的系统工程，是由管理、监督、考核、评估等要素组成的开放动态体系。由此，系统化理论为司法机关提供了从全局上、整体上加强案件流程管理的思路。

（5）信息化。信息化管理理论要求在管理活动中充分应用现代信息技术，实现信息技术与管理思想的有机融合，通过优化工作流程、整合信息资源、转变管理方式，提高管理的质量和效率。案件流程管理的信息化是指应用信息技术，以案件的工作流、信息流相对集成为基本结构，并对案件流程管理进行适度再造的过程。[②] 虽然在现代信息技术进入案件管理领域之前，司法机关就已经借助

---

① 黄本笑、范如国：《管理科学理论与方法》，武汉大学出版社 2006 年版，第 49 页。

② 郑雷、徐俊驰：《案件流程管理的信息化功能及其改进思路》，载《人民检察》2014 年第 23 期。

传统的人工方式开展了案件流程管理，但随着社会经济和法治建设的不断发展，在案件数量激增的同时管理流程也越发精细，传统的管理方式已经无法满足司法工作和人民群众的双重需求。法院和检察院相继建立了各自的案件管理信息系统，实行办案信息网上录入、办案流程网上管理、办案活动网上监督，实现所有案件一个标准、一个程序、一个平台。由此，标准化、结构化的信息化管理在案件流程管理中占据了基础性地位，无可争议地成为其运行特点。

（二）我国案件流程管理存在的问题

作为案件管理制度的重要组成部分，案件流程管理制度因应司法改革需要而产生，同时也随着司法改革的深化而不断向深度和广度发展。但作为司法制度建设中的一个新生事物，案件流程管理在制度设计和实际运作等方面仍然存在一些问题，主要表现在以下几个方面。

1. 案件管理机构与办案部门的管理职能界限不明

一种错误倾向是：案件管理机构介入案件实体审查。案件管理机构借助流程监控职能和信息化的管理手段，有条件掌握案件信息包括实体性信息。有的地方司法机关借此赋予案件管理机构对案件同步实体审查的权限，这就回到了以前办案与管案不分的混杂模式，产生案件管理机构干涉案件依法办理的风险，也容易导致叠床架屋，陷入谁来监督监督者的无解循环。

另一种错误倾向是：办案部门放弃案件流程自我管理。例如，有的司法机关案件管理机构组织开展对外法律文书的事前审核，反而作为文书生产者的办案部门和人员却不重视自行审查，似乎发现文书问题越多越能体现案件管理机构的业绩。因此必须认识到，在司法责任制改革的背景下，“谁办案谁负责”的原则不仅要求司法人员对办案结果和质量负责，也应当对办案程序和流程负责。仅仅强调专门管理，忽视自我管理，必然导致办案人员产生侥幸、依赖心理，不利于司法水平的提升，也不利于形成积极、自律的管理文化。

2. 对案件节点、信息项和文书的管理不够科学

诉讼法律规定的每一个实体性规则及诉讼程序的衔接，均系一个过程节点，都有可能影响到最终的办案质效，所以需要积极关注、认真执行与准确记录。[①] 节点控制的基本要求是全面性、全程性的，目前的案件流程管理与这一要求还有一定差距。以检察机关为例，对审查逮捕、公诉案件的节点管理比较健全，对于侦查监督、刑事执行检察、民事行政检察等案件的管理介入点则相对较少。固然有这些案件的特殊性质等客观原因，但也反映出对案件流程管理的规律研究还不深入，导致流程管理在各类案件中产生不平衡的现象。司法机关在档案管理、赃证物管理中仍然存在不及时按要求处理、移送甚至丢失的现象，这也是由于节点控制不够科学、不够严格引发的。

在司法办案信息化流程管理系统中，执行流程节点需要填录相应的案件信息项或生成相关文书，二者是办案过程的客观反映，也是开展流程监控的重要依据。目前，对信息项的管理缺乏科学的分级依据，实践中办案人员填录的大量案件信息利用率很低，一些重要的信息却无法从系统中提取。在法律文书管理方面，目前法律文书统一管理主要针对上网公开的文书，对于不上网公开的文书监控力度不够。此外，有的司法机关要求对一些涉及当事人人身、财产权益的重要法律文书由案件管理机构统一开具、登记和编号，以防止办案人员偏离流程、违规操作。但实际上，对法律文书实质合法性、正当性的保障应当是办案主体的责任，对于具有人身、财产强制性等功能的重要法律文书可在办案主体之间建立层级控制，案件管理机构没有必要、客观上也不可能对大量的法律文书通过前置程序实施规制。

---

① 马明林、董兴建：《案件管理的内容配置》，载王晋主编：《检察机关案件管理工作理论与实务》，法律出版社2003年版，第351页。

3. 案件流程管理的部分功能发挥不够充分

相对案件流程管理的控制和监督功能，其他功能如流程识别、流程服务、流程优化等功能发挥尚不够充分。

流程识别是指为达到特定的价值目标，对业务流程活动的顺序、内容、方式、责任等进行明确的认知、辨别和界定，以使得不同类型的业务流程得到规范、有效的处理。[①] 目前，案件管理机构的流程识别还比较粗放，未能建立科学的案件分级分类标准、清晰的案件分配移转规则和有效的办案风险自动预警机制，在受理案件时不能根据案件的繁简程度、种类性质、敏感程度等实施准确分流和标识，也就难以做到合理配置司法资源，有效防控办案风险，提高案件办理质量和效率。

流程服务的理论基础是人本管理理论，要求在管理中坚持以人为本，寓管理于服务之中，在服务中实现管理。流程服务的对象体现在三个方面：司法办案人员、司法决策人员、诉讼参与人。在案件流程管理中，案件管理机构承担了案件受理、系统录入、电子卷宗制作、赃证物管理、卷宗送达等事务性工作，有效减轻了办案人员的负担，促进了司法办案工作的规范高效。但在服务司法决策方面，信息与数据在收集和统计时的不透明、不及时，影响了领导决策和督促作用的发挥；数据提取局限于传统的以部门为单位的方式，不能为个体司法人员的绩效评价提供直接依据。在服务诉讼参与人方面，流程信息主要通过网上逐条发布，呈现碎片式、静态式特征，不能使当事人对案件进展和预期及时形成完整的认知；诉讼服务的现代化和集成化水平不高，未能充分运用互联网技术，对外服务功能也还有进一步整合的空间。

流程优化是指通过对流程进行系统地观察和分析诊断，对流程进行信息技术附加、改进以及重新设计，使流程运行更加通畅、高

① 杨雪荣、曹丽莉：《流程管理体系研究》，载《物流工程与管理》2014 年第 1 期。

效、稳定和低成本。[1] 流程管理遵循著名的质量管理专家戴明的PDCA管理模式，即策划（PLAN）、实施（DO）、检查（CHECK）、处置（ACT）。现阶段，我国司法机关开展案件流程管理改革的时间尚短，暴露出的问题还不明显和集中，管理者开展流程优化的意识也不强，系统地实施流程优化仍需一定时日。

4. 案件流程管理的系统化思维不足

从司法机关各自的组织体系来看，法检机关及其办案流程均是纵横结合的系统。从横向角度来看，法院各审判业务庭之间是"并联"关系，检察院办理刑事案件的各部门之间则依诉讼流程的递进构成"串联"关系。在案件流程管理中如果处理不好这些关系，就会产生一系列问题。例如，检察机关在部门之间的衔接上，侦查监督部门立案监督的案件需要跨部门跟踪后续处理结果，目前仍需与公诉部门之间进行人工衔接，案件极易因衔接不畅无果而终，从而影响到对立案监督工作的整体评价和对立案监督人员的绩效考核。从纵向角度来看，在法院、检察院内部均存在上下级关系。目前，在司法机关上下级之间存在执行流程标准不一致的问题，上级院办案部门如果不能严格按照规范程序和办案步骤执行办案流程，出现"灵活操作"的现象，就会导致下级院对应部门无法严格按照制度规范开展司法办案行为，下级院案件管理机构也难以对因上级院原因产生的问题进行纠正。

5. 案件流程管理的信息化支撑不力

案件流程管理的信息化支撑不力主要表现在三个方面：其一，存在信息化"盲区"。目前，有一些案件类型和办案流程尚未纳入信息化管理。以检察机关为例，刑事执行检察部门正在推行从办事转向办案的流程改造，但尚未建立自己独立的办案系统，信息化管理自然无从谈起。该部门新增的办理羁押必要性审查案件及相应的管理职能，也只能通过传统的书面审查、备案审查方式。其二，存

① 宋健：《中国移动物资管控流程优化研究》，暨南大学2008年博士学位论文。

在信息“断头路”。除了前面论及的法院、检察院内部流程衔接不畅、断档脱节的问题，在执法司法机关之间，目前公安机关、检察院、法院的信息化系统互不联通、相对割裂，案件在不同阶段单独流转，案件信息的交换主要依靠法律文书、卷宗等纸质化材料。例如，检察机关开展对行政执法机关移送犯罪、公安机关侦查活动、法院审判执行活动的监督工作，无法与相应机关的业务系统实施信息共享，仍然依靠传统的案件审查、群众举报、线索备案等手段来发现线索，造成资源浪费、效率低下。其三，信息技术运用不充分。例如，在司法实践中，为加强司法政策应对和社会综合治理，或对存在较高质量风险的案件开展评查，经常需要对某一类或者几类案件进行提取和分析。现行信息化流程管理系统只停留在传统的以案件基本类别和信息为主的流程识别体系上，在司法办案过程中形成的数据和信息设置不能满足全方位、多角度流程识别的需求，导致无法通过关键词搜索等信息化技术激活案件数据，实现充分的流程识别功能。

6. 案件流程管理的创新性不够

案件流程管理的创新性不够主要表现为案件流程管理未能紧密结合诉讼制度改革的形势。诉讼制度改革实质上是对案件办理流程的改造，虽然其被归入广义上的案件流程管理范畴，但经改造形成的案件流程会形成相应的流程节点、信息项和案件文书，产生新的管理需求。具体表现在以下方面。

第一，以审判为中心的刑事诉讼制度改革对案件流程管理提出的新要求。例如，最高人民法院、最高人民检察院等部门在 2016 年 10 月下发的《关于推进以审判为中心的刑事诉讼制度改革的意见》中提出，建立重大案件侦查终结前对讯问合法性进行核查制度，完善庭前会议程序，推进案件繁简分流等要求，这些均需要完善相应的流程管理规则。第二，司法机关开展诉讼程序优化探索对案件流程管理提出的新要求。比较有代表性的如部分检察机关实施的诉讼与监督适当分离的改革。[①] 二者适当分离旨在强化诉讼监督工作，改变监督工作的“副业”局面，其在形式上表现为办案机构的分设，实质上体现为案件流程的分开，这就需要研究与之相适应的管理机制。司法机关在这些方面的研究探索还比较薄弱，有些甚至处于空白。第三，检察机关案件线索的管理问题。在国家监察体制改革后，案件线索管理主要体现为对诉讼违法线索的管理。有观点认为，案件管理工作中的案件应当是进入诉讼程序、处于办理环节的案件，不包括各种线索。在传统的案件流程管理中，对诉讼违法的监督流程也是附随于诉讼流程的，纳入案件流程管理的案件主要是诉讼案件，对监督往往是作为案件事项进行附带性管理。相应地，对诉讼违法线索由各办案部门分头管理，而不是实行集中管理。这影响了对诉讼违法线索的监控、处理效率和效果，也是造成实践中重诉讼轻监督等问题的重要原因。

（三）完善我国案件流程管理的建议

1. 立足于案件流程管理的集中性特点，妥善处理流程管理权限和关系

按照案件管理与案件办理适当分离的原则，案件管理机构的工作内容是案件管理而非案件办理。案件管理机构固然要加强对办案活动的监督与制约，但也要防止干预办案人员依法办案，在保障办案人员办案独立性和促进司法公正性之间保持恰当的平衡。当然，案件管理机构在开展文书审查等流程管理的过程中，也可能发现办案中明显的实体性错误，此时可以及时提醒办案人员向院领导予以报告。案件管理机构对案件实体问题的监督，应当主要通过事后的案件质量管理即案件评查来解决。

对案件流程实行集约化管理与司法责任制强调的实现审理者裁判、裁判者负责并不矛盾。按照司法权的运行规律，体现法官、检察官办理案件的亲历性、判断性，应当以科学、规范的案件流程管

① 敬大力：《检察实践论》，中国检察出版社 2015 年版，第 609 页。

理机制作为保障。随着司法权力下放，办案主体多元化，案件办理不规范、不统一、不公正风险的加大，更需要加强对司法权运行的监督制约。但是，在司法机关人员分类管理的背景下，主要的司法资源向一线司法办案部门配置，专门案件管理机构不可能、也没有必要将案件流程管理事项事无巨细地包揽下来，这就涉及一些关系的处理。

（1）集中管理与办案人员自我管理。在案件办理过程中涉及一系列具体而复杂的流程，案件管理机构集中管理的应当是重要的节点、事项和文书，而且是依托控制案件进出口和办案信息系统能够管理的部分，以保证案件流程管理的实际效果。与此同时，办案人员应当按照审判团队、办案组织的分工，对案件办理流程实施自我管理，促进案件办理的高效进行。在办案团队中，法官、检察官负责对诉讼程序的推进和引导，同时充分发挥司法辅助人员的作用，及时填录流程信息、推进事务性工作，为法官、检察官的办案和案件管理机构的管理服务。总之，案件管理机构既要通过独立的、专业的流程管理工作规范办案人员的办案行为，又要在管理中尊重办案人员的自我管理，从而充分调动其工作积极性和主观能动性，提高司法管理效能。

（2）集中管理与条块管理。在司法责任制改革中，法院和检察院的上级对下级、院领导和部门负责人均对案件办理流程承担着一定的管理责任，从宏观上对办案效率、标准统一性进行监督，从微观上对重点个案的进展进行指导、督促，或通过检察长的指挥指令、审批审核对案件办理直接予以把控、决定，这也属于广义上的案件流程管理。条块管理具有及时性、权威性的特点，对于案件办理流程中发现的问题可以迅速进行纠正、整改，而没有必要留待案件管理机构发现和纠正。司法责任包括办案责任和监督管理责任，上级法院检察院、院领导、办案部门负责人和案件管理机构均承担着相应的监督管理责任。因此，集中管理也不可能替代条块管理，而是应当与条块管理互为补充，共同构建科学完整的案件流程管理制度。

2. 立足于案件流程管理的程序性特点，完善流程管理的运行机制

在这方面，应当主要通过完善节点管理和信息项、文书管理来实现。

（1）完善节点管理。第一，应当统一案件的进出口，避免部门管理封闭、断头的问题。不仅应由案件管理机构统一受理案件、分流案件、审核办结案件，而且办案过程中的转移管辖、补充侦查、重新报送、移送案件等中间进出环节也要纳入统一管理范围，在节点控制的全程性方面加大力度。第二，应当选取在办案中对公正、效率有重要影响的流转环节进行重点控制。对强制措施、赃证物管理、立卷归档、延期审理、中止审理、不计入期限等过程进行分解，设置节点及其标准、条件予以实时监控。使案件办理成为环环相扣的过程，不经过上一个节点不能进入下一个节点，对违规办案的情形及时提出纠正意见。第三，应当研究和规范对所有案件的节点管理，重点关注那些所谓的“二线部门”案件，明确其程序节点和管理职责，避免出现流程管理中顾此失彼的不平衡现象。

（2）完善信息项和文书管理。第一，对信息项的管理应当兼顾全面性和重点性。既要保证有价值的信息没有遗漏，也要尽量减少办案人员的负担，突出重点案件信息和案件重要信息。第二，对文书可视性质采用不同的管理手段。案件文书包括法律文书和工作文书。对于法律文书，案件管理机构可以借助办案信息化系统对文书制作、生成、审批、用印等程序进行监控，在结案前开展对外法律文书的形式审核。对于工作文书，由于可能涉及该案件不宜对外公开或不宜为检察官、主审法官或合议庭之外的人员所了解的情况，故在管理上应以法官、检察官自我管理为主，但也不排除事后案件管理机构的统一抽查。

3. 立足于案件流程管理的能动性特点，全面发挥流程管理的价值功能

目前，在完善案件流程管理的控制、监督功能之外，主要应进

一步拓展流程识别、流程服务和流程优化的功能。

（1）流程识别。案件流程识别是司法机关对案件进行区分管理的前提。法院要从制度上区别对待不同的案件，法官要成为当事人和法院控制时间与金钱成本的管理人。这是英美法系国家区分管理的理论精髓所在。完善我国案件流程管理机制，应借鉴英美法系国家案件区分管理的做法，对于不同的案件给予不同的关注、分配不同的程序。① 具体可以采取以下措施：

第一，根据案件的繁简程度进行程序分流。例如，在民事诉讼中根据案件的不同情况，分别适用普通程序、简易程序、小额诉讼、家事诉讼等程序；刑事诉讼中分别采取普通程序、简易程序、轻刑快审程序、速裁程序、认罪认罚从宽处理等程序。可以对不同程序的案件完善办理流程，建立模块化的处理程序，提高办案的质量和效率。

第二，根据案件的种类性质进行专业分类。例如，检察机关在司法改革中，对专业性较强的涉及知识产权、科技、金融、电信等领域的刑事案件，由案件管理机构在受理案件时分派到专门办案部门予以办理。对不同类型的案件应适用不同的办理和管理模式，提高专业化办案水平和社会效果。

第三，对特殊敏感案件进行同步监管。某些案件基于特殊的情况，处理不当则可能激化矛盾或引发舆情聚集，需要予以重点关注。需要设置相应的标准和程序，在案件受理和办理时进行主动识别，保障相关信息及时进入监控视野，对其实施有效的质量、舆情等管理，或提升办案主体的层级，掌握工作的主动权。

第四，对重大办案风险进行管控。案件办理包括多个环节，对于其中涉及重大权力行使、可能对当事人诉讼权益产生重大影响、具有较大廉洁办案风险的重点环节，也必须重点识别和关注。对于

① 张露：《人民法院民事审判流程管理制度研究》，中国社会科学院 2014 年硕士学位论文。

确实存在重大社会稳定风险的案件，自动提示开展公开审查、释法说理等工作，确保办案质量和效果。

（2）流程服务。案件流程管理与案件办理应当是一种既监督又服务的关系，放弃监督而一味强调服务，将使流程管理部门听命于各业务部门的指挥，失去案件流转程序的控制权，从而失去对案件的全程跟踪和动态监督，最终可能导致案件裁判不公；放弃服务而一味强调监督，将使流程管理部门与各业务部门之间发生摩擦和冲突，失去协调与配合，不利于案件的及时审理。① 为司法办案人员提供事务性管理服务，不仅有助于提升司法效率，而且也有利于维护司法公正。例如，法院将非审判事务性工作交由审判管理部门统一管理，就有助于保持审判法官公正中立的形象，避免在办理一方当事人提请的事务性工作时被另一方质疑存在偏私。此外，流程服务还可以从以下两个方面进行拓展。

第一，服务司法决策。加强对各类业务数据统计、案件情况分析等工作，将各个业务部门之间的动态数据信息清晰地呈现在决策层面前，为一定时期司法工作的安排部署提供及时、准确的决策依据，也为每个业务部门、每名司法人员的工作业绩评判提供公平、公正、公开的参考依据。

第二，体现司法便民的理念。案件管理机构可以借助流程管理全程覆盖、信息集中的优势，为诉讼参与人和社会公众提供优质服务。首先是强化流程公开，司法机关需要改变目前碎片化的流程信息公布方式，集成一目了然的案件流程进展图，同时推送案件办理的重要节点信息，将扣除审限、延长审限的理由、期限主动、及时告知当事人，保证当事人可以接受更加方便快捷的诉讼服务。其次是为律师提供诉讼便利，如为律师提供电子阅卷、网上预约、网上提交材料等服务，实行远程会见、网上开庭。最后是加强法院诉讼

---

① 张斌、熊艳蓓：《上海市基层法院案件流程管理运作情况实证分析》，载《法治论丛》2009 年第 6 期。

服务中心和检察院检务接待中心、案件管理中心的建设，整合司法机关对外服务功能，实现“一个窗口对外”，为当事人、诉讼参与人提供“一站式”、“一条龙”的服务。

（3）流程优化。案件流程管理不仅应当关注正在办理的个案，还应当通过流程管理的一次次循环，识别需要优化的案件流程，总结发现制约办案质效的深层次问题，评估分析现有案件流程的科学性、办案机制的规范性，利用更为先进、合理的理念、方法，促进完善标准、改进流程、健全机制，发挥案件管理的参谋功能，提升案件流程管理的层次。

4. 立足于案件流程管理的系统化特点，设计科学的流程管理体系

设计科学的案件流程管理体系，必须从内外、前后、左右、上下各个维度全面梳理案件管理流程，构建完整意义上的集约化案件流程管理体系。所谓内外，是指司法机关之间的流程关系，对于各家共有的诉讼流程可实施统一管理。例如，对公检法在刑事诉讼中的赃物管理，完全可以建立统一的场所、贯通的流程来进行集中管理，而没有必要将赃物尤其是不便搬运的大件物品来回移送。所谓前后、左右，是指处理好某一司法机关内部纵向、横向流程的衔接、配合、制约等关系。案件流程管理存在大量的环节与环节之间的衔接、部门与部门之间的配合问题，实际运作当中难免会出现这样或那样的纠纷和问题。为确保流程管理的和谐运行，应当建立流程管理协调机制，如建立由流程各主要参与部门组成的流程管理协调会议等，负责定期对案件流程管理中发现的问题进行研究，并及时协调处理。所谓上下，是指处理好上下级司法机关之间的流程关系，避免标准不一、脱节断档。

5. 立足于流程管理的信息化特点，促进流程管理更加精细化

前面论及的节点管理、信息项和文书管理、流程识别、流程服务以及系统化集成方案等，都可以借助信息化技术予以实现并不断改善。针对信息化管理，需要进一步深化以下几方面的工作。

(1) 实施全面统一的司法信息化工程。按照程序化、系统化的规律要求，信息化的流程管理应当是全面覆盖、前后贯通的。因此，司法机关应当全面开展需求调研，建立覆盖全部业务门类、所有业务流程的管理系统，消除信息化“盲区”，打通信息化“断头路”。为提高使用效率和效果，司法信息化系统应当在全国范围内统一适用，而且不应设置信息壁垒，为司法机关之间进行数据交换、信息联通预留接口。至于彼此关心的信息保密问题，则可以通过权限设置、分级保护予以解决，切不可因噎废食。

(2) 引入“物联网”等信息技术。物联网是物物相连的网络，也就是通过网络在物品与物品之间进行信息交换和通信，以实现智能化识别、定位、跟踪、监控和管理。司法机关可以基于局域网，利用二维码识读、激光扫描器等信息传感技术，建立对案件卷宗、赃证物、重要案件文书的智能标识和控制，有效追踪其移转轨迹，避免库存卷宗、赃证物账不符以及跨环节文书信息无法自动衔接的问题。司法机关还可以应用“三维照相”技术拍摄赃证物的立体图像，方便办案人员网上审查。

(3) 运用“大数据”思维。根据国务院于2015年8月印发的《促进大数据发展行动纲要》，大数据是以容量大、类型多、存取速度快、应用价值高为主要特征的数据集合，正快速发展为对数量巨大、来源分散、格式多样的数据进行采集、存储和关联分析，从中发现新知识、创造新价值、提升新能力的新一代信息技术和服务业态。数据开放共享是大数据技术的基础，使用数据、加工数据、挖掘数据价值是大数据技术的关键。案件流程管理除借助大数据技术开展共享、查询、统计、分析等工作外，还可以拓展其智能化程度，通过开发办案辅助系统，将证据标准嵌入数据程序中，规范证据的收集、固定、审查和运用过程；促进案件数据的集成筛选和有效应用，为司法人员提供法律适用指引、量刑参考、判例库等信息，为当事人提供对裁判、决定的理性预期，为司法决策提供更加清晰准确、分类科学的信息源。

6. 充分运用大数据和高科技，不断完善案件流程管理工作

(1) 对于以审判为中心实施流程再造的刑事诉讼程序，应当按照司法规律和管理规律进行流程分解，纳入规范的流程管理范围，有针对性地开展流程识别、控制、监督和服务，促进改革成果在司法实践中的严格落实。

(2) 对于诉讼与监督适当分离后新的管理需要，需要按照流程管理的程序性特点分别设置诉讼与监督的流程节点，按照系统化特点统筹考虑二者的相互衔接，按照信息化特点设置专门的诉讼监督信息化管理系统。

(3) 将诉讼违法线索作为案件纳入集中的流程管理。基于检察办案工作的特点，线索是案件不可分割的组成部分，立案之后的案件正式办理是办案工作，立案之前对线索的受理、调查也是办案工作。因此，应当将诉讼违法线索交由案件管理机构集中管理，对线索的受理、分流、审查、调查、文书、结案、归档等进行全程监控，对办理程序是否合法、规范、及时、完备进行实时、动态的监督、提示和防控。由于线索具有保密性，在管理中应当采取区别于一般案件的特殊措施，如设立专门人员管理线索信息等。

二、司法业务考评

质量管理是司法业务管理的另一项重要内容，对案件质量的管理主要是通过考评机制实现的。考评是保证司法业务管理科学化、评估案件质量和效果的主要手段。考评是一把“双刃剑”，考评科学合理，对于保证办案质量、提高司法规范化水平、维护司法公正，均能起到积极作用；考评不科学不合理，不仅不能实现考评目的，而且还会给整个司法工作带来负面效应。建立一套符合司法规律和管理科学双重规范，同时又契合我国社会主义司法制度特点、满足司法业务管理实践需要的考评机制，是全面推进司法改革的一项重要课题。

（一）司法业务考评的概念

司法业务考评，就是对法院和检察院及其工作人员行使司法权力、开展司法活动的过程和结果进行考察评估的管理工作机制。在管理科学上，考评是对某一组织或者该组织的工作人员的行为表现及效果，运用科学方法进行考核、评价的活动。20 世纪 90 年代以来，绩效评估成为提高政府工作效率、规范政府权力行使的重要工具。[①] 我国《公务员法》等法律法规也规定了对政府部门工作人员的考核机制。司法机关也是行使国家公共权力的部门，也有绩效考评的必要。司法机关又不同于一般的政府部门，它行使的是司法权力，因而对司法机关的业务考评应与政府部门的考评有所区别。

考评机制对司法工作科学发展和司法业务有序进行有着重要影响。考评是督促司法机关开展工作的重要推手，是实现司法机关案件管理科学化、规范化，提高执法水平、确保办案质量的重要环节和步骤。考评也是对办案人员进行评价、奖励和职务晋升的主要衡量依据，是考察司法机关组织管理是否科学合理、工作效率高低的重要依据。当然，在肯定考评积极意义的同时，也不能盲目夸大考评的作用，把考评当作包治百病的“良方”。考评的意义在于帮助上级法院了解、掌握情况，通过横向比较，加强分类指导。因此它是推动工作的手段之一，本身不是目的。[②]

对司法业务进行考评之本在于实现对案件质量的管理，确保司法公正。通过对司法业务的考评，可以进一步规范和健全司法管理机制，强化对司法活动的过程控制和结果监督，提高办案人员的业务能力和素质，保证办案质量和维护司法公正，提升司法权威和公信力。办案质量和公平正义是司法工作的“生命线”，因而保证办案质量和维护司法公正是司法业务考评的根本目标。如果连办案质

---

① 刘笑霞：《我国政府绩效评价理论框架之构建——基于公共受托责任理论》，厦门大学出版社 2011 年版，第 10 页。

② 崔伟：《宽严相济视野下的审查逮捕质量》，载《人民检察》2009 年第 4 期。

量都不能保证，冤假错案件层出不穷，也就谈不上司法公正，也就无所谓规范化管理、过程控制和结果监督，对司法业务进行考评的意义也就不存在了。

考评并非单纯地具有评判与奖惩作用，同时还应当起到沟通、激励和引导的功能，是推动司法业务科学发展的重要方法。在应然层面上，司法业务考评具有以下积极功能。

第一，行政管理功能。考评是现代管理的一种方法，通过考评首先要实现对企业或者政府部门的有效管理。同样的道理，司法业务考评也要首先实现对司法业务和办案活动的科学管理功能，保证上下级法院、检察院之间和本院内部各业务部门之间的分工协同、顺畅运作。在实现有效管理的基础上，确保法律得到统一正确实施，保证案件质量，提高司法效率。

第二，业务指导功能。考评对下级法院、检察院开展司法工作具有很强的导向性，各种明确化的考评指标反映了上级法院、检察院对下级法院、检察院或者本院对各个业务部门的工作规划和安排，它就像指挥棒一样，将上级法院、检察院的办案要求明确告知下级机关，引导下级法院、检察院各业务部门明确各自职责，按照考评办法履行职责，保证办案质量和效率。

第三，监督制约功能。通过科学管理确保司法业务各项流程和运行的合法有序，对法院、检察院整体办案情况以及各业务部门、办案人员进行考评，有效监督其办案行为和办案质量、效果，规范法院、检察院司法权力的行使。通过对法院、检察院办理司法业务的情况进行科学的评价，发挥考评结果对办案质量和效果的监督制约作用，促使下级法院、检察院尊重司法规律，树立正确的绩效观念，使司法业务考评科学。

第四，激励功能。考评具有激励、鼓舞办案人员工作热情的作用，具有激励先进、鞭策后进的显著特征。考评结果是衡量下级法院、检察院整体工作绩效和执法办案效果的重要依据，也与办案人员的福利待遇、晋职晋级、评优评先等切身利益直接挂钩，在一定程度上有助于调动办案人员的工作积极性。考评还可以增强各级法院、检察院内部工作人员的凝聚力，激励各级法院、检察院不断争先创优，提升整体的业务能力和规范执法水平。

（二）我国司法业务考评的主要内容

在我国，对司法业务的考评肇始于地方的实践探索，在很长一段时间里是参照对政府部门的绩效考评进行的，侧重对办案数量和个案质量的考评，带有明显的行政化和量化考评色彩。为解决实践中各地司法机关过分依赖量化统计和固化指标来考核案件质量和工作绩效的问题，2013 年中央政法委员会《关于切实防止冤假错案的规定》中指出，“建立健全科学合理、符合司法规律的办案绩效考评制度，不能片面追求破案率、批捕率、起诉率、定罪率等指标”。为贯彻落实中央政法委的这一要求，2013 年 9 月最高人民检察院颁布了《关于切实履行检察职能防止和纠正冤假错案的若干意见》规定，“实施案件质量分析评查通报，建立和完善符合司法规律的考评体系……防止片面追求立案数、批捕率、起诉率、有罪判决率……”2013 年 11 月最高人民法院颁布了《关于建立健全防范刑事冤假错案工作机制的意见》，要求“建立科学的办案绩效考核指标体系，不得以上诉率、改判率、发回重审率等单项考核指标评价办案质量和效果”。但是，司法实践中各地仍然再以通报等形式对司法业务进行考评。

1. 审判业务考评

审判业务考评是通过对法院审判工作的质量、效率和效果进行综合评估，实现对法院整体审判工作的质效评估和对法官个体的绩效考评。

一方面，对法院整体审判工作的质效评估。

2002 年最高人民法院提出建立审判质量与效率综合评估体系，2008 年制定《关于开展案件质量评估工作的指导意见（试行）》，初步建立起人民法院案件质量评估体系，同年印发了《关于开展人民法院案件质量评估试行工作的通知》，在全国范围内开展评估试行工作，并确定北京、四川、福建、吉林等十一个高级人民法院为重点试行单位。2011 年 1 月最高人民法院发布了《关于加强人民法院审判管理工作的若干意见》，指出“要着力完善审判质效评估指标体系，科学合理设定评估指标及指标权重，充分发挥评估指标体系在审判质量管理、审判效率管理和审判效果管理中的作用，实现审判管理的科学化”。2011 年 3 月，最高人民法院发布《关于开展案件质量评估工作的指导意见》。案件质量评估对人民法院审判执行活动的激励、引导和监督作用不断增大，促进人民法院审判案件的质量显著提高。①

2014 年 6 月最高人民法院发布了《关于新时期进一步加强人民法院审判管理工作的若干意见》。其中规定“继续坚持和完善审判质量效率评估工作，进一步实现审判质量效率评估指标的科学性、规范性以及指标使用的合理性。要科学合理设定审判质效评估指标及指标权重，尤其要尊重审判执行工作规律，注重设定合理区间，防止简单、片面、人为地追求某些指标数值的高低，防止偏重利用指标排名排序、把质效评估混同于绩效考核、忽略利用指标研究解决实际问题，使审判质效评估指标体系真正实现科学评估各项审判工作的‘体检表’作用，切实发挥好正面导向”。

根据 2011 年最高人民法院《关于开展案件质量评估工作的指导意见》的规定，案件质量评估是按照人民法院审判工作目的、功能、特点，设计若干反映审判公正、效率和效果各方面情况的评估指标，利用各种司法统计资料，运用多指标综合评价技术，建立案件质量评估的量化模型，计算案件质量综合指数，对全国各级人民法院案件质量进行整体评判与分析。评估采用模块化的指标设计方法，除对审判质量进行综合评估外，通过评估指标、评估指数的转换和组合，实现对诉讼和执行各环节、各类审判的评估，以及对

① 张军：《开展案件质量评估提高科学管理水平》，载《人民法院报》2011 年 10 月 17 日，第 2 版。

法官办案质量的评估。

评估指标体系是根据审判工作管理的需要，分为审判公正、审判效率、审判效果 3 个二级指标和 31 个三级指标组成。其中，审判公正指标 11 个，包括立案变更率、一审案件陪审率、一审判决案件改判发回重审率（错误）、二审改判发回重审率（错误）、二审开庭审理率、对下级法院生效案件提起再审率、生效案件改判发回重审率、对下级法院生效案件再审改判发回重审率、再审审查询问（听证）率、司法赔偿率、裁判文书评分。审判效率指标 10 个，包括法定期限内立案率、一审简易程序适用率、当庭裁判率、法定（正常）审限内结案率、平均审理时间指数、平均执行时间指数、延长审限未结比、结案均衡度、法院年人均结案数，法官年人均结案数。审判效果指标 10 个，包括一审服判息诉率、调解率、撤诉率、实际执行率、执行标的到位率、裁判自动履行率、调解案件申请执行率、再审审查率、信访投诉率、公众满意度。各级法院在司法实践中可以根据实际情况对评估指标进行增加或减少的调整。每个指标在评估体系中的重要性不同，分别设置不同的评价权重。

另一方面，对法官个体审判工作的绩效考评。

对法官个体的绩效考评，其指标与对法院整体审判工作的质效考评基本相同，不同的是以每位法官自己审判案件的质量、效率和效果来进行评价。

2011 年最高人民法院《关于加强人民法院审判管理工作的若干意见》明确规定，“要依托审判质效评估指标体系，建立既符合审判工作实际又简便易行的审判绩效考核机制。要科学设定审判绩效考核指标，引导法官注重审判质量和效率，注重廉洁文明司法，注重办案的法律效果和社会效果，做到案结事了。审判绩效考核指标应当根据审判工作实际，适时调整指标权重系数，实行动态管理，确保审判绩效管理的正确导向作用。要建立审判管理与考核奖惩的对接机制，将审判绩效考核结果作为法官评先评优、晋职晋级的主要依据，充分发挥以管人促管案、管案与管人相结合的综合效应”。

2014年最高人民法院《关于新时期进一步加强人民法院审判管理工作的若干意见》再次重申，“坚持正确导向，依法科学设定审判绩效考核的内容、项目和标准，避免由于考核项目、指标、权重等设置不合理对办案工作产生负面影响，特别是防止为追求考核成绩而干扰法院办案工作的正常开展。要尊重审判规律，合理评价人民法院各项审判执行业务工作，不宜简单采取下指标、定任务、末位淘汰等方式进行考核。要坚持实事求是，避免设置难以准确掌握的考核项目，防止弄虚作假或流于形式。考核的程序和方式要简便易行，避免给基层造成不必要的负担。要强化考核结果运用，将审判绩效考核结果作为法官评先评优、晋职晋级的主要依据。各高级人民法院要结合本地的审判工作实际，构建适合本地情况的考评指标体系。要正确处理好上级法院对下考评与下级法院独立审判的关系，防止考评内容超出上级法院依法对下监督、指导的职责范围，避免干扰下级法院依法独立行使审判权”。

无论是法院整体审判工作的质效评估，还是对法官个体的绩效考评，都是以“数”和“率”为主要标准的一种量化考评方法。考评结果会影响到法院在评优活动中的资格和排名，也会影响到法官个人评优争先、晋职晋级、福利待遇等方面的荣誉奖励。

2. 检察业务考评

2002年最高人民检察院制定的《人民检察院基层建设纲要》中提出“以考核干警的能力、成绩为核心，探索建立能级管理机制。在明确内设机构和工作岗位职责的基础上，分类分级明确工作目标，以动态考核为主、定性与定量相结合，实行全员能力和绩效考核，奖优罚劣”。“改革完善业务工作考核办法，注重对办案质量、效率和综合效果的考核评价”。最高人民检察院颁布的《2009—2012年基层人民检察院建设规划》、《基层人民检察院建设考核办法（试行）》和《“十二五”时期检察工作发展规划纲要》

等文件均对改革检察业务考评作了规定。检察业务考评的目的有两个方面：一是实现对检察院整体办案数量、质量和效果的综合考评，二是实现对检察人员的个体绩效考核。

根据业务类型的不同，检察业务包括反贪污贿赂、反渎职侵权、预防职务犯罪、案件管理、侦查监督、公诉、民事行政检察、刑事执行检察、铁路检察、控告申诉、死刑复核监督等司法业务，均属于检察机关司法业务考评的范围。每项业务分别设置不同的考评指标。例如，侦查监督业务分为逮捕质量、立案监督和侦查活动监督等评价因素。与逮捕质量相关的考评指标包括逮捕后的撤案率、不起诉率、法院判决轻刑或免予刑事处罚率、无罪率。与立案监督相关的考评指标包括监督立案数和监督撤案数。与侦查活动监督相关的考评指标包括纠正漏捕数、人均监督纠正侦查活动中违法情形数、移送职务犯罪线索数等。实践中也有的地区将"人均受理审查逮捕数"、"行政执法与刑事司法相衔接机制工作"等作为考核指标。

在考评方法上，主要采用计分考评的办法。针对不同业务设定相应的考评指标及计分规则，以最终得分来进行考评。计分依考评项目不同而有所差别。有的采取加分，有的采取扣分；有的以数考评，有的以率考评，有的以人均数/率考评。通常采取日常考评和年度考评相结合的方法。日常考评不排名，重在过程监控；年度考评以日常考评为基础，通常在年终进行，考评结果将作为检察机关整体在本省内评优争先，检察人员个体晋职晋级、荣誉称号、福利待遇等方面的重要参考和依据。

（三）我国司法业务考评存在的问题

考评对于促进司法工作科学发展，实现司法管理规范化，确保办案质量具有重要作用。我国法院、检察院的司法业务考评在根本上仍然属于一种行政管理式的考评模式，考评目的不清晰、不明确，考评指标不科学、不协调，有的指标与考评目的背道而驰，考评结果运用不合理，导致办案"唯考评论"、考评成为办案的"指挥棒”，办案效果数值化、办案成为考评指引下的“加减分运算”，背离了司法业务考评的初衷，也有违管理科学和司法规律的要求。总体而言，主要存在以下问题。

第一，考评方法偏重定量考评，忽视定性评估。法院、检察院的司法业务考评都主要采用计分式的量化考评方法。针对不同的业务类型来设定相应的考评指标及计分规则，通过加减法计算最终得分来进行考评。考评指标，有的以“数”为单位，有的以“率”为单位，有的以“人均数”或“人均率”为单位；计分规则，有的指标采用加分方式，有的指标采用扣分方式。通过量化的方法来考察办案质量，既未考虑司法业务的特殊性，无法实现对司法业务的客观准确评价，也容易导致实践中办案机关为了考评而数据造假的现象。

第二，考评指标的设置带有明显的追诉犯罪倾向，实际上是一种有罪推定，背离了无罪推定原则和人权保障理念。法院、检察院的司法业务考评都体现了追诉犯罪的倾向。例如，对于被逮捕的犯罪嫌疑人，检察机关要考评捕后不起诉率，如果捕后不起诉率超过一定比例，就要扣分①；对提起公诉的案件，检察机关要考察无罪判决率，无罪率不能超过一定比例，否则，就要扣分。考评基本决定了凡立案的案件必起诉，凡起诉的案件必定罪。对于法院而言，一审案件要考察上诉率，上诉率要保持在一定幅度以内，如果对一审案件的上诉率过高，就要扣分。上诉权是《刑事诉讼法》赋予被告人的基本权利，不受任何理由和条件的限制。可见，考核上诉率实际上也就限制或剥夺了被告人享有的上诉权，严重违背诉讼原则和司法规律。这些明显带有追诉犯罪色彩的考评指标，也为造成冤假错案件带来隐患。

第三，考评导致公检法三机关扯皮、协调、“暗箱操作”等现

---

① 虽然最高人民检察院已经明确取消不起诉率的限制，但实践中还是有不少地区仍然将不起诉率作为一项重要的考评指标。

象的发生，严重损害了司法公正，违背诉讼规律。公检法三机关分工负责、相互配合、相互制约是我国刑事诉讼的一项基本原则，检察机关还要依法对刑事诉讼实行法律监督。但是，由于检察机关的许多考评指标受制于公安机关和法院，基于考评的现实需要，为了多加分或少扣分，检察机关需要与公安机关、法院保持良好的沟通合作关系。同样，公安机关和法院一样，也要与检察机关保持友好合作，携手应对各自的考评。例如，检察机关的有些考评指标是检察机关加分而公安机关不扣分的，那么检察机关就会要求公安机关尽可能配合在这些指标上多加分，而作为回报，对于公安机关的一些考评指标，检察机关也会予以配合，如逮捕率。① 但是，有的指标可能会同时造成两个机关或两个部门的负面评价，这种情况下公检法三机关就会扯皮，把责任往其他机关推，以保证本单位不扣分。这种公检法三机关“亦敌亦友”的关系完全是考评造成的，背离了诉讼规律。

第四，偏重本系统内的自评，忽视本系统外的他评。无论是法院，还是检察机关，考评主要是上级对下级的一种系统内部的垂直考评，通常很少吸收系统外的其他主体参与考评。既不吸收其他办案机关参与本系统的业务考评，如法院审判业务的考评不会邀请检察机关和公安机关来考评，检察业务考评亦然，同时也不吸收法院和检察院系统以外的普通社会公众参与考评。这与司法业务的独立性和专业特色有很大联系。社会主体参与对司法业务的考评，由于他们不具有专业知识，在主观上容易受到自我和媒体观点的影响，而且也可能会干涉司法的独立性，进而损害当事人的合法权益和社会公共利益。但是，如果考评只是采取一种自评的方式，则又难免陷入自说自话、考评不公、不透明的质疑，可能会影响司法活动的公信力。

① 在实践中，有的地区公安机关基于逮捕率的考评指标受制于检察机关的审批而将逮捕率改为刑事拘留率，从而将考评的主动权掌握在自己手中。

(四) 合规律性的业务考评改革建议

考评是一把“双刃剑”。考评科学合理，对于强化司法管理、提高办案质量和保证司法公正等均有积极意义，考评不科学不合理，其对司法工作产生的负面影响也是十分严重的。在改革的总体思路上，应当突出司法业务的特有属性，取消行政化的考评模式，采用量化考评和定性考评相结合的考评方法、科学设置量化考评指标，严格规范考评程序，合理运用考评结果，建立起一套既体现中国特色，又符合司法规律和管理科学双重要求的司法业务考评机制。

第一，摒弃完全采取量化考评、以数量来排名的方法，采取量化考评和定性考评相结合的方法。

在司法实践中，应当注意防止不恰当的以数据考评和比例考评的纯粹量化考评方法，尤其要防止机械引入经济领域的考评方法，以抽象的数据来考核鲜活的司法实践。① 应当采取定量考评和定性考评相结合的方法，如果反映某项业务的考评指标可以量化并且数据比较客观充足，则可以通过量化的方式进行考评，同时可以辅之以定性考评，来加强该业务量化考评的效果。如果反映某项业务的考评指标难以量化，则主要采取定性考评的方法。

第二，科学设置符合司法规律和管理科学双重要求的考评指标体系，废止、调整违背司法规律的不科学、不合理或者不合时宜的考评指标。

根据何种标准才能科学合理地设置考评指标，以及设置哪些指标才能更好地发挥对司法业务进行考评的效果。关键在于，考评指标应当重点围绕办案质量和司法公正来加以设计，即案件办理是否符合法律规定的实体和程序规范，是否满足司法公正要求，逐渐淡化以“数”和“率”为单位的考核指标，不应把工作成效落在破

① 李乐平：《绩效考评，重在科学考评》，载《检察日报》2009 年 11 月 13 日，第 3 版。

案数、立案数、逮捕数（率）、起诉数（率）、无罪率、上诉率等这些纯粹体现工作量的考评指标的完成上。只有将考评重心从“数”与“率”的计分式考评模式中解脱出来，突出对办案质量和司法公正的考评，才能真正实现从形式考评向实质考评转变，才能从只关注惩治犯罪的单向考核模式向控制犯罪与司法公正并重的考核模式转变。

此外，应当针对未成年人刑事案件的特殊性，设置与成年人有差别、符合未成年人特点的考评指标体系。考虑到办理未成年人刑事案件与成年人刑事案件存在根本性的差别，《刑事诉讼法》规定了“未成年人刑事案件诉讼程序”，其中有许多与成年人不同的诉讼制度和程序设置。结合未成年人自身特点和未成年人司法业务的特点来设计专门的考评指标体系，对于保证未成年人刑事案件质量和促进司法公正，提高办案人员的工作热情，具有重要意义。

第三，设立专门机构负责考评，探索建立公检法三机关互评和社会评价机制。

法院、检察院应当建立专门机构来负责考评工作，不能由上级业务部门对下级业务部门直接进行考评，否则容易形成业务分割、各自为政，使业务考评流于形式。近年来，法院成立了审判管理办公室专门负责案件的流程管理、质量评查等工作，检察院成立了案件管理办公室统一负责组织办案质量评查和检察业务考评工作，对于规范司法业务考评具有重要作用。

还可以探索引入公检法三机关互评和社会评价机制。其中，对于社会评价，可以参考社会公众对政府部门工作绩效进行评价的做法。公民作为评估主体参与政府绩效评估，主要有三种方式：一是任何公民都可以自发参与评价，公民个体通过网络、信函等形式自发对政府绩效予以评估；二是政府部门随机抽取普通群众，以问卷等形式征询其对政府或职能部门工作绩效的意见；三是政府根据一定比例在社会各界代表中抽取不同对象组成综合的评价主体，通过召开座谈会、发放问卷等形式邀请公众对政府工作绩效进行评价，提出批评意见和改进建议。① 社会公众参与对司法业务的考评也可适用以上方式。

第四，建立法院和检察院业务考评统一适用的案件信息数据库。

目前，法院和检察院都各自建有独立的案件信息收集系统，司法业务考评也是以各自的案件信息收集系统中的数据为基础，可能出现不同机关数据矛盾和冲突的现象。就规范化管理的角度而言，应当建立一个法院和检察院通用的案件信息数据库，对审判业务和检察业务的考评均从这一通用数据库中提取。这既可以保证法院和检察院共用相同的考评数据，确保考评数据的客观、准确，不致出现数据矛盾、冲突的现象，也可以更好地发挥后一诉讼环节对前一诉讼环节的监督制约，以及检察机关对整个刑事诉讼的法律监督。

第五，取消考评排名，建立科学合理的奖惩措施，建立对考评结果的申诉救济机制。

是否对考评结果进行排名，也是考评的一个难题。不排名则无法起到鼓励先进和鞭策后进的作用，使考核流于形式；但是，对考评结果进行排名可能造成办案机关盲目追求排名，办案向考评看齐、只求数量不求质量，甚至操纵案件、编造数据等，办案质量得不到保障，严重损害司法公正。2014 年 12 月，最高人民法院决定取消对全国各高级人民法院的考核排名，除依照法律规定保留审限内结案率等若干必要的约束性指标外，其他设定的评估指标一律作为统计分析的参考性指标，作为分析审判运行态势的数据参考，坚决杜绝以保证结案率为由，年底不受理案件的做法。同时要求各高级人民法院要按照最高人民法院的要求，取消本地区不合理的考核指标。检察机关和公安机关的考评，也应取消排名。

考评只是实现对司法进行科学管理的一种手段，能否用好考评

① 范柏乃、段忠贤编著：《政府绩效评估》，中国人民大学出版社 2012 年版，第 270 页。

结果关系到考评功能的发挥。应当进一步完善考评与争先评优、晋职晋级、福利待遇等奖励措施相挂钩的机制，除了经济上的奖励外，应当加强精神奖励的力度。同时，还要制定相应的惩罚措施，以鞭策后进。

在司法实践中，对考评结果的申诉救济途径不畅，导致考评公信力大打折扣。建立一套行之有效的申诉救济机制，也是确保实现考评目的与效果，提高考评公信力的重要内容。